U0872665

博雅方略®
BOYA STRATEGY

文旅智谈十二篇

博雅方略研究院　著

灌注心力　对比研究
探究旅游新业态　洞悉文旅融合新发展

12 Talks
on Culture and Tourism
Practical Ideas Worth Sharing

旅游教育出版社
·北京·

序

自2000年进入旅游圈子，我一直在思考“什么是旅游，旅游是什么”，每每看似找到“答案”的时候，又马上涌现“新的内涵”。尤其是最近十数年，旅游在由市场驱动转向投资驱动、创新驱动的过程中，“区域旅游”“国家公园”“红色旅游”“旅游综合体”“大众旅游”“全域旅游”“旅游外交”“文旅融合”等高潮迭起，“旅游”不断充实内容，一次次华丽转身成就一个景区、带火一座城市、兴业一方天地。我自己亲身经历旅游的风云迭起，渴望把文旅融合带来的震撼和快感传递出来。

旅游之所以有魅力，归因于“文化”的优质基底、“创意”的有效变现、产业的良性互动。我一贯坚持“文化—创意—旅游—产业”四位一体的发展模式，即文化为基础，创意是核心，旅游为载体，产业是目的。从旅游事业到大文旅产业，旅游一步步从国民经济的边沿走向核心，“旅游+”正在撬动一二三产业的转型和升级；从“景区景点”到全域旅游，旅游冲破低端同质走向高质量高品质发展，“旅游+”推动全产业链价值实现。

随着“一带一路”和“文化自信”的提出和落实，旅游“走出去，引进来”分量日益加重。旅游促进国际间人文交流和传播中国文化，展示东方文明，提升中国“大国形象”，增强国际影响力和文化认同感。然而，诸多的旅游城市都提出了“国际”目标。一座座“名城”充斥耳畔，而又找不到“自我”，经不起细致地琢磨，最终流于浮夸。

这本书的目标很简单，无论你是否以旅游为职业，也能拥有“旅游+”的智慧。从“有没有、缺不缺”到“好不好、精不精”的思维跨度值得你反复揣摩、举一反三、学以致用。这本书给你一个全新的体系——

它为你讲解文旅内涵的思考。你会发现这本书对文旅核心概念的理解更深入、更详细、更实际、更有趣；它帮你透过现象看到迷雾中的真相。你会发现“旅游逆差”和想象的不一样、“旅游外交”做的比看到的多得多，“一带一路”更有作为；它让你看到文旅融合的诗和远方，并阐述区域旅游产业经济发展的一般规律，目的在于让你融会贯通，引导你思考文旅融合高质量发展的真谛；它带来遗产、文物的全新视角，探求旅游大国的遗产保护和遗产大国的旅游之路，博采众长，你可以增长见识、增强自信、提高对文化的自信水平；它对都市旅游、特色小镇、旅游新业态、生态旅游、公共治理、品质旅游等话题进行了深入浅出的探讨，或高或低、或轻或重，或你意想不到的思辨，关注时下热点，灌注心力解开文旅的神秘面纱。

窦文章

北京大学教授、博士生导师、北京大学战略研究所副所长

文化和旅游部“十三五”规划专家委员会委员

中国旅游改革发展咨询委员会专家委员

“白话”旅游

作为一个业余的旅游爱好者，却机缘巧合从事旅游方面的研究工作，纯属意外，开始产生很多的抗拒。原因有二，其一，担心喜欢的事情当成为工作就破坏了对旅游的好感和美感。其二，正如张永和以及很多建筑学家都说过的类似的话“建筑是实践的艺术，书斋里是做不出的”。而我也认为“旅游也是实践的成果，仅仅是看书看资料是成不了旅游大家的”，而之前我并没有任何从事旅游工作的经历和机会，半路出家拾人牙慧没发展没意义。在这种情况下，如何做好旅游研究这份工作让我十分苦恼。从自身出发，我自己有过规划的工作实践，也有过研究工作的经历和能力，最后我把做好旅游工作的方式放在侧重于发挥优势，以问题导向来解决工作问题上。于是运用自己擅长的研究能力、资料收集整理和总结能力，以及规划原理、经济学原理来解释解决旅游的问题。从政策的解读和理解，从运用经济学解决旅游发展的问题，从研究规划在旅游中的作用等等方面开始进行旅游方面的工作。我不认为高深莫测的理论、晦涩艰深的语言来论述旅游，阳春白雪曲高和寡的学术研究是旅游理论发展的出路。而是认为，从实践中总结、提炼和升华旅游更有意义。我希望自己的旅游研究为旅游业者带来助益：为旅游第一线从业者带来更多启迪，为来不及整理和从事案头工作的第一线人进行总结和提炼，并从顶层设计的角度来对旅游政策进行阐述，从理论角度解释现实中出现的问题，从中西方对比研究中找到问题和症结及解决思路，也从与世界发达的旅游国家尤其是西方国家对比研究中找到启示和借鉴，以期对于我国作为后发国家的旅游发展提供帮助。

众所周知，因为旅游，越来越多的人走向世界，越来越多的人来到中国。对于国家来说，全球化的浪潮席卷了中国，但是真正走向世界的并对世界具有影响力的恐怕应该是中国的旅游，出去的我们审视世界，也被世界审视。旅游像一个万花筒，也被称为解决所有问题的万金油。但毋庸置疑的是，随着我国面临着走向世界治理舞台，迈向发出中国声音的时代，旅游确实承担了这个重任，外交内政无一不涉足，因此也被寄予了极大的期望。本书以问题为导向，从宏观经济、海外视角、政策解析、理论应用、热点追踪、愿景展示等角度从以下十二个方面对最近几年的旅游政策、社会民生、生态环保、文化创意、技术创新等热点问题、现象等进行了探讨。这十二个方面包括：

- 宏观经济视角下的旅游
- 国际视野中的中国旅游
- “一带一路”与旅游
- 文化与旅游融合
- 区域旅游产业经济
- 遗产、文物与旅游
- 都市旅游与特色小镇
- 旅游新业态
- 绿色生态可持续与旅游
- 乡村旅游与扶贫致富
- 公共治理
- 品质旅游（厕所、民宿等）

从事旅游工作，一直诚惶诚恐，在众多的旅游先驱者、旅游大家、旅游从业者面前，我仅仅是一个后来者，那么就让我以一个后来者的眼光谈谈旅游，以期对旅游从业者有所思考启迪和帮助，同时也唤起更多热爱旅游的人去踏上旅程，开创我国的旅游强国之路！

谨以此书献给我的哥哥，感谢他生前一直鼓励督促我成为一个博士并一直期待我能写本书，为此，他积劳成疾不幸早逝。

感谢我的导师杨开忠及帮助我的同学、同事，谨以此致以崇高敬意！

白墨

博雅方略研究院

白墨，沈阳建筑工程学院（现沈阳建筑大学）学士，北京大学硕士、博士，2000年毕业分配到城建集团，从事规划策划工作。2003年起参与奥运招投标、奥运工程BOT、2008奥运“绿色、科技、人文”三大理念管理工作；后一直从事研究，涉及城市和区域规划、城镇化、规划设计、文化创意、宏观经济、产业经济、市场调查、环境经济、公共治理、旅游研究等。

目录

contents

第一篇

宏观经济视角下的旅游

从增长到发展：发展“品质旅游”正当时

（本文写作于2017年，所有数据截止于2016年）

改革开放以来，我国经济经历了三个阶段：1978−2010年的年均速9.8%的高速度增长期，2010年至今的增速换档期，“十九大”后的我国经济逐步转向高质量发展阶段。“十九大”报告指出，我国已解决了温饱，总体实现了小康，不久将全面建成小康社会，人民美好生活的需要日益广泛。从旅游角度看，这一论断鲜明阐述了我国广大人民群众的旅游需求结构已发生了巨大变化。进入“大众旅游”时代，过去片面追求游客规模的粗放式发展模式已落后，旅游发展从关注规模向关注产业品质转变，提供有更高质量的产品和服务供给正成为旅游界共识，旅游向高品质发展阶段转型。换句话说，我国旅游业经过30多年发展，由景区、饭店、旅行社的三驾马车拉动升级为多种业态“百花争艳”的品质提升阶段，提高旅游品质，打造更具体验性和个性化的新型品质旅游产品成为今后的重点。

1．品质旅游概述

1.1　概念

“品质旅游”，是博雅方略集团在2017年的年会上提出的概念，同时不断被丰富和完善，并用于实际和理论探讨中。

除此，2016年9月在广州召开的高端旅游联盟大会上，广东省旅游协会副会长李进茂提出“品质旅游”概念，他认为“高端旅游”在当下的实质语境应该是“品质旅游”。大会还提出品质旅游“可以指的是根据个人旅游消费者的多样化和个性化的需求，定制出来的奢华旅游路线，也可以指的是文化异质性大的、小规模的、深度的、定制化旅游。这种方式既保证游客的高质量体验，又充分满足游客的精神文化高层次的需求”。

百度百科上的品质旅游指的是针对传统线路的混乱而创建的旅游品牌，是不存在故意欺骗的旅游，是面向大众旅游的。旅游的价值以精神感受为主，物质方面的要求并不是影响旅游质量的主要因素。它是诚信旅游，以信息透明为基本原则，对于物质上的安排，随游客需要而定。

目前，品质旅游还没有形成普遍认可的概念，总的来说，品质旅游趋向于购买有选择的、有特色的、能够满足个人情怀需求的产品和服务，来使得游客达到更高层次的身心愉悦。

中国社科院研究员张广瑞认为旅游产业追求品质的道路还有很长。世界旅游城市联合会专家委员会主任魏小安表示，我国追求了多年的旅游规模化增长，面对当前巨大的游客体量，需要转为追求旅游品质的提高。

发展品质旅游得到了业界普遍一致的赞同。同时，业界人士一致认为旅游作为消费品要满足不同市场的需求，品质旅游产品要从小众走向寻常百姓，成为大众旅游有机组成部分。那种认为大众旅游就是低档旅游的观点是错误的，应该纠正。少数人不会做为品质旅游的服务对象，品质旅游针对的服务对象是中产和大众旅游，这是新时代旅游发展的正确选择。

总之，从增长过渡到发展的“大众旅游”时代，片面追求游客规模的粗放式发展模式已经落后，从关注规模向关注产业品质转型，正成为旅游产业界的共识。现在的旅游行业需要用一种“工匠精神”将“中国服务”打出去，创造旅游精品。

1.2 业界努力

随着旅游需求升级，门票收入占比下滑，关注品质旅游成为了业界共识。早在2012年8月，本着“抵制低价游，共赢品质游”原则，驴妈妈旅游网联合国内外旅游局、酒店、景区等百家旅游机构就加强品质旅游，塑造品牌形象，提升服务质量，加快旅游业发展，在上海成立了“品质游集结号联盟”，并联合签署了《2012中国品质游集结号联盟宣言》。《宣言》宗旨是“抵制低价游竞争，倡导品质游竞争，以产品和服务赢市场，共创良性市场环境，打造品质旅游品牌，使企业、游客、旅游从业者价值共赢”。倡导旅游机构本着“抵制低价游，共赢品质游”的原则，加强合作、资源共享、规范产品、提升服务、联合营销、树立品牌、共建诚信、共赢发展。

2014年11月，首届中国文化旅游产业峰会签署发布的《中国文化旅游产业品质基本框架》（西安共识）指出，文化旅游产业品质提升是当务之急，是中国旅游业面临的首要问题。文化旅游产业不仅要做大，更要做强，做强之本在于高品质产品的打造。

在对品质旅游的认识上，很多旅游企业和项目都有自己的理解，对品质旅游有清晰界定并付诸行动，比如如下旅游企业和项目作出发展品质旅游的努力和行动：

溧阳天目湖：天目湖倡导以品质优先、服务致胜，致力于打造精品山水，反对一切违背市场规律的恶意低价竞争，倡导持续健康发展。

苏州张家港金凤凰温泉度假村：品质旅游给吃、住、行、游、购、娱这六大项加了个定语，有标准的收费、标准的服务、优雅的环境，高品质的享受和心情的放松，并且所有的项目收费及行程安排都应该是透明的、清晰的。

常州中华恐龙园：旅游不在于路走的有多远，风景看的有多少，而在于旅游时的情境和心境，没有品质的旅游就等于没有灵魂的生命。

常州淹城春秋乐园：品质旅游，想游客所想，将最优质的服务提供给游客，让游客在旅行中真正得到一份身心都能放松的愉快享受，而不是单纯地追求物质上的满足。

常州嬉戏谷："品"由三"口"构成，"质"中有"贝"；我们理解的品质旅游就是与最亲近的人做好了充分的物质准备，出去感受一次心灵的洗礼；否则只是孤独的流浪。

开元酒店集团：品质旅游是未来旅游业的发展方向，传统旅游模式必然要被新兴的旅游业态所替代，追求高品质的旅游体验成为越来越多人的旅游需求，那些能够将星级景区、星级酒店、星级导游、星级车辆等等要素整合到一起的旅游服务商将会主导未来的旅游产业。

中国航海博物馆：品质旅游需要对消费者诚心、贴心，保证品质是旅游服务业生存的基础。

浙江横店影视城：因为旅游产品更多的是一种精神层面的体验，价格固然重要，但品质保障才是根本。

泰州华侨城：品质旅游，我们的理解是给客人提供更真实、透明、舒适的体验式旅游。

总之，随着粗暴、粗放式的旅游增长不断出现问题，我国很多景区、旅游项目、旅游企业都开始从细节、小事入手，解决旅游的服务、安全、卫生等方面问题，提升旅游品质。具体举措有成立旅游购物退货监理中心维护游客权益、设立旅游法庭、增加旅游警察、为每笔交易把关护航等。"细节决定胜负"，实践表明，不轻视小事、不忽略细节，正成为保证旅游品质的关键。

同时，我国品质旅游也得到国外企业的助力和支持，美国佛罗里达州旅游局明确提出希望"中国品质游集结号联盟"让赴美旅游产品品质越来越好！

1.3 政府政策支持

《国务院关于加快发展旅游业发展的若干意见》明确提出，要把旅游业培育成国民经济的战略性支柱产业和人民群众更加满意的现代服务业。"让人民群众更加满意需要提升服务质量，建设世界旅游强国需要提升服务质量，应对国际旅游竞争需要提升服务质量，提升旅游服务质量是新时期旅游业发展的需要。"

《中华人民共和国国民经济和社会发展第十三个五年（2016—2020年）规划纲要》要求提高生活性服务业品质，大力发展旅游业，深入实施旅游业提质增效工程。

《"十三五"规划纲要》提出，要支持发展生态旅游、文化旅游、休闲旅游、山地旅游等。这些方向都指向发展品质旅游，品质旅游会迎来大好发展机遇。

国务院发布的《国务院关于促进旅游业改革发展的若干意见》明确指出，推动旅游服务向优质服务转变，实现标准化和个性化服务的有机统一。

国务院印发的《关于进一步促进旅游投资和消费的若干意见》提出，着力改善旅游消费软环境，建立健全旅游产品和服务质量标准，健全旅游投诉处理和服务质量监督机制。推进旅游标准化，是提升服务品质的要求，也是提升人们生活品质的要求。

国务院办公厅印发《“贯彻实施质量发展纲要2016年行动计划”的通知》，对于旅游业来说，其发布对于缓解目前旅游业供给侧结构与旅游消费市场对于旅游质量、旅游安全、旅游标准化的高要求之间的矛盾有着重要意义。“推进旅游标准化，是提升服务品质的内在要求。服务是旅游的生命，标准化是保证服务品质的重要条件。”

2. 发展品质旅游正当时

2.1 旅游产业升级和标准化促进品质旅游发展

当前，旅游产品结构性失调、“有效供给不足”已成为制约我国旅游业发展的主要问题。旅游服务是无形的，产品是有形的，是极为重要的“供给侧”。国内旅游产品和旅游商品供给结构不合理、不平衡，同质化严重，产品质量和服务水平低，没有跟上需求多元化、升级型的市场消费的脚步。扩大旅游产品供给、优化旅游产品结构，推动落实支持旅游新产品开发和新业态发展的政策措施，以满足游客快速增长的大众化、个性化旅游消费需求。

旅游与品质需求紧密相关。二者的关联性不只是表现为财富收入的增长、生活选择的多元，更表现为对服务、标准的高要求。随着“大众旅游”时代的到来，游客对于旅游品质的要求越来越高，旅游市场正逐步从追求游客规模的粗放式发展向追求品质的集约式发展转型。服务好不好、品质高不高、口碑硬不硬，决定了游客如何选择市场，游客更加追求个性化、高品质的旅游项目。传统的“走马观花购物游”“低价游”转向“品质旅游”。

旅游业出售的是一种服务，品质旅游讲究的不是以“价格战”赢得市场，而是以“品质”赢得市场。打造旅游产品、提升旅游品质，关键是标准化建设。在我国旅游业发展中，旅游标准化战略起到了不可替代的引领作用。服务质量，弹性很大，如何落到实处，标准化建设是必要环节。

目前，国内品质旅游仍处于起步阶段，发展过程中存有许多困难。如国内游客不太愿意为高品质的服务付出高价钱，研发产品难以盈利，研发意愿下降；品质旅游对设计人才要求较高，人才缺乏。品质旅游的产品设计相对单一，数量较少，制约了其发展，品质旅游的品种不够齐全、配套不足，品质旅游产品不够精细和完备，软硬件设施都不能反映并满足品质旅游消费群体的合理要求。

让旅游回归品质，回到以产品和服务作为核心竞争力的轨道上来。“品质旅游”，让品质看得见、摸得着、感受到，才是真正的品质旅游。品质旅游景区不仅仅是要拥有一流旅游资源，更重要的是要具有与自然禀赋相匹配的国际竞争力，要在景区保护、管理、服务等方面按国际公认的标准和惯例与国际全面接轨。

“十九大”之后，我国从“增长”过渡到“发展”阶段。我国旅游产业发展最为关键的就是旅游的品质和产业升级与结构变化调整问题，也就是说，发展品质旅游正当时。

2.2 发展品质旅游意义重大

2.2.1 提供高质量的产品和服务

旅游业的供给侧改革，实际是要建设一个品质有保障、服务有差别的体系，靠产品和服务品质获取竞争优势，让游客体验到更有品质保障的旅游产品。发展品质旅游有助于旅游业提高服务质量和品质，增强品质旅游的核心竞争力，进而推动我国旅游产业摆脱“低价廉价、景美、产业链不足，恶性竞争”的传统形象。未来“中国旅游”“中国品质”将成为我国品质旅游的新标签。

2.2.2 打造具有竞争优势的企业

一般来讲，商品或服务是由企业提供的，高质量的产品和服务则是由具有核心竞争能力的企业提供的。目前，旅行社行业准入门槛低，服务、品牌、公关、文化等非价格竞争手段缺乏。发展品质旅游可以推动旅行社转变竞争战略，发展差异化竞争手段，以高品质个性化的旅游线路设计、周到全面的服务以及运用品牌战略、形象策略等非价格手段扩大市场、提升游客满意度。

2.2.3 旅游业驱动转换结构性调整

品质旅游是高质量发展，由旅游要素投入驱动转变为由消费资本和创新来驱动，由依靠一般要素向依靠高级要素转变。品质旅游既是投资热点，又是消费重点，还是创新创智的落脚点。

在科技发展和消费转型的当下，资源配置型的旅游发展已与之不相适合。品质旅游要增加旅游制造业的功能，从对旅游资源的依赖提升为促进旅游制造业的发展和壮大，实现从低附加价值到高附加价值的阶段增长；从对属地资源依赖配置性质发展为注重再生型旅游衍生品、旅游文化产品的创造和创意；从资源低效率配置的观光产品发展为侧重文创再创造的附加值，例如旅游衍生品、产业链的扩展。

2.2.4 品质旅游是大众旅游的重要组成部分

品质旅游作为消费品要满足不同市场自主选择的需求和多元消费，品质旅游从小众走向大众，成为大众旅游有机组成部分。同时，品质旅游要求旅游有主题、有深度，在产品形式上更关注私人需求，更注重服务价值。旅游从低端、中端发展到品质旅游，是结构性的渐变过程。

2.2.5　拉动消费、投资与出口

品质旅游消费者的购买能力强劲，具有较高消费水平。但是目前品质旅游主要集中在出境游。“十三五”规划纲要要求积极引导海外消费回流。从这点看，只有发展国内品质旅游，才能吸引出境游客回归，拉动国内旅游消费投资和出口（入境游）。

2.2.6　推动旅游业转型升级

品质旅游根据需求变迁向现代旅游服务业转型，有助于旅游业向纵深发展。品质旅游对旅游业上游的升级驱动，体现为交通基础设施产业、公共服务产业与旅游装备制造业的升级发展；对旅游业中游的升级驱动，体现为景点、酒店、旅行社、餐饮、交通、娱乐、商业等产业的升级发展；对旅游业下游的升级驱动在于推动不同收入水平的游客转换发展。

2.3　发展品质旅游的措施

2.3.1　加大旅游领域有效供给

提高品质旅游的供给体系质量和效率，扩大品质旅游的中高端有效供给，增强旅游供给侧对需求变化的适应性，用发展品质旅游解决旅游增长中的问题，用创新引领品质旅游发展。

2.3.2　融合创新满足品质旅游需求多样化

品质旅游需求趋于多样化，通过“旅游+”的融合思路，推动旅游与文化、生态等产业融合。品质旅游产品设计采用行业融合的视角推陈出新，开发品质旅游特色产品，打造特色文化，满足游客需求。

2.3.3　扩大品质旅游消费和服务消费

旅游服务的消费和服务品质是中国旅游的痛点和短板，也是体现品质旅游的关键。扩大品质旅游国内消费、服务品质和服务消费，成就旅游新时代，建设旅游强国。创新推出旅游新产品，着力培育旅游的新型业态，满足人们日益增长的多元化需求。

2.3.4　发挥大国工匠精神，提高质量意识

服务品质是旅游业的生命线，旅游业者不仅要倡导在旅游基础设施硬件方面发扬“大国工匠”精神，更要注重创意和服务层面的工匠精神，形成重视品质质量、服务细节、崇尚工匠精神的良好氛围，生产高品质旅游产品、提供高质量的旅游服务。

2.3.5　法律法规、标准化和诚信建设

制定和完善促进品质旅游高质量发展的法律法规、标准和政策。提高品质旅游供给体系质量，重视品质旅游高质量的标准化体系建设；加强品质旅游的知识产权保护和管理，遏制低质旅游恶性竞争，引导企业提高品质旅游质量。

2.3.6　优化旅游市场环境，发展品质旅游

品质旅游市场的健康发展离不开市场和政府的作用，既要发挥市场在资源配置中的

基础作用，也要发挥政府调控和监管作用。因此，强化消费者权益保护，实施高端旅游质量提升与标准化工程是当务之急。

2.3.7 与国际接轨，提高品质旅游国际化

品质旅游需要与国际接轨，实行国际化。不仅要拥有一流旅游资源，更要在景区保护、管理、服务等方面按标准和惯例与国际全面接轨。品质旅游从粗放型发展转向集约型发展，追求品质质量；从注重开发旅游产品变成注重培育旅游品牌，提高在国际上的竞争力和影响力。

3. 新时代的品质旅游展望

新时代旅游要有新气象，更要有新作为。新时代，随着旅游消费进入常态化，旅游在“三驾马车”中的作用不可小觑。品质旅游在发达国家已经成熟，但是在我国高速发展的旅游市场却有极大的增长空间。随着旅游市场的愈加成熟，新兴交通工具的发展，私人包机游、游艇旅游等纷纷出现，品质旅游产品将迅速丰富。

从供给侧角度来看，改革开放以来，旅游高速增长主要依靠一般性生产要素的大规模粗放投入来实现，但是现在面临着资源能源日益短缺、环境治理压力及边际效应递减的挑战，因此，我们必须提高旅游的供给体系质量和效率，扩大有效供给和中高端供给，增强供给侧结构对需求变化的适应性，从而推动我国旅游强国的建设发展。

总之，进入新时代，发展品质旅游正当时，旅游强国、美丽中国梦通过奋斗一定实现。

宏观经济新常态下的旅游新业态

（本文写于2015年，所有统计数据截止于2014年）

我国拥有全球最大内需市场，使得其旅游模式和其他国家旅游模式迥然不同，在世界旅游业中占据特殊性地位。中国旅游业的出现是在西方产生旅游业半个多世纪后的事情，从无到有、从小到大，旅游业伴随着国家的强大、改革开放的深入，实现了从短缺型旅游发展中国家向初步小康型旅游大国的历史性跨越。全球最大的内需市场使得中国旅游模式和其他国家旅游模式迥然不同，在世界旅游业中占据特殊性地位。旅游新业态是中国新常态下稳增长、调结构、惠民生、生态文明建设、繁荣文化、对外交往的重要部分，在国民经济和社会发展中的重要战略地位更加凸显。

1. 新常态下的旅游新业态

中国经济正转向新常态，处于增长速度的换挡期，经济增长从两位数的高速增长逐渐转换到中高速增长。从中产生了新的生活节奏、休闲节奏和旅游节奏，快至慢的旅游节奏冲击着现有的旅游形态，并形成新的旅游业态。大数据时代来临，旅游业和互联网的天然无缝融合，移动互联网将催生新商业模式，给旅游业带来更多的机会，催生旅游新业态。

“新常态”下，旅游业是综合性的社会事业，旅游成为小康生活的基本要素，是全面实现小康社会的发展目标。按照马斯洛的需求层次理论，旅游需求满足的是人类社交、尊重和自我实现这类较高层次的需要。全面建设的小康社会，收入的增加，闲暇时间的增多，城乡居民的生活质量将进一步得到提高，旅游消费普遍化，更多的精神消费追求被释放。因此，旅游新业态是国民经济新常态的亮点和必然发展方向。随着旅游市场环境和制度环境的转型与变革，传统的旅游业态自我变革，创新的旅游业态不断产生，就成为新常态下的旅游新常态

2. 旅游新业态与新常态相辅相成

2.1　旅游新业态与新型城镇化

在新常态下，旅游是驱动新型城镇最适合的产业，旅游新业态与城镇化互为依托，

相互促进。作为世界最大的朝阳产业，旅游产业像润滑剂一样将城市各种资源结合起来，旅游集聚新产业，集聚资金，集聚人口，集聚各种要素。旅游新业态引领融合化发展，是驱动新型城镇化最适合的产业，将在新型城镇化进程中扮演重要的角色。旅游引导的新型城镇化是一种消费产业带动，即内需型产业带动的城镇化。通过“消费”推动新型城镇化经济增长与城镇发展，旅游促进产业转型升级，整合产业，实现旅游产业集群、消费和就业的集聚，进而推进城镇化进程。在新常态下，旅游新业态驱动下的城市产业、农民工就业、城市生态、城镇文化、城市形象、城市公共服务等建设方面具有的综合带动效应，全面推进新型城镇化。

城镇化的核心是人，旅游新业态配合新型城镇化的“人本”特点，促进城市从生产型城市向服务型城市导向转型。旅游新业态提供大量直接和间接的非农就业岗位，推动农村剩余劳动力向城镇转移；带动道路交通、医疗卫生、教育培训等公共服务设施和基础设施的建设，带动以服务业为主体的相关发展，进而转变就业结构，为农民工和部分农民的市民化、部分农民的就地城镇化提供相对稳定的收入，缩小城乡和区域间差距，提高新型城镇化水平。新型城镇化提倡绿色环保，注重城市生态环境的保育、人居环境的营造和公共服务的便捷。旅游驱动的城镇化注重绿化理念、技术的应用和生态经济的发展，有助于推进绿色的城镇化进程。新型城镇化强调人文传承，引领城市特色化发展，激活城市文化、彰显城市个性，提升城市的生活品质。旅游新业态本身就强调文化的植入和融合，因此发展旅游，有助于地区文化特色的传承、融入、发扬与创新，推进有文化个性特色的城镇化。

2.2 旅游新业态促进新农村建设

旅游业是城市反哺乡村的产业，可有效为旅游热点地区的乡村带去人流、资金和新思想。乡村旅游适应乡村旅游新常态，就是利用自然与文化旅游资源的优势，又彰显文化特色，做好服务，利用好的政策，充分发挥市场在配置乡村旅游资源中的决定性作用，支持农户和乡村旅游集体依据市场需要发展乡村旅游。乡村旅游大力开发新产品、新业态，突出乡土元素，体现特色，促进旅游消费转型升级，把传统产品升级和丰富新产品新业态摆在突出位置。依靠社会资本、民间资本与技术变革驱动，创造新观念、开发新业态，以适应农业、农村产业转型升级，实现农民的职业化。通过推动农业和旅游业融合发展，加强乡村旅游产品、业态、商业模式和服务、经营、管理手段的创新，让农民“不离乡、不离土”就地就业，缩小城乡差距，实现新农村建设的发展。

2.3 有助于大众创业、万众创新

旅游新业态对应新常态，还体现在一个“创”字。既体现在“创新”，也体现在“创业”方面。国务院总理李克强多次提出支持小微企业发展和创业创新，旅游新业态的发展将更多地体现在小微企业的创新创业发展中。围绕大众创业、万众创新，通过全民参与的创业创新，互联网思维植入到旅游业，打造新引擎，资本和旅游在新业态的创造中胶合在一起，旅游业向信息化、科技化、高端化发展，这是未来旅游新业态发展的最显著特征。无数新业态从中诞生，也造就了无比丰富的旅游新世界。

互联网技术的应用推动着全球网络化，颠覆了旅游固有的理念，颠覆传统旅游业的运营管理模式和商业盈利模式。大数据应用将是未来旅游业的关键，促使“旅游”的概念发生质的大蜕变，产生诸多新的业态。旅游行业处于模式创新期，各类细分及差异化模式纷纷出现，而移动互联技术在加剧行业模式的改变。旅游的发展不仅带动了现代服务业的发展，还催生了一大批诸如旅游文化演艺、旅游网络营销、旅游服务代理等新业态，大大丰富了现代服务业的内涵，为国民经济注入了新的力量。最先进、实用的互联网技术运用到旅游业新业态、新产品和服务中，促进旅游业迈向智慧旅游新时代。旅游产业链在互联网条件下创新发展，深嵌入旅游产业链之中，价值、地位将在新的结构中重构，更多的旅游新业态出现将给旅游业带来更大的红利，金融服务等跨界融合被催化成为新常态。

2.4 旅游新业态促进区域协调发展

旅游业因其扩大内需和拉动经济的巨大作用成为区域经济发展的引擎，对相关行业和地区的经济助推作用明显，旅游新业态的经济功能在消除贫困、平衡经济发展方面大有作为。将旅游型城镇建设为“服务型城市”，将引领区域新型城镇化过程中的特色化转型，推动整个区域开发开放进程。因此，在中西部资源丰富而市场不足的一些欠发达地区、偏远地区，旅游型城镇将率先在城市群和著名旅游区取得突破，并逐步改变中西部城市发展格局。

目前中国正在实施的“向西的”自贸区和“向东的”一带一路方略，适合中国经济新常态的新格局。针对于此，（原）国家旅游局将2015年确定为“美丽中国——丝绸之路旅游年”，对内引导丝绸之路沿线省份加强旅游合作；对外继续借助联合国世界旅游组织丝绸之路峰会等已有的国际合作机制，进一步加强与周边沿线国家开展的国际旅游合作，形成良好的跨境旅游合作关系，分步落实特殊的旅游方式和政策，通过发展旅游经济和旅游新业态落实共建“一带一路”倡议。

2.5 旅游新业态不断拉动内需

从消费的角度看，旅游消费是一种快速增长的热点消费，成为我国扩大内需、拉动消费、提高国民福利的战略重点之一。旅游活动对内需的拉动作用更为全面，对整个国民经济与社会生活发展产生着日益深远的影响。旅游新业态的改革和创新发展，是适应人民群众消费升级和产业结构调整的必然要求，旅游休闲消费是国务院确定重点加以推进的六大消费领域之一。旅游新业态以游客消费为主线，串联起各种消费、各种要素、各种产业、各种服务，形成各类旅游相关产业群，是对社会各种资源要素整合利用、提高综合效率的新型经济形态。需求的多样化不断催生旅游新业态的产生，反过来，不断创新的新业态又进一步刺激旅游需求的产生。各种群体的社会新需求迅速平移到旅游业中，成为旅游新业态甚至是新的主流业态。

3．新常态下的旅游新业态弯道超车和展望

3.1 中国旅游的弯道超车

从全世界平均水平来看，旅游产业占GDP的比例是10%，而我国旅游业占比5%，还有巨大的增长空间。目前世界旅游业发展特点如下：以新兴国家为代表的新旅游目的地不断出现，世界旅游区域的重心正向东方转移，中国正是这一趋势的代表。根据世界旅游组织统计显示，2010 年中国超过西班牙成为位居法国、美国之后的当今全球第三大旅游目的地。在亚太区内部跨国旅游贸易里，中国一直占首位。根据《2014-2015年中国旅游发展分析与预测》（旅游绿皮书）研究结论：中国作为亚太地区旅游业的发展引擎，旅游规模持续增长，强劲驱动世界旅游业，对全球经济的贡献有目共睹。

中国旅游业与欧美发达地区相比，无论是基础设施、消费结构还是商业模式，距战略性支柱产业的国家定位和现代服务业仍有差距，面临着现代科技与信息网络技术发展的挑战，处于转型升级期。随着旅游业的外部环境进一步优化，13亿中国人加入旅游，一方面通过出入境旅游参与国际分工，另一方面反向作用于国内旅游业。中国旅游业还是卖方市场，旅游新产品和新业态层出不穷，正在成为引领旅游消费增长的重要领域。根据全球商务旅游协会发布的2014年报告数据，中国在2016年取代美国成为世界第一大商务旅游市场。数据上看，中等收入国家在世界旅游份额呈现猛增的状态，中国是中等收入国家的旅游领头羊，正进入旅游大国的同步崛起进程。

3.2 旅游新生态的展望

2014年经济增长约7%左右，中国经济增长2015年预测将是在略高于7%的水平上大体稳定下来。旅游互联互通和“丝绸之路经济带和21世纪海上丝绸之路”的建设有利于开创外交新舞台、促进民间交往、促进互联互通，为相关国家和企业带来发展新机遇，改变世界旅游发展格局。

“十三五”将是旅游业在新常态下创新转型的重要关键时期。旅游新业态是旅游业的新生力量和主力军，经济结构调整是旅游经济的新价值增长点和动力源泉。新常态、新业态，是创新型经济的核心所在。只有把握新机遇，适应新常态，才能推动新发展！未来，旅游理念体系将更完善，旅游内涵不断扩充，旅游规范不断确立，遵循规律，遵守规则，规范与健康的旅游生活将成为新常态。

世界的中国和中国的世界
——“十三五”旅游的展望

（本文写作于2016年，所有数据截止于2015年）

随着我国进入全面“新常态”发展时期，社会经济发展呈现增速换挡、转型阵痛和改革攻坚“三期叠加”的总体势态。旅游业发展的“十三五”有诸多利好，是旅游业加快发展的黄金机遇期。首先，党中央、国务院对旅游业发展高度重视，《中华人民共和国国民经济和社会发展第十三个五年规划纲要》10余处直接提到旅游产业发展，并提出了明确的目标和要求，为旅游业的发展提供了广阔的前景和重大机遇，也让旅游业肩负了重大责任和光荣使命。其次，“十三五”全国旅游业发展规划纳入国家“十三五”重点专项规划，由（原）国家旅游局牵头，国家发展改革委、财政部、国土资源部、环境保护部、交通运输部、农业部、（原）林业局和扶贫办等部门共同参与编制，显而易见，旅游业在整个社会和经济发展中所起的作用越来越大。

今后五年，“十三五”旅游规划展开之时正值中国成为世界旅游强国之际，国家实施建设旅游强国战略，和“四个全面”战略布局、“五位一体”建设、“五化”发展紧密结合起来，成为优先发展的重要领域。大国发展与旅游强国建设两者之间不仅关系密切且意义非凡，令人期待。

1．世界的中国旅游

1.1 “十三五”期间我国积极推进旅游强国建设

“十三五”是我国旅游发展的一个新起点，我国旅游将为世界旅游的发展提供示范案例，并持续引领全球出境旅游的发展。虽然我国旅游业起步晚，基础差，但发展快、势头旺，经过40余年的发展，在世界旅游舞台上的地位显著变化。联合国世界旅游组织数据显示，自2004年至2015年，我国出境旅游消费始终保持两位数增长。自2012年起，我国已连续多年成为世界第一大出境旅游消费国，连续5年成为世界最大的客源地，对全球旅游收入的贡献年均超过13%。同时，对经济和就业的绝对贡献分列世界第二、第一，双双超过10%。我国已经成为全球第二大旅游经济体，国内旅游、出境旅游人次和国内旅游消费、境外旅游消费均已成为世界第一，出境旅游市场的蓬勃发展引起世界广泛关注。根据世界旅游组织（WTO）2016年5月9日发布的初步数据，2015年，中国国际旅游收入已取代西班牙旅游收入排名至第二，为1140亿美元，仅次于美国的1780亿美元。2015年，我国游客出境旅游花费增长了25%，共计2920亿美元，游客数量为1.28亿，增长了10%。美国有线电视新闻网（CNN）感慨，“中国人的出国旅游潮可能是自商业飞机发明以来对全球旅游业影响最大的事件”，是世界旅游发展的重要发动机。

“十三五”期间，我国旅游业受到全世界高度关注，与世界旅游相融共济，正成为世界旅游市场新的焦点。旅游业是增长最快的社会经济领域之一，目前占全球GDP总量约10%，就业的1/11和全球贸易的6%。为推进国际旅游合作，我国将扩大全球国际旅游市场规模。2016年，世界153个国家和地区已成为中国公民出境旅游目的地，其中正式开展组团业务的目的地已达121个[①]。进入新常态的社会转型时期，作为一个发展中的大国，旅游发展促进了世界分享我国巨大的旅游市场需求，分享世界规模最大、潜力最大、发展最快的旅游市场。

“十三五”期间，世界分享中国旅游发展红利的同时，中国也将借鉴世界各国的成功经验，分享世界旅游发展的整体红利。在复杂的全球格局和全新的宏观背景下，我国旅游正在探索一条有别于西方发达国家和人口基数相对较小国家的，并且能够代表发展中国家和社会主义市场经济国家的一种独特模式。我国将积极参与国际旅游事务，与世界更多国家开展旅游务实合作，共享发展机遇，推动国际旅游投资和消费增长，不断扩大全球国际旅游市场规模，共创旅游繁荣，实现世界旅游共同和谐发展。中国旅游需要世界，世界旅游需要中国。未来五年，我国出境旅游将超过6亿人次。“十三五”我国将建设世界旅游强国，在世界的舞台上越来越重要，影响越来越大。我国将与世界各国的旅游事业实现互利共赢，推动世界旅游共同发展。

1.2 提升旅游国际竞争力，推动全球和区域旅游合作

“十三五”期间，我国旅游业已进入国际化发展新阶段，提升国际竞争力已十分紧迫，事关我国旅游强国建设的重大战略。随着周边国家的发展，我国的旅游竞争力成本急剧上升，竞争不仅是局限于吸引入境旅游，国内旅游也面临激烈的国际竞争。目前，国内旅游市场被世界争夺，各国针对中国游客都制定了很多优惠吸引政策，造成了我国国内旅游业的空心化。“十三五”期间，我国应把提升国际竞争力的旅游开发摆到更加突出的位置，发力入境旅游提升，以务实、创新、科学的精神来培育和催生入境旅游发展新动力，把旅游业发展成特色产业、优质产业，制定出境旅游带动入境旅游发展的联

① 数据来源于李金早在首届世界旅游发展大会发表的《共建共享　相融相盛　世界因旅游更精彩》。

动机制，提升旅游国际影响力；不断寻找新的突破和新的高度，开发适合国际旅游的新产品，在入境旅游便利化政策制定与实施等方面下工夫。

我国是全球旅游区域合作的重要推动者，国家“一带一路”倡议赋予旅游跨区域融合发展新理念。“十三五”期间，我国将致力于加强与各国各地区合作，巩固并拓展双多边领域的交流与合作。如将积极围绕“丝绸之路经济带和21世纪海上丝绸之路”战略，推动开展一系列国际区域旅游合作，制定旅游合作发展战略规划，推动建立旅游部长联席会议机制和国际旅游联盟，启动国际旅游技术援助工程和旅游合作计划。在“十三五”期间大力推进跨境旅游合作区发展、边境旅游发展。从大湄公河次区域旅游合作到东盟自贸区建设，从60多个丝绸之路沿线国家旅游合作的推进到中日韩东北亚旅游合作的发展，我国将正成为跨国区域旅游合作的重要推动者。未来五年，经由“一带一路”旅游合作，我国将为沿线国家输送1.5亿人次中国游客、2000亿美元旅游消费，而其带来的设施互通、经济合作、人员往来、文化交融将为相关区域旅游发展带来巨大的发展机遇。

1.3　推进旅游国际合作，担当全球治理大国重任

我国旅游业将在促进第三世界发展中国家的经济发展中起到巨大的积极作用。“十三五”期间，我国将实施一系列旅游业国际合作项目，包括开展旅游资源开发与保护，力所能及地支持其他发展中国家。旅游业是增长最快的社会经济领域，不仅能激发经济增长活力、促进就业、吸引投资，还能提升当地人民生活质量，并且鼓励创业。对许多贫困的国家而言，发展旅游业是非常有效的消除贫困方式，作为一个大国，中国将积极通过旅游业承担责任，加入到全球治理的伟大事业中。中国通过开展国际旅游合作促进当地旅游就业，改善当地居民生活水平，促进世界扶贫减贫事业发展。

1.4　旅游外交将取得重大突破性成就

“十三五”期间我国将大力推进旅游外交战略。旅游让各国文化交流、碰撞、相容、共存，能够增进各国间的文化交流和各国人民间的友好往来，让人们发现世界的美好，建立不同种族和区域交流的桥梁，帮助人们消除成见，鼓励包容，对增进民族与文明间的相互理解、尊重和包容起着积极而独特的作用，更是促进世界和平发展的一个重要路径和领域。因此，“十三五”期间，我国的旅游将成为发出中国声音、讲好中国故事、加强中国与世界联系的重要平台。深化国际旅游交流合作，成为“十三五”阶段我国对外交往合作的重要内容；以“旅游年”等形式开展的国际旅游合作，制定方案并纳入旅游规划。2016年5月18日至21日首届世界旅游发展大会在北京通过成果文件《北京宣言》，世界经济论坛也于2016年首次落户中国，2017年举办第22届世界旅游组织大会及世界旅游业理事会（WTTC）大会等重大会议，为各国文化交流开辟了和平与发展的渠

道，全方位提升我国旅游世界影响力和国际化发展水平。同时，抓住举办世界冬奥会机遇，全面推动我国冬季旅游加快发展。

1.5 旅游“走出去”有所作为

“十三五”期间，我国正在成为全球旅游市场上重要的投资输出国，旅游企业也将“走出去”。随着“一带一路”倡议实施为旅游走出去创造了巨大空间和难得的平台。目前，我国是全球重要的新兴旅游投资国，国家旅游局积极协调旅游企业充分享受国家相关扶持政策，开展双边多边国际旅游合作，统筹国际国内两个市场，为我国旅游企业走出去进行国际投资创造条件、创造机遇、改善国际环境。未来五年，企业和投资走出去步伐加快、让世界分享中国旅游巨大的投资机会，分享世界上最大、最富潜力、最佳的旅游投资市场。以港中旅、众信等为代表的中国旅游企业近年来加快海外拓展步伐，各种收购兼并接连不断，其业务领域既各个方面，投资区域也包括亚洲、欧洲，也包括北美、大洋洲和非洲等世界各地。国家旅游局的数据显示，2015年，中国公民出境旅游人数达到1.2亿人次，旅游花费1045亿美元，同比分别增长12.0%和16.7%。在世界经济中中国游客在全球具有越来越大的影响力。

2. 中国旅游面对的世界

“十三五”，我国旅游发展规划将深入贯彻创新、协调、绿色、开放、共享的发展理念，以“改革创新、提质增效”为主题，以推进供给侧结构性改革、“双加双创”为引擎，着力转变发展方式，规范旅游市场，提升旅游质量，拓展和延伸旅游功能，推动旅游业转型升级，促进旅游发展与扶贫开发、农村发展、生态保护相融合，努力建成全面小康型旅游大国，为建设旅游强国奠定坚实基础。

2.1 旅游格局助推建构国家重大发展战略布局

“十三五”旅游发展呼应经济转型、扩大内需、拉动消费的新常态，与国家经济战略紧密结合。“十三五”期间旅游发展格局要主动依据国家战略进行优化调整，以“一带一路”“长江经济带”“新型城镇化”和“京津冀一体化”一系列国家重大发展战略为指引。旅游发展不仅是一个产业经济发展的选择，也具备了事关城乡和谐发展、社会稳定、人口就业、城镇化健康水平、人民素质提升等政治、社会价值。因此，综合谋划“十三五”地域旅游发展格局，将一带一路、京津冀、长江旅游经济带三大旅游区域合作作为旅游“十三五”发展的重点规划内容，构建重大旅游项目旅游地域新格局，才能推动旅游各项事业的发展。“十三五”期间，旅游发展将担负多重意义，旅游驱动型城镇化将成为未来中国旅游业发展的一项重大使命，将推动传统旅游由“资源独大”向

“多维开发”格局转变。新时期旅游产业发展更加强调区际之间合作和区域内部的整合，并充分发挥市场在推进区域合作中的决定性作用。因此，需要筹组建设跨行政区的区域旅游市场开发和投资建设联盟。

2.2 旅游供需侧改革引导内需与海外消费回流

“十三五”期间，我国将积极推进旅游业供给侧改革，扩大生态产品供给。以得天独厚的生态环境、丰富的资源作为发展全域旅游的重要载体，支持发展生态旅游、文化旅游、休闲旅游、山地旅游等，通过全域旅游试点为游客提供更多中高端产品。在适应消费加快升级，以消费环境改善拉动内需，释放消费潜力，以供给改善和创新更好地满足、创造消费需求，不断增强旅游消费拉动经济的基础作用。近年来我国游客在世界各地疯狂购物屡见不鲜，在经济新常态的背景下，我国应该改进产品和服务，积极引导海外消费回流，以重要旅游目的地城市为依托，优化免税店布局，培育发展国际消费中心，抓住自己人的钱包。同时，应充分发挥香港、澳门的独特作用，推进粤港澳区域旅游合作升级创新，充分发挥台湾的独特作用，大力促进海峡旅游合作升级创新。深化内地与港澳台的旅游合作，推进粤港澳旅游一体化、加强粤闽港澳台旅游产业互动、扩大内地与港澳台旅游交流，让海外消费通过粤港澳旅游渠道回流和升级。

2.3 大众旅游时代的“自驾车+高铁”“快旅慢行”休闲旅游

“十三五”期间，我国旅游业已经进入大众化发展的阶段，需要着力提升大众化旅游发展水平，实现新突破。“十三五”期间，各地旅游将沿着已经建成的高速铁路、“自驾车”沿着高速公路双沿线发展，两者共同作用双重叠加将对旅游空间格局划分产生重要影响，让全国旅游发展格局进入了一个新时代。因此，全国旅游格局将充分考虑高铁和高速自驾两大因素的影响，围绕全国重点旅游区域、重点旅游线路、重点旅游城市、重点旅游景区，在全国建设一批自驾车、房车营地，同时配套相关线路、设施，推动完善自驾车、房车旅游服务体系。开发休闲度假产品，将休闲旅游度假区、旅游休闲区、旅游休闲作为“十三五”亮点和抓手，大力推进适合大众旅游、散客化趋势的旅游公共服务体系建设，系统规划建设。培育大众化旅游消费新热点，鼓励开发市场需求旺盛的温泉旅游、滑雪旅游、邮轮旅游、滨海旅游、山地旅游、森林旅游、生态旅游等休闲度假产品。推进研学旅游全面开展，建设一批研学旅游基地；完善老年旅游服务规范，建设一批中医药健康旅游示范区，推出一批老年人养生度假地。大力推进旅游领域的大众创新、万众创业，让大众分享旅游发展机遇。同时，针对大众文明素质跟不上大众旅游发展步伐的矛盾，“十三五”期间各地要将文明旅游纳入规划，并取得实质性突破，塑造文明旅游国家良好形象。

2.4 以“全域旅游+泛旅游产业”进行旅游大开发

“全域化旅游”与“泛旅游产业”两大理念将是“十三五”期间旅游开发成熟区域进行旅游格局构建的重要指导理念。推进全域旅游是我国“十三五“阶段旅游发展战略的再定位，是一场具有深远意义的变革。旅游业内涵丰富、体系庞大，可以与生态战略、文化产业结合，并形成以自身为主的完整体系，将旅游产业打造成为提升区域社会经济发展的平台产业。新“全域化旅游+泛旅游产业”理念导向的区域空间开发格局将进一步加强。通过全域旅游，将各行业积极融入其中，各部门齐抓共管，全城居民共同参与，充分利用目的地全部的吸引物要素，为前来旅游的游客提供全过程、全时空的体验产品，从而全面地满足游客的全方位体验需求。“泛旅游产业“将大力发展包括邮轮游艇、大型游船、旅游房车、旅游小飞机、景区索道、大型游乐设施等旅游装备制造业，把旅游装备纳入相关行业发展规划；大力培育具有自主品牌的休闲、登山、滑雪、潜水、露营、探险等各类户外用品。“全域旅游+泛旅游产业”的关注点不再停留在旅游人次的增长上，而是旅游质量的提升，进而实现对区域内经济社会资源尤其是旅游资源、相关产业、生态环境、公共服务、体制机制、政策法规、文明素质等进行全方位、系统化的优化提升，实现区域资源有机整合、产业融合发展、社会共建共享，以旅游业带动和促进经济社会协调发展。

2.5 以“互联网+创新+创意+创业”开创旅游新局面

“十三五”期间，按照将旅游业建成人民群众更加满意的现代服务业的定位要求，大力提升我国旅游业的现代化水平，实现旅游格局构建的技术导向。同时，旅游是创新创意性很强的产业，是现代科技手段应用最广泛、最前沿、最密集、最活跃的领域之一，互联网科技创新成为旅游业向现代服务业转型升级的新动力。因此，大力推进旅游+互联网，用信息技术全面武装旅游业，为旅游发展插上腾飞的翅膀。同时制定鼓励旅游创新的鼓励政策，制定我国旅游科技发展的技术标准体系；推动构建国家旅游创新体系，召开我国旅游科技创新大会，搭建旅游创新发展的平台，鼓励企业创新、地方创新和社会创新，大力推进跨界融合的协同创新，鼓励企业自主创新，真正实现旅游创新业驱动战略。鼓励全面创新产品、创新旅游业态、创新旅游服务模式、创新管理模式、创新商业模式，形成满足现代旅游需求的现代旅游体系。

2.6 以五大理念促进旅游大发展

旅游的发展高度契合了五大发展理念——创新、协调、绿色、开放、共享，在五大发展理念指导下，旅游将更好更快发展。创新是旅游的原动力，是引领发展的第一动力，旅游业是产业创新、业态创新和技术创新的产物；协调是旅游业发展的本质特征，是持续健康发展的内在要求，因此旅游发展在地域上覆盖城乡，在内容上覆盖经济和社会、物质和精神，让旅游参与各方都满意并获利，协调也是旅游深入发展的重要保障；绿色是旅游的重要发展目标，是永续发展的必要条件，旅游业大发展，必须与生态环境质量的提高同步，"十三五"期间要基本形成主体功能区布局和生态安全屏障，丰富生态产品，优化生态服务空间配置，提升生态公共服务供给能力，推进生态环境质量的改善；开放是旅游加快发展的基本要求，是繁荣发展的必由之路，是旅游业发展的根本目的，旅游发展成功与否唯一的标准是体验是否良好，完全不受任何区划限制，所以必须开放。共享是把旅游发展的红利惠及更多的人群和区域，通过发展旅游，把旅游服务变成"我为人人，人人为我"的共享经济模式，共享是"权利"和"义务"或"责任"的统一体，"分享"发展成果和"参与"发展，让更多的人和区域获益。

2.7 旅游扶贫和旅游发展将成为美丽经济和幸福生活的融合体

随着大众旅游时代的悄然而至，旅游日益成为老百姓一种常态化的生活方式。"十三五"的五年，旅游将与扶贫相结合，旅游开发区结合国家重点扶贫地区，在"老、少、边、穷"重点贫困地区旅游区域合作和旅游目的地建设方面取得突破。旅游业是生活方式转型的重要产业，是体现生活质量的重要标志，愈发成为幸福生活的标志。"十三五"时期，我国旅游业将从打造国民福利、通向幸福生活方面入手。2015年，我国国内旅游突破40亿人次，国民人均出游2.98次，旅游收入超过4万亿元人民币。旅游业对GDP综合贡献超10.8%，旅游就业人数占总就业人数10.2%，对生活质量改善和经济发展的作用十分显著。"十三五"阶段，应从生活质量、生活幸福角度来提升旅游地位，把旅游作为一项重要的国家福利，惠及全民的幸福生活，使旅游真正成为国民幸福指数的重要指标。

总之，"十三五"期间，随着旅游地位的持续提升、旅游产业的质效升级、旅游要素的创新完善、旅游服务的软硬结合、旅游市场的理性发展，旅游业将成为名副其实的国民经济战略性支柱产业和人民群众更加满意的现代服务业。届时我国旅游将走向世界，我国的旅游将成为世界旅游。美丽中国将成为世界旅游强国，引领世界更多国家发展，完成伟大中国的复兴。

新消费驱动的旅游优质时代

（本文写作于2018年，所有统计数据截止于2017年）

2018年1月，国家统计局指出，我国经济出现了深刻变化，正转向以消费拉动经济增长为主。最近几年，我国整体消费环境发生巨大变化，需求端出现消费结构升级，供给端亦开启结构性改革。中国社科院日前发布的2018《社会蓝皮书》概括指出“供给侧结构性改革取得显著的成效，使得消费和第三产业在国民经济当中的拉动作用不断增强。”2017年，社会消费品零售总额达36.6万亿元，总体规模不断扩大，年增速持续保持两位数。中国消费需求升级成为旅游业快速发展的强大动力。麦肯锡研究所认为“中国消费习惯将促进企业创新，引领全球消费新潮流”。随着国内居民人均收入的增长，旅游消费需求不断释放，已成为日常消费的重要选项。消费需求和生活观念的转变为旅游业带来了新的发展方向，同时，也为我国新时代的社会主要矛盾，即人民日益增长的美好生活需要和不平衡不充分的发展之间的矛盾的解决提供了新的思路。

1. 旅游消费盘点

1.1 旅游消费拉动经济增长的作用明显

世界旅游城市联合会发布的《世界旅游经济趋势报告（2018）》显示，2017年全球旅游总人次（包括国内和国际旅游人次）将达118.8亿人次，为全球人口规模的1.6倍。全球范围内，参与旅游的群体不断扩大，旅游消费已然成为全球民众的重要生活方式。2017年全球旅游总收入（包括国内和国际旅游总收入）达5.3万亿美元，相当于全球GDP总量的6.7%。旅游推动全球经济增长的作用更加明显。

党的“十八大”以来，旅游消费对我国的经济增长的贡献率稳步提升，充分发挥了“稳定器”和“压舱石”作用。2017年，最终消费对中国经济增长的贡献率为58.8%，连续4年成为拉动经济增长的第一驱动力，消费发挥着拉动经济增长的基础性作用。随着我国城乡居民国内旅游人均消费水平逐年增加，2016年人均旅游花费增长至880元，国内旅游人次达45.78亿，实现旅游业收入3.9万亿元，同比增长14.1%，人均旅游消费在个人日常花费中占比持续提升。国人的消费方式已经发生了改变，转变的背后亦是经济新常态下中国经济发展的现实投射。

随着我国旅游行业转型升级深化，国内旅游业保持了中高等速度增长，在宏观经济大环境的支持下，人们可支配收入增加，日益富裕，旅游品位提升，对更高层次的旅游消费内容扩大，更加注重品质。过去一年，旅游开始成为人们重要的休闲生活方式，不再仅仅涉及酒店、机票、门票和餐饮等消费。2017年，国内旅游市场为50亿人次，年均增长11.08%；入境游人数1.39亿人次，年均增长1%；其中外国人为2910万人次，年均增长1.4%；出境旅游市场为1.29亿人次，按可比口径年均增长9.17%。(原)国家旅游局数据显示，国内旅游人数增幅高达13.5%，是出境游的两倍；国人平均每年在国内旅行超过3次，而国内游市场规模则是境外游的40倍。旅游研究机构景观(Phocuswright)公司分析，"随着中国市场的快速增长，所有人都开始关注这个国家人数达4亿的千禧一代，他们将成为航空、酒店、主题乐园、赌场和邮轮消费的主力军"。我国继续保持世界第一大出境旅游客源国和全球第四大入境旅游接待国地位。

我国旅游业的快速健康发展有助于扩大内需，提供更多就业机会，带动相关产业协同发展，对拉动国民经济增长有显著的作用。2017年，我国旅游业综合贡献8.77万亿元，对国民经济的综合贡献达11.04%，对住宿、餐饮、民航、铁路客运业的贡献超80%，旅游直接就业2825万人，旅游直接间接就业8000万人，对社会就业综合贡献达10.28%。截至2017年底，全国已有144支旅游产业投资基金，总规模超过8000亿元。2017年全国旅游投资达1.5万亿元，同比增长16%。显然，我国旅游业经济效益大幅提升，成为中国经济增长新引擎。

1.2 我国旅游消费的全球治理、走向世界和社会效益

自"一带一路"国家倡议提出来之后，伴随着我国外交政策的转向，旅游业在外交领域也越来越发挥出更大的作用。我国的旅游不断深化国际合作，举办中国—欧盟旅游年、上合组织旅游部长会议、中俄蒙旅游部长会议、中国—东盟旅游合作、东北亚旅游合作、中美旅游高层对话等活动，统筹出入境旅游市场优势，深化"一带一路"旅游国际合作，积极参与全球旅游治理体系改革和建设，不断贡献中国智慧和方案，全面提升我国旅游综合竞争力和国际影响力，也展现出新形象。

周游世界的中国游客成了中国互联网巨头打入海外市场的最佳切入点。如支付宝和微信支付向海外扩张时，主要针对的都是中国出境游客。在中国游客常去的机场免税店、景点、餐馆和便利店等地方寻找合作伙伴。支付宝和微信支付现在正在开发的市场和正在投入资源的市场，与分布在东南亚、欧洲、北美洲和东亚等中国游客的热门出境旅游目的地是吻合的。ofo和摩拜、O2O企业和充电宝租赁公司在海外推广也瞄准了走向世界的中国游客。

在旅游数字化时代，我国的消费者与全球旅游商家直接互动，间接带动全球的旅游商家不断推陈出新，引导全球旅游新消费模式，同时不断促进国内的社会创新发展。旅

游业社会综合效益日益凸显。2017年，我国人均出游已达3.7次，旅游成为衡量现代生活水平的重要指标，成为人民幸福生活的刚需。同时，每年近50亿人次的旅游市场，成为实现中国梦、传承中华文化、弘扬社会主义核心价值观、提升国民素质、促进社会进步的重要渠道。同时，我国将加快建设世界旅游强国，使广大海内外游客的获得感、幸福感、安全感更加充实、更有保障、更可持续。

2. 新消费和旅游相互驱动

2.1 旅游发展不断推动新消费

在我国各阶层中急速发酵的旅游热正在成为全球旅游业增长的关键力量，这股旅游热也在重塑中国的国内经济。在向消费导向型经济转型期间，我国快速增长的旅游行业成为关键动力。我国旅游产业将在结构和内容上发生更深层次的变化，有融合、有创新，更有大浪淘沙般的行业洗礼。旅游新兴业态保持快速增长，传统旅游业的创新转型成效突出。立足行前、行中、行后消费场景，创新更多旅游消费新业态新产品和新服务，呈现出国内国外、线上线下、旅游生活化、多产业融合交叉发展的趋势。旅游消费需求端的变化已传导至上游供给端。旅游业的增长也带动了国内诸多产业的发展，从滑雪胜地到热带酒店，再到高端的火车及飞机制造产业，旅游业带来的改变正在加速中国经济发展转型。

随着经济发展，平民化、年轻化、个性化旅游时代已经到来。旅游者追求个性的展现，对个性化的产品和服务的需求越来越高，越来越追求那些能够促成自己个性化形象形成、彰显自己与众不同的产品或服务；随着社会财富的普遍增长，闲暇时间的稳定增多，以及人们认识观念的改变，旅游者渴望休闲放松，传统的观光旅游将被内涵和外延都深广得多的休闲旅游所取代；旅游者喜欢参与性强的旅游活动，与观光性旅游相对，旅游中游客不仅用视觉和听觉，还要能通过肢体活动和身边的事物产生联系，如探险旅游；旅游者希望获得非比寻常的体验，注重旅游中所体验到的美好感觉，还希望在旅游过后也能留下难忘的回忆。邮轮游、海岛游、冰雪游等度假旅游消费增幅巨大，体验性旅游消费支出比例增大。如今的中国游客有了更多可支配收入，开始寻求更有异域风情的目的地。

当前我国的旅游消费呈现出消费大众化、需求品质化、竞争国际化、发展全域化、产业现代化等发展趋势。中国旅游研究院与蚂蜂窝联合发布《重新发现世界：全球自由行报告2017》指出，我国已全面进入“碎片化旅游时代”。新消费主体正自下而上地加速着供应链的迭代，消费移动化、需求个性化、目的地IP化、产品细分化的趋势日益明显。全世界都在迎合中国游客不断变化的消费习惯，亚太地区的许多目的地都从中获益，尤其是泰国、日本、新加坡、韩国、马来西亚和美国。随着中国出境旅游发展，得益于签证政策放宽，菲律宾、马来西亚、越南和其他国家也迎来了更多的中国游客。通过支付宝移动钱包等为身在国外的中国游客提供旅游折扣券和优惠券，使得接待中国游客的国外酒店、航空公司和定制旅行社都因此而受益匪浅。

随着理性消费时代的到来，我国出境旅游已经进入“消费升级”阶段，曾经占到游客海外消费一半以上的购物预算会进一步减少，我国出境旅游支出增幅也将降低。无论是住宿、餐饮、购物，还是文化消费，我国出境游客都更加愿意深度体验目的地生活。数据显示，自2015年以来，我国游客出境游人均购物总支出下降了8%。2016年中国游客出境游人均花费为2万元人民币，其中，非购物支出占到了三分之二。新一代中国游客更有可能在精致美食和文化体验上花大价钱。以研学旅游为例，我国研学旅游发展迅猛，游学市场一年比一年火热。2017年，我国游学人次已经增长至340万，境外游学人数增长至85万。

中国旅游研究院指出：中国游客出境游的习惯正在发生改变。消费行为已经明显减少，游客对目的地的选择从以购物为导向的目的地向更广泛的目的地转移。经过十多年的高速增长，中国的出境旅游市场正在进入中低速稳定增长的新常态。在海外消费模式方面，构成出境旅游主力军的中产阶层正在从早期的疯狂购物转向深度旅游。不喜欢购物而喜欢到全世界游荡的新一代中国游客正在重塑全球旅游新格局，同时，旅游的小众消费将有共同的兴趣爱好、价值观、生活情怀的不同维度的人聚集在一起，形成全球化的以社群为核心的消费群体。

人们越来越重视体验感。例如作为人们追求极致精神满足的代表，近年来以极地旅游为代表的高端旅游获得了爆发式增长，我国的南极游客从2008–2016年增长了近40倍，从不足100人增加到3944人，已成为全球第二大赴南极旅游客源地。如詹姆斯·哈金在《小众行为学》中所说：“我们熟悉的主流市场正在崩溃，人们更愿意围绕在他们真正热爱的东西周围，或者通过感兴趣的亚文化与来自不同领域的人们集聚成小组，愿意成群地连接在一起，通过传看周围的信息发现我们想要买的商品、想要走的路以及值得去倾听的东西……”

2.2 新消费不断催生“旅游+”新业态新产品

新动能迸发新活力，我国旅游新业态转型升级态势更加明显，进而掀起了一轮旅游供给侧结构性改革。旅游供给侧结构性改革深入推进，伴随着中产阶层规模的扩大，新的消费群体推动了我国旅游业新消费业态出现。一场围绕旅游消费业态升级，转变发展理念的行动已经在路上。在旅游消费持续景气之大背景下，旅游产业高速向前。

随着旅游变成本地生活的异地化，其内涵不断延伸，与多产业产生交叉融合，“旅游+”成为旅游业与其他产业融合发展的新模式，湿地旅游、中医药健康旅游、体育旅游、冰雪旅游、工业旅游、森林旅游、研学旅游等争相发展，交通、住宿、餐饮、景区都已呈现全域旅游态势，又更新出与其他产业交融相促的形式。旅游的功能得到极大扩展，也为人们旅游消费提供了新的选择。

我国旅游产品结构将极大优化，以邮轮旅游、自驾车房车营地、低空旅游为代表的“海陆空”旅游新业态新产品不断丰富，体育游、文化游、康养游、研学游等融合产品层出不穷。随之的旅游消费产品旅游业态将会有更多样的创新。与乡村振兴相关的旅游仍是旅游热点，旅游与科技方面的结合也会有一些新的进展。与旅游相结合的跨界创新项目，包括旅游与生态建设、乡村振兴、新型城镇化、产业转型升级的结合将会成为焦点，如康养、体育旅游、户外运动、特色小镇、田园综合体等。伴随着政府推动发展方式转变、经济结构调整，将为旅游业带来新的发展机遇。

3. 优质旅游时代的展望

近40年来，我国旅游业增长迅速，但在旅游的发展速度、数量和质量、效益之间还存在不平衡问题。在旅游消费领域，我国的产品质量、技术研发和创新能力还落后于消费结构升级的需要。新时代我国经济已由高速增长阶段转向高质量发展阶段。我国旅游产业提升质量远比注重发展速度更为重要。人们对旅游优质服务、产品的评判标准更加挑剔，这要求旅游在快速发展过程中需要时刻坚持高标准、严要求，为消费者提供质量信得过的产品和服务。提升发展质量迫在眉睫。

优质旅游是能够很好满足人民日益增长的美好生活需要的旅游。优质旅游是更加安全的旅游、更加文明的旅游、更加便利的旅游、更加快乐的旅游，是旅游从“有没有”转向“好不好”。进入新时代，旅游业作为对国民经济、社会就业综合贡献均超过10%的战略性支柱产业，无论从国家宏观发展要求，还是从自身产业发展需要来看，将从旅游高速增长阶段转向优质旅游发展阶段。

我国旅游将从高速增长阶段转向优质发展阶段。将大力实施“优质旅游”品牌战略，要重点针对当前旅游消费需求显著提升、多元化发展和旅游市场供给不平衡、不充分的矛盾，营造更好的旅游消费环境，在中高端消费、绿色低碳、分享经济、现代供应链、资本服务等领域培育新的增长点，努力释放旅游消费需求的潜力。

树立中国旅游品牌优质形象，要通过提升旅游消费品的标准和质量，开展中国旅游市场“品质革命”，使之成为打造“中国旅游强国”的契机，以先进标准引领旅游消费品质提升，通过需求端的升级倒逼旅游产业升级，增加“中国优质旅游”有效供给、满足优质旅游消费升级的需求。同时，推出若干中国旅游品牌，在国际上树立中国旅游品牌优质形象，为打造世界旅游强国树立中国品牌。

第二篇

国际视野中的中国旅游

"16+1"旅游——跨越两大洲的握手

（本文写于2018年，文中数据截止于2017年）

新年伊始、春节将至，习近平主席的5场外交都集中在欧洲：法国总统马克龙、北欧和波罗的海国家议会领导人、英国前首相卡梅伦、英国首相特雷莎·梅、荷兰国王威廉—亚历山大和王后马克西玛。同时，习近平主席在北京人民大会堂集体会见芬兰、挪威、冰岛、爱沙尼亚、拉脱维亚、立陶宛和瑞典七国议会领导人时说："要对接各自发展战略，拓展务实合作领域和渠道，特别是加强在'一带一路'倡议框架下的合作，共享亚欧大陆互联互通带来的发展红利。"随着旅游在国际交往中的独特作用不断凸显，"连接中国和欧洲的桥梁""中欧之间的纽带""欧洲东大门"……这些形容词显示出中东欧地区的重要性，也折射出"16+1合作"中国—中东欧国家旅游合作的现实意义。

1．"16+1"旅游合作的缘起和意义

1.1 缘起

2012年4月，在中方倡导下，中国—中东欧国家合作"16+1"合作在华沙起步，提出促进合作的12项举措。这是中国提出的新型区域合作倡议，是中欧关系的重要组成部分和有益补充。"16+1"合作是一个双边和多边框架，主要体现在贸易、投资和运输网络等几个领域。"16+1"合作助推中欧关系均衡发展，为欧洲一体化进程注入正能量。作为"16+1"合作框架下的重要内容，旅游合作已经成为中国和中东欧国家双边合作的闪光点和增长点。

我国与中东欧国家历史交往密切、传统友谊深厚，从旅游资源禀赋、人文环境等方面看，我国和中东欧国家旅游合作潜力巨大。在消费升级大背景下，随着旅游线路的深度开发，在意大利、法国、瑞士等西欧国家之外，我国越来越多的游客将目光投向了捷克、波兰、塞尔维亚等中东欧国家。中东欧16国地理位置不同，历史背景不同，旅游资源非常丰富，风景秀丽，与西欧国家区别较大。5年来，在领导人会晤引领下，"中国—中东欧"旅游合作做到了双向推进、有的放矢、政策支持。中东欧小规模、高质量、有特色的旅游不断吸引中国游客。同时，中东欧民众对中国的了解也不断加深，更多中东欧游客也来到中国旅游。"16+1"合作旅游力度不断加大，取得长足进展，成为具有重

要影响的跨区域合作机制，多边开放合作中的一道亮丽风景线。

1.2 意义

“16+1”框架下的旅游深化促进中国—中东欧合作和中东欧经济复苏。旅游作为国家合作的重要组成部分和重点领域，有助于促进中国和中东欧国家人员交流，深化人民间的相互了解，巩固传统友谊，助力各国经济发展。

“16+1”框架下的旅游合作有利于把中欧旅游合作从西欧、南欧、北欧和俄罗斯向中东欧扩展，进一步完善中国旅游开放格局。我国和中东欧国家旅游资源十分丰富，双方民众旅游合作诉求持续提升，旅游合作前景十分广阔。

“16+1”框架下的旅游合作既是落实“一带一路”倡议，又能推动中东欧国家共享亚欧大陆互联互通带来的发展红利。以“16+1”合作为依托，共商、共建、共享，推动“一带一路”倡议与欧洲投资计划乃至促进全球经济持续复苏，现实意义和战略意义重大。

“16+1”框架下的旅游合作是我国和中东欧国家开展国际交往的重要载体。旅游传播中国声音、讲好中国故事，对双方在政治、经济、社会等领域开展全面合作具有重要的积极作用。

“16+1”框架下的旅游合作是维护世界和中欧团结、稳定、繁荣的重要机制，是中欧整体合作的重要组成部分，助推中欧和平、改革、增长、文明四大伙伴关系发展。

“16+1”框架下的旅游合作是我国和中东欧国家优化经贸合作的重要抓手。旅游合作在经贸合作中的地位不断上升，2016年，我国对外旅游服务贸易额高达3055亿美元，占对外服务贸易总额46.2%；其中，旅游服务贸易进口额2611亿美元，占我国服务贸易进口额58.8%。深化扩大旅游合作，对于优化我国和中东欧国家双边贸易结构，促进双边贸易平衡发展具有重要意义。

“16+1”框架下的旅游合作是我国和中东欧国家进行人文交流的重要平台。我国和中东欧国家都有着悠久历史和灿烂文明，双方开展旅游合作，能够有效地拉近双方民众之间的地理距离和文化距离，为各类科技文化交流创造良好的人文环境，对于实现民心相通具有重要意义。

2.“16+1”旅游合作回顾和措施

2.1 回顾

2012–2017年，“16+1”合作已走过5年的历程。从2012年华沙会晤、2013年布加勒斯特会晤、2014年贝尔格莱德会晤、2015年苏州会晤、2016年里加会晤到2017年布达佩斯会晤，“16+1”框架下的旅游合作取得巨大成就和丰硕成果。2011–2016年，中国与中东欧国家双向旅游交流人数由50.7万人次增长到124.9万人次，增长146.3%。2017年，我国与中东欧各国间互访游客人数继续增长。中东欧16国均已成为中国公民出境旅游目的地国，5年间到访中东欧的中国游客从28万人次增加到93万人次，双向留学生规模翻了一番。

“中国–中东欧国家文化遗产论坛”成为中国–中东欧文化遗产领域的一大盛事。5年来，中国–中东欧国家文化遗产部门和专家学者的工作互访、人员交往逐步紧密，学术交流逐步由小到大、由浅入深、日益丰富。例如我国与塞尔维亚、罗马尼亚在促进文化遗产领域交流合作及就关于防止盗窃、盗掘和非法进出境文化财产达成协议。

5年来，中国–中东欧国家文物交流合作不断加深，文物展览成为双方人文交流最受欢迎、最具特色的活动。我国赴波兰、捷克、匈牙利、罗马尼亚、拉脱维亚、立陶宛等国，5年累计举办10个中国文物藏品展览，赴中东欧国家“华夏文明洲际行”活动和“华夏瑰宝展”系列等基本覆盖东欧；波兰、捷克、匈牙利、罗马尼亚赴中国举办6个文物藏品展览，促进文明交流互鉴。5年间，中国与中东欧国家之间新开6条直航航线，由国航、海航、东航和川航等航空公司执飞。

2014年5月，我国（原）国家旅游局和中东欧各国相关旅游管理机构共同设立中国—中东欧国家旅游促进机构及企业联合会，发布《中国—中东欧旅游促进机构与旅游企业联合会行动计划》，对我国和中东欧全面开展旅游合作进行了顶层设计。

2015年，为中国—中东欧国家旅游合作促进年。双方在苏州达成《中国—中东欧国家合作中期规划》。

2016年，我国赴中东欧出境游人次同比2015年上涨229%，东欧国家捷克在我国新增3家签证中心，分别位于成都、重庆、昆明。波兰、捷克、匈牙利、塞尔维亚、斯洛伐克成为中国游客人次增长最快的五大目的地。

2017年，赴欧洲旅游中国公民达到1360万人次，比2016年的1200万人次增长了13.4%。

2018年1月19日，“2018中欧旅游年”开幕活动在威尼斯举行，我国和欧洲共同携手发展旅游业。

2.2 “16+1”框架下的旅游发展措施

“16+1”合作机制建立以来，我国与中东欧多国在旅游方面不断加强合作，中东欧旅游持续升温。中欧交流日趋频繁深入，中东欧16国不断实施对华利好的政策，催热中东欧大批新兴旅游目的地崛起，成为中国出境游市场上的新宠。

我国政府一直力推中东欧游。2017年，李克强在第六次中东欧会议上讲：“我们要进一步加强旅游合作，简化签证、人员通关手续，营造便捷、安全、舒适的旅行环境，力争2020年实现双向旅游交流人数200万人次的目标。”2018年，我国为中东欧国家提供

200个免费旅游培训名额，组织百名旅行商和记者赴中东欧踩线采风。

中欧“16+1”在扩大旅游往来规模、健全工作机制、人员往来手续便利化、宣传推广、共建丝路旅游带、地方及企业合作、旅游人才培养等领域建立了一系列合作机制。“16+1”中欧双方旅游管理部门开展了一系列合作：进行联合市场营销推广，相互支持参加对方国家举行的旅游交易会，相互邀请旅行商和媒体采风，共同开发旅游线路和产品等。在文化遗产保护和复原、考古发掘和研究、互设展览、专家培训及其他领域积极开展合作，通过举办各类专题研讨会、合作论坛以及教育、科技、文化和艺术等领域的互访，加深了相互了解。

“16+1”中欧双方不断提高旅游便利化程度。我国和中东欧国家在简化签证、人员通关、旅游服务等方面合作日益深入，民众双向旅游交流的意愿显著增强，免签与直航成为增加旅游客流的法宝。中东欧旅游曾存在各国签证中心在国内分布不均衡问题，导致办签需跨城市甚至跨省，抑制了“16+1”旅游需求。在双方努力下，近两年签证环境进一步优化。2017年1月，塞尔维亚与我国签署互免签证协议；4月，塞尔维亚邻国黑山对我国实施签证便利化措施。我国和中东欧国家在提升旅游服务水平、推进游客互访签证、增加直航航班航线方面取得较快进展，成绩显著。

“16+1”各方认识到旅游领域的巨大潜力，支持采取措施促进旅游合作，包括定期交流、分享经验、联合开展旅游调研、相互组织营销活动、加强旅游企业交流联系、打造区域旅游产品等。随着我国和中东欧各国开展旅游合作，特别是旅游创业、旅游投资、旅游贸易等新型旅游合作的深入，各方致力于继续推动人员往来便利化，有效助推了双方在住宿、餐饮、基础设施、制造业等领域的全方位经贸合作，为政治、外交、人文等领域开展全方位合作奠定良好的基础。

“16+1”旅游合作机制作为加强中国和中东欧国家友好关系的基石，合作各方支持青年通过互访、短期学习和奖学金计划等开展交流。“未来之桥”是中国—中东欧青年研修交流营活动，探讨在中东欧国家建立中国—中东欧青年发展中心的可能性。

我国各地区，尤其是东部沿海地区充分把握“16+1”合作机制，面对中东欧旅游合作的重大机遇，积极加强和中东欧各国的旅游合作。“16+1”框架下的旅游合作区域性和地方性的双边合作势头良好。

3．展望

随着我国经济已由高速增长阶段转向高质量发展阶段，我国和中东欧国家旅游合作前景十分广阔。合作不仅有利于扩大中国出境旅游市场，也为中欧开展新的旅游经济合作提供了广阔前景。随着塞尔维亚免签，捷克泽曼总统率政要和商务代表团在沪举办“旅游投资研讨会”，拉脱维亚希望发挥其“丝绸之路”和“琥珀之路”交会点的区位优势，

2018年中欧旅游年举办等利好信号频传，我国游客赴中东欧旅游的热度将进一步提升。

2018年举办中国–欧盟旅游年的协议已正式签署，“16+1”中东欧国家的保加利亚、捷克、波兰、爱沙尼亚、斯洛伐克等欧盟成员国纷纷表示，将进一步开发更适合中国游客消费习惯的旅游产品，促使旅游市场不断升温。

根据《中国—中东欧国家合作布达佩斯纲要》，一系列与旅游相关的会议将会举行：2018年在塞尔维亚贝尔格莱德举办第三届中国—中东欧国家交通部长会议，2018年在捷克举办首届中国—中东欧国家航空论坛，2018年布达佩斯举办中国—中东欧国家央行行长会议，2018年波黑莫斯塔尔“16+1”农业投资与装备合作博览会，2018年保加利亚普罗夫迪夫举办“16+1”国际农业示范园博览会，2018年塞尔维亚举行第二次中国—中东欧国家林业合作高级别会议，2018年匈牙利举办第二届中国—中东欧国家新闻发言人对话会，2018年第六届中国—中东欧国家教育政策对话和中国—中东欧国家高校联合会第五次会议，2018年举办第三届中国—中东欧国家文化创意产业论坛，2018年马其顿举办第五次中国—中东欧国家高级别智库研讨会等交流活动，2018年克罗地亚在杜布罗夫尼克举办第四次中国—中东欧国家旅游合作高级别会议，2019年在华举办第二届中国—中东欧国家文化遗产论坛……中东欧与中国旅游机构将进一步密切合作，中国—中东欧国家旅游协调中心将在中国推广中东欧国家旅游品牌，中东欧旅游主管部门进一步做强中东欧旅游品牌。2018年在布达佩斯举办第三届中国旅游信息日活动。总之，会议和活动极大地促进了“16+1”框架下的旅游发展。

同时，文化旅游方面也有很大的举动。2018年，在我国举办的活动包括第二届“16+1”艺术合作论坛、第二届中国—中东欧国家非物质文化遗产保护专家级论坛、首届“16+1”图书馆联盟馆长论坛、第二届“16+1”舞蹈冬令营、首届“16+1”爵士乐夏令营；2018年，中东欧国家举办第四届“16+1”舞蹈夏令营，马其顿共和国设立“16+1”文化合作协调中心，各方通过“16+1”舞蹈文化艺术联盟、“16+1”音乐院校联盟和“16+1”艺术创作与研究中心等平台不断开展深度交流与旅游务实合作。

在“旅游+”方面，“16+1”各方将加强体育领域合作，鼓励各级体育组织建立直接联系，开展交流，探讨举办研讨会和联合训练营、开展长短期教练交流、分享管理经验、合作建设体育设施。同时，以北京2022年冬奥会为契机加强冬季项目旅游交流，在中东欧国家开展武术活动，开展“16+1”体育旅游合作。

总之，随着“16+1”旅游合作的不断推进，李克强总理提出2020年双向旅游交流人数200万人次的目标指日可待！

从亨利护照指数来看我国旅游发展的任重道远

（本文写作于2018年，统计数据截止于2018年5月）

在今天这个全球化的世界中，签证规定在控制外国国民跨越国境时扮演着极为重要的角色。而同时，全球化与国家主权的拉锯战依然进行，而大趋势下的个人又有不同程度的自由选择自己的国民身份。国家护照的含金量为世界各国人民所关注。因为，它不仅仅是一个国家或地区影响力的象征，更是和各国民众出国旅游等切身利益息息相关。透过一本小小护照，窥探我国旅游的时事变迁。

1．亨利护照指数

1.1 相关概念

护照（Passport）是一个国家的公民出入本国国境和到国外旅行或居留时，由本国发给的一种证明该公民国籍和身份的合法证件。Passport在英文中是口岸通行证的意思，也就是说护照是公民旅行通过各国国际口岸的一种通行证明。在国际舞台上，护照的价值远超于每个国家自己颁发给公民的“身份证”。护照诞生于1540年亨利五世的英国，并从1914年一战爆发时开始需要添加照片。

护照不仅是简单的旅行证件，它既是通往国际机会的门户，也是通向这些机会的障碍。一直以来，国家护照的含金量为世界各国人民所关注。因为，它不仅仅是一个国家或地区影响力的象征，更是和各国民众出国等切身利益息息相关。

签证（visa）是一个国家的主权机关在本国或外国公民所持的护照或其他旅行证件上的签注、盖印，以表示允许其出入本国国境或者经过国境的手续，也可以说是颁发给他们的一项签注式的证明。概括说，签证是一个国家的出入境管理机构（如移民局或其驻外使领馆）对外国公民表示批准入境所签发的一种文件。

出国旅游有三种常见签证。①互免签证：双方人员持有效的本国护照可自由出入对方国境；②单方免签：单方面允许中国公民免签入境；③落地签：申请人不直接从所在国家取得前往其他国家的签证，而是持护照和该国有关机关发给的入境许可证明，等抵达该国口岸后，再签发签证。

中国公民签证要求是指世界各国家和地区对中国公民的签证要求。中华人民共和国公民出入境时，会因为持有护照种类的不同而有不同的签证要求。免签入境并不等于可无限期在协定国停留或居住，根据协定要求，持有关护照免签入境后，一般只允许停留不超过30日。持照人如需停留30日以上，按要求应尽快在当地申请办理居留手续。免签或落地签国数量的多少，被认为是衡量一国软实力的指标。

出国旅游或者公干的人往往会更能体会到护照的重要性。在出国时不仅需要办理好护照，同时还需要办理好签证，这样才能顺利出行。

“亨氏护照指数”（Henley Passport Index），也被称“亨氏签证受限指数（Henley Visa Restrictions Index）”，是目前最权威的针对全球不同国家的公民旅行自由度的排名。亨利和合作伙伴（Henley & Partners）顾问公司分析研究了世界上所有国家和地区的签证规定，之后按照不同国家的公民前往海外所享有的免签证国家数而创建了这一指数，排名是根据国际航空运输协会（IATA）的数据和亨利咨询公司自己的研究结果排定的。

“亨利护照指数”从2006年起，已经更新了13年，它也成为了目前最稳健可靠的指数。排名系统是基于在不需要申请签证的情况下，本国公民持有该国护照可以进入的国家数量而统计的。

指数计算方法如下：

内部因素：

（1）人类发展：根据联合国人类发展指数计算，包含医疗保健、教育和生活水准三个维度。

（2）经济实力：根据购买力评价计算的GDP

（3）和平稳定度：根经济与和平研究机构发布的全球和平指数计算。

外部因素：

（4）赴国外旅游自由度：即无需签证或落地签证可以去海外旅游的国家数量，按照国家大小计算加权值。

（5）赴国外定居或工作自由度：即无需签证或落地签证可以去海外旅游的国家数量，按照国家大小计算加权值。

Henley & Partner的名单是金融公司根据他们提供给公民的访问权对全球护照进行排名的几个指数之一。其他还有阿顿资本公司（Arton Capital）的护照指数。

1.2 亨利护照指数的意义

现代护照和签证体系的出现，与现代民族国家的诞生有着密切的联系。签证制度本质上是国家边界管理职能的“位移”。如今，拒绝和允许他国国民入境，已经成为国家行使主权的一个标志。这一数据直接反映了不同国家的公民持有护照所享有的免签国家数量，这一数据同时也反映了不同国家以及地区的经济发展水平和国家外交水平。

在当今出境旅游和办公越来越频繁的今天，“亨利护照指数”被公认为是权威的护照指数排名。一个国家的护照自由度，一定程度上反映了这个国家的国际地位以及外交地位。

在美国，公共领域关于经济方面的讨论通常集中在钢铁价格或者廉价手工制品上。但在中国，公共话语往往集中在人的消费力上。随着我国游客的涌出，也输出到了海外。如果想要衡量中国消费者是如何重塑世界的，看看他们走出国门的脚步就可以了。中国不允许多重国籍，而中国护照一旦放弃很难重新申请。亨利护照指数对于现今的中国也就越来越重要了。这对庞大的海外华人群体和不断出国的公民而言，无疑是一种限制和考验。对于普通的民众来说，护照含金量的提高，免签国家增多，将带来出行的便捷。

但是，我们也要看到，与中国签有免签协议和单方面给予中国免签的国家，多为旅游岛国或第三世界国家，而与我国有大量经贸联系、文化联系的西方发达国家与我国却没有建立此等制度。一些国家并没有完全开放免签或落地签，如马来西亚、乌拉圭的“免签”，菲律宾“落地签”，都需要一系列限制条件。有些国家还可以参加旅行社跟团的方式免签进入，例如俄罗斯对团队游客开放免签政策。有些国家坐邮轮前往是免签的，航线选择也很多。

曾经中国与全球化智库（CCG）及中国社会科学院共同在京发布的《国际人才蓝皮书》（2014）指出，国际人才在中国“流入”“流出”失衡，造成这种现象的原因之一是，我国护照“含金量”较低，阻碍了人才流动。与中国签有免签协议和单方面给予中国免签的国家，多为旅游岛国或第三世界国家，而与我国有大量经贸联系、文化联系的西方发达国家与我国却没有建立相应的便利化制度，这阻碍了人才的流动，也不利于双方之间的经贸、文化往来。

2. 亨利护照指数与旅游

2.1 最新亨利护照指数

截至2018年5月25日，英国亨氏顾问公司发布了最新的*Visa Restrictions Index 2018*报告和最新的“亨利护照指数”（Henley Passport Index），对可免签前往国家的数量，对全球护照进行排名。在本次的排名榜中，亨利护照指数再次得到了更新，而这一次较比与2018年1月时的排名，发生了重大改变。

日本凭借免签189个国家/地区排名第一。

德国和新加坡排名第二，免签188个国家/地区。

排在第三位的是瑞典、芬兰、意大利、西班牙、丹麦、法国和韩国，187个免签目的地国家/地区。

排名第四的是奥地利、卢森堡、荷兰、挪威、英国、美国和葡萄牙，共有186个免签目的地/国家。

排在第五名的共有4个国家，分别为比利时、爱尔兰、瑞士和加拿大，免签证可进入185个目的地国家/地区。

排在前十的还有新西兰、捷克共和国和马耳他，他们的免签国为182个；冰岛181个；匈牙利、斯洛文尼亚和马来西亚180个。立陶宛、拉脱维亚和斯洛伐克排名第10，免签证可进入179个国家。

苏丹、也门、巴基斯坦、索马里和叙利亚、阿富汗和伊拉克排名最后。中国香港排名第16，中国台湾排名第26，中国澳门排名第29，印度排名第76。

2018年排名提升最快国家/地区：乌克兰2017排名58，2018排名38，当前免签国家/地区数128；佐治亚2017排名68，2018排名49，当前免签国家/地区数111；中国2017排名85，2018排名68，当前免签国家/地区数中国虽然排名第68，但中国成为2018年排名提升最快的三个国家之一。

2.2 我国的亨利护照指数

根据最新发布的“亨利护照指数”榜单显示，中国的护照则从年前的75名，上升到了68名，可免签国家也新增加了10个。截至2018年8月10日，中国可免签国家已经达到了71个。上升速度可以说相当快，而2017年时，中国才排到85名，可免签国家只有51个。中国暂时排名并不靠前，但值得让人注意的是，中国的增长速度位于世界第三，排名上升了17位。

根据外交、领事部门发布的最新信息，最新的签证便利政策包括，卢旺达政府自2018年1月1日起对中国在内所有国家公民实行落地签证政策；2018年1月16日，中国和阿联酋互免签证；中国和波黑两国签署互免签证协定，2018年5月29日起正式实施生效；2018年8月10日起，中国和白俄罗斯关于互免持普通护照人员签证的协定正式生效！截至2018年8月底，我国已与127个国家缔结各类互免签证协定，中国普通护照“含金量”继续稳步提高。

全球对中国开放了免签/落地签的71个国家或地区包括：

互免普通护照签证13个国家：

圣马力诺（需先入境意大利）、塞舌尔、毛里求斯、巴哈马、格林纳达、斐济、厄瓜多尔、汤加（东加）、塞尔维亚、巴巴多斯、阿联酋、波黑、白俄罗斯。

单方面免签允许中国公民免签入境国家或地区15个：

亚洲（2个）：印度尼西亚、韩国（济州岛等地）。非洲（3个）：摩洛哥、法属留尼汪、突尼斯。美洲（7个）：安提瓜和巴布达、海地、南乔治亚和南桑威奇群岛（英国海外领地）、圣基茨和尼维斯、特克斯和凯科斯群岛（英国海外领地）、牙买加、多米尼克。大洋洲（3个）：美属北马里亚纳群岛（塞班岛等）、萨摩亚、法属波利尼西亚。

单方面允许中国公民办理落地签有43个国家（地区）：

亚洲（20个）：阿塞拜疆、巴林、东帝汶、印度尼西亚、卡塔尔、老挝、黎巴嫩、马尔代夫、缅甸、尼泊尔、斯里兰卡、泰国、土库曼斯坦、文莱、伊朗、亚美尼亚、约旦、越南、柬埔寨、孟加拉国（注：印度尼西亚同时实行免签和落地签政策）。非洲（15个）：埃及、多哥、佛得角、加蓬、几内亚比绍、科摩罗、科特迪瓦、卢旺达、马达加斯加、马拉维、毛里塔尼亚、圣多美和普林西比、坦桑尼亚、乌干达、津巴布韦。美洲（4个）：玻利维亚、圭亚那、苏里南、圣赫勒拿（英国海外领地）。大洋洲（3个）：帕劳、图瓦卢、瓦努阿图。欧洲（1个）：乌克兰。

临时免签：

2个国家（地区）：俄罗斯（世界杯免签）、阿尔巴尼亚（旅游旺季免签）

团体免签：

波利尼西亚、留尼旺、黑山、菲律宾、俄罗斯等国。

根据该指数，中国护照2018年的排名是自2008年以来上升较快的。中国公民旅游目的地国家/地区范围也在不断扩大，免签、落地签国家/地区又增加了不少，出境旅游很方便。中国护照含金量不断提升，各国放宽签证喜迎中国游客。

在过去10年里，中国护照的最差排名出现在2015年，当时名列第94名。中国可以免签71个国家和地区，暂时世界排名并不靠前。同时，那些发达经济体没有出现在对中国公民实行免签证的国家之列，而这些国家恰恰是许多中国游客最想去的。由此可以看出，签证含金量对一个国家或是个人的作用都不可忽视。

2.3 我国的出境旅游发展

过去10年，中国出境游市场经历了爆炸性增长，而其增长的后续潜力十分可观，因为中国只有5%的公民持有护照，而美国则为40%。同时，中国毕竟是世界上的第二大经济体，给予中国公民免签证待遇的国家数量，与中国的国际地位和实力相比是不相符的。这也就不难解释为什么说中国出境游市场将长期处于繁荣状态，中国护照尚未得到它应得的待遇。

20世纪80年代中到90年代初，我国允许公民去一些亚洲邻国旅游、访问。同时，也有部分公派商务旅行者、文化交流访问学者及研讨会与会者出国访问。

1995年，我国开始实行“中国公民组团出境旅游目的地政策”（Approved Destination Status），允许人们组团前往获批的国家旅游。这些旅游目的地国家针对中国旅游团队发放的团队旅游签证就叫ADS签证。

从20世纪90年代中到2010年，在“中国公民组团出境旅游目的地政策”下，有资质的旅行社组织的跟团游兴起并发展良好，跟团游通常涉及多个目的地。

从2010年至今，前往海外旅游的中国游客已经成为一股不可忽视的力量。

2013年7月出境入境管理法施行以来，全国出入境人员总量以年均6.7%的较大幅度持续增长。

2015年出入境人员达5.2亿人次。

2016年中国出境旅游人数也在持续增长；根据联合国世界旅游组织的数据，2016年中国人出境旅游花费比2015年增加12%，花费约为1110亿美元，同比增长了约5%，是10年前的11倍。

2017年中国公民可以免签证或落地签前往的国家和地区增加了6个，包括巴巴多斯、圣基茨和尼维斯、塞尔维亚、突尼斯、卡塔尔、加蓬等。而据美国阿顿资本公司发布的另一项排行榜，为中国公民提供免签证和落地签证待遇的国家在2017年增加了7个。在中外人员往来方面，2017年，中国内地居民首站赴外国预计突破6000万人次。

随着我国国民收入不断增多，消费能力不断增加，旅行经验不断增加，同时，目的地对中国游客的签证政策也日渐友好，这让中国游客的出行变得容易许多。可以深入体验当地生活的自助游旅游形式变得受欢迎起来。此外，中国人的出境旅游往往预示着潜在的海外投资和消费支出，这有助于在目的地创造大量就业。互联网、社交媒体、移动应用和移动支付的激增，为中国游客带来了更多便利，凸显了中国旅游业独一无二的地位。

如今，中国游客的足迹遍布东南亚、非洲、南美甚至极地地区。中国年轻人喜欢自驾旅游，兴趣从观光、购物转向了了解历史、体验文化。携程网称，每年选择该公司的中国游客约1500万人次，他们的境外旅行在全球创造了1亿个就业机会，受益最大的是柬埔寨这类国家。越来越多国家为中国公民放宽个人旅游签证条件。与此同时，那些为中国公民旅游提供便利的国家也从中获得了回报。例如，在2016年10月的国庆黄金周期间，大批中国游客蜂拥至非洲国家摩洛哥旅游，原因就是摩洛哥当年早些时候对中国公民推出了免签证待遇。

3. 从一斑窥全貌——展望我国在世界旅游中地位的提高

前往海外旅游的中国游客已经成为一股不可忽视的力量，同时也给世界旅游做出了很大的贡献。各国签证政策的变化频次明显提高，纷纷放宽签证政策招徕中国游客，中国游客出国更方便。全球二百多个国家，虽然中国护照在签证排名并不靠前，并不是全球免签最多的，但是含金量越来越高！中国对于海外公民的保护绝对可以称得上是处于世界前列。一旦中国公民在海外遇到危险，强大的领事馆保护系统可以尽一切所能，为中国公民提供可靠保护。中国政府也鼓励国人出境旅游，在全球舞台上展现中国软实力。

“亨利护照指数”已经更新了13年，也成为了目前最稳健可靠的指数。随着我国亨利护照指数排名提升，成就一场你“说走就走的旅行”！

上合组织推动下的旅游发展回顾与畅想

（本文写作于2018年6月，所有数据截止于2017年）

2018年10日，上合组织青岛峰会，各成员国旅游部门代表签署《2019—2020年落实〈上海合作组织成员国旅游合作发展纲要〉联合行动计划》。该计划是5月9日在武汉召开的上合组织成员国旅游部长会议审议通过的。该计划涉及国家旅游部门合作、推动旅游产品领域合作、提高旅游服务质量合作、保护旅游者合法权益及保障旅游安全领域合作、科研和旅游技术领域合作五个方面。联合行动计划契合了近年来上合框架下旅游合作发展的实际，体现了旅游合作新进展和新趋势。作为未来两年加强上合框架下旅游领域合作的指导性文件，将积极推动旅游领域合作务实深化，提质升级。

1．上合组织与旅游

1.1 上合组织介绍

上海合作组织（SCO：Shanghai Co-operation Organization）于2001年6月15日在黄浦江畔诞生，是首个以我国城市命名的国际组织。以“互信、互利、平等、协商、尊重多样文明、谋求共同发展”为基本内容的“上海精神”被写入成立宣言，成为上合组织成功发展的重要思想基础和指导原则。上合组织包括8个成员国：中华人民共和国、印度共和国、哈萨克斯坦共和国、吉尔吉斯共和国、巴基斯坦伊斯兰共和国、俄罗斯联邦、塔吉克斯坦共和国、乌兹别克斯坦共和国；4个观察员国：阿富汗伊斯兰共和国、白俄罗斯共和国、伊朗伊斯兰共和国、蒙古国；6个对话伙伴：阿塞拜疆共和国、亚美尼亚共和国、柬埔寨王国、尼泊尔联邦民主共和国、土耳其共和国和斯里兰卡民主社会主义共和国。工作语言为汉语和俄罗斯语。设两个常设机构，分别是设于北京的秘书处及设于乌兹别克斯坦首都塔什干的地区反恐怖机构执行委员会，秘书长和地区反恐怖机构执行主任由国家元首理事会任命，任期三年。2016年1月1日起，分别由阿利莫夫（塔吉克斯坦籍）和西索耶夫（俄罗斯籍）担任。

上合组织源于1996年“上海五国”会晤机制，由哈萨克斯坦、中国、吉尔吉斯、俄罗斯、塔吉克斯坦、乌兹别克斯坦于2001在上海成立，初衷和早期任务聚焦于政治互信、地区安全和经济合作，后加入科技、文化、教育、环境保护等合作。2002年，上合组织圣彼得堡峰会签订《上海合作组织宪章》，规定了组织宗旨与原则、组织架构、主要活动方向，2003年9月19日生效。2017年6月，印度、巴基斯获得成员国地位。上合组织成为幅员最广、人口最多的综合性区域组织。

上合组织宗旨是加强各成员国之间的相互信任与睦邻友好；鼓励成员国在政治、经贸、科技、文化、教育、能源、交通、旅游、环保及其他领域的有效合作；共同致力于维护和保障地区的和平、安全与稳定；推动建立民主、公正、合理的国际政治经济新秩序。上合组织对内遵循“互信、互利、平等、协商，尊重多样文明、谋求共同发展”的“上海精神”，对外奉行不结盟、不针对其他国家和地区及开放原则。

上合组织最高决策机构是成员国元首理事会，每年举行一次，决定所有重要问题。政府首脑（总理）理事会每年举行一次。此外，运行机制还有议会领导人会议、安全会议秘书会议、外长会议、国防部长会议、紧急救灾部门领导人会议、经贸部长会议、交通部长会议、文化部长会议、教育部长会议、卫生部长会议、执法部门领导人会议、最高法院院长会议、总检察长会议等。协调机制是上合组织成员国国家协调员理事会。

随着印度和巴基斯坦的加入，上合组织因其地理位置成为连接亚太和大西洋地区的天然桥梁，成员国国土面积占欧亚大陆四分之三，人口占全球近一半，涉及从北极地带到印度洋，从太平洋到波罗的海包括南亚和中东的广大区域，成为世界上人口最多、面积最大的综合性地区合作组织。上合组织最主要的成果就是在亚欧大陆形成了一种开放、互信和相互尊重的关系模式，安全、经济、人文为其三大支柱性合作领域，不仅为区域安全提供保障，也很大程度维护了世界和平，是维护地区安全、促进共同发展、完善全球治理的重要力量，对世界意义重大。

17年来，上合组织已经成为多极世界中最富吸引力的中心之一，旅游从国际合作的边缘走向中心，发挥积极作用的时机已经成熟。上海合作组织成员国互为近邻、山水相连，旅游合作互补性强，具有很大发展潜力。这里旅游资源富集，多元文化交融，其中许多自然景观和历史遗迹被列入联合国教科文组织世界遗产名录，发展旅游业具有得天独厚的优势。旅游合作已成为成员国经济发展的重要组成部分，并推进了上合组织国家间睦邻友好合作关系的巩固和发展。成员国之间的旅游交流合作促进民众往来，增进相互间的理解和包容，上合组织为“一带一路”注入新动力，使得成员国在世界旅游版图中的地位更加重要。

1.2 历年合作回顾

旅游业作为上合组织不可忽视、不可或缺的重要合作领域，是频繁交流与务实合作的典范。2016年6月，成员国签署《上合组织成员国旅游合作发展纲要》，为上合历史上首份为强化成员国旅游合作而制定的文件；随后签署《2017-2018年落实上合组织成员国旅游合作发展纲要联合行动计划》，体现了对加强成员国旅游合作的高度认同；2018年5月9日，上合组织成员国在湖北武汉召开首届旅游部长会议提出，认真落实《上合组织成员国旅游合作发展纲要》，做好旅游发展统筹；促进各国旅游发展战略政策对接，优化旅游政策环境；推动旅游与相关产业融合发展，让旅游为其他产业赋能。6月10日，上合组织青岛峰会，各成员国旅游部门代表共同正式签署《2019—2020年落实〈上海合作组织成员国旅游合作发展纲要〉联合行动计划》。

行动计划涵盖的五个方面的合作内容非常重要。如提高旅游服务质量的合作，要求双方增加签证便利化、增加航班、增加交通运输的承载能力等；推动旅游产品领域的合作，需要双方做好旅游产品方面的互通有无，加大宣传；在保护旅游合法权益及保障旅游安全领域合作，包括紧急情况下，提供救助、保护游客安全的措施；在科研和旅游技术领域合作，开展智慧旅游，运用新技术开展宣传、加强合作等。

旅游合作是各成员国在人文领域合作的重点。从包括成员国旅游部长会议在内的重要机制性安排到举办中国—俄罗斯旅游年、中国—印度旅游年以及中国—哈萨克旅游年等大型双边活动，从互办文化年、语言年、旅游年、艺术节和举办国际博览会等到中国如与俄罗斯、哈萨克斯坦等国共建教师教育联盟等，人文交流合作范围广泛。上合组织各成员国发展并扩大了旅游领域的多双边平等互利合作，合作领域涉及旅游便利化、基础设施建设、产品开发、市场推广协作和秩序整治、旅游安全、技术交流、投资合作、标准互认、机制建设等多方面，基本实现了旅游全领域全覆盖，从多个层面夯实了成员国的民意基础。

近几年，上合组织与我国很多城市展开了务实合作，秘书处积极与地方交往，组织了更多的活动。中国北京、上海是上合组织国家旅行主要目的地，其次四川、重庆、贵州、陕西颇受欢迎。通过旅游宣传、民众往来和投资合作，成员国的形象在年轻人心中开始从“陌生的邻居”，发展到“熟悉的朋友”。我国百姓前往上合组织国家旅游的热情，同对方来我国旅游同样高涨。2017年，上合组织成员国来中国旅游人数达361.7万人次，同比增长11.75%。我国公民感兴趣的上合旅游目的地为俄罗斯、印度和哈萨克斯坦，2017年该三国游客分别为170万人次、20万人次、20万人次，对方来我国旅游人次分别为230万、80万、20万。结构上，旅游集中在中国和俄罗斯，俄罗斯游客占比超50%，70%的中国游客首选俄罗斯。

中亚是我国新兴的旅游目的地，中亚国家到中国来旅游也是近年才兴起。目前，我国一些二线城市的知名度逐渐提高，像四川、重庆、贵州、陕西一些丝绸之路沿线省市很受欢迎。中亚有很多值得看的地方，我国旅游者希望能去乌兹别克斯坦、吉尔吉斯斯坦、塔吉克斯坦土库曼斯坦、哈萨克斯坦等中亚国家旅游。2017年数据显示，上合组织成员国到访中国的游客仅占入境游总人次的8.6%，中国到访上合组织成员国的游客仅占出境总人次的3.4%，旅游发展潜力很大。

2．上合组织对旅游的推动作用

2.1 上合组织与“一带一路”

由于全球旅游发展潜力东移，上合组织各成员国在世界旅游版图中的地位更加重要。在众多国际合作中，旅游合作共识多、分歧少、前景广阔，应作为双边、多边国际交流合作的重点领域和优先方向。随着上合组织各成员国对旅游发展的重视和区域内旅游市场的持续增长，旅游被纳入战略合作的框架。旅游成为成员国不同国家国民相亲相融的黏合剂，旅游成为传播文明、交流文化、增进友谊的桥梁。

“一带一路”倡议从其诞生起就与上合组织密不可分上合组织成员国和观察员国都是“一带一路”沿线国家，所覆盖的地区也为“一带一路”核心区。2013年9月，习近平主席首次提出共同建设“丝绸之路经济带”，就是在上合成员国的哈萨克斯坦。“一带一路”旅游先行先试为上合组织注入新的发展动力，为上合组织功能优化带来机遇，成为上合组织深化区域经济合作的切入点和区域经济合作增长点。旅游有力地促进了区域经贸合作从双边到多边的转型。习近平指出：“我们希望丝绸之路经济带建设同上海合作组织各国发展规划相辅相成，将同有关国家一道，实施好丝绸之路经济带同欧亚经济联盟对接，促进欧亚地区平衡发展。”

旅游合作是国际合作的重要领域，旅游已经成为上海合作组织成员国合作的重要引擎。上合组织旅游合作研讨会以“旅游：上合组织新亮点，区域发展新动力”为主题，致力于与世界旅游联盟加强信息交流和沟通，加强旅游目的地推广合作。各国蓬勃发展的旅游业在为本国居民谋取福祉的同时，也为各国文化经贸交流搭建了广阔平台。我国高度重视、认真落实《上合组织成员国旅游合作发展纲要》，做好旅游发展统筹；促进各国旅游发展战略政策对接，优化旅游政策环境；推动旅游与相关产业融合发展，让旅游为其他产业赋能。

区域化是当今世界经济发展的一个重要趋势。随着世界旅游业快速发展，跨国跨地区的旅游合作已成为全球热点之一。上合组织成员国区域旅游合作具有地缘邻近性、文化认同性、旅游资源互补性与差异性、客源市场巨大潜力、经贸驱动和政策导向性等特征。上合组织和“一带一路”倡议为古丝绸之路沿线国家的旅游市场提升了热度，也为各国开展旅游合作开拓了新领域。上合组织成员国国际旅游增长趋势较缓，客流季节变化明显；在整体空间分布上，呈现出主体边境性强、市场集中度高、以边境商贸旅游为主等特征。旅游产业作为上合组织不可或缺的重要合作领域，是密切交流与务实合作的典范，更应有新时期的担当。

国际旅游交流与合作离不开国家间的政治互信，以及由此而促成的签证、移民、海关和边境管理的良性合作；离不开主流媒体的基础形象建构和网络社交媒体的互动传播，以增加潜在客源特别是年轻人对目的地国家的好感度；离不开机场、码头、铁路、公路、口岸、电信等基础设施的互联互通；离不开公共服务和商业环境的完善。在上合组织区域内，我国推动建成4000公里铁路、超过10000公里公路；推动成立上海合作组织开发银行，向成员国提供50亿美元贷款用于合作融资；2018年前完成为成员国2000名中小学生举办夏令营活动；2017—2019年为成员国培训1000名贸易便利化专项人员。旅游市场转化为“中亚+中国”整合型国际旅游目的地。上合组织积极推动以“丝绸之路经济带”为主轴的区域合作稳步发展。

2.2 上合组织对发展旅游的作用

上合组织逐步成为地缘竞争与对抗的缓冲器和减压阀、区域经济合作的主要机制和有效平台，以及实现地区治理的参与者和推动者。上合组织峰会提出上合组织将与东盟及未来的“区域综合伙伴关系”计划对接，同时还将与未来的“中日韩自贸区”对接。上合组织在构建“和谐地区”方面发挥着中流砥柱的作用。上合组织在中亚建立了倡导以和平方式解决各类纷争的机制，在国际舞台上树立了成功的典范。

但是，与亚太、欧洲和北美等发达国家间的旅游合作相比，上合组织成员国之间的旅游交流总体上还处于初级阶段，各国旅游市场发育不平衡、旅游资源开发不充分、“政热经温旅游冷”较突出。但上合组织成员国通过上合组织开展旅游业合作的积极性非常高，已建立以元首峰会为顶端的多层次的定期会晤机制。上合组织积极推动人文合作和民间交流，在文化、教育、影视、卫生、体育、旅游等领域均取得了显著成果，加强了上合组织民意基础和社会基础。

中亚地区是多种文明的交汇地，各种文明自古以来通过“丝绸之路”友好交往。中国和中亚国家的旅游交往合作都是建立在平等、互利基础上。文化差异是中亚地区的冲突存在的深层原因之一。上合组织通过文化、教育、卫生、科技等部长会晤机制，不断规划、设计、组织、实施各类旅游和文化合作项目，强化彼此合作和共享关系。推动中国和中亚国家旅游的顺利开展。上合组织在如下方面推进了区域旅游合作：

形成更具时效、更有效率的常态化合作机制，高级别战略性交流和日常工作机制并重。高级别互访中，深入探讨区域旅游合作的战略性、长期性、全局性议题，并持续向世界各国传达上合组织加强旅游合作的决心和态度。在日常工作机制中，建立定期互访制度及旅游联席会议制度，完善上合组织旅游部长会议机制。加强民间交流合作机制，推动包括各成员国旅游研究机构、旅游协会以及旅游企业的常态化交流合作。合作方式探索“旅游+”的合作模式，推动上合组织成员国密切合作，实现需求平衡、利益兼顾的共同发展目标。

提升区域内的旅游便利化水平。全面强化安全，维护稳定；加强旅游危机管理与应急措施，为游客提供安全保障；改善交通、通信条件，完善相应基础设施以提高旅游接待能力，开通上合组织“国际旅游客运专线”；积极推进旅游便利化，简化烦琐的签证及通关手续，推行“一站式通关”、一次通关游览全程；积极推进上合组织内部无障碍旅游建设；开展上合组织旅游信息共享平台的项目建设，构筑旅游咨询、旅游投资项目等信息发布的公共平台。

推动形成联通区域内外的产品和市场整合开发格局。旅游产品和市场优先选择成员国合作，也预留接口，探索更大范围、更多模式的旅游合作；产品开发考虑上合组织整体市场，而不局限于一国一地。通过旅游合作带动旅游购物，促进旅游与贸易协调发展，市场开发既向内也向外。

旅游教育形成对区域旅游合作的有效支撑。教育合作充分发挥政府和市场作用。加强上合组织成员国本土本地旅游人才培养，积极推进旅游相关专业设置，开展各类培训、研习、实习及企业短期专业训练，各国相互承认学分、学历；增加互派留学生，培养应用型国际化人才；扩大青少年的友好交流；推进各国旅游研究机构的交流，设立科研基金，支持针对上合组织旅游合作的研究；推动旅游行业经营、管理人才，以及导游、厨师、服务员等专业技术人才的相互引进。

2.3 成员国各国发展旅游的措施

吉尔吉斯斯坦为吸引中国游客，特意建造了李白博物馆。此外，举办全世界游牧民族节，用山地生态游吸引世界各国游客；塔吉克斯坦每三年制定一次旅游规划，希望将旅游与生态、文化相结合，将该国打造成国际旅游目的地；乌兹别克斯坦旅游部门为吸引中国游客，专门成立中国组，配备懂汉语的工作人员，加大对汉语导游的培训，以营造便利的语言环境。

乌兹别克斯坦已向中国学习，开展了“厕所革命”，并在重点景区安排旅游警察，保障游客安全，取得非常不错的效果与反响；乌兹别克斯坦将于2018年7月1日起，在中国推出电子签证，进一步简化签证手续，吸引更多中国游客；同其他成员国进一步加强协调机制，共同加强宣传推介推广旅游目的地。

俄罗斯对于“万里茶道”旅游充满兴趣。2016年以来，不仅在政府机构层面开展了相对固定合作，而且建立了合作机制，每年举办中俄蒙三国旅游部长会议。中俄蒙三国部长共同签署《首届中俄蒙三国旅游部长会议谅解备忘录》。三国在国家层面进行了磋商研讨，建立了万里茶道的推广联盟，尽快把这条路变成繁荣的旅游之路，继续发挥商贸作用，促进经济发展。三国目前的积极性非常高，也开辟了很多线路，在今后继续进行推广和宣传。

2017年印度举办国际瑜伽节，吸引不少上合组织成员国游客。康养旅游改变着人们的生活方式。随着线上旅游的普及，印度致力于打造共享旅游平台，提升旅游竞争力，建立旅游技术培训职业体系，开展交流项目，培养旅游人才。

中国政府在与俄罗斯、蒙古接壤的满洲里市设立了边境旅游试验区。下一步还会在沿边地区设立更多的边境旅游试验区，并探索与其他邻国共同创设跨境旅游合作区，让边境地区的居民更加自由地往来，旅游要素更加自由地流动。

中国倡议的“一带一路”、哈萨克斯坦的“光明之路”、俄罗斯的睦邻友好政策，以及各成员国的开放与信任构建了区域旅游合作日益牢固的政治基础，成为各成员国的共识与努力方向。

上合组织成员国之间的旅游交流合作，促进了中亚国家实现经济增长方式转变和对外合作方向多元化。

3. 未来展望

两千多年前，张骞开辟了从中国西安通向中亚、西亚，一直到地中海的“丝绸之路”，成为中西方交流的交通线。今天，上海合作组织重新弘扬“丝绸之路”积淀的对话与交流精神，通过旅游和文化交流增强地区间的感情纽带。上合组织成员国的旅游合作发展前景广阔，同时又任重道远。未来，成员国间将推动实施更便利的签证措施，简化入境旅游通关手续，提升旅游便利化水平，拓展旅游合作平台，鼓励地方政府和旅游企业对话，推动成员国间人文交流，进而促进社会经济可持续增长。

以新欧亚大陆桥、“沙漠丝绸之路”“海上丝绸之路”“草原丝绸之路”等为纽带，打造贯穿上合组织成员国的旅游线路，并组织开展上合组织“丝绸之路旅游年”活动，促进文化旅游交流。以“茶叶之路”为线索，加强中国与蒙古、俄罗斯等国的旅游合作。用游客听得懂的语言，告诉他们感兴趣的事，让更多游客愿意沿着“一带一路”和“万里茶道”的经典线路到访阿拉木图、阿斯塔纳、奇姆肯特、比什凯克、塔什干、杜尚别、阿什哈巴德、莫斯科、圣彼得堡、喀山等。

我们有理由期待一个依托上合组织成员国，涵盖3400万平方公里、30亿人口和1.5亿出游人次、1800亿美元旅游消费力的区域旅游合作机制，能够保障区域旅游健康发展：广阔前景推动了旅游合作的落地，联合行动计划契合了近年来上合框架下旅游合作发展的实际，体现了旅游合作新进展和新趋势。

旅游浇灌巴尔干的和平发展繁荣

（本文写作于2018年，所有数据截止于2017年）

南斯拉夫联邦国家解体后，南斯拉夫一分为七，斯洛文尼亚、克罗地亚、波斯尼亚和黑塞哥维纳、马其顿、塞尔维亚、黑山和科索沃相继宣布成为独立国家。这些国家都是“16+1”的国家。2018年是“16+1”机制实行的第七年，在第四次中国—中东欧国家旅游合作高级别会议上，文化和旅游部部长雒树刚和来自16个中东欧国家的代表一道总结了近年来在“16+1”框架下中国和中东欧国家的旅游合作经验，并就进一步加强交流与合作，促进旅游资源整合与人员交流达成多项共识。本文着重谈一下巴尔干的旅游。

1．巴尔干半岛的地缘分析

1.1 概述

巴尔干半岛（BalkanPeninsula）位于欧洲东南端，由土耳其语“山脉”一词派生而来，用以描述欧洲的东南隅位于亚得里亚海和黑海之间的陆地。巴尔干半岛全境多山，地形较为复杂，是喀斯特地貌的分布区。山地平原交错，山地占总面积的七成，东部沿海一带零散分布着山间盆地与低地平原。巴尔干半岛区域生产潜力十分有限，地缘实力不强。高大的山地对交通构成严重的阻碍，所幸山地间有多处峡谷和隘口，可作为出入的门户。巴尔干半岛总面积约55万平方公里，人口近5500万。巴尔干国家往往又被称作东南欧国家。部分国家加入欧盟、北约。东南欧99%以上人口属欧罗巴人种，民族多属于斯拉夫人体系。斯拉夫民族发源于今波兰东南部维斯杜拉河上游一带，于公元一世纪时开始向外迁徙，至六世纪时期居地已经遍布东欧以及俄罗斯地区。

1.2 与我国的关系

我国与中东欧“16＋1”合作从2012年开始，现已经迈入第7个年头，成果丰硕：增强了相互理解与信任，携手推进可持续发展，为共同维护全球经济复苏和多边规则，对接各自发展战略，共商共建绿色“一带一路”。

浙江宁波已连续4年举办与中东欧国家的旅游大型交流活动。随着交流的持续深入，合作已成为双方旅游发展的新引擎，经贸和旅游活动日益频繁。截至2017年年底，仅宁波一地就成功组织了131个出境团组、5000多名游客到中东欧国家旅游。

我国与中东欧国家民航合作取得丰硕成果，《中国—中东欧国家合作布达佩斯纲要》落实。2017年，中国—中东欧间航空旅客量超过85万人次，同比增长31.1%。截至2018年6月，我国与16个中东欧国家中的13个签署了政府间航空运输协定，并与匈牙利、捷克、塞尔维亚、波兰4个国家实现通航，每周共计16班。在“一带一路”倡议和“16+1”合作框架下，通过民航助推双方在旅游、人文和其他领域的合作与发展。

第八届中国-中东欧国家经贸论坛于2018年7月7日在保加利亚索非亚举行，李克强总理的讲话向世界发出维护自由贸易体系的积极信号；中东欧国家与中国开展经贸合作正是对这一体系的维护，双方经贸合作前景广阔。目前，中国在中东欧国家的投资远远不及对西欧国家的投资，中国与中东欧国家合作前景广阔。

2. 旅游发展

2.1　回顾

从全球来看，跨境手续的便捷性、安全性、交通基础设施投资，及旅游行业人员技能发展已成为旅游业转型的基本要素，近几年来其重要性不断增强。随着赴欧旅游便利化增加，欧洲是中国游客选择的第二大目的地区域，占比13%。2016年中国赴中东欧出境游人次同比2015年上涨229%，波兰、捷克、匈牙利、塞尔维亚、斯洛伐克位列中国游客人次增长最快的五大目的地。伴随2018“中欧旅游年”框架下中欧旅游合作的持续推进，中国游客在签证、航班方面获得了更加便利化的待遇，推动了中国游客赴欧旅游热情。目前，对我国游客提供入境便利待遇的欧洲国家达8个，包括波黑、阿尔巴尼亚、俄罗斯、圣马力诺、塞尔维亚、乌克兰、黑山、白俄罗斯。此外，我国游客办理欧洲国家签证也越来越方便。欧洲传统热门目的地依旧受到游客青睐，得益于直航航线布局、签证便利度增加和资源吸引力优势，包含克罗地亚、塞尔维亚、黑山、奥地利、捷克等欧洲新兴旅游目的在内的东欧系列线路增长显著。

文化和旅游部发布2018年上半年旅游经济主要数据报告显示，我国公民出境旅游目的地国家不断增加，2018年上半年出境游人次达到了7131万人次，比去年同期增长15%。雒树刚介绍说，2017年中东欧赴中国旅游人数达33.57万人次，较前年增长8.4%，较2013年增长37%；中国公民赴中东欧16国游客总数为137万人次，较2013年增长221%，年均增幅逾26%。在2018年9月18–20日于克罗地亚的杜布罗夫尼克召开的第四次中国—中东欧国家旅游合作高级别会议上，中东欧国家多位旅游部长表示，中国游客的到来对提振当地旅游业和经济起到了不可忽视的作用，各国应联合推出面向中国游客的中东欧旅游套餐，并在中国增设旅游办事处和签证中心。与会各国代表于9月19日共同签署了媒体声明，中国与克罗地亚还签署了关于旅游合作的谅解备忘录。

与世界杯冠军擦肩而过的克罗地亚成为最吸引我国游客的“旅游新星”。数据显示，2018年上半年赴克罗地亚旅游的人数是去年的2.5倍，已有15.3万人次中国游客到访克罗地亚，其中约60%是女性。

我国和塞尔维亚真诚友好，塞尔维亚积极支持和参与“一带一路”倡议，相互坚定支持对方的核心利益和正当关切。塞尔维亚因免签政策吸引了越来越多中国游客的到访。塞尔维亚贸旅部部长利亚伊奇说，2018年是塞尔维亚旅游业最好的一年，2018年上半年，游客人次同比增长11%，过夜人次同比增长13%，旅游外汇收入5.28亿欧元，预计全年旅游外汇收入将达到13亿欧元。

2.2 SWOT分析

优势（strengths）：

（1）双边贸易快速增长，合作领域不断拓展，经贸合作互利共赢。我国同中东欧进出口贸易额由2012年的520.6亿美元增至2017年的679.8亿美元，2017年同比增长15.9%，快于全国近5%。涵盖贸易投资、农业、交通物流、教育、基础设施、金融、能源合作等20多个领域。我国在中东欧投资超90亿美元涉及诸多领域。我国从中东欧进口和投资，促进了当地经济增长，同时为中国企业“走出去”带来机遇。

（2）合作机制日益发展。2012年以来，成立中国—中东欧国家合作秘书处，发表通过《中国—中东欧国家合作布加勒斯特纲要》《中国—中东欧国家合作贝尔格莱德纲要》《中国—中东欧国家合作里加纲要》《中国—中东欧国家电子商务合作倡议》《中国—中东欧国家服务贸易合作倡议》等合作机制。

（3）多层次、多领域合作平台建立。除国家层面外，建立中国与中东欧国家地方领导人会议制度，先后举办中国—中东欧国家地方领导人会议、中国—中东欧国家经贸部长级会议、旅游合作高级别会议、交通部长会议、教育政策对话、投资贸易博览会等，搭建了多层次合作平台。

（4）基础设施建设合作不断深入。中国设计建造的塞尔维亚贝尔格莱德跨多瑙河大桥、波黑斯坦纳里火电站等多个基础设施项目相继顺利竣工。中国参与的塞尔维亚E763高速公路工程、匈塞铁路、中欧陆海快线等重大合作项目深入推进。

（5）我国进一步扩大开放、推动形成全面开放新格局将为中东欧国家带来新机遇，将会进一步推进旅游和经贸合作。

劣势（weaknesses）：

（1）巴尔干国家国内民族众多，民族矛盾复杂。

（2）巴尔干诸国“二战”后才开始工业化，经济不发达。

（3）因地缘格局及历史原因所致，政治不稳定。

（4）在均衡发展、和谐发展方面，我国与东南欧国家有差距。

机会（opportunities）：

（1）我国与16国签署“16+1”合作项目协议，将进一步增进互信，有助于构建开放型世界经济和推动贸易投资自由化与便利化。

（2）从经济层面看，我国是世界第二大国，GDP总量大，中东欧、东南欧人均GDP比中国高，但不如我国发达地区的经济，旅游投资贸易机会多。

（3）过去主要是西欧国家、俄罗斯和美国在东欧、中欧和东南欧施加影响，随着我国走上全球治理舞台，有更多机会参与巴尔干半岛的发展建设。

（4）经验借鉴和市场机会。我国在国际旅游业中的地位不断上升，旅游业已成为全球“领跑者”，世界旅游业界看重我国经验、中国市场和中国作用，希望与中国加强旅游交流合作。

（5）中国坚持对外开放的基本国策，开放的大门越开越大。在当前全球贸易保护主义抬头、单边措施频出背景下，中国维护多边贸易体制的主导地位，进一步主动扩大开放的积极举措，将给中国与中东欧国家旅游经贸合作带来新的机遇。

威胁（threats）：

（1）美国对中东欧和东南欧介入的力度非常大，影响非同小可。波黑、马其顿等巴尔干国家的许多被毁坏的古建筑都是由美国国际开发总署提供资金修复或重新建造的。

（2）俄罗斯对巴尔干控制了近半个世纪。中东欧和东南欧国家倒向西方的同时，也保持与俄罗斯的友好关系。

（3）欧盟希望统一的欧洲。我国在巴尔干地区的政策容易被误解，被视为威胁。

（4）经济方面对这些国家影响比较大的显然是西欧，特别是德国。投资办厂、经贸往来的伙伴主要是德法意奥等国。我国会被西欧视为潜在竞争对手。

3．展望

东南欧地区农业和旅游业潜力巨大，是充满异域文化和地域风情的旅游胜地。那里悠久历史的大城小镇散发着浓郁的人文气息，漫步其间领略波希米亚风情，塞尔维亚美食是非常典型的东欧食物，具有巴尔干与法国的风味。萨拉热窝产的啤酒很有名，在莫斯塔尔近郊也出产优质的葡萄酒，当地特有的酒是Rakija（梅子或者是葡萄制造的白兰地），煮制而成的土耳其风格的咖啡非常值得品尝，当地特有饮料波扎（Boza）有种很难形容的味道，此外还有各种花茶，及叫做巴库拉瓦（Baklava）、图法西亚（Tufahija）的小点心等等。巴尔干地区是旅游者的乐土。

总之，随着我国与中东欧经贸合作的不断推进，多层次合作平台的搭建，以及基础设施建设的深入，旅游经贸合作的基础已经奠定，必将迎来巴尔干半岛旅游的高潮。

第三篇

“一带一路”与旅游

“一带一路”旅游外交概述

（本文写作于2017年，所有数据截止于2016年）

1. 旅游外交概述

1.1 定义

外交是一个国家在国际关系方面的活动，旅游外交被界定为基于国与国之间游客互动而产生的一种外交行为，与其他外交形式一样，旅游外交在本质上也是一个国家在国际关系方面的活动。旅游外交旨在通过主动作为，架起世界各国沟通的桥梁，促进国家间游客的往来、保护本国游客在他国的合法权益以及推动国际旅游产业的发展，撒播和平，增强国家间人民的相互了解和交流，进而以更加柔性的方式实现国家外交的目的。通过旅游外交可以缓和紧张、预防潜在纷争；通过旅游外交来发展经济、保护环境、增进相互理解、提高人民福祉，最终实现世界的和平发展。

与传统的外交不同，旅游外交具有一定的非正式性和很强的民间色彩。旅游是增进善邻友好外交关系的最有效的非正式外交手段，是从原来单一的经济功能派生出的综合性功能。旅游是自由与和平的象征，是通往和平的护照，是国与国之间多元交流的主角，是经济、文化、社会、政治及国民外交的先锋。从国际关系来看，旅游可以增进国家之间理解互信，和国家正式外交互为补充。

旅游外交这种形式使得外交的内涵变得更加丰富。“旅游外交”的内涵十分广泛，既包括中外国家间的旅游官方机构的交往，又包括中外游客、旅游企业、行业组织与智力机构之间的交往；既包括中外文化交流，又包括中外旅游经营、服务和投资等的经济交流，是国际服务贸易的重要组成部分，比“民间外交”或“公共外交”更加广泛。旅游外交促进国家间政治关系、经贸合作、人文交流，并在传播本国文化、展示文明成果、提升国家形象、增强国际影响力和文化认同感等方面作用显著。

我国的旅游外交已由部门推动上升为国家战略，旅游外交正走向全面、系统、规模化地服务国家整体战略进程之中。

1.2 我国旅游外交的发展历程

我国旅游业的发展一直同外交工作紧密相连。改革开放前，旅游主要扮演政治性、外事性接待的角色，旅游外交仅是景点景区接待国际游客和范围较小的国际合作，在国家外交中有一席之地，接待境外游客是旅游外交的中心任务，旅游局由外交部代管。由于当时旅游产业规模太小，也只是作为国家外交事业的延伸和补充，影响力非常有限。

1996年，我国的旅游外交着眼点主要在经济，对外旅游工作的重心也主要是旅游宣传与促销，旅游外交更多表现为自发的对外交往行为。

21世纪以来，旅游外交再次进入公众视野。2003年9月，旅游界推动的纪念中日邦交正常化30周年友好交流大会成为中日两国友好交流的盛举。国家领导人频频出席各类旅游活动和旅游国际合作签字仪式，旅游外交开始风生水起。

基于我国旅游产业发展和庞大旅游市场，旅游外交登上国际舞台。国内旅游从1984年约2亿人次增长到2014年的36亿人次，增长了17倍，为旅游外交奠定了坚实的基础。党中央、国务院期望旅游外交更闪亮地走上国家外交舞台，发挥旅游更大的综合优势，服务国家关系及经济社会发展的战略需求。顺应时代，（原）国家旅游局2015年正式提出“旅游外交”，要求“旅游行业要在国家开放新格局中，主动作为、主动发声，服务国家整体外交、服务旅游产业发展、服务游客消费需求，努力开创旅游对外开放新局面”。随之，我国的旅游外交开始从自发走向自觉，迈向一个崭新的阶段。

2012年，中俄两国举办了中国“俄罗斯旅游年”；2013年举办俄罗斯“中国旅游年”。2014年12月，达成中国—中东欧国家旅游合作促进年协议；2015中国—中东欧国家旅游合作促进年启动仪式在布达佩斯举行；2015年，中韩、中印、中墨、中国—中东欧旅游年密集举办，韩国举办“中国旅游年”；2016年中美两个大国举办旅游年，成为中美新型大国关系闪耀亮点，同年中国举办“韩国旅游年”。2017年，“中德旅游年”“中瑞旅游年”“中澳旅游年”“中丹旅游年”“中哈旅游年”“中国—东盟旅游年”启幕，“中国—欧盟旅游年”标识揭牌，2017年成为深化旅游外交的里程碑之年。

一系列高层次国际旅游会议在我国举办承办，首届丝绸之路旅游部长会议、亚太旅游协会2015年会等在我国举办。2017年，联合国世界旅游组织第22届全体大会在成都举办；2018年，世界旅游业理事会年会在上海举办。中国向世界展示旅游形象和发展成就，扩大与世界各国的旅游交流与合作。

旅游外交以前所未有的开放姿态走向世界，（原）国家旅游局参加上合组织成员国首次旅游部门领导人会议、东盟10+3会议、世界旅游文化大会、中日韩旅游部长会议、联合国世界旅游组织第21届全体大会、南太旅游组织部长理事会等。

“元首外交为旅游铺路，旅游为元首外交搭建舞台。”2014年，习主席访问马尔代夫，赴马尔代夫旅游人次翻了一番；李克强总理访问爱尔兰，带动了中国游客前往。国家领袖旅游外交产生了很好外交效果。

积极参与国际旅游多边交往，使得我国国际交往层次提升。通过举办首届世界旅游大会、首届中俄蒙旅游部长会议，参加第九届亚太经合组织旅游部长会议、东盟与中日韩旅游部长会议等，发出中国声音，提出中国倡议，中国在国际舞台上影响力与日俱增。

文化交流带来旅游外交。2015年5月，日本“旅游文化交流团”到中国参加“中日友好交流大会”，习主席发出友好信号，为发展两国良好关系打下基础。2015年9月，中国旅游代表团访问古巴，扩大了两国旅游领域的合作，巩固两国间的长期友好合作关系。

“旅游外交”虽然提出时间不长，却活力非凡。2017年之前，旅游外交就是做好旅游领域的国际交流合作，之后，在国家整体外交部署中，旅游外交所占分量日益加重，旅游在外交事务中的独特作用日益凸显，成为国际经贸合作和人文交流最活跃、最具潜力的领域，成为构建新型大国关系的重要内容和桥梁窗口。从外交旅游到旅游外交，从边缘到前沿，我国旅游外交主动发力、积极进取。旅游发展与旅游外交布局，双边、多边旅游合作活动精彩纷呈，呈现良性互动、相互促进的大好局面，有效发挥了旅游自身独特优势。

1.3 旅游外交的新时代作用

旅游外交有着独特的作用，既有服务国家整体外交的一面，也有自身的独立性。旅游交往可以成为发展国家关系的加速器，当国家关系困难时，旅游可以作为打破僵局的途径，以民间促政府，实现关系改善，常被称作“人民外交”，是国家关系的“润滑剂”；在国家间关系升温时，旅游外交很好地扮演“锦上添花”角色；两国关系正常时，旅游可以发挥“增效剂”或“膨大剂”作用，拓宽交流渠道，深化相互了解，强化合作，以政府促社会，巩固和提升全面发展。进入新时代，我国旅游外交的作用主要表现在以下方面：

第一，服务国家战略。“一带一路，旅游先行。互联互通，旅游先通。”旅游外交积极响应、主动服务和融入国家“一带一路”倡议，推进与沿线国家和地区的旅游合作。从实施国家外交战略的独特手段变为常规手段和有力支撑。

第二，构建新型大国关系。旅游外交有助于加强大国之间的人文交流，有利于拓展双边关系的社会基础，有助于构建新型大国关系，打破大国冲突对抗，开创大国关系发展新模式。

第三，打造民意基础。旅游外交服务“一带一路”，推进务实合作。在积极开放旅游目的地国家和地区的同时，推动相关国家推出签证、交通、服务等便利化措施，提供更便利、安全、舒适的出入游环境，为旅游业发展创造更加优良的投资合作环境，为国家交往打造更加坚实的民意基础。

第四，服务与推动企业“走出去”。旅游外交为旅游企业“走出去”创造条件，企业走向“一带一路”步伐明显加快。越来越多的国家和地区欢迎中国旅游企业前往投资兴业。我国旅游企业成为国际旅游竞争的重要市场主体。

第五，引导旅游输出，以利益交换平衡国际关系。旅游作为外交的重要筹码，服务于国家外交大局。通过政策调控及优惠，重点引导和分配旅游输出，对“一带一路”沿线友好国家，重点加强旅游合作，引导输出旅游效益；与我国存在摩擦和矛盾的国家，从不同层面限制旅游往来以施压，通过利益交换平衡国家间的外交关系。

2．“一带一路”的旅游外交

2.1 “一带一路”上的旅游

我国“一带一路”倡议涉及65个国家、44亿人口，贯通中亚、东南亚、南亚、西亚乃至欧洲部分区域，跨越东西方四大文明，跨越世界四大宗教发源地，东牵亚太经济圈，西系欧洲经济圈，跨越世界两大主要旅游客源地和旅游目的地，是世界上最具活力和潜力的黄金旅游之路，国际旅游总量占据全球70%以上。

在错综复杂的国际环境中，恐怖主义和民粹主义对高效安全的出游带来了严峻挑战。世界旅游组织秘书长塔勒布·瑞法依说：“加强旅游合作对丝绸之路沿线国家的经济和社会发展具有重大意义，同时对该地区和平稳定也具有意义。”

2015年6月，丝绸之路旅游部长会议上通过《丝绸之路国家旅游部长会议西安倡议》；2015中国国际旅游交易会以“丝绸之路旅游”为主题；广西2015中国—东盟博览会旅游展突出“21世纪‘海上丝绸之路’旅游发展与合作”，促进中国和东盟各国旅游交流合作；甘肃以“畅游绚丽甘肃，发展丝路旅游”为主题，举办第五届敦煌行·丝绸之路国际旅游节；宁夏举办中阿旅行商大会，以“走进美丽中国·感受魅力丝路·畅游神奇宁夏”为主题，搭建“向西开放、旅游先行”平台；陕西举办2015中国西安丝绸之路国际旅游博览会，以“打通新丝绸之路，探索旅游业新机遇”为主题搭建平台。

2016年7月，举办“2016海上丝绸之路金融高峰论坛暨海南省金融博览展”，成立“21世纪海上丝绸之路”旅游联盟；9月，首届丝绸之路（敦煌）国际文化博览会以“推动文化交流、共谋合作发展”为主题，在敦煌开幕；2016年中国“丝绸之路旅游年”以“畅游绚丽甘肃，发展丝路旅游”为主题的第六届敦煌行·丝绸之路国际旅游节在甘肃省兰州市举办；11月，第二届“海上丝绸之路”（福州）国际旅游节启动，国内9个海丝沿线城市联合9个国家旅游机构签署《9+9国际旅游合作联盟协议书》。11月，中国海上丝绸之路旅游推广联盟在海南海口共商海丝发展大计。

2017年1月，丝路旅游带写进“十三五”旅游规划；5月，“一带一路”高峰论坛，中国铁路总公司签署《中国、白俄罗斯、德国、哈萨克斯坦、蒙古国、波兰、俄罗斯铁路关于深化中欧班列合作协议》，中蒙俄国际列车为“一带一路”文化建设唱响赞歌。中国政府与波兰、乌兹别克斯坦签署旅游合作协议，与智利签署旅游合作备忘录，与柬埔寨签署旅游合作备忘录实施方案；6月，中亚丝绸之路国际峰会通过丝路旅游的《阿拉木图宣言》；中哈促双向旅游合作论坛在北京举行，谋划推动加强旅游合作。

目前，“一带”旅游由观光向特色旅游转型，文化体验、探险旅游、商务旅游等旅游新业态迅速融入。“一路”旅游已逐渐向休闲度假升级，三亚、海口、青岛等地邮轮母港、游艇码头和海洋主题公园逐步设立，低空飞行、邮轮游艇等新型旅游产品蓬勃兴起。

2.2 “一带一路”上的旅游外交

从我国外交转型看，“一带一路”能将中国的文化与理念传播到周边国家和地区。作为新兴大国，中国给沿线国家提供必要的财力与人力支持，将中国所倡导的和平发展理念与“命运共同体”意识传达给周边国家。以旅游促进各国友好往来，通过“一带一路”与旅游外交协同作用，实现区域便利，促进各国经济往来；旅游业外交充分展示了我国多予少取、开放平等的观念。

我国旅游外交的关键在于“新型国际关系”和“一带一路”。旅游外交存在“一带一路”部分国家基础设施落后及区域恐怖主义两大阻力；“一带一路”投融资安全要充分考虑沿线国家的文化与政治因素，在处理多国关系上，旅游能起到极好的润滑剂作用。旅游项目旨在强化丝绸之路沿线国家的紧密合作，构建“一带一路”旅游合作网络，打造一批跨境旅游合作区、丝路国际旅游港和一系列旅游合作走廊，加强区域协调机制、旅游签证便利化、旅游线路共建、旅游投资等一系列外交合作，提升丝绸之路旅游品牌影响力，使丝绸之路旅游成为促进文化多元化和文化间对话的重要载体等。

我国与“一带一路”重点国家合作，先后举办中俄、中韩、中印、中美、中国—中东欧、中澳、中丹、中瑞、中哈、中国—东盟等10个旅游年，覆盖34个国家，打造我国旅游友好外交模式。充分发挥旅游“软性外交”的独特魅力，强化各国各民族间的文化认同感和历史责任感，打破国与国之间意识形态差异、经贸差异、产业差异等，消除隔阂与误解，提升各国融入“一带一路”积极性和主动性，向世界立体式地传播中国好声音、讲出中国好故事。

经过旅游外交努力，世界各国都在放宽对中国的签证政策，并向中国人发出了很多友好信号，传达出各国对中国旅游的重视，对中国人的认同。例如欧洲在打造“适合中国人”的酒店，旅游大国西班牙友好中国协会授予当地14家酒店“友好中国”称号，并得到欧盟28国认可。美国洛杉矶的“China-Ready”认证为服务中国游客提供优质旅游培训及认可服务等。中国—中亚旅游合作推动跨境旅游合作区和边境旅游实验区建设，成为“一带一路”旅游外交的硕果。

3．“一带一路”旅游展望

第一，“一带一路”旅游外交将加速中国推进亚洲大区域合作战略。

“一带一路”是中国政府着眼于整个全球战略发展态势和国家发展而进行的外交战

略新布局，秉持正确的价值观与往来体系才能展开有意义的旅游外交。围绕“一带一路”国家全面推进周边外交，打造周边命运共同体战略；进一步扩大中国与周边国家间区域和次区域的旅游合作，特别是推动沿边地区旅游开发开放，使旅游业在睦邻、安邻、富邻中发挥更大作用；围绕国家加强同发展中国家团结合作的战略，积极引导中国游客前往发展中国家旅游，推动中国旅游产业“走出去”，投资发展中国家，积极帮助发展中国家旅游业发展。立足国家“一带一路”倡议，推动我国与沿线国家的旅游合作，共同打造世界级的黄金旅游带。

第二，“一带一路”旅游外交连接“中国梦”与“世界梦”。

“一带一路”从倡议到落实，承载着新的使命，是今后一段时期中国外交战略的主线之一。“一带一路”倡议未来需要借助示范效应巩固影响力，通过与有基础的国家开展有效旅游合作，助力经济社会发展，使得目标国民众得到实惠，树立友好合作的地区典范，实现“利益共同体”“命运共同体”的外交理念。旅游外交不仅有利于“中国梦”实现，也有利于“世界梦”实现，成为有效筑牢中国与周边国家“利益共同体”和“命运共同体”的关键要素。

第三，“一带一路”旅游外交构建政治互信。

“一带一路”旅游外交构想利于将政治互信、地缘毗邻、经济互补等优势转化为务实合作、持续增长的优势。由于美国在东南亚地区存在着重要战略利益，俄罗斯在中亚地区保持着传统影响力，印度作为地区大国一直希望主导南亚地区事务。因此，通过“一带一路”旅游协调好同上述大国之间的关系将成为未来旅游外交需面对的现实问题。通过旅游外交，与东南亚、中亚、南亚既有的成熟区域合作组织和机制进行合作沟通，处理好关系将成为“一带一路”旅游外交的现实问题。

第四，打造“一带一路”旅游无缝对接，实现地区和平。

随着“一带一路”沿线出入境旅游增长，未来同时整合航空、铁路、公路、水路交通，实现“一带一路”旅游交通互联互通与无缝对接。沿线国家共建旅游信息中心，创建“一带一路”智慧旅游目的地，并建立一体化旅游推广与营销机制，让“丝绸之路”旅游品牌共建共享。甚至是提升结算、安全、投诉旅游公共服务，实现“一带一路”旅游无障碍，进而实现地区和平。

第五，有效带动“一带一路”旅游投资及基础设施建设。

我国将共同打造“新亚欧大陆桥”“中蒙俄”“中国－中亚－西亚”“中国－中南半岛”“中巴”“孟中印缅”等6大国际经济合作走廊和海上运输大通道，它们也是未来国际合作的旅游经济带。随着这些热点地区旅游基础设施的不断跟进，旅游目的地体系区域将持续拓展重组，民间大资本将更易于和愿意进入，“一带一路”旅游外交将能有效拉动对外投资的规模和收益。综合交通和信息网络更为贯通联接，为“一带一路”旅游外交战略实施提供了切实路径与更多选择。

低空旅游、通用航空、特色小镇为“一带一路”插上腾飞翅膀

（本文写作于2017年，所有数据截止于2016年）

2000多年前，贯穿东西的古丝绸之路上，骆驼商队驮着茶叶、丝绸缓慢前行，驼铃声悠扬。2000多年后，低空旅游、通用航空让“一带一路”的商品搭乘飞机飞抵欧洲、中东、非洲……游客日行千里，飞往“一带一路”每一个角落。

1. 低空旅游、通用航空和航空小镇概述

1.1 低空旅游

低空空域通常指军用航空和民用航空高度在1000米以内的空域。低空旅游指人们在低空空域，依托通用航空运输、通用航空器和低空飞行器所从事的旅游、娱乐和运动。低空旅游将“航空”和“旅游”有机结合，在传统景区向全域旅游发展中，有效填补旅游市场的空白。为鼓励旅游业发展，我国提出积极发展低空飞行旅游。2014年《低空空域管理使用规定（试行）》发布，作为新兴旅游产品，低空旅游被纳入国家重点支持的旅游产品，进入产业发展机遇期。

低空旅游以其自然资源需用度小的优势，迎合了旅游与生态和谐发展的需求，对旅游业的可持续发展起到很大作用。为保护生态环境，发达国家放弃在生态脆弱地区建地面交通设施，转而发展低空旅游，如直升机旅游。直升机旅游不需建跑道和大型停机坪，也无需先行建成公路和铁路，不需征用土地，不破坏地表植被，绿色环保，对周围环境影响小；低空旅游方便快捷省时，移位换景不受地形条件限制。低空旅游受到发达国家政府重视，各国纷纷制订了长远发展战略、相应政策并投入资金；建立了完善的法规和标准体系并培育了相关专业人才，建立通用航空组织机构，促进国际低空旅游发展，形成众多以低空旅游为核心主题的产业门类。

低空旅游的“触角和眼睛”“无远不达、无险不及”，满足旅游的体验性、个性化和高层次需求。如尼亚加拉瀑布公园开设了直升机和热气球游览；科罗拉多大峡谷每天都有几十架直升飞机轮番巡游服务游客；新西兰罗托鲁瓦城的直升机观光飞越塔拉威拉

山，一览罗托鲁瓦神奇的自然火山景色；世界自然遗产的巴西伊瓜苏瀑布通过直升机观光一览无余；澳大利亚大堡礁游客乘坐直升机掠过珊瑚海去潜水、泛舟，享受奇妙感觉；赞比亚维多利亚瀑布的游客坐着直升机观看赞比西河跃入巴托卡峡，俯视野生动物大象、河马、犀牛、长颈鹿等；美国夏威夷群岛直升机旅游可去毛伊岛、考艾岛和大岛，飞越活火山、熔岩地和雨林瀑布；马来西亚沙巴州直升机观光带游客飞过猩猩保护区、红树林沼泽、水牛遍布的连绵稻田、大山。

我国因发展旅游造成生态破坏屡见不鲜，甚至发生了不可逆转的生态灾难。因此发展新型生态、环保旅游产业势在必行。2016年，《国务院办公厅关于促进通用航空业发展的指导意见》提出，“到2020年，建成500个以上通用机场，覆盖农产品主产区、主要林区、50%以上的5A级旅游景区”，协调畅通低空旅游发展路径。据不完全统计，2017上半年国内新开21条低空游航线，涉及14个省份。

1.2　通用航空

通用航空指使用民用航空器从事除军事、警务、海关缉私飞行以外的民用航空活动，覆盖农、林、牧、渔、工业、建筑、科研、交通、娱乐等多行业的作业项目。从世界看，发达国家通用航空发展历程为：服务工农效率提升——个性便捷交通方案——旅游救援产业融合——制造驱动的增长极——城市发展新形态。目前，我国还在初期阶段。

作为带动性强的行业，通用航空就业带动比是1∶12，每年为美国贡献0.6%的GDP，其中90%都依赖综合经济带动。美国通用航空产业年产值超1500亿美元，提供就业岗位超100万个，一个航空项目发展10年后给当地带来的效益投入产出比可达1∶80。美国约有2000多个具有通航业务的通用机场，23万架通用航空器，1.9万座通用机场、3500家FBO、1万余家MRO、61个AFSS及开放空域，美国人像开私家车一样翱翔蓝天。而目前我国通用机场仅300多个，通用航空企业300家，在册通用航空器仅2000架，不足全球通用飞机数量的1%，差距很大。

欧美国家已经有百年通航发展历史，而我国通用航空还在后发追赶。中国民航局发布《中国民用航空发展第十三个五年规划》（简称“《规划》”），描绘了到2020年民航产业发展蓝图：通用航空基础设施大幅增加，“十三五”时期，我国通用机场将达到500个以上，通用航空器达到5000架以上，飞行总量达到200万小时，飞行员将达到7000人。《规划》提出在新消费领域，大力推动航空旅游发展，着力推动航空运动发展，推动竞赛表演、休闲体验、运动培训等重点领域发展，在条件成熟的城市或地区初步形成“200公里航空运动飞行圈”；积极推进私人飞行、航空俱乐部等发展，释放新兴消费潜在需求。

1.3　航空小镇

航空小镇概念来自国外，指围绕通航的核心业务和基础设施，具备生产、居住、商务、休闲、旅游会展等多种功能指向的城镇化聚集区。航空小镇以发达的通航产业做支撑，以浓郁的通航文化做基础，建立起适合通航发展的生活方式。植根于不同的地理位置、文化产业背景，国外发展出各具特色的航空小镇，概括为三种类型：产业型、环境型和活动型。产业型以产业聚集人气，包括商务总部型和生产制造型；环境型以环境吸引人，包括旅游度假型和宜居体验型；活动型以活动聚集人，通过展会活动和娱乐赛事等聚集人气。

航空小镇将低空旅游的整个产业链条拉长，形成以游览观光、飞行培训、房地产开发、主题娱乐产品延伸、航空节事举办等各种产业为支撑的综合型旅游目的地。随着通用航空发展以及私人飞行起步，航空小镇的概念也逐渐被国内认知，很多城市都计划和建设航空小镇。从目前来看，我国大规模建设美国式通航小镇的基础条件尚不成熟。我国有近200个地区要做航空小镇，绝大多数都以旅游、商业为目的，这为航空小镇在中国起步和发展奠定了良好基础。

2．国内外的航空小镇

2.1 国外的航空小镇

根据Living With Your Plane网站数据，目前全球约有600多个航空小镇，分布在欧洲、澳洲、美洲等，其中美国有近500个，还有大量主要服务飞行爱好者的飞行社区（Fly-in Community）。而世界各国的知名旅游区分布着大部分的生态旅游飞行小镇。据美国机场数据中心统计，2016年全球大约有630个航空小镇，各有特色①。

航空小镇最早起源于美国，充足的机场资源和数量众多的飞行员基础促进了美国航空小镇的出现和成熟发展。二战后的美国大量废弃军用机场聚集了众多退役飞行员，久而久之衍变出很多以机场为中心的飞行爱好者社区——住宅型航空小镇；同时，美国通用航空产业相当发达，二战后通用航空制造业依托于其自身巨大的消费市场获得空前发展，逐渐形成以航空制造及关联产业为基础的小镇，与住宅型航空小镇相比，带有浓厚的工业色彩。

通用航空已融入美国人的日常生活，成熟的通航产业和庞大的通航人口使飞行成为一种日常生活方式，广袤的大型地块和特定的生活习惯促使小镇成熟。佛罗里达的航空小镇最多，约70多个。美国通用机场的产权多种多样，既有私人拥有也有国家、州、市和社区拥有。多数通用机场归属各级政府所有。机场本身是非营利单位，其营业收入只能用于支付日常开销和人员工资，盈余部分则进入一个受市议会监管的特殊账户，这样机场被严格地限定为公共基础设施。

① 许腾飞. 航空小镇开始“起飞”. 中国企业报，2017-02-21。

国外航空小镇的案例和特征

国家	案例	特征
美国	最具代表性规模最大的是佛罗里达州私人所有的Spruce Creek，有1220×54米跑道，驻场400多架飞机，每年起降25000架次，每天约68架次飞机起降，约1300个住户，飞机降落后可直接入户个人机库。此外还有锦标赛高尔夫球场、俱乐部等设施。	居住型航空小镇。飞行与居住结合是美式航空小镇核心价值。
	Benton Airpark位于堪萨斯州Stearman机场，私人拥有但对公众开放。机场有1556米长18米宽跑道，130多架飞机，绝大多数是单引擎飞机。每户住宅都建有自家机库，并有道路直接通向滑行道与跑道。机场航汽价格低于周边而人气聚集。机场主开设了一家航空特色餐厅，吸引住户与过往飞行员用餐，收费颇高。①	飞行社区，经营者改扩建后，将机场周边土地出售或出租，由业主自建住宅，800平米土地约4.5万美元，200平米二手别墅50万美元左右。
欧洲	法国Village Aeronautique de la Boissiere是欧洲最小飞行社区，仅有一条550×30米跑道及4间机库；比利时Amougies飞行社区仅建7间房屋，而替代其的Gravity Park将在周边扩建40-50间木屋式的节能住宅；荷兰马祖里小镇开发27幢房屋。	飞行社区。更多作为纯粹的飞行用途，更突出飞行元素。
澳洲	新西兰皇后镇机场航空小镇是典型旅游目的地支线及通航机场，有1800米长跑道，规模约8平方公里（含机场），周边分布高端度假酒店、高尔夫球场、葡萄酒庄园等旅游度假功能，众多小通航公司运营雪山冰川户外探险、大湖空中观光等项目。	环境型航空小镇。由于其独特地理位置和优美环境，成为以旅游休闲为主的旅游目的地。
南美洲	Sao Jose dos campos航空小镇有着浓厚工业气息，是巴西航空制造重镇，全球支线航空霸主E190家乡。	产业小镇。地理复杂，人口稀少，公路铁路不发达，飞天热并发展蓬勃，具备完备的航空制造产业链。

2.2 国内的航空小镇

通用航空产业作为航空产业的重要一环，我国已将其列为七大新兴战略产业。随着我国通航产业发展和低空开放不断推进，以及通航热的到来，各地规划建设“航空小镇”的热情空前高涨。与国外相比，中国式的航空小镇缺乏明确定位，发展途径的探索还不明晰，不可避免地出现了一些问题，如规划建设内容大同小异，兼容并包，既有住宅，又有旅游、会展，甚至包含商业，不成体系、发展方向不明、盲目模仿、建设规模不切合实际、贪大求全等。

发展通用航空特色小镇，有机场、有飞行、有空域是基本的前提。我国大多数航空小镇围绕已建成的通用机场进行规划和建设，另一部分则以原有的航空制造产业为基础

① https://en.wikipedia.org/wiki/Lloyd_Stearman_Field.

建设航空产业综合体，并围绕综合体配套相关基础设施。目前，只有少部分航空小镇初具规模，大部分还处于规划和建设中。原因在于：我国法人通用航空制造业发展薄弱，低空空域管制制约，通用机场及飞行相关基础设施不健全，相关配套服务跟不上，缺乏私人飞行的群众基础。

航空小镇规划更倾向于借通航基础开发周边旅游资源、地产项目。通用航空旅游、航空运动营地等特色绿色文体旅游目的地（美丽小镇）开发建设，成为中国式“航空小镇”。模式包括：通用航空特色小镇、产业基地、旅游目的地；无人飞机特色小镇、产业基地、旅游目的地；航天科技特色小镇、产业基地、旅游目的地等。

我国航空小镇的案例及其产业模式

名称	小镇特色	产业模式
山东临沂许家崖	从最初简单的航空飞行营地，到全国15家航空飞行营地示范工程，再到特色小镇。我国96个运动休闲特色小镇中唯一以“航空运动”命名的特色小镇。	产品业务体系分主流业务、旅游体验和社会培训，有民宿、飞行衍生产品商店、机库博物馆等外围衍生品，提供购物、住宿、餐饮。
珠海三灶航空小镇	以航空产业、高新制造、教育科研和航空配套服务为发展主题，建设以产业、空港、教育和生态为特色的小镇。	形成通用飞机制造、私人飞机运营保障、飞行培训、维修等通航产业链。涵盖通航机场、固定运营基地（FBO）、飞机展销中心、飞行员培训中心、通航会展中心、爱飞客航空俱乐部、会员公寓、航空度假酒店、航空文化馆、综合娱乐中心等。
中山市神湾镇	集合科技、艺术、教育、娱乐功能，是中国首个航天主题乐园及寓教于乐科普教育基地，并将其打造成为国家5A级旅游、文化、产业小镇项目。	依托中国航天科技和产品及文化优势，发展旅游业，建成为首个大型航天主题中国神舟航天乐园，由航天乐园、太空体验、盛世飞行会组成，包括航天科技展馆、火箭、飞船实物模型、太空行走失重体验、太空农业等，关注参与性、体验性、度假性和重游性。
荆门市漳河镇	“现代制造”特色小镇，开展系列活动，打造“运动休闲特色小镇”，入选全国运动休闲特色小镇。	以航空运动休闲、特种飞行器和通用航空器研发制造为基础，集聚发展通航全产业链，打造与航空产业深度融合小镇项目“爱飞客”，吸引航空迷和游人。
杭州建德航空小镇	浙江首批唯一通用航空特色小镇，2016年获批国家通用航空低空旅游示范区、国家级航空飞行营地，全国首个基本成型的通用航空特色小镇。打造通航产业浙江样板、省级航空特色小镇、国家级通航综合示范区。	以发展“通用航空运营”和“航空主题乐园”为切入点，发展并形成航空制造、航空服务和航空休闲旅游等通航全产业链，“两江一湖”黄金旅游线通航空中旅游景观圈。形成飞行员私（商）照培训、空中巡线、空中救援训练、航空护林、空中游览、飞机维修等业务的通航产业集聚。

从案例看，航空特色小镇既不是行政区域概念，也不是产业园区概念，是“小城镇大发展、小区域大平台、小空间大集聚、小载体大创新”的产城融合新思路，有别于传统的园区、新城模式。我国通用航空经济直接产出和综合带动比为1：8.24，实现通用航空的强带动，关键是让通航特色小镇成为通用航空产城融合的有效路径。通航特色小镇需要有产业基础、城镇条件和资金支持；航空基础+人气聚集使之成为可承载更多经济业态的平台。但是，我国私人飞行的群众基础十分薄弱，现有的航空小镇规划多以通航机场及航空器制造为基础，在其周边开发航空文化体验和相关旅游资源或地产项目，未来最终面向的是产业升级和城市升格。

我国发展航空小镇意义很大，航空小镇为我国新型城镇化指出新的发展方向，为通用航空产业发展提供成长土壤；能促进国民对航空文化的了解、体验飞行乐趣、参与航空事业；提供一系列航空专业化服务，有效促进通航产业的整体发展；是对民航运输的有效补充，为大众出行提供更多的备选方式；聚集多种产业，促进经济转型升级，改变城乡差别，缩短东西部差距，推进城乡统筹，成为区域经济增长的新型动力源。

3.“一带一路”上的通用航空、低空旅游和航空小镇

目前我国的运输规模和客运周转规模已达全球第二，在运输航空领域已处世界前沿，但通用航空领域的发展还十分落后。特别是我国西部的陕西、山西、甘肃、青海、新疆、宁夏等地，空域广阔、飞行环境良好，市场需求大，非常有利于开展飞行活动。但是其应急救援、空中旅游、商务飞行等通用航空市场一直未得到合理的开发利用。

我国从“十二五”开始，包括农垦喷洒、电力巡护、海上石油、飞行培训的通用航空及新兴的低空旅游，涌现出不少成功案例。2012年，国家低空空域已扩大到整个东北和中南，为低空领域通勤飞行创造了条件。2016年5月，国务院印发《关于促进通用航空业发展的指导意见》，提出到2020年将通用航空产业融入地方经济社会发展，融入百姓日常生活，探索以航空文化普及、航模、高仿动感模拟机、全动模拟机最终到飞行体验、飞行培训、销售托管等的通航“群众路线”，各地规划到2020年新建超700个通用机场。通用航空经济规模超过1万亿元。2016年作为航空运动产业发展红利年，11月，国家体育总局发布《航空运动产业发展规划》，提出到2020年航空运动整体产业规模将达2000亿元，消费人群将达2000万人，承载该项运动的航空飞行营地将建2000个。以陆地及水上通用航空机场为依托，将服务范围拓展至“一带一路”倡议所涉及地区。

低空旅游以其自然资源需用度小的优势，迎合了旅游与生态和谐发展的需求，对可持续发展的旅游能起到正向作用。最适合做低空旅游和航空运动的地区带从燕山山脉开始，包括河南、山西一部分，陕西、甘肃、宁夏、新疆等，这一带都在丝绸之路上。这些地区气候稳定，不存在剧烈气候突变，风静天朗，适合初学者飞行以及低速

飞行器飞行。从地理上，很多航空运动需要不太平整地面，陕西等省区恰好在这条地域带。以“通航+旅游”“航空+运动”“低空+旅游”点燃特色小镇，打造集度假娱乐、体育养生、运动休闲、科普教育于一体的航空主题园区、航空活动盛事、航空运动、航空旅游目的地和航空旅游嘉年华，助推国家“一带一路”，是旅游大国腾飞成为“旅游强国”的翅膀。

目前，“一带一路”特色小镇兴起，航空小镇被视为推动经济转型升级和新型城镇化的路径。航空小镇能形成一条长产业链，在医疗、气象、科学实验、文化、体育、公共服务等领域广泛应用，在“一带一路”建设中大有可为。中航集团计划修建50个爱飞客镇，将创造超过5000架通用航空飞行器的市场需求。届时，搭建一站式运营服务平台，将通用航空和居民生活、医疗保健、高端社交、休闲娱乐紧密结合起来。我国成立的“一带一路”特色小镇投资基金，总规模为500亿元人民币，未来带动的总投资规模预计将超过5000亿元至万亿级别。通用航空小镇展示了与“一带一路”沿线国家互惠合作的美好愿景。

“一带一路”倡议为我国航空提供了千载难逢的发展机遇，“空中丝绸之路”服务“一带一路”倡议，促进发展包括低空旅游线路开发、航空旅游小镇、低空旅游飞行器等项目；通用航空经济在“一带一路”发展空间中具有空域优势，能带动万亿元产业，市场前景好。通用航空小镇沿丝绸之路经济带布局推进，和新型城镇化建设紧密结合，带动西部大开发。我国已与61个“一带一路”沿线国家签订了双边航空运输协定，与43个国家实现正式通航。低空旅游、通用航空和航空小镇成为有力的翅膀，助力“一带一路”国内相关各省市、沿线国家游客飞出去并飞进来。

“一带一路”上的山地旅游

（本文写作于2015年，所有数据截止于2014年）

1. 山地旅游

山地旅游是以山地自然环境为载体，以复杂多变的山体景观、各种山地水体、丰富的动植物景观、山地立体气候、区域小气候等自然资源和山地居民适应山地环境形成的社会文化生活习俗、传统人文活动形成的特定文化底蕴等人文资源为主要旅游资源，以山地攀登、探险、考察、野外拓展等为特色的旅游项目，兼山地观光、休闲度假、健身、娱乐、教育、运动为一体的现代旅游形式。

国外对“山地旅游”概念鲜有界定，但有大量实证研究。山地旅游一般作为生态旅游的重要内容，又叫山地生态旅游（Mountain Ecotourism），发展很快。北美、欧洲、澳洲等发达国家，山地旅游年均增长率达25%-30%甚至更高。在欧洲，人们又把山地旅游叫做“自然旅游”（Nature Tourism）、“绿色旅游”（Green Tourism）、“可持续发展旅游”（Sustainable International Ecotourism Tourism），按国际生态旅游学会（简称IES）标准，生态旅游目的地主要有国家公园（National Parks）、自然保护区（Natural Protection Region）、乡村（Village）三类，这三类目的地都基本在山地区域。不同于一般观光旅游，山地旅游必须严格受限于山地环境空间、生态保护理念和相关法规制约，是一种“负责任的旅游”（Responsible Tourism），对环境负责，尊重本土文化和民俗传统。

作为一种“增加参与国际经济、减少贫困和取得社会经济发展的途径”，在由联合国、非政府组织主导的可持续发展会议推动下，山地旅游逐渐成为全球观光产业蓬勃发展的项目，不断朝着脱贫、和平与发展进步方向付诸现实。

我国的山地旅游由来已久，古代几千年前就开始了以封禅、隐居、游山与寺庙（养生与养心）为特征的山地旅游；近代，山地旅游以在名山修建避暑庭院与建造别墅为特征；新中国成立至改革开放之前，山地旅游以干休所与工人疗养院为主要形式；改革开放至1995年以前，山地旅游以观光为主，增加钓鱼游泳等简单活动；目前是双休日与“黄金周”之后的新大众休闲度假时代。可以看出，山地旅游与国家的经济和社会发展联系密切，是国家社会文明进步的重要标志之一。随着我国经济增长，城市化水平提高，人们生活水平的提高，城市生活节奏的加快，越来越多的人渴望亲近自然，以山地环境为依托开展的山地旅游更好地满足了目前旅游市场的需求，山地旅游以其自然纯朴优美的生态环境，多样化的山地旅游资源和旅游项目而受到各类人群的喜爱，发展前景极好。

2．“一带一路”与山地旅游

我国是一个多山国家，发展山地旅游的条件十分优越。山地面积占全国土地总面积的2/3，山地旅游资源丰富；还有约1/2的人口、城镇分布在山地，是旅游开发的重要区域。山地旅游在我国旅游发展中具有重要地位，我国海拔超过5000米的高峰数以千百计，其高度和数量在世界上无可伦比。根据中国科学院的山区发展报告统计，我国约90%的森林、85%的国家级资源位于山区。复杂的山地地理构造和山地生态系统呈现“横看成岭侧成峰，远近高低各不同”“一日感四季”的山地景观。山地同时也是国家生态环境安全的重要组成部分，承载着特殊的生态服务功能。因此，发展山地旅游是山区发展、人类利用山地的重要方式，对维护山地生态系统安全、持续利用山地资源具有天然重要作用。

“一带一路”方案重点圈定18个省市区，包括新疆、陕西、甘肃、宁夏、青海、内蒙古西北6省区，黑、吉、辽东北3省，广西、云南、西藏西南3省区，上海、福建、广东、浙江、海南5省市，内陆地区则是重庆。可以看出“一带一路”重点省基本囊括我国一、二、三级大地貌单元，这些大高原、大盆地四周都被山脉环绕。根据全国主体功能区划，全国25个重点生态功能区有16个主要位于山地，集中分布在我国地理一、二、三级阶梯等大地貌单元过渡带山区。最高最大的青藏高原平均海拔4500-5000米，环绕喜马拉雅山、喀喇昆仑山、昆仑山、祁连山、横断山等山脉。西南云贵高原海拔1000-2000米，周围有哀牢山、苗岭、乌蒙山、大娄山、武陵山等。西北黄土高原和内蒙古高原边缘有秦岭山脉、太行山脉、贺兰山、阴山山脉、大兴安岭等。最大的内陆盆地新疆塔里木盆地，周围有海拔在4000-5000米的天山、昆仑山、阿尔金山等。新疆准噶尔盆地、青海柴达木盆地和四川盆地的四周都为高大山脉所封闭。

伴随“一带一路”、国家生态功能区划和主体功能规划战略逐步实施，以及交通基础设施的改善和提升，依托“一带一路”旅游节点城市，我国的山地旅游和冰川旅游围绕甘新—南疆线丝绸之路文化旅游带、兰青—青藏线雪域高原旅游带和川藏—滇藏线香格里拉山地冰川旅游带、海上丝绸之路沿海山地旅游带，“一带一路”山地旅游及包括天山、帕米尔-喀喇昆仑山、喜马拉雅山、横断山和祁连山五大山地冰川旅游，必将形成一批国家乃至国际级标准的山地冰川旅游目的地。“一带一路”区域的山地旅游将重续区域间历史经济和文化纽带，促进区域全面发展。

“一带一路”地区覆盖沿线60多个国家，风土人情别具特色，风光景色旖旎秀丽。

丝绸之路是世界最具活力和潜力的黄金旅游之路，拥有丰富的山地旅游资源。由于地理位置和海拔等原因，“一带一路”山地旅游能较好地保持原有的自然风貌。“一带一路”具有世界级的旅游资源，欧亚大陆深处的千年古城比比皆是。丝绸之路是世界最精华旅游资源的汇集之路，汇集了80%的世界文化遗产。数据显示，仅丝绸之路中国段就拥有13个国家历史文化名城、15个国家重点风景名胜区、302个国家重点文物保护单位、66个国家森林公园。独特的地理环境，原始的自然风光和古朴的民族风情，优越的气候条件，脉络完整且保持完好的历史风貌，丰富的历史遗迹，高集聚度的全球顶级文化遗产，形成无可取代的国际性文化旅游吸引力。“一带一路”山地旅游从中脱颖而出。

“一带一路”总人口约46亿，GDP总量达20万亿美元（约占全球的1/3）。沿线无论发展中国家还是发达国家都需要我国强大的出境旅游消费。同时，目前我国旅游业遭遇休闲度假资源供给不足瓶颈。“一带一路”山地旅游发展并不是单向输出，而是双向互动。（原）国家旅游局预计，“十三五”我国将为“一带一路”沿线国家输送1.5亿人次游客、2000亿美元旅游消费；同时还将吸引沿线国家8500万人次游客来华旅游，拉动旅游消费约1100亿美元。因此，加强与“一带一路”国家和地区的山地旅游合作，一方面为沿线国家和地区输送强大的旅游消费能力，另一方面为我国公民休闲度假资源需求提供保障。

“一带一路”山地旅游将有助于推动“中国旅游的世界化与世界旅游的中国化”进程。加强与有关国家地区的协调，为跨境旅游提供更便利高效的服务。将我国山地旅游国际化，推动出境旅游消费，提升中国旅游对“一带一路”沿线国家全面的影响力；双向的山地旅游将促进国际社会更加全面认识并接受“一带一路”倡议，并使得沿线国家受益。

3.“一带一路”山地旅游与扶贫

把旅游作为扶贫措施是国际新理念、新趋势。1999年，联合国可持续发展委员会第七次会议发表《可持续旅游与脱贫——国际发展局报告》，首次用“旅游扶贫”概念，将贫穷与旅游发展联结在了一起。2000年，英国国际发展局（DFID）设立旅游挑战基金，专门资助国际旅游扶贫试验项目。2001年，联合国布鲁塞尔会议通过了《最不发达国家旅游业的加那利群岛宣言》，提出旅游发展是所有最不发达国家“增加参与国际经济、减少贫困和取得社会经济发展的途径”。当前，不论是发达地区还是贫困地区，发达国家还是发展中国家，山地旅游都很重要，也是最受欢迎的旅游形式。

我国山地丘陵地区呈现出地理位置边缘性，高海拔通常伴随高寒气候，区内居民生活条件十分恶劣。2011年12月国务院印发《中国农村扶贫开发纲要（2011—2020年）》划定14个集中连片特困区，除西藏和南疆三地州外，其他12个片区内均以山地丘陵为主要地貌。国家级贫困县和少数民族县、国家重点生态功能县叠加。全国592个国家重点贫困县中245个县既是少数民族县也是生态脆弱县，土地构成中，山地面积占90%以上，山地旅游资源很丰富。我国现有千余个5A、4A旅游风景名胜区中，60%以上分布在“一带一路”中西部地区，70%以上的景区周边集中分布大量贫困村。我国学术界对旅游扶贫的明确定义，即通过开发贫困地区丰富的旅游资源，兴办旅游经济实体，使旅游业形成区域支柱产业，实现贫困地区居民和地方财政双脱贫致富。“一带一路”山地旅游扶贫，不仅能够打造贫困地区新的经济增长点，同样有助于拓展贫困群众新的增收渠道。

贫困型山地旅游区旅游资源丰富，然而旅游开发现状不容乐观。山地旅游是经济社会发展的综合性产业，促进“一带一路”旅游投资和消费，对于推动区域现代服务业发展，增加就业和居民收入，提升人民生活品质，意义重大。通过发展“一带一路”登山旅游事业，促进山地旅游蓬勃兴起及山区人口增长，实现“一带一路”山地旅游和生计改善、生态系统管理、生物多样性惠益共享、生态监测与保护以及区域国际合作。山地旅游以旅扶贫，对解决山区的贫困起到了积极的作用，“一带一路”山地旅游为山区消除贫困和可持续发展提供许多有利的契机，在稳增长、调结构、减贫困、惠民生方面发挥积极作用。

4. 国内外山地旅游案例借鉴和启示

许多国家十分重视山地的旅游开发，一些传统名山（如意大利的维苏威火山、日本的富士山、苏联的高加索山等）均被开辟为旅游胜地。世界上山地旅游成功的比比皆是，欧洲最典型的就是阿尔卑斯山地旅游。阿尔卑斯山区从18世纪起就是欧洲富人和贵族的度假休养地区，法国、瑞士、德国、意大利、奥地利等是主要客源国。经过近200年的营建，使得众多山村都拥有清新宜人的环境。最初到阿尔卑斯山的游客，在夏季来瑞士观赏风景，随着1924年第一届冬奥会在阿尔卑斯山法国的夏梦尼山谷举行，冬季体育运动旅游人数开始稳步增长。对现代游客说，阿尔卑斯是快慢动静皆宜的旅游胜地。

奥地利和瑞士两国的山地旅游最为典型。两国政府都很重视旅游业，提倡农民经营高山旅游业，向旅游者出租房舍，并将旅游业与农业结合起来，开创了瑞士和奥地利模式的家庭经营小规模旅游业的传统。阿尔卑斯山的自然环境对农业不利，但农业却又是山区的重要产业。随着山地农业愈来愈艰难，愈来愈无利可图，导致年青人外流，人口减少。旅游业被看成是山区补充收入和提供就业机会的手段。这与“一带一路”的高山农业和牧业十分相似，“一带一路”山地旅游借鉴瑞士和奥地利的成功经验，将大有裨益。

山地旅游业对于瑞士经济和就业非常重要。20世纪80年代早期，山地旅游是山区农业唯一的经济替代产业，提供8%的国民总收入，提供14%劳动人口就业。瑞士的山陡山高占优势，是高质量的山地景观和冬季体育运动旅游资源。瑞士山地旅游通过利用阿尔卑斯山的雪峰，开展游览、登山、疗养、滑雪等旅游活动，实现可持续发展。其成功经验为：发展旅游不破坏自然，建立资源旅游体系，开展各种活动，景区可进入性强，主要交通是铁路和缆车，易入易离，安全便捷，且冰山快车都采用大面积玻璃窗厅，可在铁路、缆车上近距离观看景致。

20世纪70年代前，不丹还与世隔绝，后来开始向世界开放旅游。外国游客数从2009年的23480飙升至2013年的116209人，豪华酒店数激增。面对飞速变化和环境压力，不丹需要但不希望游客大量涌入，以免破坏赖以成名的绝世美景，努力保护其民族性及原生态环境。不丹宪法规定国土的森林覆盖率不低于60%；要求学生和政府人员必须穿民族服饰，禁止销售香烟与使用塑料袋，规定星期二为禁酒日；国家禁止登山活动超载，其海拔7570米的甘卡本森峰（GangkharPuensum）为全球未登顶的最高山峰，限定每位游客日消费额不低于250美元。不丹的种种努力基本奏效，其宏伟壮丽的城堡与寺庙没过度开发，也没被俗气的商业化；佛教在不丹仍占主导地位；很多节日与面具舞参与者仍是本国民众，还没演变成为服务外国游客的商业表演。不丹在保护生态、文化传统的同时也持续保持了旅游吸引力。

通过开发旅游促进贫困山区发展的国外案例还有不少，如20世纪70年代法国东南部山区、西班牙阿斯图里亚斯地区、墨西哥的坎昆地区等。

著名的国外山地旅游

著名山地	基本情况	旅游景色和项目特色
美国科罗拉多大峡谷	联合国教科文组织自然遗产，位于亚利桑那州西北凯巴布高原。19条峡谷，最深、最宽、最长的是科罗拉多大峡谷，全长446公里，山石多为红色。	南缘四季开放，设施完善；北缘海拔高，5-10月开放。自驾、汽车游览、老式蒸汽火车、长途汽车、直升机、小型飞机游览、观景台等设施齐全。
加拿大班夫国家山地公园	建于1885年，坐落于落基山脉	湖泊、瀑布、温泉、古建筑、滑雪场、娱乐场等分布其中，提供泛舟、骑马、登山、雪车等活动。
瑞士阿尔卑斯山地旅游	复杂的山体结构和多种山区小气候，著名滑雪胜地和世界登山运动起源地。	主题线路是滑雪和温泉浴，另有景观列车、山地自行车、徒步穿越、中世纪小镇、温泉冰川地质博物馆等项目。
“山国”尼泊尔自然保护区国家公园	位于喜马拉雅山中段南麓，境内200多座6000-8000米山峰	吸引大量的登山爱好者。
日本的山地休闲	山地约占全国面积的76%，被称为“樱花之国”“地震火山之邦”，多山地、温泉、河流瀑布。山地旅游发达，富士山是象征。	高山滑雪、登山运动、温泉浴、种植园采摘、休闲农业等。保健型温泉洗浴服务细致。

续表

著名山地	基本情况	旅游景色和项目特色
重庆市武隆“户外运动胜地”	典型喀斯特地貌，世界自然遗产，国家5A级景区。三大山地户外运动赛事之国际山地户外运动公开赛场地（另为英国莱德加洛斯赛、澳大利亚艾科挑战赛）。	体育、文化、旅游、生态、环保与湖光山色融为一体。开展越野跑、山地车、攀岩、皮划艇、漂流、溜索、滑翔伞等户外运动，《满城尽带黄金甲》《变形金刚4》外景地，《爸爸去哪儿2》开拍点。
秦岭国家公园	“山水秦岭、山地运动”品牌。举办中国秦岭山地越野挑战赛、中国秦岭峡谷漂流大赛等比赛活动。	施行生态保护、体育旅游产业政策，发展体育旅游产业，打造秦岭休闲胜地。

国内外经验对我国发展“一带一路”山地旅游的启示：

便捷的国际旅游交通网络、便于游览观赏的景区旅游交通设施；

专业完善的山地旅游产业和冰雪产业聚集群，全球稳定的客源和盛誉。

多样化运动度假服务，为不同水平及需要者提供针对性体验。从初学者到竞技类，包括退休人士、残障人士的各类新型休闲运动项目。

举办各类全球性节事，吸引全世界的旅游者，普及山地旅游的参与度。

旅游开发与社区发展、家庭致富、产业开发结合。

注重保护自然原生态和可持续旅游发展。

注重文化遗产的保护和传承。

推行负责任旅游，个体、企业、商会、社区和政府均负责任，满足经济、社会和环境的可持续性发展要求。

5.“一带一路”山地旅游发展的建议

（1）政府为主统筹山地旅游，强化国际旅游

通过沿线国家政府和国际组织，联合各相关行政职能部门及地区创新协会等非政府组织，成立“一带一路”大区旅游发展委员会，统一布局，统筹安排，宏观控制区域和地区合作，发展国内、国际山地旅游，提升山地旅游发展的能力。

（2）严格保护生态和控制旅游自然资源保护性开发

以生态旅游为基础，以生态经济和旅游经济理论为指导，以保护为前提，遵循开发与保护相结合的原则。

（3）探索全线参与、全民参与的旅游扶贫，共享发展成果

公众积极参与有利于山地实现脱贫、减贫，也有利于社会和谐发展。加强旅游合作，形成区域联动，建设利益共享、成果共享机制。

（4）改革创新投融资模式，拓宽融资渠道

设立山地旅游产业促进基金，推行政府和社会资本合作模式（PPP），鼓励社会资金投入山地旅游开发。以“一带一路”的山地资源为基础优化旅游资源，打造山地旅游目的地优质形象和良好声誉。

（5）做好文化传承保护和山地文化旅游开发

以丝绸之路为主题，以“一带一路”节点城镇为核心，打造若干条山地旅游精品主题游线，构建合理有序的文化游览大环线。依托核心历史文化资源，呈现山地游牧农耕传统文化的鲜活生命力；保护和传承传统有价值的生产生活方式“活态文化”；开发承袭传统、品质绝佳、深度体验型的度假产品，加强客群黏着度。

（6）开发“一带一路”特色国际山地旅游

开发系列完备的山地旅游产品：攀岩、野战、溯溪、滑雪、骑马、度假、滑草、徒步、漂流等山地运动类产品；山岳、河流、溪谷、瀑布、峡谷、峰林等山水观光类产品；茶叶、中草药、负离子、阳光浴、森林浴、温汤浴、垂钓等生态康养类产品；原生态歌舞、民族民俗表演等演艺类产品；山野建筑小品园林、蔬菜瓜果品赏、山野餐饮类、食用菌养殖等休闲类产品；名人墨迹、传说典故以及宗教寺庙、政治遗址等山水文化艺术旅游；盆景花卉、科普植物、珍稀树种、生态景观、标本制作等山地科普教育旅游产品等等。

（7）高科技山地旅游+大数据+互联网

山地旅游要有互联网、大数据思维。山地旅游创新采用地理信息系统（GIS）及遥感技术（RS），基于采集的数据开发旅游资源评价和旅游资源监控与预警系统，为游客提供自助旅游服务，使山地旅游跨上新台阶。

（8）建设山地旅游基础设施，改善交通可进入性

抓好“一带一路”山地旅游脱贫的基础设施建设问题，变输血为造血。解决好路、水、互联网等旅游基础设施建设，是发展生产、实现农民增收的脱贫基础。

总之，“一带一路”倡议是山地旅游发展的新视角和新重点。开放的山地旅游在“一带一路”倡议中先联先通，而山地旅游扶贫把“有利于穷人的增长”作为战略核心，主动作为，先动先行，旅游先通，努力实现旅游减贫、脱贫，全力塑造中国旅游新形象，吸引更多国际游客前来领略中国之美、丝路之美。

"一带一路"上的世界遗产与旅游

（本文写于2017年，数据截止于2016年）

2017年5月，"一带一路"国际合作高峰论坛在北京召开，近30个国家的领导人、国际货币基金组织（IMF）、世界银行（WB）、联合国（UN）的负责人及全球各国代表齐聚北京，参加中国"一带一路"倡议（Belt&Road Initiative）大会。除基础设施建设、国际能源合作、金融创新合作和生态环保合作等领域外，旅游也是国际间重点合作领域之一。

1. 众多的世界遗产是"一带一路"旅游发展的基础

1972年，联合国教科文组织巴黎第十七届会议，通过了《世界文化和自然遗产保护公约》，明确了包括文物、建筑群、遗址的文化遗产定义。文化遗产包括文化财产（具有艺术、历史、考古、人类学、档案与文献价值的可移动和不可移动物品）和景观资产（具有历史、文化、自然、形态和审美等价值的建筑和区域）。联合国教科文组织《保护世界文化和自然遗产公约》（简称《公约》）已有192个缔约国，世界遗产保护与利用的价值理念得到广泛认同，世界遗产旅游成为国与国之间文明交流互鉴与传承创新的基础。

从文化遗产角度而言，丝绸之路很早就进入教科文组织视野。早在20世纪八九十年代，联合国曾推出"世界文化发展十年"计划。在该框架下，联合国教科文组织曾组织三次大型丝绸之路考察，称为"丝绸之路综合研究"。其中一次是1991年冬天，从马尼拉到泉州的海上丝绸之路考察。"一带一路"作为跨国、跨洲的超大型文化线路遗产，沿线分布着不同时期各种文明的人类遗迹。截至2016年，世界遗产名录已有1052项，沿线65国所拥有的世界遗产共计351项，超过世界遗产总数的三分之一。"一带一路"沿线国家和地区保存有大量非物质文化遗产，单中国便有30余项进入了联合国人类非物质文化遗产名录。

"一带一路"已成为遗产大道：沿线65个国家和地区中拥有世界遗产的达到63个，这是能够开展世界遗产旅游的共同基础与价值共识；"一带一路"沿线世界文化遗产400余项，数量众多，占全球世界文化遗产总数近55%；"一带一路"文化遗产众多、类型多样，文化遗产年代覆盖范围广泛，从旧石器时代到20世纪均有涵盖。“一带一路”作为世界旅游资源精华汇集之路，堪称世界最具活力和潜力的黄金旅游路。

随着2013年我国“一带一路”倡议的提出，沿线各国看到了发展世界遗产旅游的契机，纷纷制定相关规划，将文化遗产的旅游开发作为核心。沿线国家都希望借着“一带一路”文化遗产旅游机会，加强区域间、国家间合作。

100多个国家和国际组织积极响应支持，沿线多个国家和国际组织同中国签署合作协议，拓展深化沿线国家间贸易、农业、工业、金融、旅游、资源开发等国际合作。世界遗产旅游跨区域的对话合作平台，有利于文化遗产资源整体规划与开发。遗产旅游将成为“一带一路”国家和地区间合作的重要桥梁并促成新时代的文明新融合。

2．旅游是“一带一路”世界遗产的创新性保护

2.1 “一带一路”文化遗产旅游保护的紧迫性

在“一带一路”国际合作高峰论坛上，联合国教科文组织干事博科娃盛赞：“当古丝绸之路沿线的阿富汗巴米扬大佛被炸毁，叙利亚古城巴尔米拉被破坏，亚欧多国被极端主义蹂躏的时候，我们认识到，塑造多元包容的世界是多么重要！中国正在通过‘一带一路’倡议在其中发挥关键作用。”

“一带一路”沿线区域占地面积广阔，涉及60多个国家和40多亿人口，环境多样，陆地、海洋、山地、盆地、平原、湖泊、河流自然地理多样。不同气候、不同土地、不同资源禀赋，使得“一带一路”沿线形成了不同的生产特征，进而形成不同的生活方式与文化特征。“一带一路”沿线区域面临着可持续发展问题，如世界遗产保护与利用面临着赋存环境退化、战争与恐怖主义破坏、非法盗掘、过度旅游、快速城镇化等严重问题。同时，“一带一路”沿线国家多自然灾害，全球85%的重大自然灾害发生于此，超85%的自然灾害为地震、洪水和干旱、风暴潮。“一带一路”沿线地区文化遗产大多处于露天的自然状况，受自然风化剥蚀、人类活动及环境变化的作用，损毁与病害严重，其存在及保护状况堪忧。

“一带一路”沿线国家多属新兴经济体和发展中国家，都面临着文化遗产保护与发展旅游经济的双重挑战。文化遗产的赋存及保护状况与经济水平有很大关系，很多国家面临严峻和明显的粮食安全威胁，经济和区域发展严重不平衡。“一带一路”地理区域分东南亚、南亚、中亚、西亚、非洲、东亚、东欧、南欧、中欧9个部分，经济发达国家，文化遗产可以得到较好保护（如欧洲），但经济发展落后的国家，其保护经费有限，当地居民的遗产保护观念淡薄，保护力度不够。总体而言，沿线国家经济发展总体水平较低，需要加强遗产保护和利用的合作。

2.2 我国对“一带一路”文化遗产旅游的促进

作为“一带一路”的倡导国家，我国积极推动更多“一带一路”文化遗产成为世界文化遗产，积极采取国别性保护、世界遗产式保护和区域性保护三种模式保护“一带一路”文化遗产，有限度地统一保护标准并在世界各地开展工作，为“一带一路”文化遗产旅游保护开发和出入境打下合作基础。

聚焦世界遗产保护、旅游开发与可持续发展，我国在“一带一路”重点区域开展国际合作研究，诸如：基于干旱区文化遗产考古与保护工作，在中国、北非和地中海地区开展文化遗产空间考古与保护的比较研究；在南亚和中亚地区实施文化遗产和考古景观监测与评估的科学研究，特别聚焦中-巴经济走廊（CPEC）建设；在中国南部和东南亚开展文化遗产保护与利用的策略制定示范研究，揭示“21世纪海上丝绸之路”沿线文化遗产对全球变化和人类活动影响的响应机制。

近年来，我国与斯里兰卡、巴基斯坦、乌兹别克斯坦、突尼斯、意大利等“一带一路”沿线国家，以及巴西、所罗门群岛等非沿线国家开展积极广泛的世界遗产保护利用的国际合作，致力于搭建“一带一路”旅游的国际合作共赢平台。

“一带一路”文化遗产是属于全人类的文明成果，但不可能全部纳入世界遗产名录中予以保护。我国学者怀着“一带一路”考古梦想走出国门，开展丝路跨国考古。例如，2016年，中国考古新发现乌兹别克斯坦明铁佩古城遗址项目，寻找消失在历史长河中的大月氏遗迹，揭开其神秘面纱；我国政府援助柬埔寨吴哥古迹保护修复，与柬方合作进行吴哥古迹茶胶寺考古。

2.3 “一带一路”世界遗产旅游的意义

世界遗产在国际上有着重要的文化交流和文明对话的意义，推动了跨文化交流的蓬勃发展，对当今世界极具启发意义，将促进世界的和平、发展与繁荣。世界遗产旅游促进“一带一路”沿线地区文化软实力建设。提升沿线国家对保护文化遗产的重视。我国通过“一带一路”建设进一步提升文化实力和影响力，通过基础设施、物流、产品等领域取得的积极成果为发展文化领域合作与交流提供坚实基础。

文化遗产不仅有文化价值，更有巨大的经济价值。“一带一路”遗产旅游带动沿线区域发展。通过“一带一路”古迹、遗址保护利用，开发建设国家考古遗址公园及国家5A级文物旅游景区，将提升文化产业、旅游发展，带动沿线国家社会经济的发展。文化遗产的申遗项目及文化合作项目将对促进地区间合作、带动当地社会及经济发展起到重要作用。

“一带一路”沿线具有极其丰富的自然、文化遗产资源，遗产旅游促进沿线国家和地区的文化产业合作。未来，随着“一带一路”建设的加快，将进一步带动沿线地区国家对文化、旅游及社会经济发展的积极整合，形成可持续的良性发展模式。

3．我国在"一带一路"上的文化遗产和旅游

3.1 中国国内在"一带一路"上的文化遗产和旅游

我国政府长期以来高度重视丝绸之路沿线文化遗产的保护和旅游开发。我国世界遗产数量达50项，居全球第二。1979年，敦煌被国务院确定为第一批对外开放的旅游城市，千年莫高窟开始了国际合作。1987年，莫高窟与长城、秦兵马俑等一并成为中国首批世界文化遗产名录遗产地。

从2003年开始，我国就开始与中亚五国（目前已拓展至十四个国家）进行"丝绸之路"跨境申遗的磋商与协调。2014年6月22日，在卡塔尔多哈召开的联合国教科文组织第38届世界遗产大会上，中国、哈萨克斯坦、吉尔吉斯斯坦三国联合申报的横跨五千多公里的"丝绸之路：长安—天山廊道路网"，亚洲跨境合作申遗成功。敦煌莫高窟和汉长安城未央宫遗址、唐长安城大明宫遗址、大雁塔、小雁塔、兴教寺塔、彬县大佛寺石窟、张骞墓等22处遗产点被正式列入《世界遗产名录》。申遗意义深远，对政府间协调、建章立制、组织构架等都具有借鉴意义。所有的文化遗产都成为我国旅游的热点，为遗产旅游发展奠定了坚实的基础。

2006–2012年，国家文物局两次将海上丝绸之路列入世界文化遗产预备名单，泉州、宁波、北海、福州、漳州、南京、扬州、广州和蓬莱等9个城市的50多个遗产点名列其中。伴随着大众旅游时代的发展，海洋经济的发展，我国通过港口建设、邮轮产业，不断开发"一带一路"海上遗产旅游的新业态和新产品。

丝绸之路是横跨亚欧的遗产大道。在中国境内，就有多达22处重要考古遗址和古建筑遗存：河南4处，陕西7处，甘肃5处，新疆6处。多年来，随着大遗址和国家考古遗址公园建设推进，上述遗址均得到了不同程度的保护和展示，促进了旅游发展。丝绸之路靠物质遗产和非物质文化遗产来支撑，不仅是贸易之路，更是文化之路。借助"一带一路"倡议及我国在遗产旅游领域的成功经验，可促进世界文化遗产的跨境保护工作，为世界提供更多积极范例。

3.2 目前我国进行的申遗工作

内蒙古有联通俄蒙的区位优势，是"一带一路"建设深入推进、中国向北开放的重要门户。作为重要的历史遗产，内蒙古居延大遗址不仅有经济价值，更有巨大的文化价值。遗址包括汉代居延边塞所属的烽燧、亭、障和天田、塞墙等长城遗址和居延县城、居延都尉府、肩水都尉府、黑水城、屯田遗迹、墓葬等，有望开发建设国家考古遗址公园及国家5A级文物旅游景区，发展文化旅游，带动经济发展。白草连居延大遗址是阿

拉善盟内举世闻名的重要历史文化遗产，保留了长城体系中最长的天田遗迹和最大的屯戍遗迹，是简牍学、西夏学、黑城学发祥地，是古代丝绸之路中重要的运输补给和防御屏障，是历代丝绸之路开拓与畅通的重要历史见证。阿拉善盟推动居延大遗址申遗，融入“一带一路”倡议部署，探寻文化遗产保护与社会经济发展相协调的区域发展新机制，有望促进中国与中亚各国的旅游合作，促进“一带一路”沿线国家文化软实力建设，并带动沿线区域发展。

广州（古称番禺）是古代海上丝绸之路发祥地，千年海上丝路在广东留下了极为丰富的文化遗产。从黄埔古港到徐闻古港，从“南海Ⅰ号”到“南澳一号”，梅州松口古镇、佛山祖庙、茂名冼太庙、开平碉楼、肇庆阅江楼……无不见证了古代海上丝路的经贸繁荣，镌刻上古代海上丝路的文化印记。《海上丝绸之路·广州文化遗产》（三卷本）对海上丝绸之路广州文化考古发现遗物、地上史迹和文献资料进行全面的梳理和研究，海上丝绸之路广州文化史迹、遗物和文献资料弥足珍贵，为今后“申遗”提供了全面、翔实、重要的依据。

西沙海面之下暗藏着上百艘古代沉船，历经千百年，抵抗着海水腐蚀与冲刷，留存至今。国家文物局牵头组织了西沙海域二次大规模考古活动，不仅发掘出珍贵的石构件文物，摸清了金银岛一号沉船遗址、甘泉岛遗址陆地文物情况；加上海南本岛丝路文化遗址，古代海上丝绸之路南海段由点及线越来越清晰。泉州是中国古代海上丝绸之路起点，曾作为“东方第一港”，与世界最大的亚力山大港齐名。合浦作为始发港之一，留下了许多珍贵遗存，考古工作者有责任把历年的考古发现和新的研究成果介绍出去。国家文物局还将在海南岛近海开展水下文物和沉船遗址的调查、陆上海丝文化遗址调查等，通过旅游交往、交流及产业合作推动中国与沿线国家民众的相互了解，促进民心相通。

4．展望

“一带一路”倡议是用文化将历史、现实与未来连接在一起而成为中国面向全球化的战略架构。古老的“一带一路”焕发青春，遗产文化旅游将发挥更大的作用。目前，面向中国普通旅行者开放免签的国家和地区有21个，施行落地签的有37个，极大便利了不同国家的民间交往。在“一带一路”旅游为先的引领和推动下，世界开始了解中国，中国必能影响世界。

第四篇

文化与旅游融合

新时代的诗和远方——文化和旅游的融合发展

（本文写作于2018年，数据截止于2017年7月）

当今世界，文化正成为国家核心竞争力的重要因素，旅游则是很多人的生活方式和生活必需。而伴随着我国社会主要矛已经转化为人民日益增长的美好生活需要和不平衡不充分的发展之间的矛盾，用文化和旅游来实现增进我国居民的幸福感，进而解决新时代的矛盾就成了摆在面前的问题。

1．文化和旅游

1.1 文化、旅游、文化旅游产业回顾

改革开放40年，我国的经济水平有了很大的提高。当物质文明达到一定程度的时候，精神的享受（旅游、体育等）就会成为生活中不可或缺的部分。从人们的需求看，不管是“读万卷书行万里路”的历史传统，还是“身体和灵魂总有一个要在路上”的现代追求，旅行都是人们了解文化、体验文化的重要方式，精神的愉悦、心理的健康成为提高工作效率及活跃创造性思维的动力，是人们不断抵达而又重新出发的牵引所在。文化和旅游的结合，有利于推动文化事业、文化产业与旅游产业的融合，使文化产业在文化资源基础上，有了旅游的优良载体。

过去五年，文化产业年均增长13%以上，在文化及相关产业的增加值里，文化系统的占比1/3左右。2016年全国文化及相关产业增加值为30785亿，占GDP的比重为4.14%；旅游产业的增加值为32979亿元，占GDP的比重为4.44%；加上2016年体育产业的1.9万亿，从泛文化产业角度看，产业规模非常巨大，而且仍在快速发展，“文旅一家”两个产业占国民经济的比重提高，成为国民经济和社会发展中名副其实的战略性支柱产业。

在文化及相关产业突飞猛进的同时，旅游产业也迎来了巨大发展。根据（原）国家旅游局数据，2017年全年，国内共接待游客5001亿人次，比上年增长12.8%；全年实现旅游总收入5.40万亿元，增长15.1%。国内旅游收入45661亿元，增长15.9%。初步测算，全年全国旅游业对GDP的综合贡献为9.13万亿元，占GDP总量的11.04%。旅游直接就业2825万人，旅游直接和间接就业7990万人，占全国就业总人口的10.28%。当前，仅旅游产业对国民经济的综合贡献和对社会就业的综合贡献均已超过10%。

旅游文化产业已经成了我国国民经济中越来越重要的支柱产业。文化旅游作为一个综合性、融合性很强的产业，文化产业、公共文化服务、文物保护和利用、旅游产业发展密不可分。我国文化旅游业实现了持续、快速的发展，在文化资源、经济实力和市场方面都有相对优势。我国拥有丰富的文化旅游资源，可供观光的旅游景区约1万余处。《2016—2022年中国文化旅游市场分析及发展趋势研究报告》显示，2015年我国全年接待国内外旅游人数为41.2亿人次，偏好文化体验游的人群已经达到50.7%。文化和旅游结合，既满足广大人民群众对美好生活的向往，又成为美丽经济、健康产业、幸福产业的重要组成部分，将形成强劲的发展新动能，在国家经济转型升级中发挥更大作用。

1.2　新时代的新旅游

随着我国经济由“高速增长阶段”转向“高质量发展阶段”，我国旅游业将进入新旅游时代。所谓新旅游，本质上是文化塑造与旅游体验的融合，用文化的理念发展旅游，用旅游的方式传播文化。当前我国更重视的是发展质量，而不是数量；是人民的获得感，而不是单纯的经济增速；是按照经济、政治、文化、社会和生态文明“五位一体”总体布局推进全面发展战略，而不是只盯着狭义的经济增长。通过文化和旅游的融合发展，推动供给侧结构性改革，更好地满足人民日益增长的美好生活需要，同时提高国家文化软实力和中华文化影响力，成为一个重要的时代命题。文化与旅游已经成为国家层面的战略思维。

文化对旅游业发展具有促进作用。近20年来，随着旅游业的发展，文化在旅游业中的作用越来越重要。旅游业越具有文化内涵，就越有内动力和竞争力。旅游发展的各个环节都充分体现文化内涵，通过现代手段挖掘利用的传统文化，更多文化遗产、文化资源、文化要素转化为深受当下旅游者所喜爱的旅游产品，文化的养分滋养了旅游。旅游地的民众文化素质高，文化涵养好，使游客有如沐春风的感觉，山好水好不如人好；自然景观如蕴涵了丰富的文化资源，其魅力当然更大；文化资源是全人类的财产，也可以为各国各民族所用，借他国或他民族之人文资源发展本地旅游业，造福当地，已经成为很多地方促进当地旅游业发展的重要举措。工业化、城镇化、收入增加为旅游发展添翼，使得新旅游不仅必要，而且可能；不仅可能，而且必行。

从旅游角度来讲，旅游行为本身就是一种文化活动。旅游是一种经济生活，也是一种文化生活。随着可开发自然旅游资源越来越少，文化与旅游的结合越发重要，依托文化资源与创意发展旅游产业，是一条重要的途径。旅游是文化的载体，早已突破简单旅游概念，增加了很多休闲娱乐新生态链的产品，如嘉年华、演艺、文创衍生品等内容。旅游是具有文化内涵的产业，不论是故宫、天坛、兵马俑等传统旅游资源，还是主题公园、文旅小镇等新兴旅游设施，都离不开文化的支撑。旅游业的发展也可以为人文资源的保护提供资金的支持。文化对内满足人民需要、对外扩大国际影响，其中很重要的一种实现方式就是通过旅游。旅游是文化的一种传播载体，“用文化的理念发展旅游，用旅游的方式传播文化”正成为新旅游的灵魂和支柱，决定着旅游业的发展方向和兴衰成败。

2. 世界各国文化制度及旅游启示

2.1 世界各国文化制度

我们生活在受经济理性宰制的新自由主义的时代，新自由主义盛行于全球，文化领域与文化政策也受到新自由主义的影响和形塑。文化产品不同于其他商品，除了具有经济属性外，对人类社会发展还有着独特作用。在西方强大的文化工业和现代传媒帝国的冲击面前，世界各国为保护和发扬民族文化的独特优势，都在强化自身个性，突出自身特点，抵抗别国文化的全面同化，谋求自存自强，为在未来的世界文化格局中占有一席之地争取有利地位。各国政府主张介入文化管理事务，以保障广大民众持续拥有和分享丰富多样文化生活的权利。从文化产业政策来看，大多数国家均强调文化产业对于本国经济社会发展的特殊意义，采取不同措施保护与促进本国文化产业发展，力图增强本国文化产业的国际竞争力。

美国通过文化倾销在全世界构造了一个美国神话。美国极端强调文化产业的商业属性和市场对于文化发展的自动调节作用，其文化产业的管理代表了文化产业政策的一个极端，即美国通过强大的新闻帝国、通过好莱坞电影等等大众传媒和大众文化产品推销其价值观念和生活方式，巩固和强化自身地位，增强美国文化的垄断战略地位。2000年前总统克林顿在卸任前夕破天荒地在白宫召开美国第一次文化与外交研讨会，探讨拟订21世纪美国对外文化战略。

法国作为一个文化大国，非常重视在世界上传播法兰西文化，并成为世界上最为注重对外文化宣传的国家之一。“文化例外”是法国深深怀有的政治信念和思想原则信念。为了增强欧洲文化实力，法国总统希拉克提出文化欧洲的构想。法国的文化产业政策则代表对于文化产业中“文化”属性的极端强调。法国政府对于文化以保护为主，与其他产业有着巨大区别。法国政府不仅出台了系统的文化政策和规划，每年还有庞大的政府支出用于文化产业领域的发展。在国际文化贸易方面，法国在20世纪90年代初提出反对把文化列入一般性服务贸易。1993年WTO谈判桌上法国正式提出文化例外条款，法国以“文化例外”为由，坚决反对文化市场的自由贸易，几乎为此退出整个关税及贸易总协定谈判。美国在国际贸易领域通过WTO等国际组织，不断向欧盟及法国的“文化例外”施压。在WTO谈判中，法国及欧盟进一步将“文化例外”演变为“文化多元化”原则，法国依靠联合国教科文组织，在“文化多样性”旗帜下，联合加拿大、英国、德国等多个国家反对美国对本国文化市场的入侵。到了1999年，从“文化例外”发展为“文化多样性”获得了更广泛的认可。在国际文化贸易方面强调“文化多样化”原则，对国外文化产品和文化投资进入本国市场设置程度不同的壁垒，以保护本土文化独立和国家利益。

很多国家都对文化采取了相应的保护措施。例如苏联解体后，俄罗斯文化发展受到巨大冲击，面临西方文化侵略。普京清楚地意识到俄罗斯民族文化的危险处境。为振兴和发展俄罗斯民族文化传统，普京批准实施“文化扩张”战略，从而确定了积极的对外文化政策。早在20世纪80年代，日本首相中曾根就提出“建立文化发达国家”战略构想，努力使日本成为亚洲乃至世界的文化基地。日本学者甚至提出“文化立国”主张。加拿大对于文化独立性分外敏感，对美国的文化入侵也分外警惕。加拿大加入了“创造性欧洲”计划，对于本国文化产业采取补贴、减免税收等多种扶持措施，规定“加拿大内容”比例，对于美国文化产品加拿大有保护性规定。德国、英国、意大利等国，虽然对法、加文化产业政策认同程度不一，但基本上都赞同文化产业有其特殊性，认为为保证本国的文化独立与文化安全，政府必须采取一定的措施保护本国文化产业的发展。不过，这些文化产业发达国家对法国不重视文化的“产业”属性也不赞同。

2005年10月，在法国的倡导下，联合国教科文组织以压倒性多数通过了《保护文化内容和艺术表现形式多样化公约》，体现了126个签约国对保护文化多样性的一致信念。正是在联合国“文化多样性”的框架下，“世界遗产”的申请在全世界不断开展并丰富起来。世界遗产包括文化遗产、自然遗产、文化与自然遗产、文化景观遗产四类。广义概念，根据形态和性质，世界遗产分为物质遗产（文化遗产、自然遗产、文化和自然双重遗产、记忆遗产、文化景观、）和非物质文化遗产。世界遗产是被联合国教科文组织和世界遗产委员会确认的人类罕见的、目前无法替代的财富，是全人类公认的具有突出意义和普遍价值的文物古迹及自然景观。至今，世界遗产遍布在全世界（分为非洲、亚洲和太平洋地区、阿拉伯国家、欧洲和北美洲、拉丁美洲和加勒比五个地区），极大地促进了世界旅游的发展。截至2017年7月，总数达到1073处，其中包括832项文化遗产，206项自然遗产以及35项自然与文化双遗产。这些世界遗产成为世界旅游产业飞速发展基础，使得旅游产业成为世界第一大产业，也为世界人民带去了福祉。

2.2　不同文化制度下的旅游发展

欧美国家的旅游业一般从国内起步，利用原有的风景园林、文化博览和体育医疗等观光休闲、娱乐康体资源，依托完善的交通基础设施，在市场经济和商法体系环境下，以民营旅游企业为基础，在市场经济的环境中自然发育、长期发展，在这个过程中政府对旅游行业一般较少采取行政干预。发展中国家或从计划经济转型的国家旅游业大多从接待入境游客起步，旅游业初期政府必须采取较多的行政干预措施，旅游主管机构兼有开发建设、经营管理、市场监督和宣传营销等众多种职责，甚至直接开发旅游接待设施、经营国有旅游企业。

文化和旅游部，并非是中国首创，世界上曾经把文化和旅游合为一个部委的大有国在。韩国1998年的文化观光部下设韩国旅游发展局，2008年，成为文化体育观光部；日本从观光部（相当于司级）到观光局（相当于副厅级），再到观光厅（相当于副部级）；俄罗斯联邦1992年成立旅游局、组成文化与旅游部，2008年改为体育、旅游和青年部；印度从交通部旅游局到民航旅游部，再到文化旅游部，现单设旅游部；意大利国家旅游局曾隶属工业商业手工业部，后为政府文化遗产与旅游部，现单设旅游部；英国旅游局现隶属于文化、传媒和体育部；比利时文化部下设旅游局；波兰共和国设体育与旅游部；马耳他是旅游、文化和环境部，斯洛伐克、摩尔多瓦、乌克兰都是文化和旅游部；圣马力诺设旅游、体育、经济计划和公用事业国际关系部。

如下国家的设置为：泰王国旅游与体育部；越南社会主义共和国文化、体育和旅游部；老挝的新闻文化部与国家旅游部；印度尼西亚旅游与创意经济部；马尔代夫为旅游、艺术与文化部；阿富汗为信息、文化和旅游部；哈萨克斯坦共和国体育与旅游部；巴基斯坦、吉尔吉斯斯坦、阿塞拜疆都是文化与旅游部；格鲁吉亚为体育和旅游部；土库曼斯坦成立国家旅游与体育委员会；塔吉克斯坦共和国青年、体育和旅游委员会；阿尔巴尼亚共和国旅游、文化、青年和体育部；伊朗为文化遗产、手工业和旅游组织；巴林王国文化部下设旅游局；约旦为旅游与文物部；巴勒斯坦国、伊拉克都是旅游和文物部。

总之，全球各国旅游部与文化/体育部结合的国家共44个，约占总数的23%，大多为亚洲、非洲和欧洲国家。这些国家虽然经济发展水平高低不一，但都有丰富的文化遗产，文化旅游是该国特色或主打旅游产品。

2.3 文化大国的旅游启示

法国作为世界文化大国，是世界主要发达国家之一，世界上最早发展旅游业的国家之一，也是世界第一旅游大国。从2005年至今，法国都是世界第一旅游目的地，旅游人数远超位居其后的美国和西班牙，法国的旅游业收入占国内生产总值的6.3%，居收入第一位，法国的旅游业解决了100万人就业。除了凭借其得天独厚的自然地理条件、人文风俗和旅游景点资源的优势外，法国长期以来坚持“文化例外”所带来的文化产业的繁荣发展也是功不可没。法国的旅游资源中最有特色的当数文化资源，为了旅游业可持续地发展，法国制定了严格的文化保护法律和政策。法国的旅游业发达，香水、葡萄酒、时装本来都是一些工业产品，但在法国却具有显著的文化特色，成为吸引游客的重要内容。

法国的文化政策对“文化遗产”的保护放在首位，从王政时代以来就对文化艺术采取扶持策略，政府每年有巨额的支出用于保护、扶持文化发展。文化遗产是法国最丰富的旅游资源之一。政府通过国家历史遗产和景点委员会、国家博物馆联合会实现文化旅游，通过在世界各地建立“法国文化中心”来宣传法国旅游。通过在世界各地传播和宣传法国文化、推广法语教学，从而也促进法国旅游业的发展。从巍然耸立的宫殿到质朴凝重的古堡，从价值连城的名画到古色古香的家具，葡萄酒、香水和时装……法国的宗教、绘画、雕塑、音乐和建筑，哲学、文学和美学，“自由、平等、博爱”及敢于创新的精神，无一不蕴涵浓浓的、怡然自得的文化气息，是丰富而充满魅力的文化之组成部分。法国人保护的文化遗产不限于宫殿、教堂，而扩展到更多的历史遗址和遗物，例如百年老厂、矿井等。第五共和国以来，每一位总统都有一项或多项“文化工程”。这些“总统工程”设计新颖，工程质量上乘，不仅为国民提供了高质量的文化设施，也为法国增添了崭新的、富有时代气息的旅游资源。

德国号称世界上最严谨的国家，是欧洲第一大经济强国，世界第一大商品出口国和第二大商品进口国，是个体育强国，教育发达，科技水平高。德国发达的经济水平，先进的科技，高素质的国民，较好的国家形象，良好的农业基础，交通发达的交通、领先的文化产业造就了德国极具特色的文化旅游产业。德国人们用伟大的智慧，造就了写满历史的文化旅游之路、工业遗产旅游的典范。

美国庞大的经济、文化、科技和军事影响力贯穿了整个20世纪，是世界上发达国家之一，现今世界上唯一的超级大国。美国是个多元文化和多元民族的国家，是体育强国，文化大国。在经济、文化、工业等领域都处于全世界的领先地位，在全世界众多领域拥有巨大影响力。美国旅游业很发达，旅游产业是美国经济的重要组成部分。美国丰富的自然资源和多样的民族文化使它成为极具吸引力的旅游国家。美国当前的最大出口商品不是工业产品和农业产品，而是美国制造的文化产品。以美国电影《星球大战》为例，其三部曲在全球收获18亿美元的票房，以《星球大战》为主题的玩具、图书、游戏和唱片等周边产品的销售总额超45亿美元。影视产业带动影像、家电、旅游、演艺市场、玩具制造等产业发展，很多电影、电视拍摄基地都是旅游景点，成为世界上影视文化产业带动旅游产业发展的典范。

总是，无论是旧大陆的文化大国如法国、德国，还是新大陆的文化大国美国，都凭借着文化的力量和影响力占据着旅游发展的先机。对于我们中国，具有五千年文明历史的传统的“文化大国”，做好文化的挖掘、传承和传播，对于建设“旅游强国”的我国十分重要！

3. 文化和旅游的新时代展望

“新时代”是坚持以人民为中心的发展，我国社会主要矛盾的变化以及供给侧结构性改革主线为文化和旅游的融合互促提出了新要求。以旅游的方式传播文化，对内就是要从满足人民美好生活需要的角度出发，通过旅游的产业化、市场化手段，丰富文化产品和服务的供给类型和供给方式，让更多文化资源、文化产品发挥作用。对外通过旅游传播中国文化，统筹文化发展和旅游资源开发，通过入境旅游和出境旅游双向的人员流动，增进文化交流、传播中国文化、彰显文化自信，提高国家文化软实力和中华文化影响力。

“旅游是文化性很强的经济事业，又是经济性很强的文化事业”。国家将文化与旅游合并，推动文化事业、文化产业和旅游业融合发展，有助于产业、事业、文物、旅游管理的优化协同高效，有助于文化产业资源、公共服务资源、可开发利用的文物资源和旅游资源的统筹，可充分发挥文化馆、博物馆、图书馆、美术馆、科技馆、纪念馆、工人文化宫、青少年宫等公共文化服务设施的旅游功能。统筹文化事业、文化产业发展和旅游资源开发，文化和旅游的融合互促将是今后国家文化和旅游发展战略。

旅游产业和文化产业都是国计民生的幸福产业，在改善民生福祉、实现社会和谐、平衡区域发展、促进文化发展、提升国家形象等方面有着不可替代的作用。充分发挥文化和旅游在改善民生福祉、促进文化发展、提升国家形象等方面的作用，让我国五千年的辉煌文化转变成新的动能，去推动新的产业升级与消费升级，满足人民过上美好生活的新期待。

借用余秋雨的“诗和远方”来象征“文化和旅游”：带着诗，我们走向远方，走向“新旅游”时代，走向“旅游强国”之路。

新时代文化旅游的经济价值和产业推动

（本文写作于2018年，数据截止于2017年）

习总书记说：改革开放前三十年靠经济，后三十年靠文化。文化旅游产业是21世纪经济社会发展中最具活力的新兴产业，和我国的软实力、产业结构调整密切相关。文化部、国家旅游局组建文化和旅游部，是从国家顶层设计上将“读万卷书”和“行万里路”有机融合，成为国内文化旅游产业发展的重要节点。文化和旅游部更契合旅游的文化属性，也能更好地发挥文化旅游的经济功能，在21世纪推动产业和城市双修、发展创意经济、提升文化软实力的大背景下，文化旅游被赋予了全新内涵。

1. 新时代文化旅游

1.1 文化旅游概述

文化旅游产业是一种特殊的综合性产业，与人的休闲生活、文化行为、体验需求（物质的、精神的）密切相关，以旅游业、娱乐业、服务业和文化产业为龙头形成的经济形态和产业系统。文化旅游是指通过以鉴赏异国异地传统文化、追寻文化名人遗踪或参加当地举办的各种文化活动为目的的旅游，从而形成的增进国民经济发展的一种行业，因其关联度高、涉及面广、辐射力强、带动性大而成为新世纪经济社会发展中最具活力的新兴产业。文化旅游业将成为国民经济和社会发展的名副其实的战略性支柱产业。文化旅游不仅可以为旅游业开发丰富的人文价值和经济资源，也可以为文化创意提供一条转化为社会财富的广阔道路。

当前，中国特色社会主义进入新时代，我国社会主要矛盾已经转化为人民日益增长的美好生活需要和不平衡不充分的发展之间的矛盾。文化旅游实质就在于“用文化的理念发展旅游，用旅游的方式传播文化”。不管是从人的需求还是其对应的供给而言，文化与旅游皆连于一体。从需求来看，旅行是人们了解文化、体验文化的重要方式，文化是人们不断抵达而又重新出发的牵引所在。就供给而言，文化与旅游唇齿相依、难分彼此，加速推动“新旅游”时代到来。

文化旅游构成经济行为，具有增加收入、提供就业机会等经济效应，促进社会发展和经济发展，是最值得投资的产业之一。文化旅游要求在旅游发展的各个环节，都要充分体现文化内涵，用文化的养分滋养旅游；要在既有产业功能的基础上，在关注旅游的经济效益外，同时发挥旅游的事业功能。以文化提升旅游深度，是中国文化旅游产业可持续发展的基础。激发文化旅游市场活力，培育文化旅游特色产业集群，打造文化旅游的产业链，文化旅游更好地满足人民日益增长的美好生活需要，同时提高国家文化软实力和中华文化影响力。

1.2 我国文化旅游产业发展

近二十年来，我国越来越重视文化旅游产业发展，不断加大政策支持和投资力度。"515战略""旅游+"战略、全域旅游战略对文化旅游产生了推动力：2009年，（原）文化部和（原）国家旅游局联合发布《关于促进文化与旅游结合发展的指导意见》；2011年10月18日，中共十七届六中全会通过的《中共中央关于深化文化体制改革、推动社会主义文化大发展大繁荣若干重大问题的决定》指出要积极发展文化旅游；《国家"十三五"时期文化发展改革规划纲要》要求，到"十三五"末，文化产业将成为国民经济支柱型产业。

随着旅游供给侧改革的推进，文化旅游已经成为新时代旅游业发展的重要力量，越来越多的省市区已把文化旅游作为战略性支柱产业以及产业转型升级的主攻方向。各省市区在立足本区域文化特色和传统的基础上，不断挖掘和开发适合自己的文化旅游项目，文化旅游品牌开发持续推进，文化旅游管理和服务不断加强，文化旅游市场已经具备一定的规模，并且文旅产业在资本、内容和科技方面均有较大突破。全国各类文旅基金数量达到100余家，规模上百亿的已经超过10家；同时，文化旅游作为一项具有潜力的智慧产业已经深入人心，呈现产业化发展态势，带来了良好的经济效益。

近年来，我国文化旅游产业涌现出了旅游综合体、特色小镇等全新的概念，投资规模、表现形式和产业布局也有了很大变化。新时代文旅业的开发重点已从景区投资、大体量重资产转向更好挖掘开发文化、思想、科学、技术、艺术等对文旅业具有促进作用的隐形资产。

目前，我国文旅业的发展体量和市场规模已走在世界前列，文化旅游产业业态不断走向国际化，全球化，国外专业文旅机构积极进入广阔的中国市场。国家公园、主题游乐园、体育旅游、水上运动、航空运动、旅游小镇等在国际上受欢迎的文旅业态，也在我国逐步得到市场认可。文化旅游产业是我国下一步示范型服务业的高端产业。随着这些文旅业态的发展，我国文旅产业的国际影响力将会不断提升，文化旅游产业将成为中国软实力话语权的一个重要指标。

但从产业发展质量和整体效益上看，当前我国文化旅游尚处于发展初期，各方面都有待加强：文化旅游产品设计总体上还处于跟随阶段，产品同质化严重，缺少引领时尚的创意性产品，缺少文旅高端产品，缺少满足人民日益增长的文化需求的个性化产品；文化内涵的挖掘不够深入、产业链条单一、文化意识不强等问题也在困扰着文化旅游产业的发展；在优秀传统文化的创造性转化、创新性发展上存在短板；我国拥有可供观光的旅游景区有一万余处，已开发并具有接待能力的景区仅1800余处，不足总数五分之一，文化旅游资源尚未得到充分挖掘。我国国民收入区域不平衡和区域文化差异导致对文化旅游消费认知的差距，在一定程度上制约了文化旅游的发展。文化旅游缺乏完善的制度保障，对产业的促进性不明显，文化旅游市场不够规范等。同时，还存在一定程度的规划不当、区域发展不平衡等问题。文化旅游配套基础设施不够完善，不同地区存在较大差距。经济不发达地区，由于缺乏相应的配套设施，文化旅游业发展受到很大限制。

2．经济价值和产业推动

新时代下我国经济发展由高速增长向高质量增长转型，作为朝阳产业的文化旅游产业为传统经济的发展带来了新的机会和思路。文化旅游产业对传统产业结构转型起到推动作用，其发展对城市消费市场有很强的拉动能力，对相关产业资源整合利用、效益增值有促进作用。

2.1　文化旅游的经济价值

加拿大创意智库对7个国家入境游客的首选目的进行了调查，调查发现：越是人文发达、特色鲜明、软实力强盛的国家和城市，文化旅游吸引的游客越多。据《2016—2022年中国文化旅游市场分析及发展趋势研究报告》资料显示，2015年我国全年接待国内外旅游人数为41.2亿人次，偏好文化体验游的人群已经达到50.7%。随着我国全面建成小康社会深入推进和进入大众旅游时代，文化旅游需求大幅扩张。文化旅游产品是我国旅游产品系列中最有潜力、最有活力、最有魅力的组成部分，文化旅游堪称真正的绿色旅游、文化财富之源。文化旅游在我国旅游业新一轮黄金发展期必将发挥更大作用。

《国家“十三五”时期文化发展改革规划纲要》要求，到“十三五”末，文化产业将成为国民经济支柱型产业。“十三五”期间，中国到2020年经济总量达到104万亿（人民币），其中，文化产业达到10%，10.4万亿—12万亿（人民币），旅游产业达到5.5万亿—8万亿（人民币），这样，文化产业+旅游产业，一共达到15万亿（人民币），占国家经济总量的15%—18%。所以，未来文化旅游业是国家发展规划的重头戏。美国国家情报委员会编写的《全球趋势2030》指出，随着全球经济翻番，到2030年，一半以上国家的人口主体是中产阶级，有更多人加入到文化旅游。到2030年中国将有超过75%的国人迈入中产行列（人均GDP6000美元-3万美元）。意味着文化旅游市场将持续壮大，文化旅游消费将源源不断地释放。

据世界旅游业理事会（The World Travel & Tourism Council，WTTC）预测，到2020年，全球国际旅游消费收入将达到2万亿美元；世界旅游协会预测，从2010—2020年，国际旅游业人数和国际旅游收入年均增长率分别为4.3%、6.7%，高于同期世界财富年均3%的增长率；2020年，旅游产业收入将增至16万亿美元，相当于全球GDP的10%；提供工作占全球就业的9.2%。文旅产业对我国经济发展的推动更显著：我国旅游业增加值已占到GDP的4%以上；我国居民国内旅游消费达12580亿元，占居民消费总支出的9.4%；2017年国内旅游人数50.01亿人次，比上年同期增长12.8%；入出境旅游总人数2.7亿人次，同比增长3.7%；全年实现旅游总收入5.40万亿元，增长15.1%。初步测算，全年全国旅游业对GDP综合贡献为9.13万亿元，占GDP总量的11.04%。旅游直接就业2825万人，旅游直接和间接就业7990万人，占全国就业总人口的10.28%。这其中文化旅游的份额越来越多，拉动经济增长的作用越来越大，比如有的单个主题公园吸引的游客量甚至超过一个中等城市的旅游接待量。有的旅游演艺全年的观众数超过一个省全部专业团体演出的观众数。文化旅游产业已经成了我国乃至全球旅游经济中越来越重要的支柱。

文化旅游产业经济价值和意义主要体现在：文化旅游产业的发展对城市消费市场有很强的拉动能力，形成持续不断的消费热点，在收获社会效益的同时，赢得不俗的经济效益。文化旅游提升区域和城市形象，推动区域经济发展，从而区域或城市在经济竞争中更好地掌握主动权，创造更多价值；文化旅游是旅游经济发展的重要源泉，文化旅游产品一般都带有较高附加值，对于经济贡献较大；文化旅游产业是知识密集型产业，需要大量技术和人才支撑，发展文化旅游产业在经济结构调整层面，就必须让技术、智力、人力、科技、资本等要素得到合理分配，创造更大价值；文化旅游产业经济价值体现具有带动其他产业的作用，通过文化旅游可以带动当地交通、餐饮、住宿、商业等相关产业发展；充分利用文化旅游，可以有效解决部分人口就业和扶贫致富等问题，经济价值和社会价值十分明显。

文化旅游产业是唯一无法外移的产业，具有累积与增值的效果，也就是经济学中的乘数效应，文化旅游产业所创造的经济价值不容忽视。乘数效应（Multiplier Effect）是一种宏观的经济效应，是指经济活动中某一变量的增减所引起的经济总量变化的连锁反应程度，更完整地说是支出/收入乘数效应，指支出的变化导致经济总需求与其不成比例的变化，对于发展文化旅游产业的影响很大。旅游收入乘数是指旅游业收入增长对与之相关联的其他经济部门收入增长的作用。利用乘数效应可以延伸文化旅游产业链，旅游收入乘数越大，对相关经济部门的带动作用越大。文化旅游产品延伸，除了传统的交通、旅行社、住宿、餐饮等，银行、保险公司、娱乐休闲公司、票务公司、个人服务提供商、零售商等文化旅游投资方、建设方和经营管理等都直接受益。文化旅游产业在我国经济社会发展中发挥了越来越重要的作用。

文化旅游产业所需外部成本较小而创造就业机会较多，文化旅游产业作为经济发展新动力，在创新发展基础之上，其独特经济价值日益显现。我国发挥文化创意在旅游开发中的“点石成金”作用，以创意联结文化旅游，扩大文化旅游的“乘法效应”。文化旅游能为金融业、房地产业、交通运输业、旅馆餐饮业、珠宝特产业、零售商业等相关服务行业注入活力，是带动经济景气的灵丹妙药。例如民宿旅游把不同风格与形式的住宿作为一种有趣的旅游消费选择，住宿就在其基本功能基础上被赋予了文化含义，更取得了更好的经济效益。

目前，我国制定国家文化旅游发展战略，文化旅游迎来了大发展期，文化旅游更好地满足人民美好生活需要、更好地体现中国软实力；在网络技术和信息技术支撑下，以创意提炼文化旅游“符号”，在景区规划设计、旅游衍生品等方面实现经济价值；以文化旅游形成全产业链、综合化、立体化衍生；文化旅游适应“互联网+”时代传媒发展特点，依托数字创意，利用网络平台、APP、直播等形式，形成产业矩阵；引导PPP（Public–Private–Partnership，公共私营合作制）、社会各方参与旅游产品创意设计和开发制作，提升旅游产品的美学价值，构建文化旅游产业品牌体系。

2.2 推动资源转化产业升级

文化旅游不仅可以为旅游业开发丰富的人文价值和经济资源，也可以为文化创意提供一条转化为社会财富的广阔道路。品质消费的升级，市场主体的求变创新，成为评判文旅产业发展的主要尺度。文化旅游产业正以资本、创意和科技为驱动力，盘活文物、古迹、名胜等资源，实现文化旅游资源产品化，以及文化旅游产品业态迭代更新加速：技艺、传说、风俗等非物质文化遗产和精神文化类旅游资源，经过有形化转化，为旅游者所感知；建筑、餐饮、文物等物质类文化旅游资源，通过附加人性化服务，增强差异感，提升文化旅游附加值；从形式、内容、功能、体验、组合等多角度营造特色，将旅游资源与众不同的特点挖掘出来，特色不足的则从技术和艺术的角度加以升级，提升文化旅游的体验性和参与性，进而激发游客的认知和兴趣；对旅游的单一功能进行拓展开发，形成文化旅游的综合功能，满足多层需求，拉长文化旅游的消费链条；通过发挥口碑效应和带动效应，形成经典名品的品牌开发模式。

文旅产业对传统产业结构转型起推动作用。文旅产业的发展可以调节第二产业和第三产业的关系，同时还可以在传统服务产业中派生出新的门类，并有利于传统服务产业的升级。产业是企业的集合，从文化旅游资源到文化旅游产业，既要有一大批开发文化旅游产品的企业，也需要一大批与之配套和由其衍生的上下游企业。文旅产业对相关产业资源整合利用、效益增值有促进作用。与文化旅游相关的行业超过110个，有一大批间接从文化旅游消费中获益的行业，如服装、出版印刷、文化设施设备制造、批发、旅行基础设施与设备、通信、培训公司和机构等。其中，文化旅游业对住宿业的贡献率超过90%，对民航和铁路客运业的贡献率超过80%。文化旅游产业链条的不断延伸，同时对促进就业也有积极作用。

文化旅游产业化发展正面牵引目的地产业结构调整。文化旅游产业化发展覆盖面广，对服务业的关联带动作用大，有利于优化产业结构，推进供给侧结构性改革。文化旅游产业化发展要把注意力放在核心吸引力构建、目的地公共服务、主体项目和企业培育、重点客源市场开发上。近年来全国各地如北京、上海、成都、杭州、福州等，已经出现不少在文化旅游方向上的积极探索。包括以城市旧街区改造为契机打造文化旅游休闲街区，改造旧工厂、工地为文创区、艺术园区、集中连片的乡村文化休闲区、主题公园聚集区等；现代科学技术和文化创意的发展对文化旅游产业影响加大，现代主题公园成为科技和文化在旅游领域的比武擂台，文化旅游综合体项目也已在全国遍地开花，其中不乏有水准有内涵的项目。可以说，我国文化旅游产业化发展天地广阔，潜力无穷。

当今世界，文化正成为国家核心竞争力的重要因素，旅游成为很多人的生活方式和生活必需。文化旅游产业内部存在不同业态，包括传统意义上的文化旅游产业，利用高科技兴起的创意产业，特色文化旅游产业，各种业态并存，都需要以创新为前提。文化旅游产业化发展促进旅游要素子行业深度开发，云计算、物联网、大数据等现代信息技术在文化旅游业发展中得到广泛应用，文化旅游产业化发展不仅吸引旅游文创专门人才和各类高端人才的加入，也在催化各类新型、跨界人才与技术的创新发展。打通文化和旅游的教育体系及人才培养渠道，培养复合型人才等成为现实需求。

为了实现全面小康的目标，围绕“一带一路”倡议等制定文化旅游“走出去”整体方案，我国文化旅游产业管理机构正在建设各种国家级基地、示范区、试验区、园区、工程等；对各级各类公共文化设施和公共旅游设施进行整合；文化馆、博物馆、图书馆、美术馆、科技馆、纪念馆、工人文化宫、青少年宫等公共文化服务设施的旅游开发，通过旅游的产业化、市场化手段，丰富文化产品和服务的供给类型和供给方式，让更多文化资源、文化产品发挥作用，实现产业升级。文化旅游供给结构将得到优化，供需平衡由低水平向高水平升级。

3. 展望

文化是旅游的灵魂，旅游是文化的载体。旅游是文化的表现形式、联结纽带，也是新时代的生产生活方式。以文化旅游为载体，全面展现新时代中国发展，并惠及全世界。创新融合体系，文化和旅游无缝链接，构建更具内涵的文化旅游项目，推进文化旅游产品创新开发，推动文化产业规模化发展。以文化旅游为载体和平台，在技术、资源、市场、产业上深度融合，通过创新创造，文化旅游产业将物质文化与非物质文化有机结合起来，走上产业化发展之路。在打造文化旅游品牌的同时，构筑多元立体的文化旅游融合发展新形式。用文化发展旅游，用旅游传播文化，文化旅游通过资源产品化和产业升级，用市场经济这个看不见的手将“诗和远方拉在了一起”。

文化消费实体化之主题公园研究

（本文写作于2018年，数据截止于2017年）

进入新时代，我国经济已由高速增长阶段转向高质量发展阶段，消费增长成为推动高质量发展的重要基础。随着我国人均GDP超过8000美元，消费保持快速增长，对经济发展的基础性作用显著提升。在居民消费规模持续扩大的同时，文化消费需求快速增长，其中主题公园成为文化消费的主力军，也成为满足人民更好生活的幸福需求。文化消费是经济发展和人民收入水平提高的历史趋势和必然选择，主题公园满足了新阶段文化经济的主流消费需求，是建设现代化、美丽中国、世界旅游大国的机遇与挑战。

1．主题公园与文化消费概述

1.1 文化消费和主题公园概念

文化消费是指用文化产品或服务来满足人们精神需求的一种消费，主要包括教育、文化娱乐、体育健身、旅游观光等方面。文化和旅游作为幸福产业发展态势良好，文化消费需求进入一个大发展时期。随着游客消费能力提高，审美需求和休闲娱乐方式选择日益多元化，渴望更多能够超脱自然景观、获取人文科学知识的新型旅游产品。2017年人均教育文化娱乐消费支出增长8.9%，连续5年占比超过10%。居民消费需求得到更好释放和满足，文化消费支出持续增长，消费结构由生存型消费向享受型消费转变，文化消费需求快速上升。文化消费是高层次消费，满足了日益丰富的、高层次的享受和发展的需要，是一种文化传播现象，被赋予了新的内涵。

主题公园是指以营利为目的兴建的，占地、投资达到一定规模，实行封闭管理，具有一个或多个特定文化旅游主题，为游客有偿提供休闲体验、文化娱乐产品或服务的园区。主题公园是从游乐园演变而来的一种以游乐为目标的拟态环境塑造。现代主题公园是一种以游乐为目标的模拟景观的呈现，最大特点是赋予游乐形式以某种主题，围绕既定主题来营造游乐的内容与形式。我国日益壮大的当代文化消费群体，对主题公园这种文化娱乐新业态充满期待。

主题公园是旅游产业发展到一定阶段的产物，突破了旅游资源依赖型开发模式的局限，为发展旅游业创造了良好条件，是地区旅游产业成熟与否的标志。在旅游资源丰富的时间和地点，是对旅游资源和产品的补充；在旅游资源不丰富的时间和地点则成为突破旅游瓶颈的关键。据中国旅游研究院的报告显示，全国景区消费最热门的20个景区里，多个主题公园位列其中，是全国景区消费的热点，市场远未饱和。

主题公园的发展得益于公众对娱乐的需求和公众对文化的需求，良好的城市环境和公共交通建设吸引的外来人口，居民多余可支配收入带来的消费意愿以及文化教育和科学技术发展水平带来的设备和技术创新。主题公园的区域位置、文化主题IP决定的产品差异性和辨识度、科技手段打造的经典娱乐形式等三个关键因素让游客在体验中形成深刻的感受和印象。我国主题公园正在从高速发展转入高质量发展阶段，主题公园一方面指路旅游产业转型升级；另一方面也需经历自身的成长期。不能再追求建设速度和数量，而要打造主题公园精品。

1.2 主题公园是文化消费实体主体

伴随中国进入度假旅游时代，本土房企不断跑马圈地扩张主题公园，世界主题公园大佬竞相逐鹿中国，如迪斯尼之于上海浦东，环球影城之于北京通州。主题公园大都集中在大城市，交通方便，人流量大，其通过营造众多娱乐休闲场景，创造了一个融合了科技和文化创意的活动空间，满足了人们文化旅游娱乐需要，带动城市功能完善与地区经济发展。主题公园娱乐的本质是寻找与感受“超现实与文化差异”的体验过程，其吸引力和感染力更多地在于创意型、体验方式和互动性，而非硬件设施。

主题公园不仅是一种文化产品，更承载着民族文化意识形态。主题公园具有四大功能：教育传播功能、娱乐功能、审美或情绪满足功能、文化活动展示功能。主题公园是一种特殊的以旅游为经营形式的文化产品，文化影响力（文化品牌）决定了旅游产品的衍生力和消费人群的规模与忠诚度。在未来相当长时间，主题公园都是文旅结合的最佳载体。具有文化内涵、先进硬件及到位的软件服务及盈利模式的都市型的旅游休闲产品——主题公园，将逐渐成为人们闲暇游憩的主要消费场所。

目前我国人均出游频次不及美国一半，以人口基数和经济体量推算，整个国内外旅游业市场仍将有10倍发展空间。美国经济研究事务所认为我国的主题公园“每年至少有1亿人次的潜力尚未开发”。欧睿国际的研究报告预计，2020年我国主题公园零售额将达到120亿元，日均游客量将超过3.3亿人次，而世界旅游组织预测2020年将吸引国际游客1.4亿人次。而且两机构都预测届时中国将超过日本和美国，成为全球最大的主题公园市场，世界第一大旅游目的地。据国际游乐园及景点协会统计数据显示，到2025年中国主题公园的接待量将达到3.69亿人次，年均增速达6.05%。

主题公园建设与国家的文化振兴规划合拍。当前本土主题公园的文化承载能力尚未发挥应有作用，利用好中国元素、发扬中国文化特色，是中国本土主题公园“突围”的重要路径。具体就是一方面要深挖主题公园文化内涵，继承历史发展优良传统，打造品牌主题公园，提升中国主题公园文化和市场的双重吸引力，实现中国主题公园品牌的国际化；另一方面要推进主题公园的创新发展和产品的转型升级，通过主题公园产品梯次创新，实现中国主题公园业态华丽升级。

2. 主题公园沉浮录

2.1 国外的主题公园概述

主题公园的萌芽是荷兰的“小人国马都洛丹”，美国动画大师迪士尼于1955年建成世界上第一座真正意义上的主题公园。全球主题公园近20年经历了快速发展，在全球范围内依旧相当火热，并保持了持续上升的迅猛势头。全球主题公园稳步发展，在全球经济复苏之后继续出现访客量增长态势，TOP10全球主题公园集团接待游客平均年增长率达5.45%，超过世界经济平均增长率3个百分点。全球排名前25位的主题公园访客量呈现4.1%的良好增长率。分区域看，各大地区的市场规模都有所增长，亚洲和拉美增长最快。从份额上看北美是主题公园最大的市场，亚洲其次。美国为全球主题公园业的领导者，亚洲主题公园发展快速。世界主题公园的重心移向中国及亚太地区。我国是主题公园发展热土，发展势头凸显，总体量质齐升。同时，随着我国综合实力增强，海外市场了解中国文化的需求越来越大，英国、澳大利亚、韩国等多国曾公开提出建造中国元素主题公园的计划。

国外发达国家主题公园在经营方式、发展规模和客源市场上都有差别。美国的主题公园无论是公园数量、年接待人次、人均花费和每公园平均年收入都是名列前茅，日本次之，欧洲最少。英国的主题公园大多是私人所有，趋势是大的娱乐公司参与主题公园开发；日本传统文化影响其休闲行为，主题公园设计注重家庭和团体导向，强调顾客参与，娱乐也是教育；美国是世界主题公园的先驱，国家和私有企业在主题公园的投资很大，美国居民在主题公园的花费超过电影和录像带的收入，人们希望在这里找到快乐和知识。

2.2 国外主题公园的借鉴和启示

（1）选址重要，强调地理位置对经营成败的关键作用。西班牙证明主题公园在旅游目的地发展前景良好；英国认为其理想位置须邻近2个商业广告密集区而避开其他主题公园，同时2小时车程内地域有1200万以上的居民潜在游客或离大的旅游度假区不到1小时车程等。

（2）能够充分展现主题。西方许多主题公园是多板块、复合式主题，一般采用连续不断的视觉提示使总主题体现在公园每一个板块、部分之中。完美的主题能够给予游客难以忘怀的体验。

（3）强调游客参与。没有游客参与的主题公园是没有生命的，主题公园的娱乐活动应让游客不断去主动参与。

（4）娱乐与教育相结合。成功的主题公园使游客在得到欢乐的同时也获得知识，学习知识是吸引游客的重要方面。主题公园的教育功能的拓展将成为未来主题公园建设的重要方面。

（5）主题公园与零售业相结合是现今世界上一大趋势。主题公园发展零售业务可延长游客滞留时间，增加收入，同时还有利于吸引投资。

（6）价格策略多元化，提供不同的便利和服务，吸引更多的不同的受众群体，满足不同的旅游偏好和个性需求。

（7）完善的服务系统。国外主题公园服务设施非常完善，各种服务咨询台到处分布，各个方面给予游客方便，满足游客需求。人员服务是最重要的，服务人员不仅要服务热情，还要有必要的角色扮演，创造主题气氛。

（8）注重家庭化和亲子化。国外成功的主题公园都比较关注亲子化服务，并为家庭和团队提供相应服务，以吸引更多游客。

（9）经营规模化。规模经济形成是渐进的，规模化经营一是出于竞争需要，二与国外主题公园度假模式有关。主题公园规模经济实现有两种方式：一是在不同地域分散的投资建园，并涉足各行业经营；二是通过扩大区域内主题公园规模，提高吸引力，扩大客流量，达到降低单位成本、加强竞争力的目的。

（10）确立鲜明文化主题，提高文化附加值。提升主题公园影响力和竞争力，使品牌永葆魅力。如迪士尼是美国文化展示平台，凯蒂猫（Hello Kitty）为日本旅游形象大使。我国的主题公园也要成为承载、展示和传播中华文化的平台。

2.3　我国主题公园回顾

世界主题公园诞生60多年，开发了30个主题公园；而我国的主题公园从20世纪80年代至今，用短短30年左右，已累计开发2000–3000个主题公园，远超全国目前地级以上城市数；投入资金达3000多亿元，但投资在5000万元以上的主题公园仅300家。大大小小的主题公园分布在全国，基本覆盖我国大部分省市，其中长三角最集中，其次是京津冀和珠三角，成渝地区也有兴起之势，呈现出三级阶梯结构：东部沿海分布较多规模较大，中部分布次多且规模不大，西部分布较少且规模较小。按照全球主题娱乐协会与咨询公司AECOM发布《2016主题公园报告和博物馆报告》，我国的主题公园市场远未饱和。

主题公园开发对促进我国地方经济的发展及文化知识的传播起到了积极作用。我国主题公园可以划分为特大型、大型和中小型三个等级。目前主题公园特大型项目由国务院核准，其余项目由省级政府核准。但由于主题公园普遍缺少充足的前期调研、全面的规划构思、缺乏顶尖设计团队、长期的运营机制，导致规划与经营脱节、盈利方式非常有限、综合收益低等问题。因此，多年建设的主题公园倒闭约80%，勉强留存下来的，有高达70%的亏损，20%的保本，只有10%的主题公园取得了盈利，约有90%难以收回投资。

我国主题公园主要经历了四大发展阶段：

第一阶段：依托自然资源，以自然景观公园为主。20世纪80年代中期我国出现“百宫大战”，为拍影视作品建造了西游记宫、大观园、三国城等人造景区。

第二阶段：注重都市娱乐，以机械设备游乐体验为主。20世纪90年代中后期，始于华侨城1989年打造的锦绣中华。以华侨城、三国城、水浒城等为代表。

第三阶段：21世纪初，第三代主题公园达到高潮，发展点和主题公园得到政府的鼓励和支持，以文化的情景模拟、微缩景观为主。上海的热带风暴、苏州乐园、武汉的长江乐园等成为代表作。

第四阶段：以运用计算机、人工智能、自动控制、数字科技引领的动漫、影视、演艺、科幻为主的高科技、创意产品为主的主题公园。开发和建设规模更为巨大、品牌复制能力更强、主题类型和区位分布更具多样性、文化再现和产业集群度不断提高。开发方式出现商业与游憩融合，主题公园“逆市飘红”，投资成为新型城市化的“加速引擎”。高科技的快乐世界、科幻公园及欢乐谷、四维动漫连同采摘果品等主题公园，呈现出独特的“中国模式”。

随着2012年底国家明确将旅游业作为战略性支柱产业，国家对于文化产业的重视、政策条件的放宽，富有文化内涵和本土特色的主题公园越来越受到青睐，我国主题公园集团成长快速，专业化程度不断提升，投资规模不断加大，市场竞争强度进一步加剧，呈现大吃小、强逐弱的趋势，国际竞争国内化，国内竞争国际化基本确立。未来，市场整体投资规模不断提升的同时主题公园数量不断减少，最后会剩余龙头企业寡头垄断市场。如何探索出一条主题公园发展的最优模式，成为目前主题公园开发亟待解决的问题。

2.4 我国主题公园存在的问题

由于我国主题公园项目普遍缺少充分的前期调研、全面的规划构思、缺乏顶尖设计团队及长期运营机制，导致出现规划与经营脱节、盈利方式非常有限、综合收益低等问题。主题定位重复、一哄而上、同质化过度竞争、水土不服，构不成有吸引力的旅游目的地。国内主题公园缺乏核心文化内涵，重娱乐、轻文化，缺乏新意创新，文化主题表现弱。

市场研究不够，需求分析不足，为短期利益而盲目布局，粗制滥造，无法形成拉动效应，同时还出现地方债务风险和房地产化倾向，存在产权不清、体制落后、经营管理不健全现象，产品和行业特征的把握和经验的积累远远不够。

没有成熟产业链，经营收益链较短，盈利模式单一，无相关产品支撑，过分依赖门票收入。收入80%以上来自门票，每平米平均收入只有迪士尼乐园的1/80；衍生产品和其他盈利渠道开发尚处于起步阶段，没形成在整个文化旅游产业链全面布局的大型集团，虽覆盖全面但深度不够，竞争力不足。缺乏全产业链人才，运作能力差，内部资源和组织管理跟不上。

总之，借鉴国外的成功经验，从中梳理源远流长、博大精深的中华文化，挖掘出适合通过主题公园来呈现和传播的精华部分，对其进行艺术形式的包装和创新，应该成为中国主题公园提高竞争力、提升文化附加值的重要途径。

3. 主题公园的文化策略

3.1 文化主导策略

我国主题公园要“突围”，必须实现文化引领。导入体育、教育、影视、动漫、演艺文化等元素，将文化娱乐与旅游有机结合，围绕核心文化主题元素，让游客更多进行心理和文化层面的消费。通过设计来提炼文化、经营文化、销售文化，提供游客愿意购买的旅游产品，使得消费者能够购买文化、享受文化、消费文化，从而实现主题公园盈利。文化主导是主题公园保持长久生命力和长远竞争力的首要策略。

3.2 特色文化策略

化解单一的门票经济，文化基因是关键，重点在于本土文化的塑造。有恒久生命力的本土特色和民族文化包括：本土历史文化特色，借鉴传统文化故事进行主题开发和产品衍生；本土民族特色可将卓越的民族智慧、人性光辉和琴棋书画具象为视觉化、可体验的民族民俗文化村；只有具有本土文化，才能拥有广泛的群众基础，完成民族品牌在主题公园领域的突破。

3.3 构建文化产业价值链

新时期的主题公园是文化产业价值链的竞争。通过多种表现手法展示中国传统文化，在产业纵深化和品牌化上突破，依靠创意产品开发延长景区生命周期，与衍生产业结合。主题公园不仅属于旅游业，还涉及文化、体育、影视传媒、会展、餐饮、零售、高科技等行业，使文化主题与旅游、休闲、制造、会展、创意、设计、商贸等行业渗透和融合，使主题品牌在传媒、网络、演艺、广告、电子商务、快消品市场有一席之地。文化主题产业延伸有三条主线：一是全方位、多种形式的文化表现；二是园区的盈利结构；三是衍生产品的开发。将主题公园作为产业链上的重要环节，进行整体实力较量。

3.4 主题公园文化的教育功能

主题公园向突出教育功能转换。从强调娱乐功能到突出教育功能的转换，跟随现代人求知欲高涨而产生。纯粹的娱乐已不能满足游客需求，游客希望能在娱乐和实践中增长见识，主题公园能使游客的教育和学习需求得到满足成为可能。

3.5 中国文化品牌化、国际化

主题公园发展既是一个产业命题，更是文化命题。在世界城市“迪斯尼化”的浪潮中确立文化自信，“中国式主题公园”要走出自己的路。一方面必须不断充实文化内涵，拥有自身文化自信并不断发展创新，使旅游产品不断完善、充实和更新，保持新鲜感，生命周期得以延长，创造较好的社会效益和经济效益。用文化内核加上现代表达方法创新游玩方式，创造出老少咸宜、群众喜闻乐见的主题公园，走高速、健康的发展道路。同时主题公园要走好国际市场路子，在全世界市场范围内做主题公园，从单一主题公园走向主题度假社区，尤其是在“一带一路”沿线区域布局发展。万达、方特已建、在谈的海外主题公园项目数量急剧增长，项目接触国家包括伊朗、法国、印尼等多个国家，对外传播中国文化迎来有利时机。

3.6 主题选择的文化性和多元化

主题的选择在空间维度、时间维度、要素维度的架构中将日益多元化。主题公园内涵由单一性走向复合性，由浅层性走向深层性，由区域性走向国际性，不断丰富，逐步走向成熟。总体趋势为：在本土文化与异域文化之间，趋向异域文化；在传统文化、现代文化与未来文化之间，趋向传统文化；在生态文化、器物文化与哲学文化之间，趋向器物文化。除了要求具有比较直观的文化含量和娱乐含量的同时，还需要大幅度增强高层次的知识含量、科技含量和精神含量。

3.7 文化原创和娱乐创意

向主题原创方向发展。在主题公园对文化挖掘和把握上，提高文化含量，加强文化与娱乐的融合，并融入历史文脉和高科技。坚持主题要“经得起历史检验、经得起市场检验、经得起文化检验”原则，精益求精。随着文化的多元化、技术的现代化及游客娱乐需求的多样化，主题公园内容要追求娱乐性，在导游系统、餐饮系统、购物系统、表演系统、乘骑系统、氛围营造系统等方面丰富表演性内容、强化参与性内容、增加互动性内容，推出创意性内容。

3.8 活动项目的参与性和个性化

主题公园的知名度和游客满意度在很大程度上是由有效的产品供给决定的。参与性和娱乐性是决定产品有效性供给的基本条件，因为产品只有具有了参与性和娱乐性，才能形成感召力和亲和力，从而促进主题公园与游客之间的良性互动关系。随着现代科技手段全方位应用，主题公园产品形态演变的总体趋势表现为：参与性越来越强，个性化越来越突出。

3.9 用文化自信发展主题公园，推进新型城镇化

主题公园与城镇化建设结合、与地方文化形态结合和地方品牌结合，让城市更人性化、更具亲和力，让市民更有归属感。在多层级、全域化旅游目的地建设中，我国城市化呈现出愈来愈深刻地“主题公园化”。主题公园城市化和城市主题公园化共生共荣，推动从“景点旅游”迈向“全域旅游”。当下中国正在从工业社会走向都市社会、娱乐社会、消费社会，处理好“主题公园化”和新型城市化的关系，对于促进中国城市更新转型有重要意义。

3.10 实现IP的落地转化

主题公园应该是文化体验的“梦工厂”，着眼于长线开发、对IP精耕细作。先做内容，内容成熟以后再把内容落地，打造成有吸引力的盈利模式。通过传媒、科技、文化与旅游的跨界融合，打通产业链，加强衍生业态开发，实现IP跨界转化利用。围绕IP将文化IP衍生出丰富的旅游体验产品，实现IP从线上到线下的运营。“主题公园+IP”是发展趋势，线上IP转化为情感体验，是文化产品创新以及业态的衍生过程。在主题公园中植入IP让游客身临其境，获得好的体验感，形成吸引人的特色产品和创意服务。

在未来，中国主题公园会更加高速发展，人们对休闲娱乐的要求更为多元。进入休闲时代，游客会更注重主题公园的科技性、创意文化属性、互动性、体验性和参与性。主题公园将会从“公园”走向“主题”，实现逆价值链式发展。顺应世界文化发展潮流的业态创新，运用现代高新科技手段的文化产业创新，是未来中国主题公园发展的一个趋势。

美食祈祷和恋爱——浅议旅游的细化和文化

（本文写作于2018年，数据截止于2017年）

组建文化和旅游部是国内文化旅游产业发展的重要节点，旅游本身就是文化体验。文化倾向性是指旅游资源对旅游者具有文化、意识上的倾向和诱导作用，它是人文旅游资源区别于自然旅游资源的一个显著特征。当市场经济发展到了今天，消费需求变得强烈并突出个性，旅游者的价格敏感度在降低，在这种背景下，旅游表现出体验为王和强烈的文化倾向性。文化对人的意识具有明显的倾向和诱导作用，左右了人们对旅游目的地的选择，细分市场会成为新时代旅游者的个性选择。从一部2010年8月13日上映并风靡全球的旅游电影《美食祈祷和恋爱》*Eat Pray & Love*可证一斑。影片讲述了伊丽莎白·吉尔伯特在感情受伤之后，踏上了全新的发现之旅，在感受不同国度的美好事物过程中重新唤起内心对生活的希望与真实的自我的故事。意大利的美食、印度的瑜伽身心平衡术、巴厘岛的蜜月天堂，令她倾听内心的声音，和自己对话，寻找信仰。一个受伤的人在旅程中治愈自己，最终伊丽莎白·吉尔伯特在巴厘岛意外地找到了内心的平静以及真爱的平衡之道。

1. 文化引导下的旅游细分

我国旅游业将进入新旅游时代。所谓新旅游，本质上是文化塑造与旅游体验的融合，文化成为拉动旅游消费的新力量。2018年国庆假期，在文化和旅游融合发展的大背景下，文化旅游消费呈现快速增长的态势。旅游者出行的动机都是暂时离开所在的熟悉环境，到不太熟悉或非常不熟悉的环境去寻找一种新的体验。在新旅游时代，旅游市场细分愈发明显，游客不再满足于在导游的“指挥”下旅游，而是注重深度感受一地的人文古迹和民俗风情，或寻访那些商业化程度较低、原生态色彩浓厚的特色景点。这种趋势要求旅游业者更多考虑丰富景区的文化体验服务，进而也推动文化旅游成为旅游和文化消费的双重亮点。

1.1 旅游市场细分

市场细分最早是由美国的市场营销学家温德尔·史密斯（Wendell R.Smith）于20

世纪中叶在总结企业按照消费者不同需求组织生产的经验中提出的一个市场营销学的新概念。而旅游市场细分是从旅游者的需求特征或变量的差异性出发，寻找具有相似旅游需求和欲望的旅游消费者群体共同组成一个细分市场。合理有效的旅游市场细分，对于满足消费者的需求，提高旅游经济效益，增强旅游竞争力等都具有重要意义。每个旅游者由于所处的社会环境、家庭背景等的不同，有着不同的旅游需求。旅游市场细分有利于识别和发掘旅游市场，开发旅游新产品，开拓旅游新市场；通过细分有利于满足消费者的需求。

我国的许多旅游目的地主要是以游览观光为主，度假休闲型的集聚区很少，缺少个性特色，景区内容虽然具有一定的差异性，但在满足游客的审美要求等方面却共性大，个性小，差异性低。面对人们旅游需求越来越个性化，需要市场细分。旅游者需求的差异性是市场细分的关键，细分就是划分旅游者群体的过程。传统单一的市场已经远远满足不了旅游者的消费需求，市场细分的出发点要从区别消费者的不同需求开始，以旅游者的区域地理、人口统计、心理特征、消费收入、文化素质和行为特征等因素为依据，根据旅游购买行为的差异性，把整体旅游市场分成具有类似需求和欲望的消费者群体。细分市场推陈出新，创造新的个性特色市场才是未来旅游发展的不竭动力。

1.2 消费升级下的文化旅游细分

进入新时代，随着消费经济的发展，消费升级，旅游成为一种生活模式，一种解决生活困境的方式，真正成为了生活的一部分。旅游资源对旅游者具有文化、意识上的倾向和诱导作用。旅游产业是从消费角度定义的一种特色产业，与从生产的角度定义的传统产业不同，其价值观是将其与自身的消费背景融合在一起，表现出与人类整体生存和整体旅游消费相关的视野下的文化倾向性。文化旅游产业化的反传统，证明了旅游产业思维的创新因素。当生活、工作陷入困境的时候，出门旅行，既为转移注意力，也为与自己独处、找回自我，就像电影《美食祈祷和恋爱》中女主角一样选择选择了意大利、印度、巴厘岛三个像天堂一样的地方去旅游。意大利的美食文化使人忘记伤痛，自我宽恕；印度的宗教文化瑜伽和祈祷让她寻找信仰，唤回自我；巴厘岛婚爱文化让她去恋爱，相信爱，勇敢爱。当你开始对生活失望，停下来歇一会，欣赏些东西，不要忘记去品尝一些美味，满足内心的缺失。旅行帮助你自我谅解，释放压抑的情绪，慢慢度过危机，走向广阔天地。

据中国旅游研究院调研数据，2018年国庆期间，全国超过90%的游客参加了文化活动，超过40%的游客参加了2项文化游览活动，前往博物馆、美术馆、图书馆和科技馆的游客超过40%，37.8%的游客花在文化游览上的时间为2–5天。驴妈妈平台数据显示，国庆期间，文化类景区门票、文化展演类产品的预订量增幅最大，文化类景区整体预订量同比增长超过36%，圆明园、故宫博物院、秦始皇陵兵马俑人气爆棚，博物馆同比增长30%，遗产类景区同比增长42%，文化展演类产品同比增长51%。博物馆通过举办精彩展览成了亲子人文之旅的目的地。7天内多地博物馆参观人数创下历史新高。同时，文化旅游带动了文创产品热销。而民俗博物馆、社区博物馆等带动的民俗游，也成为当地文化旅游的亮点，如海南桂林洋国家热带农业公园的马戏表演、农耕生活体验等活动，大型原生态歌舞《藏谜》，受到游客欢迎。

旅游产业是以消费为核心导向的，从旅游的体验性、创意性和独特性等方面得以检验。旅游本质是一种体验，融空间性、故事性、场景性等为一体的整个场域。目前的文化旅游产品差异，更多是体现在资源禀赋、资本实力和文化故事的差异上，对游客体验的洞察把握与专业服务等更深层次的内容情景提供上则普遍欠缺。旅游的项目和目的决定了其文化含量，有许多为满足专门目的开展的旅游活动，如汉诗旅游、历史探秘旅游、书法学习旅游、围棋交流旅游、名人足迹寻访旅游、民族风俗旅游等，种类众多，文化深厚。旅游是一个文化创意的产业，以极致创意打造卖点，创造旅游吸引力。文化旅游强调唯一性，只有独特性，才能形成不可替代的竞争力。文化旅游产业已成为新的国家战略支柱产业，随着都市休闲的消费升级，肩负着将文化自信、人民对美好生活的向往转化为“旅游表达”的产业使命。

2. 电影《美食祈祷和恋爱》对我国美食宗教婚恋旅游细分的启示

2.1 饮食文化和美食旅游

2.1.1饮食文化

饮食文化对于旅游产业具有极为重要的意义与作用。在旅游产业构成六要素中，“吃”即饮食文化排在首位，其在旅游产业发展中具有极为重要的意义。饮食文化不仅是人们在旅游活动的根本需求，也是旅游活动的一项重要内容。饮食文化的质量和水平影响制约着旅游产业的发展。饮食文化同旅游发展关系紧密。饮食文化包括饮食质量、供给、营养、卫生等，直接影响人们旅游中的生理、心理需求和质量，影响到旅游对人们的综合吸引和旅游活动的质量与效果。在旅游产业发展过程中，发展饮食文化十分重要。我国的饮食文化资源丰富，是极为宝贵的旅游资源。饮食文化在极大地丰富旅游活动、拓展旅游内容的同时，提高了旅游产业收入。总之，饮食文化顺应了我国旅游发展趋势，满足了广大旅游者的需求，还成为我国旅游产业新的发展增长因素。因此，我们要大力倡导与发展饮食文化，并通过饮食文化来推动我国旅游产业的发展，丰富旅游内容，逐步提高我国旅游产业的质量与效率。

2.1.2 美食旅游、旅游美食和旅游饮食

美食旅游是旅游的一种类型，是以“美食”作为吸引物的享受过程，是一种较为新

颖的旅游形式。到异地寻求审美和愉悦经历，以享受和体验美食为主体的具有社会和休闲等属性的旅游活动称为美食旅游。旅游美食是在旅游过程中品尝到的美味食品，可在旅游途中携带的体积小、轻便、新颖的旅游小食品，亦可是享用到的风味大餐。旅游美食是美食旅游的重要组成部分。

饮食文化旅游可看作狭义的美食旅游。饮食文化旅游重在“文化”，指饮食文化与旅游活动相结合，以了解饮食文化和品尝美食为主要内容，是较高层次的旅游活动。丰富而浓厚的饮食文化内容是开展美食旅游的必备条件，美食旅游则是饮食文化旅游发展的必然趋势和结果。

旅游饮食是指在旅游中的餐饮行为，而美食旅游是以美食为吸引物的旅游过程，是不同类型的旅行行为。美食旅游不仅仅包括餐饮过程，还有其他与美食相关的参与性活动，如烹饪比赛、啤酒节、水果节等等，旅游餐饮更多地注重旅游者的餐饮行为及餐饮质量，如在旅游过程中的饮食安全、卫生、营养等等。

美食旅游属于发展、享受层次的旅游形式，其文化需求是美食旅游得以产生、发展、繁荣的前提和基础。在不同文化背景下，美食旅游者对美食的理解和追求各异。适应市场又保持特色，旅游文化在其中起主导作用。美食向旅游者传送旅游地的文化生活，潜移默化成为旅途中不可缺少的内容。美食养生健身是中国饮食文化的精髓，美食文化的原创性、区域性、民族性、时代性、参与性，体验性、操作性对于美食旅游者十分重要。美食旅游是文化与饮食的综合体，常常归纳为人文旅游资源的重要组成部分。

我国幅员辽阔，由于地理环境、气候物产、政治经济、民族习惯与宗教信仰的不同，使得各地区、各民族的饮食特色千姿百态、异彩纷呈。这种旅游资源在区域上的差异分布，才形成了美食旅游者的空间流动，是造成人们以旅游形式达到审美和愉悦目的的根本原因。美食作为现代生活中人们的追求向往和需求，其带来的丰厚回报激发美食旅游开发的火爆热情，这些都预示着美食旅游有着巨大的发展前景。

2.2 宗教文化和旅游

宗教旅游是一种以宗教朝觐为主要动机的旅游活动。古往今来，世界上三大宗教（佛教、基督教和伊斯兰教）的信徒都有朝圣的历史传统。宗教旅游具有挖掘宗教启迪智慧、唤起道德、重塑人生价值等功能，展示出其在精神层次的价值。宗教旅游资源内容丰富，既包括有形的物质性资源，也包括无形的精神性资源；既包括各类静态资源（圣地、建筑、艺术品、文物），又包括各类动态的资源（仪式、修炼活动、节庆活动），可提供多种形式的游览项目和活动方式。近代也衍生出很多与宗教有关的旅游，如灵修、朝圣、瑜伽、辟谷等缓解现代城市人焦虑和心理疾病的旅游形式。

宗教旅游资源包括宗教圣地、宗教神迹、宗教名山、宗教建筑（寺庙、宫观、教堂等）、宗教文化艺术、宗教礼仪、宗教活动（佛事、法会、节庆）、宗教饮食、宗教名人等。基督教圣地有罗马教廷梵蒂冈，传说“圣母玛丽亚显圣”的法蒂玛（葡萄牙）、德国的奥柏拉格尔高和法国的卢尔德；佛教圣地集中在东南亚和中国，如斯里兰卡的佛牙寺和克拉尼亚大佛寺，中国的峨眉山、九华山、五台山和普陀山佛教四大名山等；伊斯兰教有麦加、麦地那、耶路撒冷和凯鲁万四大圣地，其中麦加是所有宗教旅游中规模最大、朝觐人数最多的圣地。

朝圣是信徒具有重大道德或灵性意义的探寻旅程，世界上有很多经典线路，如爱尔兰克罗帕特里克山峰，每年超过两万名天主教徒登上山顶上的小教堂；意大利弗兰西街道，从坎特伯雷延伸到罗马的弗兰西街道，大约有两千公里；西班牙的圣雅各之路，步行到圣地亚哥德孔波斯特拉的旅程持续了至少11个世纪；秘鲁印加马丘比丘古道，从印加古道至马丘比丘全长42公里被奉为必拜朝圣地之一；日本的熊野古道朝圣路线是日本的佛教徒的朝圣之路，行走了上千年，精神意义非同一般；中国西藏的冈仁波齐峰，是印度教、佛教、雍仲本教和耆那教的精神家园，朝圣者要围绕顶峰走108次，具有开悟之地的功能。

我国是一个多宗教的国家。道教源于中国已有1700多年；佛教传入我国约有2000年，伊斯兰教于公元7世纪传入中国，基督教和天主教则在鸦片战争后大规模传入。我国宗教旅游资源不仅类型多样、分布广泛、自然景观和人文景观相映和谐，而且文化底蕴深厚，文化倾向性强，知名度高，层次丰富，综合性强，影响广泛。根据国家宗教事务局统计：2016年，我国有佛教寺院1.3万余座，道教宫观1500余座，伊斯兰教清真寺3万余座，天主教教堂、会所4600余座，基督教（新教）教堂1.2万余座等。至2009年，我国已公布的六批共2351项全国重点文物保护单位中，宗教名胜超过600处，约占26.7%。宗教名胜古迹是我国珍贵的历史文化遗产中重要的组成部分，而宗教文化中的神像雕塑、绘画石刻等历史遗产，都是宝贵的旅游资源。根据全国5A和4A级旅游景区的统计，宗教旅游景点景区共计272项，占总数的22.1%。宗教旅游成为我国旅游业中的重要组成部分。

宗教旅游既具有宗教内涵，又具有丰富的历史、社会、文化、艺术、民俗方面的深厚底蕴。宗教名山在历史上早成为民众的朝拜圣地和游览胜地，寺庙道观在历史上既是宗教场所，也是百姓活动的游艺场所，担负着地方文化活动中心的功能。寺庙旅游历史相当悠久，内容丰富，主要有上香拜神、观光寺貌、参观寺藏、聚餐饮食、观戏买物（庙会）、观灯赏月、品茶闲话、纳凉避暑等。传统中国人的内心世界，一般都有儒、佛、道三种哲学观的综合影响。儒、佛、道的相互交融是中国传统文化的一个显著特征。宗教旅游的普遍化，本质上包含的是文化遗产传承的责任。

2.3 婚恋文化和旅游

谈起旅行结婚有两个不同的传说，一和英国多顿族的抢婚渊源很深。相传，英国古代的多顿族盛行抢婚习俗，丈夫将妻子抢到手后先旅行，度过一段甜蜜的“隐居生活”。期间，夫妻俩愉快地饮蜂蜜酿制的甜美无比的蜂蜜酒，“旅行结婚”风俗由此产生且诞生了“蜜月”说法。另外的说法是度蜜月的风俗起源于德国的古条顿人。男女举行婚礼后，每天都要喝蜜糖水或是蜜酿成的酒，连喝30天不得中断，以示幸福生活的开始，并将这个月称为“蜜月”。风俗一直流传至今，并传到国内，以出外旅游度假代替，时间未必是一个月，但目的都是为增进新婚夫妇感情。随着改革开放，旅行结婚和度蜜月的文化也进入我国，“婚恋旅游”伴随着旅游产业的发展成为我国旅游细分市场上重要的一部分。随着人们消费观念的改变和对旅游参与程度的提高，将蜜月游和旅游结婚结合成一种新型的旅游模式——婚庆旅游。婚庆旅游作为构建休闲旅游产业体系的重要环节，是实现旅游产业转型，促进产业升级的“钥匙”。

随着经济快速发展，人们收入水平不断提高以及随之而来思想意识、价值观念转变，21世纪，婚礼出现了特性化与多元化的展现趋势。跳出传统婚宴，挑选轻松、浪漫的旅行、结婚以及婚纱外拍融合为一体的旅行结婚，成为时下年青人的时髦选择。旅行结婚是许多情侣热衷的一种结婚方式，婚恋旅游是近年来颇受年轻人推崇和喜爱的一种旅游模式，由定制化婚庆旅游模式可以作为发展婚庆旅游的行之有效的手段。海外婚礼目的地不断增多，如今可举办婚礼的目的地主要有普吉岛、沙巴、巴厘岛、马尔代夫、苏梅岛等。

“婚恋旅游”将旅游服务和婚礼策划、婚纱摄影、蜜月旅行等结合起来，结合成复合型的旅游专项产品。区别于一般观光度假旅游，包含接待宾客、婚典设计、婚典执行等婚庆活动及观光、度假等旅游活动都可以列入婚恋旅游范畴。在我国，每年约有1200万对新人结婚，平均有31%的个人积蓄用于婚庆消费，67.66%的新人安排蜜月旅游，婚庆主题已经成为各旅游目的地招徕游客的重要卖点。新婚蜜月游中青年人数量大占人口总数比例高，80后、90后是新婚蜜月游的重要组成部分。同时，随着中老年人生活态度和生活方式改变，传统“重积蓄、轻消费”“重子女、轻自身”价值观念逐渐弱化，中老年人消费需求逐渐向高品质和多元化方向发展，其中不乏重温蜜月的金婚、银婚、纪念游一族。

爱情主题旅游作为休闲旅游的一个分支，受到了越来越多人的追捧。爱情主题具有永恒的市场，情侣们希望凭借爱情主题旅游、凭借爱情故事表达白头到老、恩爱如一的美好愿望。例如爱情城市，澳大利亚墨尔本——人间真爱伊甸园，韩国济州岛——爱情天堂，葡萄牙奥比都斯——婚礼之城，希腊雅典——爱神丘比特之城，意大利维罗纳——罗密欧与朱丽叶的故乡，捷克布拉格——亚当和夏娃落户于此，爱情岛屿巴厘岛，马菲亚岛的水下婚礼，阿基图阿海滩的舞动新娘，本盖鲁阿岛新婚对话；爱情主题公园有陆游唐琬的沈园、梁祝文化公园、鹿回头情爱主题公园、世界上最大的韩国济州岛LoveLand性爱主题公园等。这些都给浓情爱意中的情侣带来无穷的遐想，成为众多情侣的爱情旅游胜地，也是旅游细分的重要部分。

“来到巴厘岛一定要有艳遇”，骑自行车在风光旖旎的小岛上慢行，如梦如幻的景致仿佛在造就一个童话世界。最好的婚恋旅游就是让婚恋活动、旅游与地方文化相结合，根据当地独有的特色文化、民族风土人情，打造独一无二的爱情、婚恋文化。在我国利用历朝历代的神话传说、爱情诗词、民间故事、民风民俗等独特的传统婚俗文化，去设计规划婚俗元素的打造，重视民族的风俗习惯策划，融合婚恋文化，是民族的才是国际的，具备地域性的民族文化魅力将为我国建设“文化旅游强国”奉献力量。

3．旅游行业根据文化细分市场

市场经济发展到了今天，顾客越来越挑剔，越来越追求差异化，而过去的旅游产品同质化严重，大同小异。随着消费需求愈发强烈，旅游者的价格敏感度在降低，在这种背景下，“文化为根，体验为王”成为细分市场的法宝。社会文化因素会对旅游者产生深刻的影响。对于这种异质性变化，旅游者的满足和收获常常超过了其旅游前所怀有的旅游期望，对扩大景区吸引力具有重要作用。比如，随着女性经济水平和社会地位的不断提高以及行业营销市场的更加细化，女性旅游市场开始成为焦点。

旅游市场细分方法，美国的市场学家麦卡锡提出细分市场的一整套程序，包括七个步骤：（1）选定产品市场范围→（2）了解、列举分类顾客的基本需求→（3）了解不同潜在用户的不同要求→（4）抽调潜在顾客的共同要求→（5）根据潜在顾客基本需求上的差异划分不同的群体和子市场→（6）分析每一细分市场需求和购买行为特点及原因，合并或进一步细分→（7）估计每一细分市场的规模。这个方法同样适用在旅游细分市场上，并在国内的应用实践中得到印证和成功。

目前，随着消费文化的成熟，旅游细分是产业转型、动能转换的关键，比单纯简单重复扩大再生产的旅游开发要明智得多，市场上已经有很多细分领域产品了，每个细分市场的客户群体都有其文化和需求特性。如主题文化游按不同主题细分为高尔夫、滑雪、自驾、户外运动、婚礼爱情、徒步、马拉松等，再通过兴趣爱好制定针对性的主题，这样直接秒杀传统同质化旅游产品。随着旅游市场的细化发展，通过通信技术如让旅游者在客户端选择自己喜欢的景点、线路、项目、酒店、餐厅、舱位等在线定制功能，将满足个性化需求做到极致。

总之，无论美食之旅、朝圣之路还是爱情圣坛，无论哪一种细分的旅游，只要你踏上治愈旅游的道路，都会重新找到自己，找到初心，成就你对美好生活的向往，也成为你实现中国梦的一部分！

第五篇

区域旅游产业经济

国家级新区建设与旅游发展

（本文写作于2017年，数据截止于2017年5月）

1. 国家级新区概述

1.1 国家级新区

国家级新区是由国务院批准设立，承担国家重大发展和改革开放战略任务的综合功能区，是中国于20世纪90年代初期设立的一种新开发开放与改革的大城市区，是国家在全面深化改革与经济新常态下为解决改革与发展问题采取的政策工具。国家级新区在扩大对外开放、综合配套改革试验、海洋经济发展、“两型”社会建设、新型城镇化等重大改革方面先行先试，对适应经济发展新常态要求、应对经济下行压力、促进区域协调发展发挥了重要作用，成为全方位扩大对外开放的重要窗口、创新体制机制的重要平台、辐射带动区域发展的重要增长极和产城融合发展的重要示范区。其成立乃至于开发建设上升为国家战略，总体发展目标、发展定位等由国务院统一进行规划和审批，在辖区内实行更加开放和优惠的特殊政策，鼓励新区进行各项制度改革与创新的探索工作。

新区是国家重点支持开发的区域。国家级新区具有改革先行先试区、新产业集聚区等特征。从促进改革角度说，新区实际上就是新的特区。为促进所在区域加快发展，带动周边地区，国家在政策、资金等方面往往给予较大力度的支持。规划建设新区就是培育新的经济增长极。

国家级新区，是指新区的成立乃至于开发建设上升为国家战略，总体发展目标、发展定位等由国务院统一进行规划和审批，相关特殊优惠政策和权限由国务院直接批复，在辖区内实行更加开放和优惠的特殊政策，鼓励新区进行各项制度改革与创新的探索工作。

1.2 我国的国家级新区

中国国家级新区一览表

序号	新区名称	批获时间	主体城市	面积（千米 ^{2}）	管理机构	定位与目标
1	浦东新区	1992.10.11	上海	1210.41	开发区办公室-管委会-区政府	努力建设成为科学发展的先行区、“四个中心”（国际经济中心、国际金融中心、国际贸易中心、国际航运中心）的核心区、综合改革的试验区、开放和谐的生态区。
2	滨海新区	2006.05.26	天津	2270	领导小组及办公室-管委会-区政府	努力建成我国北方对外开放的门户、高水平的现代制造业和研发转化基地、北方国际航运中心和国际物流中心。
3	两江新区	2010.05.05	重庆	1200	管委会+三个行政区	五大功能定位：统筹城乡综合配套改革试验的先行区，内陆重要的先进制造业和现代服务业基地，长江上游地区的金融中心和创新中心，内陆地区对外开放的重要门户，科学发展的示范窗口。
4	舟山群岛新区	2011.06.30	舟山	陆地1440，海域20800	舟山市政府	浙江海洋经济发展先导区、海洋综合开发试验区、长江三角洲地区经济发展增长极。建成中国大宗商品储运中转加工交易中心、东部重要海上开放门户、中国海洋海岛科学保护开发示范区、中国重要现代海洋产业基地、中国陆海统筹发展先行区。
5	兰州新区	2012.08.20	兰州	1700	管委会	西北重要经济增长极、国家重要产业基地、向西开放的重要战略平台和承接产业转移示范区，带动甘肃及周边地区发展、深入推进西部大开发、促进我国向西开放。
6	南沙新区	2012.09.06	广州	803	管委会+区政府	建设成为粤港澳优质生活圈和新型城市化典范区、以生产性服务业为主导的现代产业新高地、具有世界先进水平的综合服务枢纽、社会管理服务创新试验区，打造粤港澳全面合作示范区。
7	西咸新区	2014.01.06	西安、咸阳	882	管委会+两市政府	把西安建成富有历史文化特色现代化城市、拓展我国向西开放的深度和广度。建成我国向西开放重要枢纽、西部大开发的新引擎和中国特色新型城镇化的范例。

续表

序号	新区名称	批获时间	主体城市	面积（千米^2）	管理机构	定位与目标
8	贵安新区	2014.01.06	贵阳、安顺	1795	管委会+两市政府	实施西部大开发战略、探索欠发达地区后发赶超路子，加快体制机制创新，发展内陆开放型经济。建成经济繁荣、社会文明、环境优美、西部地区重要经济增长极、内陆开放型经济新高地和生态文明示范区。
9	西海岸新区	2014.06.03	青岛	陆地2096，海域5000	协同领导小组+管委会	发展成为海洋科技自主创新领航区、深远海开发战略保障基地、军民融合创新示范区、海洋经济国际合作先导区、陆海统筹发展试验区，为探索全国海洋经济科学发展新路径发挥示范作用，担负海洋强国和改革开放的双重使命。
10	金普新区	2014.06.23	大连	2299	建设管理委员会+市政府	我国面向东北亚区域开放合作的战略高地、引领东北振兴的重要增长极、老工业基地转变发展方式的先导区、体制机制创新与自主创新示范区、新型城镇化和城乡统筹先行区，大连建成东北亚国际航运中心和国际物流中心，带动东北等老工业基地全面振兴，面向东北亚区域开放合作。
11	天府新区	2014.10.02	成都、眉山	1578	省级规划建设委员会+3市政府	中国西部地区核心增长极与科技创新高地，以现代制造业和高端服务业为主，是宜业宜商宜居的国际现代新区。五大核心功能包含全面创新改革试验区内陆开放经济高地、宜业宜商宜居城市、现代高端产业集聚区、统筹城乡一体化发展示范区。
12	湘江新区	2015.04.08	长沙	490	管委会+两区一县政府	三区一高地，即高端制造研发转化基地和创新创意产业聚集区，产城融合、城乡一体的新型城镇化示范区，全国“两型”社会建设引领区，长江经济带内陆开放高地。
13	江北新区	2015.06.27	南京	2451	管委会+工作委员会+工作领导小组	国家级产业转型升级、新型城镇化和开放合作示范新区，长江经济带和长江三角洲的重要发展支点，南京都市圈和苏南地区的新增长极，南京市城市副中心，中国重要的科技创新基地和先进产业基地。

续表

序号	新区名称	批获时间	主体城市	面积（千米²）	管理机构	定位与目标
14	福州新区	2015.08.30	福州	1892	管委会+新区党工委	两岸交流合作重要承载区、扩大对外开放重要门户、东南沿海重要的现代产业基地、改革创新示范区、生态文明先行区。
15	滇中新区	2015.09.07	昆明	482	管委会+市政府	实施“一带一路”、长江经济带等国家重大战略和区域发展总体战略，打造我国面向南亚东南亚辐射中心重要支点、云南桥头堡建设重要经济增长极、西部地区新型城镇化综合试验区和改革创新先行区。
16	哈尔滨新区	2015.12.16	哈尔滨	493	党工委+管委会+区委、区政府	建设成中俄全面合作重要承载区、东北地区新的经济增长极、老工业基地转型发展示范区和特色国际文化旅游集聚区。
17	长春新区	2016.02.03	长春	499	管委会+市政府	推进“一带一路”建设、加快新一轮东北地区等老工业基地振兴，促进吉林省经济发展和东北地区全面振兴。长春新区建成创新经济发展示范区、新一轮东北振兴的重要引擎、图们江区域合作开发的重要平台、体制机制改革先行区。
18	赣江新区	2016.06.14	南昌、九江	465	管委会+两市政府+党工委	促进中部地区崛起、推动长江经济带发展、加快内陆地区开发开放。建成中部地区崛起和推动长江经济带发展的重要支点。
19	雄安新区	2017.04.01	保定	起步约100，远期2000	新区筹备委员（暂）	重点承接北京疏解出的与全国政治中心、文化中心、国际交往中心、科技创新中心无关的城市功能。打造北京非首都功能疏解集中承载地，有效缓解北京大城市病。补齐区域发展短板，提升河北经济社会发展质量和水平，培育新的区域增长极。调整优化京津冀城市布局和空间结构，拓展区域发展新空间，探索人口经济密集地区优化开发新模式，打造全国创新驱动发展新引擎，加快构建京津冀世界级城市群。

1992年中国改革开放后，国家级新区成为新一轮开发开放和改革的新区。25年（至2017年）来国家级新区的成立是一个从加速再到趋缓的过程。从1992年唯一的国家级

新区上海浦东新区成立后，时隔14年，第二个国家级新区天津滨海新区才获准成立。1992−2010年的18年间，我国国家级新区一共批复了3个。2010年重庆两江新区、2011年浙江舟山群岛新区各有1个国家级新区获批，2012年有兰州新区、广州南沙新区2个。伴随着对新区战略功能认识的进一步深化，我国国家级新区批复速度加快，2014年和2015连续两年批复5个：2014年有陕西西咸、贵州贵安、青岛西海岸、大连金普、四川天府；2015年，湖南湘江、南京江北、福州、云南滇中、哈尔滨。2016年速度趋缓，批复了长春、江西赣江2个。2017年至今批复河北雄安新区1个。国家级新区设立时间分布的层次性体现了改革从“摸着石头过河”走向全面深化，国家级新区协调国家区域发展、提高国土资源利用效率。至今（2017年底），现阶段国家级新区的部署已基本完成，就是说国家级新区所肩负的带动区域经济的任务已基本分配完毕。

自1992年批复首个国家级新区——上海浦东新区起，25年（至2017年）来国家级新区的数量增至19个，其中东部地区8个，中部地区2个，西部地区6个，东北地区3个，使得国家级新区在地域分布上，清晰地呈现出了从东部向西部、中部、东北部扩散的趋势。19个国家级新区分布在各个区域经济带，完全有能力形成联动效应。6个早期设立的国家级新区，在地理位置上多偏重于直辖市、沿海、沿江的地区，2014年以后成立的国家级新区更多位于中西部、东北地区，旨在激发更多内陆地区的经济活力。

从沿海开放到内陆开放，从引领风气之先的浦东新区、滨海新区到内陆首个国家级新区两江新区，中国国家级新区的发展历程，也就是一部改革开放的历史，从沿海开放到内陆开放、东西双向开放的历程。区域分布的战略性体现了国家区域发展从非均衡发展走向协调发展。新建新区也与国家的空间开发战略契合，比如在长江经济带上的有南京江北新区、江西赣江新区等。而最新成立的河北雄安新区，则无疑是促进京津冀协同发展的重要一步。国家级新区在发展上的战略定位为国家重大区域发展战略支撑点与启动点，在改革上的战略定位为全面深化改革与推动制度创新的先导区；同时，与其战略定位相匹配，国家级新区表现出了带动与引领区域发展以及制度外部供给与内生创新相结合的特征。

2. 国家级新区与旅游

2.1 新区与旅游

新区作为我国国家战略层面的改革试验区，建设发展既是影响旅游产业发展的重要因素也是旅游的重要组成部分。随着旅游业发展和功能的释放，旅游业不仅成为区域经济社会发展的重要组成部分，同时，旅游的发展对解决区域整体发展过程中的诸多问题都有着较明显的推动作用。反之，新区对旅游业发展也有着重要的影响作用，且随着人们旅游观念的变化与丰富，新区建设作为一种新的综合旅游吸引物日益受到人们的关注，因此，旅游业和新区建设之间的相关性不容忽视。国家级新区作为区域政策的试验区，先导区，旅游作为我国对外开放的先行区，二者联系紧密。

旅游业发展与新区建设密不可分，二者既相互促进又相互制约，处于动态的发展之中。旅游业不仅是新区建设不可或缺的部分，还带动了新区各项事业的发展，成为综合展示新区文化品位、经济水平、社会文明程度的领域之一，旅游的发展既是新区发展的表现，又在更高的层次上推动新区社会经济的持续发展。新区是旅游业发展的外在空间，它为旅游业发展提供所需的环境、资源和制度支持，其内在的创新机制更是旅游业发展源泉。

我国旅游业的发展一直受制于行政体制的条块分割，而新区突破条块分割，没有任何制度的包袱，新区承担的是“改革”的角色，制度建设上是“白纸”，改革中国的城市病，既有生态环境之病，也是制度机制之病。城市发展模型也必将对应新的城市治理模式。新区治理将呈现出网格化、透明化、协同化、高效化、智能化的特征，在这样的模式下，各种产业之间的融合创新也将会加速，各种市场要素的配置也将更加高效，各种大数据资源（统计分析数据、交易服务数据、企业监管数据、舆情数据、地理空间数据、金融数据、能源数据、交通数据等等）的整合利用也将更加精准。基于全新的城市治理模式也必将形成全域旅游的崭新蓝图。

2.2　我国国家级新区的旅游

我国 19 个国家级新区的旅游发展

序号	新区	旅游发展
1	浦东新区	建设具有全球影响力世界著名旅游城市核心功能区、世界一流旅游目的地城区，构建完善与现代化全球城市相适应的现代旅游产业体系、公共服务体系和管理体系，构建不断满足人民生活和游客需求的旅游产品体系；独具旅游金融、投资和科技创新、服务贸易特色与优势的旅游总部经济、平台经济、高端服务业经济初步形成；旅游收入实现倍增目标；浦东新区“宜居、宜业、宜游、宜闲”国际化大都市城区、亚太地区著名旅游度假目的地。
2	滨海新区	以时尚滨海旅游和休闲都市旅游为核心，滨海休闲游、都市购物游、生态体验游、历史文化游、现代工业游五大主题板块已经形成。有着天津滨海航母主题公园、天津极地海洋世界、海河外滩公园、大沽口炮台、贝壳堤、西沽潮音寺等旅游胜地。滨海新区A级景区已达12家，工业旅游示范点17个，农业旅游示范点17个，星级酒店28家。
3	两江新区	发展以旅游为纽带的关联型经济体系，通过对旅游要素进行跨行业、跨区域优化配置，形成以旅游业为牵引、三次产业联动发展的产业发展格局。两江新区A级景区有10余处。文化旅游有重庆国际博览中心、重庆大剧院、重庆科技馆、重庆人民大厦会堂等；主题游乐有重庆华侨城、重庆两江国际影视城、重庆海洋公园；文物遗址有明玉珍墓、盘溪无铭阙；宗教寺庙有龙头寺、鸿恩寺、翠云寺、观佛禅寺；湿地公园有九曲河湿地公园、园博园、照母山森林公园等64个公园。

续表

序号	新区	旅游发展
4	舟山群岛新区	普陀国际旅游岛群以普陀山国家级风景名胜区为核心，包括朱家尖岛、桃花岛、登步岛、白沙岛等。依托佛教文化，建设禅修旅游基地，加快形成世界级佛教旅游胜地;重点开发游艇、邮轮、康体、滑翔、潜水、攀岩等旅游新业态和新项目，打造世界一流的海洋休闲度假岛群。嵊泗渔业和旅游岛群以泗礁岛为核心，包括嵊山岛、枸杞岛、黄龙岛等。发展海洋休闲旅游，建成集港口观光、滨海游乐、海上竞技、渔家风情、游艇海钓、海鲜美食于一体的渔业和休闲旅游岛群。
5	兰州新区	兰州新区建成特色突出、亮点纷呈、三产融合发展的经典旅游目的地和“中国西北游、出发在兰州”西北重要的旅游出发地。新区发展文化旅游产业，借力“一带一路”、华夏文明传承创新区和兰州新区综合保税区建设，积极引入优势文化旅游项目和商业项目，推动“文商旅”融合发展。打造集旅游观光、休闲采摘、餐饮住宿、健康养老、特产展销为一体的生态农场。以牡丹、玫瑰、向日葵这“三朵花”为代表的兰州新区特色旅游。
6	南沙新区	南沙全区旅游东部南沙湾景区、黄山鲁森林公园、蕉门公园等景点，南部百万葵园、湿地游览区、十九涌渔人码头、永乐农庄等景区在保护生态环境的前提下，建设以滨海休闲旅游为龙头，以水乡文化和妈祖文化为历史文脉，以湿地生态为特色的三大主导旅游产品，致力将南沙区打造成为粤港澳乃至华南地区著名的旅游目的地。
7	西咸新区	西咸新区旅游资源的鲜明特色，旅游产品的历史文化内涵，兵马俑、华清池等为代表的历史文化景区，是西安乃至陕西最具代表性和国际影响力的旅游景区。目前，随着西安国际化城市建设步伐的加快，历史文化类旅游景区的发展成为陕西旅游的龙头。
8	贵安新区	旅游资源丰富，贵州省旅游集散与服务基地、西南山地生态旅游与休闲度假目的地、全国生态文化旅游创新发展示范区，“全域联动、特色导向、创新发展”，实现城市旅游全域化发展，打造贵州特色、达到国际先进水平的旅游目的地、休闲度假胜地。
9	西海岸新区	围绕“打造世界级滨海度假旅游目的地”目标，大力实施海洋战略，发展海洋旅游，扎实推进旅游业转型升级。重点有青岛藏马山乡村（国际）生态旅游度假区、琅琊台、大、小珠山、金沙滩、银沙滩、康岛湾滨海公园、藏马山旅游度假区等旅游胜景。
10	金普新区	围绕“一带一路”、建设“东北亚旅游胜地”和新区“一地一极三区两中心”使命，致力建设东北亚一流的滨海休闲度假目的地，培育“浪漫大连，魅力金普”城市品牌，为国家级新区大开发、大开放、大发展营造良好投资环境、旅游环境和服务环境。建设全域旅游目的地。带动金普新区各大旅游业全面建设发展。
11	天府新区	天府新区旅游业发展承接“三走廊”（成龙、成南和成新走廊），构建“两区两带”的旅游产业空间结构（高新现代产业休闲旅游区、都市生态休闲度假旅游区、两湖一山休闲度假产业带、岷江滨水休闲产业带）和发展重点。以成都为中心打造世界旅游目的地，把川南片区融入长江经济带建设统筹发展。秦巴山区、乌蒙山区、大小凉山地区发展乡村旅游。建设天府新区文化休闲度假走廊，包括五个特色旅游区、七条精品旅游线。

续表

序号	新区	旅游发展
12	湘江新区	生态旅游休闲基地。推进岳麓山风景名胜区、大王山旅游度假区、乌山森林公园、凤凰山森林公园、洋湖湿地公园、金洲湖湿地公园、谷山体育公园建设和莲花山、桃花岭、象鼻窝等生态资源保护与开发，打造长沙高新区双创旅游、蓝月谷工业旅游观光走廊，重点发展旅游度假、医疗健康、体育健身、养老服务、工业旅游等产业，推进全域旅游发展，打造完整的旅游休闲产业链，建设生态旅游休闲目的地。
13	江北新区	江北生态休闲带重点发展观光、休闲、度假产业，在城镇发展空间内重点发展历史文化游览和住宿、购物、娱乐等旅游设施，打造江北文化休闲旅游中心。规划建设三大旅游集中体验区，建设老山、湿地、水库等生态型旅游景点和工业遗址、老镇等人文型旅游景点。
14	福州新区	依托福州新区良好的山、海、温泉、文化等资源，推动区内旅游产业建设，完善旅游服务配套，重点打造滨海旅游、邮轮游艇、特色医疗等旅游产品。滨海旅游重点建设琅岐国际旅游岛、闽江口、福清湾、长乐下沙等旅游区，打造特色滨海景区。合理规划建设一批邮轮游艇码头，充分发挥滨江滨海资源优势，大力发展游艇观光、帆船赛事、游艇运动等特色旅游活动。北部片区马尾·中国船政文化城、琅岐国际生态旅游岛等旅游，海峡两岸（船政）文化创意产业园，扶持新区文创旅游产品发展。积极培育富有闽台特色的乡村旅游，加快马尾闽安村、长乐青山村“闽台乡村旅游试验基地”建设，不断完善游客服务。
15	滇中新区	推进滇中旅游集群区和重大重点项目建设，完善提升旅游接待服务和公共服务设施，不断丰富旅游产品体系和完善旅游产业体系，着力把滇中国际旅游城市圈建成云南旅游的中心区、面向南亚东南亚开放的区域性国际旅游目的地和旅游辐射中心。
16	哈尔滨新区	发挥冰雪旅游的独特优势，依托太阳岛等景观、设施和生态湿地资源，建设融合冰雪文化、湿地生态文化、中国北方民俗文化、俄罗斯文化的国际文化旅游产业集聚区和世界知名的旅游目的地。以松花江沿线奥体中心、大剧院、枫叶小镇奥特莱斯等为支撑，规划建设综合性文化商贸旅游带。突出抓好32平方公里的松花江避暑城建设，依托优良生态资源，大力发展健康管理、医养结合、候鸟式养老等产业。
17	长春新区	“三廊、五区、多点、网络”的总体空间格局。“多点”指新区范围内的多个重点景观区域，包括北湖湿地公园、空港国际合作与高端服务核心区、饮马河沿岸景观带等多个不同类型重点景观区域。“网络”指由城市外围生态绿带、自然河流水系、城市快速路、城市防护绿地等共同构成的串联各城区与外围景观节点的网络化景观廊道。冰雪旅游、冰雪体育、冰雪文化为核心的“3+X”冰雪产业链和以文化观光、休闲消夏、康体养生、生态体验为特色的“4+X”避暑产业链。
18	赣江新区	北连共青城，东濒鄱阳湖，西倚云居山。修河、潦河两大水系贯穿东西，赣江经吴城入鄱阳湖，自然资源十分丰富；胡耀邦陵园，松柏苍翠；高尔夫球场，绿草如茵。服务型新区，发展休闲旅游生态旅游为主。
19	雄安新区	大清河水系、白洋淀水系，雄安新区植被茂密，旅游资源十分丰富；不仅有以国家AAAAA级景区白洋淀为代表的生态游景区，还有各种古迹遗址，以及革命烈士纪念馆等红色旅游项目主要景点有宋辽古战道、瓦桥关遗址、明月禅寺、磁山文化遗址、宋八王衣冠冢、杨六郎晾马台等。以发展生态旅游、文化旅游、休闲旅游为主。

国家级新区的旅游开发，是新形势下新型城镇化发展的需要，也是整合区域旅游资源、提升区域旅游业竞争力的要求。新区是旅游业创新发展示范区，旅游业是新区协调发展的重要切入点和突破口。应以科学发展观统领新区旅游业发展，把新区旅游业发展与培育新区担负的国家战略有机结合起来，实施开放创新、区域联盟、生态为本、城乡共融、高端引领和特色精品战略。

2.3 旅游在新区建设中的作用

长期以来，各类特殊经济区是承担我国改革与发展任务的重要空间载体，相互之间并不是排斥的，同一个地方可以同时具备多种“区”的身份。从下表归纳中可以看出旅游对新区的作用最大。

国家级新区与其他经济区的比较概况

	经济特区	开发区	高新区	国家级新区	自贸区
数量	7	219	145	19	11
定义	1979年4月邓小平首先提出设立经济特区。以优惠政策鼓励外商投资，促进经济技术发展，是国家重点支持开发的区域。	一般由国务院和省、自治区、直辖市人民政府批准在城市规划区内设立，类型涵盖经济技术开发区、保税区、高新技术产业开发区、国家旅游假区等，这类区域往往实行特定优惠政策。	在知识密集、技术密集的大中城市和沿海地区建立的发展高新技术产业开发区。	承载服务国家战略、协调区域发展和政策先行先试的重要功能，其发展历程在某种程度上可以说是中国改革开放进程的缩影。	自贸区（Free Trade Zone）指在贸易和投资等方面比世贸组织有关规定更优惠的贸易安排；在主权国家或地区关境外，划出特定区域，准许外国商品豁免关税自由进出。
典型代表	深圳、珠海、汕头、厦门、海南、喀什、霍尔果斯。	江苏最多，有26家。	中关村科技园区等。	雄安、浦东、南沙、滨海。	上海自贸区、天津、广东等。
特点	有特殊政策、相对独立的经济体，以外向型经济为发展目标。	工业聚集地，有优惠政策。	侧重于特色产业有优惠政策。	更突出对于区域发展的带动能力，解决改革与发展问题。	关税、审批和管理政策灵活。
和旅游的关系	旅游从属于经济，关联性小。	旅游从属于经济发展，关联性小。	关联性小。	关联性小。	侧重于旅游服务贸易提升和出入境游。

3．国家级新区建设与旅游相互促进

3.1　新区构筑旅游“新高地”

国家级新区政策支持体系在很大程度上体现了与新区战略定位、区域分布、发展状况的匹配。1992年，国务院批复设立浦东新区。浦东新区已发展成全国的商业中心，旅游会展业发达，拥有东方明珠塔、上海科技馆、上海新国际博览中心、上海国际会议中心、浦东展览馆等知名旅游会展场所。其中东方明珠电视塔、上海科技馆都成为国家AAAAA级景区，也是上海旅游的地标性景点。

3.2　有利于新区的全域旅游建设

新区的设立给旅游业协同发展带来千载难逢的机遇，有利于构建新的城市发展范式，也有利于开展全域旅游的实践。旅游中心功能作为新区的特色功能会随着新区的发展得到不断强化，其主要原因在于旅游产业的广延性。全新的城市规划理念和先进的城市管理机制，将让新区在落成之日就具备全域旅游的所有要素，成为全域旅游标杆城市，将充分带动旅游目的地的建设，形成全域旅游的众星拱月态势。

3.3　旅游业与国家级新区建设有共同的理念

旅游业以提供服务产品为主，包括旅馆住宿服务、餐饮服务、交通客运服务、旅行计划和接待服务、参观游览服务、娱乐购物服务等，通过旅游者的消费模式紧密地联系在一起，并向城市各个环节延伸。随着新区建设将从外延式建设向内涵式建设的转变，关注经济、社会和人三者之间全面、综合、协调的发展，提升区域品质，其最终的发展和落脚点离不开对人类需求的满足。

3.4　旅游业发展与新区建设具有共同的资源依赖

新区的自然地理特色和休闲娱乐潜力相结合，是旅游商业化的优选地，通过发展旅游度假地促进新区城市化是城市发展的一个重要手段。旅游关联性强、影响广，在提升新区知名度、创汇、扩大内需、增加就业等方面起着重要作用，可以强化新区的整体功能、性质和作用。

3.5　旅游业良性发展推动新区建设

旅游活动不仅是新区经济发展的源泉，也能影响新区整个社会经济状况，旅游业发展是新区社会、经济发展的重要推动力量。同时，旅游业发展所要求的良好社会、生态环境对新区环境、基础设施的改善，创建和谐社会起到很大的促进作用。

3.6 新区建设是旅游业发展的基础

新区良好的社会环境、完善的基础建设和文化资源是旅游业发展的基础和保障。旅游对新区发展水平有很强依赖性。旅游取决于新区的知名度和美誉度，取决于旅行有关的一切相关服务和设施，涉及新区社会的各个层面，故新区的总体发展水平，成为旅游产业发展的基本前提条件。配套的相关行业和保障的相关部门本身就是新区建设的内容之一，所以新区建设决定了旅游产业发展的进程。

3.7 新区建设是旅游吸引物

旅游吸引物是旅游产业发展的基本条件之一，是旅游者选择目的地的决定因素。区域建设作为一种地域文化和历史的直接表现，日益受到人们的关注。旅游不仅要依靠它的自然风光、人文景观吸引旅游者，同时也要把新区建设作为一项新的重要的综合旅游吸引物来建设。从旅游者角度出发，吸引新区旅游动机的或许不是好山好水或名胜古迹，而是新区本身。随着新区发展，新区居民对休闲的要求越来越高，使新区旅游中心功能进一步发挥作用。

3.8 旅游促进新区核心功能建设

国家级新区承载着服务国家战略、协调区域发展和政策先行先试的重要功能。旅游业的发展从明晰新区战略定位与核心功能、增强新区政策支持与战略定位的匹配度、促进政策体系与经济社会发展及国家改革进程动态适应、推动政策试验与学习机制调整转型等方面促进新区的健康、创新发展，并促进旅游新地标的形成。

旅游生态足迹促进区域的绿色发展和竞争

（本文写作于2017年，数据截止于2016年）

党的“十八大”把生态文明放在突出地位，提出要绿色发展、循环发展和低碳发展。2015年中央政治局会议首提“绿色化”发展理念。环境是旅游发展的基础，良好的自然生态环境，是旅游地实现社会、经济和生态效益的统一，获得可持续发展能力的保障。如何对区域绿色发展进行科学客观的定量评价是目前学界亟待解决的问题。旅游生态足迹（Touristic Ecological Footprints）以其理论、方法的创新性和实践的可操作性，为区域绿色发展和竞争研究提供了新思路和新方法。本文试图通过引进国际上普遍应用的生态足迹模型和旅游生态足迹等指标来对国内区域绿色发展和竞争进行评价。

1．相关概念

1.1 生态足迹

生态足迹（Ecological Footprint，EF）是1992年加拿大生态经济学家威廉（William）及其博士生瓦克纳戈尔（Wackernagel）提出的可持续发展程度衡量指标，指满足人类对自然需求的、能够持续地提供资源或消纳废物（目前只是化石燃料燃烧产生的二氧化碳）的、具有生物生产力的地域空间。例如，碳足迹指对作为除海洋之外的长期吸收碳的主要生态系统森林的需求。此外，还有五类需求纳入考虑范围：耕地、草地、渔业、林地、建设用地生态足迹。生态足迹方法自提出以来在世界各国引起强烈反响，影响力巨大，模型方法已比较成熟，用于测算世界、国家或地区的生态足迹。世界上众多学者和国际组织广泛将其应用于全球、国家、区域和城市等空间尺度，开展区域生态足迹测算工作。如世界自然基金会（Woridwide Fund for Nature，WWF）和重新定义发展组织（Redefining Progress，RF）自2000年起每两年公布一次世界各国生态足迹资料。生态足迹越高，说明人类消耗的资源就越多。

1.2 旅游生态足迹

旅游生态足迹（Touristic Ecological Footprint，TEF）是指在一定时空范围内，与旅游有关的各种资源消耗和废弃物吸收所必需的生物生产土地面积和水资源量，即把旅游活动过程中旅游者的生态消耗用形象的土地面积进行表述。旅游生态足迹是基于生态足迹理论与方法、旅游者生态消费及结构特征提出的一种测度旅游可持续发展的工具。2000年，威克那格（Wackernagel）首次将生态足迹理论运用于旅游业中。科林·亨特（Colin Hunter）教授2002年首先提出旅游生态足迹定义。国外学者就生态足迹分析方法在旅游领域的应用始于对旅游要素（吃、住、行、游、购、娱）的生态足迹分析，之后逐步形成了初期的旅游生态足迹研究的模型，并出现了各个尺度实证，研究方法也在不断改进，目前已有较为成熟的模式、方法。

旅游环境生态承载力（Tourism Environment Eco-carrying Capacity，TEEC）：旅游目的地生态容量，指在不破坏有关生态系统生产力和结构功能完整性前提下，可持续最大提供给人类生态生产性土地面积总和，即旅游生态承载力是一定自然、社会条件下的生态足迹极大值。

生态赤字（Ecological Deficit，ED）：一定区域（如国家或地区）人口生态足迹超过了该地域空间的生物供给能力，表示现存的自然资本不足以支持当地人口消费和生产的状况。其大小等于生态承载力减去生态足迹的差数。生态赤字表明该地区的人类负荷超过了其生态容量。

生态盈余（Ecological Surplus，ES）：一个区域的资源消耗小于其从当地可获得资源的差值部分。用生态足迹来衡量时，指该区域的生态承载力超出其生态足迹的部分。将一个国家或地区的生态足迹与其生态承载力相比较，就会产生生态赤字或生态盈余。生态盈余表示一个地区的生态承载力足以让人口在现有的资源消费水平下保持可持续发展。可持续的程度可以用生态盈余的大小来衡量。

旅游生态足迹模型作为一种全新的有效测度旅游可持续发展的研究方法，为构建区域旅游业、旅游目的地可持续发展指标评价体系奠定了基础。当前我国学界对旅游生态足迹研究已从引进过渡到大量应用阶段。我国提出绿色发展理念，旅游作为一种新的生活体验，也得到大众认同，因而，旅游活动对生态系统的压力，最大限度合理利用生态资源，保证旅游地生态安全，保证旅游绿色可持续发展成为现实性研究课题。

1.3 生态旅游

生态旅游（Ecotourism）是世界自然保护联盟（IUCN）1983年首先提出，1993年国际生态旅游协会（Ce International Ecotourism Society）定义其为：具有保护自然环境和维护当地人民生活双重责任的旅游活动。生态旅游兴起的时代背景是人类处于工业文明后期。生态旅游是以有特色的生态环境为主要景观的旅游，内涵更强调的是对自然景观的保护，是可持续发展的旅游。生态旅游一经提出，立即得到了世界响应。世界各国根据各自国情开展生态旅游，形成各具特色的生态旅游。生态旅游平均年增长率为20%，是旅游产品中增长最快的部分。生态旅游发展较好的西方发达国家首推美国、加拿大、澳大利亚等国。西方游客旅游热点是“三N”，即到“大自然”（Nature）中，与自然和谐相处"怀旧"（Nostalgia），溶入自然中的"天堂"（Nirvana）。

《全国生态旅游发展规划》（2016–2025年）给出的生态旅游定义是以可持续发展为理念，以实现人与自然和谐为准则，以保护生态环境为前提，依托良好的自然生态环境和与之共生的人文生态，开展生态体验、生态认知、生态教育并获得身心愉悦的旅游方式。我国的生态旅游是主要依托于自然保护区、森林公园、风景名胜区等发展起来的。

2. 区域的绿色发展和竞争力及其度量

2.1　绿色发展的提出

"绿色发展"是党的十八届五中全会提出的指导我国科学发展的理念和发展方式。狭义的绿色发展是发展环境友好型产业，降低能耗和物耗，保护和修复生态环境，发展循环经济和低碳技术，使经济社会发展与自然相协调。广义绿色发展包括以均衡、节约、低碳、清洁、循环、安全为特征的发展。我国不同区域绿色发展水平存在较大差异，绿色发展需要充分考虑各区域的发展基础和特色。

区域绿色竞争力是区域在发展过程中以绿色为核心，以环保、生态、循环、低碳、健康和持续为主线，以人与自然包容性增长为模式，以实现人类发展与自然和谐共生效应为目标，通过区域内资源的合理有效配置与创造，为区域发展提供一个更具竞争力的绿色平台，形成具有独特绿色竞争优势的环境友好和绿色生态型区域。区域绿色竞争力的核心是绿色，模式是包容，目标是共生。区域绿色竞争力的提升有利于区域经济的绿色转型、有利于促使人与自然和谐共生、有利于创建现代文明生态环境。

当前我国制约经济增长的因素已从人造资本转移到了自然资本，改善环境、治理污染和节约自然资源的投资和资源资本的合理利用推动经济发展，创造就业，实现消除贫困、民生改善的社会目标。因此，绿色创造了发展。从工业文明走向生态文明，有效地配置自然资本实现绿色的发展提到了议程。以科学发展为导向的发展是生态文明下的绿色发展。

2.2　生态文明建设是绿色发展的理论基础

生态文明的理论基础是自然资本论（Natural Capitalism）。在21世纪，自然资本论认为必须建立起以自然资本稀缺为出发点的新的生态文明，实现保护地球环境和改进增长质量的双赢发展。以解决2008年金融危机和气候危机而提出生态文明理论为"全球绿色新政"（Global Green New Deal）思想——提供了科学基础和理论基础。生态经济学家麦克斯–尼夫（Max–Neef）著名的经济增长的福利"门槛假说"（Threshold Hypothesis）认为，"经济增长只是在一定的范围内导致生活质量的改进，超过这个范围如果有更多的经济增长，生活质量也许开始退化"，这是生态文明概念得以建立的另外一块基石。

生态文明是用较少的自然消耗获得较大的社会福利。自然消耗用生态足迹、能源消耗、二氧化碳排放等表示，而社会福利用联合国人类发展指数（由人均收入、人均预期寿命、人均教育水平等组成）衡量。建设生态文明，应该减少生态足迹，在当前经济技术条件下，顺应自然，建立与生态系统容量相适应的绿色经济社会发展模式。

2.3 生态足迹是衡量区域绿色发展的工具

绿色发展用生态经济学中公式即EP=WB/EF=WB/EG×EG/EF进行衡量。

其中，EP（Eco Performance）表示生态文明发展绩效；

WB（Wellbeing）表示人类获得客观福利或主观福利；

EG（Economic Growth）表示由人造资本存量或GDP表现的经济增长；

EF（Ecological Footprint）表示生产和消耗这些人造资本的生态足迹。

实现生态文明的绿色发展要求资源节约型和环境友好型的生产和消费，要求在经济增长规模得到控制或人造资本存量稳定的情况下提高生活质量。

自20世纪70年代，人类每年对地球生态系统的需求已超过了其可再生能力，科学家用生态足迹对其进行描述。21世纪，生态足迹作为评价可持续发展的工具，成为解决自然资源的可持续发展问题矛盾的突破口。1988年，世界自然基金会（WWF）开始发布《地球生命力报告》，用生态足迹显示自然资源状况以及人类活动对自然界的影响；2005年香港自然基金会发布《亚太地区生态足迹报告》。全球足迹网（Global Footprint Network）的研究表明2007年人类在消耗着1.5个地球，但2012年人类正使用着1.6个地球满足每年所需的产品和服务。

根据世界自然基金会（WWF）发布的《2016年地球生命力报告》，人类活动将造成全球野生动物种群数量在1970年到2020年的50年间减少67%。意味着当前趋势下全球野生动物种群数量有可能在2020年减少到三分之二。

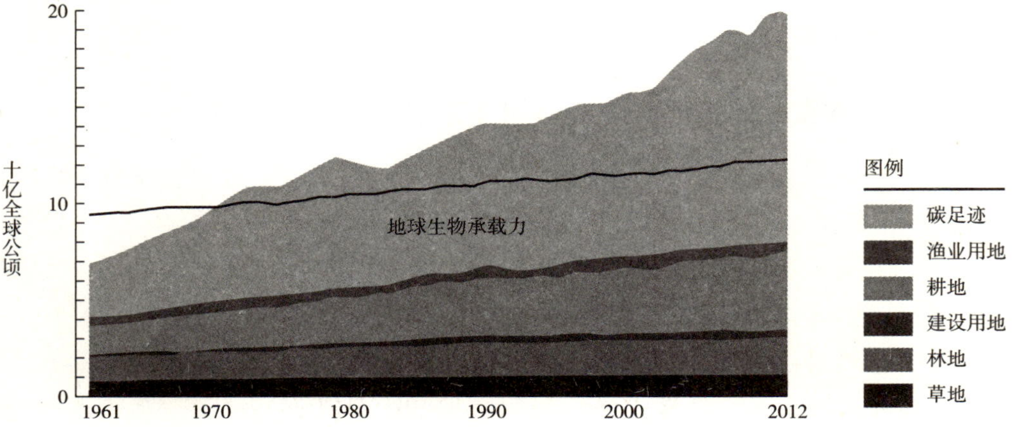

全球生态足迹变化

资料来源：《2016年地球生命力报告》。

全球生态足迹构成及地球的生物承载力：1961–2012年碳足迹是人类生态足迹的主要构成要素（占比从1961年的43%到2012年的60%）。生物承载力代表地球的资源和生态服务能力，随着农业生产力等提高，生物承载力呈小幅上行趋势。数据单位为全球公顷（gha）。

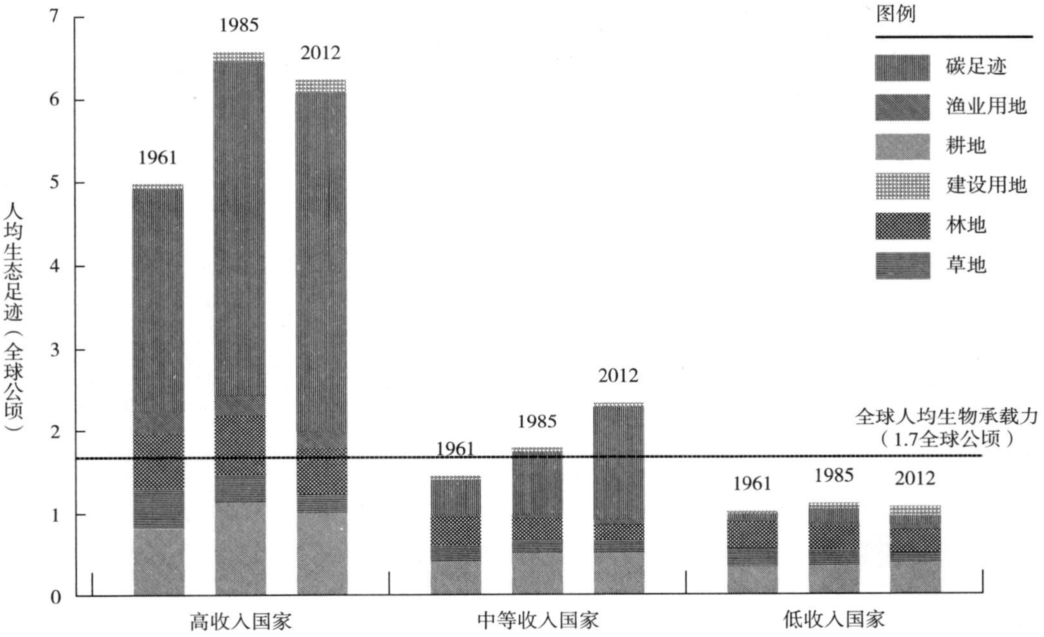

全球人均生态足迹变化

资料来源：《2016年地球生命力报告》。

2012年，人类消耗了相当于地球生物承载力1.6倍的自然资源和服务。即地球要花1.6年来再生我们在1年内需要的资源，这是不永续的。

人类活动改变了地球系统的功能方式，科学家据此建立了九个地球限度基础。分析表明，人类已打破了其中四个地球界限：气候变化、生物圈的完整性、生物地球化学循环和土地变迁。

从2008年开始，世界自然基金会（World Wide Fund for Nature or World Wildlife Fund，WWF）与中国环境与发展国际合作委员会（国合会）联合，合作引入“生态足迹”，从自然资源消耗与生物承载力之间关系的角度来研究我国经济发展所面临的资源环境问题。我国生态系统相对脆弱，高原、山地、荒漠和戈壁占据大半壁江山，生态系统生产力远低于全球平均水平。据中国科学院和世界自然基金会提供的中国生态足迹报告显示，2004年，我国进口了250万公顷的生态承载力；2008年，进口430万公顷。如今这一数据翻倍发展，说明我国的生态资源问题越来越严重。我国生态足迹总量2007年已是1961年的4倍，已突破了1个地球的均衡水平。2008年中国总生态足迹达到29亿全球公顷，居世界首位。根据《2012年地球生命力报告》，我国人均生态赤字为1.3公顷，高于全球平均水平0.9公顷，我国生态足迹高于全球人均面积。

目前，我国处于工业化、城市化的中期阶段，资源能源短缺和生态环境压力更大，现实决定了我国不能重复发达国家的高增长高资源消耗老路，需要转变经济发展方式，发展绿色经济，绿色发展是我国应对资源环境压力的迫切需要。因此，我国必须尽快采取有力措施，推进绿色转型，减少资源能源消耗，保护生态环境。

资源型区域的旅游发展必须正确处理经济社会发展与资源环境之间的关系，调整优化产业结构，加快体制机制创新，走绿色转型发展的道路，从而提升资源型区域可持续发展的能力。

3．顶层设计助推区域旅游绿色发展和竞争

3.1　全国生态功能区划与旅游生态足迹

2008年7月31日，由（原）环境保护部和中科院共同编制完成的《全国生态功能区划》发布，这是国际上首次提出的基于生态系统服务功能的生态功能区划思路和区划方法，并完成的国家尺度生态功能区划方案。2015年11月，为落实《中共中央关于全面深化改革若干重大问题的决定》《中共中央国务院关于加快推进生态文明建设的意见》，（原）环境保护部和中科院联合编写《全国生态功能区划（修编版）》。2016年9月28日，国务院印发《关于同意新增部分县（市、区、旗）纳入国家重点生态功能区的批复》（国函〔2016〕161号），将国家重点生态功能区县市区数量由原来的436个增加至676个，占国土面积的比例从41%提高到53%，进一步提高生态产品供给能力和国家生态安全保障水平，对于优化国土空间格局、坚定不移地实施主体功能区制度，对于推进生态文明制度建设具有重要意义。

根据全国生态功能区划，分为三个等级：生态功能一级区全国划分三类，为生态调节、产品提供与人居保障，共31个区；二级区在一级区基础上划分九类生态功能，即生态调节功能，含水源涵养、土壤保持、防风固沙、生物多样性保护、洪水调蓄等功能；产品提供功能，含农产品、畜产品、水产品和林产品；人居保障功能，含人口和经济密集的大都市群和重点城镇群等。全国共67个二类区。生态功能三级区在二级区基础上，按生态系统与生态功能的空间分异特征、地形差异、土地利用的组合来划分，共有216个。

全国生态功能区划以科技创新践行科学发展观，明确对保障国家生态安全有重要意义的区域，确定不同地域单元的主导生态功能，为旅游的区域开发提供了指导。生态功能区划作为科学开展生态旅游的重要手段，是指导旅游资源开发的重要依据。以生态功能区为基础，根据生态功能区的不同服务功能和产业准入标准对生态旅游进行分区，有助于推动旅游与生态保护协调、健康发展。

3.2 全国生态旅游发展规划提出区域旅游的绿色发展

2016年9月6日国家发展改革委和（原）国家旅游局联合印发《全国生态旅游发展规划（2016–2025年）》，确定了全国生态旅游发展的指导思想、基本原则、发展目标、总体布局、重点任务，提出六个方面配套体系建设任务，并就实施保障做了具体安排，是未来十年全国生态旅游发展的重要指导性文件，是全国生态旅游发展的行动纲领，是推动生态旅游持续健康发展的基础保障。

《规划》将我国生态旅游划分为8个片区，依据生态旅游资源、交通干线和节点城市，以重要生态功能区为单元，培育20个生态旅游协作区；遴选代表性生态旅游目的地，通过提升基础设施和公共服务水平，建设200个重点生态旅游目的地；按生态要素分布和旅游线路组织，形成50条跨省和省域精品生态旅游线路，适应日益兴起的自驾车和房车旅游；结合国家整体路网布局，打造25条国家生态风景道，形成点线面相结合、适应多样化需求的生态旅游发展格局。生态旅游是区域旅游绿色发展的必经之路，并推动绿色发展的作用全面发挥。

3.3 自然保护区规划60年科学性保护

2016年是中国自然保护区发展60周年，截至2016年5月，我国已建自然保护区2740个，总面积147万平方公里，约占陆地国土面积的14.83%。全国超90%的陆地自然生态系统都建有代表性自然保护区，89%的国家重点保护野生动植物种类及大多数重要自然遗迹在自然保护区内得到保护。60年来，我国自然保护区已经初步形成布局基本合理、类型比较齐全、功能相对完善的体系，为保护生物多样性、筑牢生态安全屏障、确保生态系统安全稳定和改善生态环境质量做出重要贡献。

我国目前有80%的自然保护区在发展旅游。为发展旅游，许多地方政府在自然保护区中大规模修建道路及其他旅游设施，往往会对自然保护区生态造成严重破坏。一些自然保护区通过扶持发展生态旅游等特色产业，实施生态保护补偿等，对居住在自然保护区核心区与缓冲区内的居民，要有序实施生态移民。引导居民参与保护与管理工作，妥善处理自然保护区管理与当地经济建设的关系，探索消除贫困的有效模式。60年来，我国的自然保护区体系建设在经过抢救性保护后，正向科学性保护过渡。

《“十三五”规划纲要》也明确提出“强化自然保护区建设和管理，加大典型生态系统、物种、基因和景观多样性保护力度”。为实现这一目标，要加快编制完成《全国自然保护区发展规划》，全面提高自然保护区管理系统化、精细化、信息化水平。

3.4 以国家公园为突破推进绿色发展

2013年党的十八届三中全会通过《中共中央关于全面深化改革若干重大问题的决

定》，首次提出“建立国家公园体制”。2015年1月，国家发改委等13个部委联合通过《建立国家公园体制试点方案》，明确了9个试点省。《国务院批转发展改革委关于2016年深化经济体制改革重点工作意见的通知》再次明确“抓紧推进三江源等9个国家公园体制试点”。习近平总书记强调要着力建设国家公园，保护自然生态系统的原真性和完整性，给子孙后代留下一些自然遗产。“国家公园”已日益成为我国生态文明体制改革和区域绿色发展的关键词。

国家公园是生态文明建设的重要物质基础，是生态文明制度建设的先行先试区。国家公园是以保护大范围的生态系统和生态过程的完整性、原真性为目的，给公众提供一个旅行目的地，在保护好的同时还要做为公共设施提供环境教育服务和公众的精神享受，做好自然资源可持续利用的展示和范例，功能较全面，更易于当地构建绿色发展。国家公园建设与绿色发展“贵阳共识”提出，建设国家公园应坚持保护第一原则、国家重要性原则、统一管控、分别治理的原则、开放原则等四个原则。国家公园推动绿色发展，让我们的子孙未来生活在一个绿水蓝天的环境当中。建设国家公园应加强国际合作，借鉴世界经验，共同提高国家公园建设管理水平。

3.5 全国风景名胜区事业发展“十三五”规划出炉

风景名胜区是我国自然生态和自然文化遗产保护的重要一环。国务院发布关于加快推进生态文明建设的意见后，积极贯彻落实有关要求，推进风景名胜区事业健康发展成为要务。住房和城乡建设部2016年11月公布的《全国风景名胜区事业发展“十三五”规划》，科学制定、统筹部署，给出了风景名胜区事业在这五年中的前进路线。针对风景名胜区在保护、利用和管理等方面仍然存在一些亟须解决的矛盾和问题，“十三五”期间，作为为全民服务的公益事业，风景名胜区事业紧紧围绕服务大局、补齐短板的定位和《住房城乡建设事业“十三五”规划纲要》要求，认真贯彻党中央、国务院的一系列决策部署和《风景名胜区条例》等法律法规规定，坚持“科学规划、统一管理、严格保护、永续利用”工作方针，进一步完善政策、加强管理、加大投入，推进风景名胜区事业健康持续发展，为实现全面建成小康社会的目标做出应有贡献。

总之，随着生态文明纳入“五位一体”总体布局，为今后生态文明建设和绿色发展提供了基本依据。

4. 旅游生态足迹指导旅游的区域绿色增长和竞争

随着旅游规模的不断扩大，旅游发展在为当地创造经济效益的同时，也会对环境造成负面影响。如何定量测度旅游对区域绿色发展和竞争的影响一直是旅游研究中的重点和难点。旅游生态足迹是在一定时空范围内，与旅游有关的各种资源消耗和废弃物吸收所必需的生物生产土地面积，即旅游过程中旅游者消耗的各种资源和废弃物吸收用面积表述，这种面积是全球统一的、没有区域特性的，具有直接的可比较性。旅游生态足迹用面积来对旅游的区域绿色发展进行定量测度，有助于人们对旅游的生态需求与环境影响关系的理解。因此，旅游生态足迹是评价区域旅游绿色可持续发展状态的一种指标。

旅游生态足迹自1999年引入我国以来，无论是研究还是实践应用已取得明显进展，在旅游生态足迹理论与模型的评述、不同尺度旅游地生态足迹的实证研究、单项旅游项目的生态足迹、旅游者生态足迹、旅游生态足迹应用研究和实践方面都取得很大进展。根据区域指向，旅游生态足迹的计算涉及旅游地、过境地、客源地三部分。根据测度对象和范围的不同，旅游生态足迹在旅游绿色展中的测度功能有：旅游产业生态足迹、单个行业生态足迹、旅游产品生态足迹、目的地旅游生态足迹、瞬时旅游生态足迹、旅游企业生态足迹、旅游及大众旅游生态等角度进行界定。开展各种角度、各种范围、各种尺度的生态足迹研究工作，有助于为旅游的区域绿色发展和竞争提供全方位的支持。

宏观意义上，旅游生态足迹理论为构建区域旅游业、旅游目的地可持续发展指标评价体系奠定了基础。旅游生态足迹从宏观视角对旅游活动的环境影响做出更为客观的评价。宏观的旅游生态足迹计算方法采用综合法，自上而下地根据地区性或全国性的统计资料，查取地区各消费项目的有关总量数据，再结合人口数得到人均消费量值，适合用于区域大尺度生态足迹的计算。根据旅游生态足迹，构建区域旅游可持续发展评价模型，利用旅游可持续发展度指标评判区域旅游绿色发展状态，有助于认识发展全域旅游和区域旅游的意义，明确旅游产业结构调整与优化的方向；可以对全域旅游规划区的生态状况进行宏观分析，把握整个全域旅游目的地的区域的规划目标和规划方向，以此来确定全域旅游目的地区域的环境容量；根据生态足迹的大小与旅游者行为方式、消费方式的关系，得出一定的规律性总结，为旅游对区域的生态影响提供一个时间快照，对旅游业做出更加真实、全面、正确的评价，确定合理的发展速度和发展水平，为当地政府及旅游管理部门提供科学的决策依据。旅游生态足迹将利用旅游生态足迹方法分析旅游业的可持续性，得出旅游对能源消耗、设施占地、生活消费等的影响，为旅游客源市场开发提供指导。在区域旅游消费水平相当时，可以旅游生态足迹为依据，尽量重点开发旅游生态足迹较小的旅游地，为减轻全球环境压力做出贡献。

中观上优化旅游的景观结构，实现最优的景观布局及功能分区。旅游生态足迹测算方法使旅游目的地生态安全的定量研究成为一种可能。中观的旅游生态足迹计算的成分法，以旅游者的衣食住行活动为出发点，自下而上地通过发放调查问卷、查阅统计资料等方式先获得人均的各种消费数据，适合于中小尺度生态足迹的计算。通过调研旅游区的旅游生态足迹需求用于分析生态足迹需求和生态承载力，获得生态盈余数据，评价旅游区的可持续发展状况及旅游规划的合理性；为旅游目的地经营提供参考，使旅游生态足迹成为景区开发、旅游企业生态影响、旅游产品设计、旅游线路安排、旅游客源地市场开发等旅游影响评价的重要参考指标。交通生态足迹向来是旅游生态足迹中较大的部分，客源地与旅游地之间的距离及交通方式决定了游客在过境地生态足迹的大小，进而影响旅游生态足迹。游客在目的地停留时间长短也是影响旅游生态足迹的关键因素，根据旅游交通生态足迹、客源地和旅游地之间的生态足迹差异从而确定旅游方式和旅游客源地市场开发，有助于旅游的区域绿色可持续发展和竞争。

微观上，旅游生态足迹对旅游者具有环境教育功能，对旅游目的地具有生态消耗的衡量功能、生态效益的评价功能及对旅游环境影响的测度功能，可以研究旅游对区域生态承载力变化的影响。以此为基础，引导旅游教育和促进旅游地研究旅游生态群落的营造及旅游的低碳环保措施，实现旅游生态足迹对于旅游区域绿色可持续发展的引导和支持。通过旅游生态足迹的概念，可有效对旅游者进行环境和生态教育，提高旅游者生态意识，帮助旅游者树立合理、健康的消费观念，培养文明、生态的旅游行为，达到旅游教育目的。基于生态足迹的教育功能，旅游生态足迹也可以帮助决策者更好地理解和评价其决策产生的环境影响。同时，旅游活动的类型决定了旅游地生态足迹的大小，从而可以为经济发达地区的游客设计到经济落后的生态旅游区进行如探险、徒步、野营等环境影响较小的生态旅游活动，以减少全球的生态足迹。

总之，生态文明建设与区域绿色发展是重要的顶层设计，旅游生态足迹带领社会公众强化自然体验，集结创变力量，引入绿色发展新理念，新模式，帮助走向生态文明新时代——绿色发展，知行合一。我们的美丽中国不仅要金山银山也要绿水青山，让青山绿水蓝天成为“中国梦”的生活“常景”。

我国的自贸区建设与旅游发展

（本文写作于2017年，数据截止于2016年）

1. 自贸区与旅游

自由贸易区由自由港发展而来，通常设在港口的港区或邻近港口的地区。据不完全统计，目前全球已有1200多个自由贸易区，世界上旅游服务贸易和产业发达的国家和地区，往往是自由贸易区或自由港。例如，新加坡和中国香港都是自由贸易港，美国是世界上自由贸易区最多的市场经济国家之一。其中15个发达国家设立了425个，占35.4%；67个发展中国家共设立775个，占65.6%。

自贸试验区是我国继20世纪80年代深圳特区建设、2001年加入世界贸易组织之后的第三次里程碑式的改革开放举措。因此，自贸区建设和自贸试验区运行对我国旅游业发展的影响与促进作用，可参照新加坡、美国及我国香港地区的经验，通过建设自由贸易试验区进行制度创新，将使得我国旅游服务贸易与产业获提质增效、跨越式发展的倍增机遇。

1.1 自贸区是什么

自由贸易区有两种。一种是Free Trade Zone，英文简称FTZ，指某一国或地区在己方境内划出一个特定区域，单方自主给予特殊优惠税收和监管政策。沪、津、粤、闽自由贸易试验区属于这种类型。第二种是Free Trade Area，英文简称FTA，指两个以上的国家根据WTO相关规则签署自由贸易协定所形成的区域，不仅包括货物贸易自由化，还涉及服务贸易、投资、政府采购、知识产权保护、标准化等更多领域的相互承诺，是一种国家实施多双边合作战略的手段。APEC会议上讨论的亚太自贸区就是FTA类型。目前，我国已经建设的第一类自由贸易区（FTA）主要为中国-东盟自由贸易区，正在建设的上海自由贸易区等1+3+7自由自贸区试验区属于第二类自由贸易区（FTZ）的范畴。

1.2 自贸区发展

自20世纪90年代以来，近30年来，中国的自贸区战略完成了从学习融入、首轮布局到初步收获成果三大阶段。第一个阶段始于上世纪90年代初，我国加入APEC，逐渐融入区域经济合作潮流，与东盟进行积极接触，“10+1”合作成果丰硕，“10+3”成为东亚合作“主渠道”。该阶段中国虽未与其他国家正式签订自贸协定，但通过框架式的经济合作，积累了大量经验。

第二次升级始于21世纪初，对外缔结首个自贸区并逐渐发力，完成自贸区战略首轮布局。2000年，我国领导人提出“中国-东盟自贸区”构想并迅速推动，2002年签署《中国东盟经济合作框架协议》，成为中国对外缔结的首个自贸协定。2000-2006年，中国基本完成了自贸区战略的首轮布局，当前已经生效或正在谈判的自贸协定多是在本阶段构想和设计的。

第三阶段始于2007年左右，自贸区上升为国家战略并提速开花结果。当前已生效的自贸协定，多是在2007年到2014年间完成的，期间我国还提出了“一带一路”和亚投行等新倡议。加快自贸区战略实施、更高水平的对外开放与国内产业转型升级是三位一体的。习近平总书记曾强调，要推进更高水平的对外开放，加快实施自由贸易区战略，加快构建开放型经济新体制，以对外开放的主动赢得经济发展的主动、赢得国际竞争的主动。

2. FTA自贸区与旅游

目前中国在建自贸区20个，涉及32个国家和地区。目前为止，中国已签署自贸协定14个，涉及22国家和地区。其中，已分别与澳大利亚、韩国、瑞士、冰岛、哥斯达黎加、秘鲁、新加坡、新西兰、智利、巴基斯坦和东盟（数据来源于中国自由贸易区服务网）等国签订协议的自由贸易区（FTA）12个，已签署自贸协定12个，涉及20个国家和地区，内地与香港、澳门的更紧密经贸关系安排（CEPA），以及大陆与台湾的海峡两岸经济合作框架协议（ECFA）；正在谈判的自贸协定9个，涉及23个国家，分别是中国与韩国、海湾合作委员会（GCC）、澳大利亚、斯里兰卡和挪威的自贸协定，以及中日韩自贸区、《区域全面经济合作伙伴关系》（RCEP）协定谈判和中国-东盟自贸协定（“10+1”）升级谈判、中国-巴基斯坦自贸协定第二阶段谈判。正在研究的自由贸易区协定4个。此外，中国完成了与印度的区域贸易安排（RTA）联合研究；正与哥伦比亚等开展自贸区联合可行性研究；中国还加入了《亚太贸易协定》。

中澳自贸协定为两国旅游业带来巨大发展机遇。从2016年开始，澳大利亚成为对中国开放十年多次往返旅游签证的四个国家之一。澳大利亚还向中国开放了度假工作签证，每年5000个名额，中国年轻游客可到澳大利亚边旅游边工作。这将推动中澳商务和旅游往来。

旅游合作是中国—东盟自由贸易区产业合作的重要内容和先导，是最容易起步和最具发展前景的产业之一。中国和东盟国家的旅游资源十分丰富，而且不同国家的旅游资源各具特色，中国和东盟开展旅游合作将极大地促进自贸区内各国旅游资源的开发和利用，给各国带来人流、物流、信息流以及资金流，增加各国投资的机会，带动其他产业的合作。在中国与东盟加速构建自由贸易区的背景下，中国与东盟区域国家和地区的旅游合作势头渐趋强劲。东盟国家对中国游客越来越开放，中国游客到东盟各国旅游人数更是呈爆炸式增长。目前一些具有特色的旅游产品和旅游线路已成为独具魅力的国际旅游品牌。比如：环北部湾海上国际旅游线、大湄公河次区域旅游环线以及滨海休闲度假游、世界遗产地观光游、东南半岛民族风情体验游、中越边关探秘游等。中国—东盟自由贸易区使中国与东盟国家的人民往来更加方便。

中韩自贸区的成立，将会极大地推动两国旅游的发展。山东旅游资源十分丰富，旅游产品种类繁多，会给中韩两国在旅游等各个方面的交流和发展上带来便利。作为朝阳产业的旅游行业，也会在中韩两国间迎来新的曙光。两国在旅游方面的交流与合作范围将会更广，合作项目将会更多，携车自驾游便是众多合作项目中的一项，而这将成为未来中韩两国旅游合作的新项目和重要项目。

此外，随着“一带一路”的推进，建设边境旅游服务贸易功能区，建设“一带一路”旅游活动线路上中国旅游服务贸易功能区，建设岛屿或无人岛屿上的旅游服务贸易功能区，建设海南岛旅游服务贸易功能区等等稳步推进。随着我国FTA自贸区的发展，将使得我国与越来越多的国家建立双边旅游和贸易管道，使得我国的“旅游先行”落到实处，发挥旅游在国际事务中稳定和和平作用，进一步提升我国的大国影响力。

3. FTZ自贸区试验区与我国旅游发展

3.1 我国的FTZ自贸区试验区

我国先后批准了“1+3+7”11个自贸区试验区。

首批自贸区：上海；成立时间：2013年9月29日；涵盖范围：120.72平方公里；

第二批自贸区：广东、天津、福建；成立时间：2014年12月31日；广东：116.2平方公里；天津：119.9平方公里；福建：118.04平方公里；

第三批自贸区：辽宁、浙江、河南、湖北、重庆、四川、陕西。

2016年，党中央、国务院决定，在辽宁省、浙江省、河南省、湖北省、重庆市、四川省、陕西省新设立7个自贸试验区。

2013年9月29日，上海自贸区正式挂牌成立，将上海自由贸易试验区改革开放体制、机制与政策先重点复制、推广到国家旅游发展实验区和示范区。上海自贸区建设在旅游消费、国际商务旅游和国际会展发展以及旅游企业对外开放三方面产生溢出效应，推进旅游产品、体制机制以及运营管理等方面创新，对提升我国旅游服务贸易竞争力产生积极影响。

自贸区旅游业进一步开放。福建、广东、天津等自贸区共同就如何推进制度创新、制定旅游投资负面清单等进行探讨和交流，形成可复制、可推广的经验，引领旅游产业发展。天津临近日韩，广东、福建临近东南亚，本身就具备地理优势。外资旅行社入驻自贸区，可享受自贸区的税收优惠，加上外资旅行社可以更便捷地获得出境游方面的资质，具有网络、管理、品牌、资金等方面的优势，推出的产品价格会更有优势，游客可选择的旅游线路也更多。

2016年国务院正式宣布在辽宁、浙江、河南、湖北、重庆、四川、陕西等7省市设立自由贸易试验区，并公布了详细方案。7个自贸试验区方案的工作部署中，都将旅游业作为自贸区建设的重点领域之一。从第一批到第三批，一个从沿海到中部再到西部的自贸区战略新格局形成。自此，中国基本形成以“1+3+7”自贸区为骨架、东中西协调、陆海统筹的全方位和高水平区域开放新格局，并为加快实施“一带一路”倡议提供重要支撑。

3.2 “1+3+7”自贸区试验区的旅游发展

上海自贸区承载了更多的改革空间。上海自贸区在旅游资本市场方面做出探索，积极发展旅游金融、产权交易、投资担保等；在旅游新产业新业态发展方面有所突破，积极推进邮轮与游艇、航空与露营等旅游经济发展；探索推动旅游业和其他产业的融合，将上海自贸区打造成今后我国旅游业进一步开放的政策示范区。上海自贸区总体方案，允许在试验区内注册的符合条件的中外合资旅行社，从事除台湾地区以外的出境旅游业务。[①]方案的出台，将会吸引许多中外合资旅行社入驻上海自贸区，对中国本土旅行社的发展产生重大影响。上海自由贸易试验区改革开放体制、机制与政策先复制推广到位于上海的中国邮轮旅游发展实验区。

福建自贸区与台湾深度合作；总面积118.04平方公里，包括三个园区分别位于福州、厦门和平潭综合实验区。福建自贸区推动特色医疗、娱乐演艺、职业教育、旅游装备等相关领域的开放，加快培育旅游装备制造、国际会展、医疗旅游、电子商务、教育旅游等旅游新兴业态等相关政策落地，并将着力加强自贸区旅游业开放的事中事后监管，建立社会信用管理体系，以及旅游市场的综合服务与监管体系，为自贸区旅游扩大开放提供了良好的制度保障。福建自贸区旅游推进领域为：吸引一批台资合资旅行社入驻自贸区；面向台湾招聘导游领队等旅游人才；抓紧推进相关政策全面落实，着力加强自贸区旅游业开放的事中事后监管。

中国（广东）自由贸易试验区总面积116.2平方公里，主要涵盖广州南沙新区片区、

---

① 国务院印发的《中国（上海）自由贸易试验区总体方案》中规定，允许在试验区内注册符合条件的中外合资旅行社，从事除台湾地区以外的出境旅游业务。

深圳前海蛇口片区以及珠海横琴新区片区。广东自贸区主打“港澳牌”，支持在自贸试验区内设立的港澳资旅行社（各限5家）经营内地居民出国（境）（不包括台湾地区）团队旅游业务，广州南沙、深圳前海以及珠海横琴，可以享受港澳资旅行社提供的出境游服务。“港式出境游”有着不小的吸引力，出发班次多，票价低，团费较便宜，产品更为丰富，更值得一提的是，香港团队游的领队服务很到位，讲解专业。

中国（天津）自由贸易试验区服务京津冀一体化，总面积119.9平方公里，涵盖天津港片区、天津机场片区、滨海新区中心商务片区。天津自贸区充分挖掘政策，打好了“吃住行游购娱”中的“购”这张牌，推动商旅融合发展，打造出自贸区购物游。由于进口商品因为省去中间交易环节、享受保税仓储、运输便捷等政策优惠，消费者可以在自贸区里买到比国内商场更便宜的国际大牌。天津自贸区在融资租赁方面的政策影响旅游业。通过自贸区融资租赁政策，企业可以迅速扩大规模，扩大服务范围，提高服务质量。

中国（辽宁）自由贸易试验区，实施范围119.89平方公里，涵盖三个片区：大连片区、沈阳片区、营口片区。辽宁自贸区要推进与东北亚全方位经济合作。构建连接亚欧的海陆空大通道，建设现代物流体系和国际航运中心，推动与旅游相关的邮轮、游艇等旅游运输工具出行的便利化。

中国（浙江）自由贸易试验区，实施范围119.95平方公里，由陆域和相关海洋锚地组成，以制度创新为核心，以可复制可推广为基本要求，将自贸试验区建设成为东部地区重要海上开放门户示范区、国际大宗商品贸易自由化先导区和具有国际影响力的资源配置基地。着力发展水产品贸易、海洋旅游，推动与旅游相关的邮轮、游艇等旅游运输工具出行的便利化。

中国（河南）自由贸易试验区，实施范围119.77平方公里，涵盖三个片区：郑州片区、开封片区、洛阳片区。《中国（河南）自由贸易试验区总体方案》指出，根据区域划分，郑州片区重点发展创意设计、商务会展、动漫游戏等现代服务业；开封片区重点发展医疗旅游等服务业，促进国际文化旅游融合发展；洛阳片区重点发展国际文化旅游、文化创意、文化贸易、文化展示等现代服务业。

中国（湖北）自由贸易试验区，实施范围119.96平方公里，涵盖三个片区：武汉片区、襄阳片区、宜昌片区。国务院印发的《中国（湖北）自由贸易试验区总体方案》提出，促进“旅游+”等新型服务业态发展。

中国（四川）自由贸易试验区，实施范围119.99平方公里，涵盖三个片区：成都天府新区片区、成都青白江铁路港片区、川南临港片区。《中国（四川）自由贸易试验区总体方案》提出，鼓励开展中医药国际健康旅游线路建设，扩大国际市场。

中国（重庆）自由贸易试验区，实施范围119.98平方公里，涵盖3个片区：两江片、西永片区、果园港片区。外资旅行社入驻自贸区，可享受自贸区的税收优惠。外资旅行社可以更便捷地获得出境游方面的资质，并且具有网络、管理、品牌、资金等方面的优势，推出的产品价格会更有优势，老百姓可选择的旅游线路也更多。重庆自贸区两江片区也在积极探索出境游相关优惠和便利的政策，如允许在试验区内注册的符合条件的中外合资旅行社，从事除出境旅游外的业务，符合条件的地区可按政策规定申请实施境外旅客购物离境退税政策。

《中国（陕西）自由贸易试验区总体方案》提出创新旅游合作机制，深化旅游业资源开放、信息共享、行业监管、公共服务、旅游安全、标准化服务等方面的国际合作，提升旅游服务水平，积极与“一带一路”沿线国家签订旅游合作框架协议、旅游合作备忘录等整体性协议，合作举办国际旅游展会，推动中医药健康旅游发展。

总之，随着进入大众旅游时代，复制与推广我国自由贸易试验区创新的体制、机制与政策，将上述主体功能区建设成中国现代旅游服务业综合改革示范区，或者中国旅游服务贸易特区。加快自贸区落地建设，旅游成为自贸区建设重点领域，让我国的FTA自贸区促使出境游更加快捷、成本更低，让我国的FTZ自贸区带活旅游业，出境游可以“说走就走”，满足大众旅游时代的旅游需求。

边境旅游区的国外借鉴和发展建议

（本文写作于2018年，数据截止于2018年底）

旅游业对经济的贡献是确定无疑的。伴随全球经济一体化，边境地区由传统的政治壁垒转变为跨区域合作的媒介区，边境功能由安全为主转向以经济为主的经济复合区，成为和平年代新兴经济区，边境旅游成为新兴经济区的先导产业。边境旅游起步于两国边境本地居民的自然交往，当前，旅游作为增进边境各国人民友好交流、促进民众增收的重要途径，国家在政策上支持边境特色旅游产品的研发，边境旅游迎来发展机遇。

1．概述

1.1 概念和发展

边境地区作为陆路体验异域风情的主要集散地吸引着大量的国内外游客，并逐渐发展成一种独特的区域旅游业态——边境旅游。边境旅游发展建设是一项复杂的系统工程，需要结合相邻国家与旅游相关的政策、资源、技术和人才等因素，合作领域涵盖旅游、文化、商贸、农牧等产业，还涉及能源和通信建设、环境保护、科技创新以及公共安全等方面。因此，必须最大限度地发挥政策指引作用，方能形成合力，促进沿边产业与资源的最佳配置。

我国陆地边境线长达两万多公里，与14个国家接壤。沿边9个省份与周边14个国家接壤，分布着79个口岸、14个边境开放城市、4个边境重点开发开放试验区、16个边境经济合作区。我国边境地区旅游资源独具特色，发展旅游业具有得天独厚的条件。随着“一带一路”倡议的逐步实施，中国出境旅游市场高速增长，将给我国边境旅游带来新的发展机遇与挑战。改革开放后经40年发展，边境旅游已逐步成为与出国旅游、港澳台旅游并驾齐驱的三大出入境旅游市场之一。边境旅游发展虽取得一定成效，但仍然面临一些制度性发展瓶颈。如边境旅游管理体制机制相对滞后，部分边境旅游线路老化，部分边境地区出入境不够便利等。

边境旅游试验区是国家层面确定的唯一以改革为指向的旅游业发展重点区域，旨在解决边境旅游面临的困境和问题。2018年4月，国务院同意设立内蒙古满洲里、广西防城港边境旅游试验区，这是中国首批设立的边境旅游试验区。边境旅游试验区建设是全面深化改革的重要内容。设置边境旅游试验区的目的在于通过强化政策集成和制度创新，推进沿边重点地区全域旅游发展，打造边境旅游目的地，从而对全国旅游业的改革创新发挥先行示范作用。

1.2 历史发展

我国边境旅游的发展与沿边地区的对外开放是相互交织在一起的，边境旅游的开展也是作为沿边地区对外开放的一部分而出现的，并且边境旅游的开展也经常被当作沿边地区对外开放的突破口。新中国成立后至改革开放前的一段时期，我国并不具备开展边境旅游的国内条件和国际环境。20世纪80年代中期以来，国家开始大力推进旅游事业的发展，同时，邻国边境地区相互了解、相互接触和相互合作的愿望与日俱增，民间的接触、边贸和边境旅游已有了初步的萌芽，而真正的边境旅游从90年代开始。

我国旅游学者张广瑞对边境旅游的早期发展历史曾进行过详细的梳理。1985–1990是以试探性接触为特征的探索发展阶段，1991–2005是以扩大沿边开放为特征的快速发展阶段，2006–2015是以治理整顿为特征的调整发展阶段。伴随着边境旅游异地办证试点工作的启动，一度中断的边境旅游又开始发展起来。

2015以来，边境旅游进入新时代，高铁和公路网络越来越发达，旅游信息透明化都给边境旅游的发展创造了有利条件。交通便利让游客能够更方便地到达分布在国境线上的偏远目的地，而旅游垂直类内容的丰富则让游客便利认知这些目的地。

我国边境旅游发展虽取得一定成效，但发展中仍然存在不少困难和障碍，依然面临一些制度性的发展瓶颈。如，我国边境地区的社会经济水平绝大多数还相对较低，我国边境旅游发展存在着区域竞争激烈、业态相似度高、通关功能强、目的地功能弱等诸多问题。并且边境旅游管理体制机制相对滞后，现有旅游管理制度越来越无法适应边境旅游日趋红火的趋势；边境旅游产业发育不充分，部分边境旅游线路老化，游客在边境地区停留时间短、消费少，一些边境地区至今没有摆脱“旅游通道”的尴尬局面；部分边境地区出入境不够便利，人员车辆互通水平仍然有待提高。

1.3 意义

1.3.1 区域均衡发展的需要

由于历史和自然的原因，我国的边境地区除个别地区外，长期以来交通闭塞，文化教育水平低，经济比较落后，很多地区仍然属于贫困地区。改革开放40年，东部沿海地区率先开放，率先发展。在新一轮的改革开放格局中，边境地区非常有必要实施赶超型的发展思路，从而避免在深化改革扩大开放的大趋势中可能出现的进一步被边缘化的风险。

1.3.2 全面深化改革的重要内容

边境旅游试验区是国家层面确定的唯一以改革为指向的旅游业发展重点区域。在经济新常态和开放新格局背景下，在国家层面设立边境旅游试验区，目的在于通过强化政策集成和制度创新，推进沿边重点地区全域旅游发展，打造边境旅游目的地，从而对全国旅游业的改革创新发挥先行示范作用。

1.3.3 推进“一带一路”建设的重要支撑

“一带一路”倡议为边境旅游的升级发展带来契机，而边境旅游试验区的建设可以成为“一带一路”建设的重要抓手。随着“一带一路”实施不断深入，旅游业通过游客之间的双向流动为彼此扩大消费市场，较易形成双方国家利益的最大公约数。因此，大力发展旅游业成为周边多数国家加快经济发展的重要选择，并迫切期望与我国进行更多更深层次的旅游交流与合作。我国充分发挥旅游业在沿边地区经济社会发展中的独特作用，深化“一带一路”沿线国家经贸往来，推动形成更多沿边经济合作模式。

1.3.4 实现兴边富民，沿边地区突破性发展

建设边境旅游自由贸易区可以成为扩大沿边开放、建设“一带一路”、培育内生增长动力的结合点。旅游业是兴边富民的重要途径和产业支撑，是带动沿边地区群众脱贫致富的重要手段。发展旅游业，吸引大量内陆旅游者，有利于开辟内陆与沿边更多的合作途径；跨境旅游活动还加强了沿边地区与周边国家的相互了解和联系，创造了更多经济合作机会，促进并带动沿边地区相关产业行业的发展，推动沿边地区的产业结构升级和经济社会发展。

1.3.5 促进沿边地区由旅游通道向目的地转变

沿边地区旅游资源丰富，但经济社会发展长期处于欠发达水平，加上交通不便利、市场发育程度不高，边境旅游还处于小、散、弱状态，沿边地区更多地承担出境旅游通道功能，旅游消费难于留在当地，旅游业对经济拉动作用尚有较大空间。边境旅游试验区建立有利于实现沿边地区由出境旅游通道向旅游目的地的转变。

1.3.6 发展服务贸易的需要

我国已经建设的系列海关特殊监管区，在货物贸易便利化方面已经取得较大成绩，货物贸易的通关便利化程度比人员或游客通关的便利化程度要高很多。随着服务贸易在自由贸易区中所占的比重呈不断上升的趋势，发展边境旅游对缓解服务贸易的不平衡有着重要的意义。

2. 国外边境旅游相关经验借鉴

2.1 美国的正反案例

特朗普在2016年竞选美国总统时就主张沿美墨边界修隔离墙，所列总费用为230亿

美元。但美国2018年财年的开支法案中给边境墙提供的预算极其可怜。美国总统唐纳德·特朗普及其所属共和党（2018年）12月27日坚持要求拨款50亿美元，用于修建美国与墨西哥边界隔离墙，民主党无法接受。美国两党围绕总统特朗普50亿美元的边境墙预算案谈判依旧毫无进展的迹象，美国政府部门在22日面临停摆危机。共和党与民主党“扯皮”，造成政府出现停摆，美国许多机构都将受到影响。政府停摆关门将导致美国全国210万公务员中，将有约80万人会受影响，其中40%的人达到35万人将被迫无薪休假，其余60%的人约40万联邦雇员由于属必要岗位，仍须在无薪下继续工作。政府关门对经济带来滞后的影响。在2013年10月美国政府停摆后，评级机构标准普尔公司曾发布研究报告指出，美国政府“关门”至少造成美国经济损失240亿美元。

但是截然不同的是美加边界。2018年1月22日，长达8891公里长的美国、加拿大边境线上，只有1名边防人员值班！而美墨边界的美国边界巡卫队人员平常就达1.1万人之多。

世界旅游及旅行理事会（WTTC）总裁兼首席执行官大卫·斯克斯尔（David Scowsill）说：“关闭边境和限制我们的旅行自由并非应对当前安全问题的办法。现在，世界各国领导人需要在旅游业部门的支持下共同采取行动。”他提醒与会者注意美国在2001年9月11日遭受恐怖袭击后采取的边境收紧政策带来的影响，这项政策导致旅游收入出现“失去的十年”，使美国损失了约6000亿美元。

加拿大温哥华市区距离美加边境——和平公园只有一个多小时的车程。美国的物价便宜又稳定，去美国购物成了加拿大人的习惯。美加边界的千岛湖景区南岸隶属于美国纽约州、北岸则属于加拿大的安大略省，是美国和加拿大著名的旅游景点，有大小岛屿1793个，2／3在加拿大境内。千岛湖景观独特、风景秀丽，从春季到秋季一直都是旅游旺季，每日大量游客前来观光游览，在夏季更是富豪们的避暑胜地。美加边境自驾游行程涉及美加两国四省州——安大略省、魁北克省、佛蒙特州、纽约州，特色景点包括美加边境圣劳伦斯河的Long Sault Parkway、失落的村庄、北纬45度加拿大版的巨石阵、魁北克省斯坦斯特德小镇的跨境图书馆、美加边境共享路面的一条公路、《音乐之声》原型特拉普上校在美的山庄、两届冬奥会举办地普莱西德湖……

尼亚加拉瀑布是加拿大和美国交界跨国瀑布，位于加拿大安大略省和美国纽约州的交界处，世界第一大跨国瀑布，是国与国之间和平开发自然资源的典范。大瀑布两岸的城市都称尼亚加拉市，分属美国和加拿大。法国拿破仑的兄弟吉罗姆·波拿巴带新娘来此度蜜月让尼亚加拉瀑布声名鹊起，时至今日，到那里度蜜月仍是一种时尚。美、加两国曾为大瀑布进行过战争，战后，两国签订根特协定。和平的环境使尼亚加拉瀑布丰富的旅游资源为两国带来丰厚的回报。除发达的旅游业及随后兴起的赌博业外，食品加工、化学制品、汽车零件、金属、纸张、酿酒等行业也发展起来。美加两国一直很重视尼亚加拉瀑布的旅游开发。到19世纪20年代，尼亚加拉瀑布城就已成为旅游胜地。为了让游客更好地观看尼亚加拉瀑布的全景，尼亚加拉瀑布周围建设了一系列游乐设施，为使旅游开发和水力发电更好地协调，1950年加拿大和美国签订了协议，保证瀑布在旅游旺季有足够的水量。加拿大一侧为维多利亚女王公园，美国为尼亚加拉公园，美、加两国的境内建立4座高塔可让游客瞭望全景，游客也可乘电梯深入地下隧道，大瀑布区还开设了直升机和热气球的游览项目，也有比较经济实惠的西班牙式高空缆车。美、加两岸建造码头，配备4艘游船，引领游客与瀑布亲密接触，每年前来那里观光的游客高达1400万。

2.2 欧洲的案例

1985年6月，德国法国等五国在卢森堡边境小镇申根签署了《关于逐步取消共同边界检查》协定，又称《申根协定》（Schengen Agreement）。主要内容：①在协定签字国之间不再对公民进行边境检查；②外国人一旦获准进入“申根领土”内，即可在协定签字国领土上自由通行；③设立警察合作与司法互助的制度，建立申根电脑系统，建立有关各类非法活动分子情况的共用档案库。根据《申根协议》，欧洲的26个申根国家，只要任何一个申根成员国签发了签证，在所有其他成员国也被视作有效，而无需另外申请签证。

欧洲各国间旅游便利、政策友好。划分斯洛伐克、奥地利和匈牙利三国国境线的是一张三角座；挪威和瑞士的国境线是悠长的山路；荷兰和比利时的国境线是一排地板砖；瑞典和挪威就是一条白色油漆线；德国、荷兰和比利时三国在亚琛的交汇点是一个转一圈逛三国的地方；白俄罗斯和立陶宛边境，立陶宛妇女隔着栅栏和白俄罗斯亲戚聊天；西班牙和葡萄牙的国境线是同一条马路，两块不同颜色的指路牌标识出两个国家；奥地利和斯洛文尼亚分立阿尔卑斯山两边；法国与德国，只有从不同的限速标志才能看出来这是一条国境线；隔江相望的波兰和捷克，一样葱葱茏茏；爱沙尼亚和俄罗斯边境上的赫尔曼城堡和伊万哥罗德城堡，中间是纳尔瓦河。欧洲在保证边境稳定和安全的前提下，申根制度基本上保证了各国边境旅游的无障碍化。

2.3 世界其他国家的边境旅游案例

伊瓜苏瀑布分布于峡谷两边，阿根廷与巴西就以此峡谷为界。巴西和阿根廷两国在瀑布的南北两侧分别建了国家公园，大瀑布所在的国家公园内拥有种类繁多的动植物资源，成为游客们乐此不疲的观赏项目。阿根廷这边分上下两条游览路线，巴西那边能够欣赏到阿根廷这边主要瀑布的全景。伊瓜苏瀑布的日均游客人数超过1.5万人。巴西境内，瀑布所在地福斯杜伊瓜苏市虽然只有25万人口，却是巴西的第二大旅游中心，年接待游客700多万人次，其中绝大部分是外国游客。在阿根廷境内，伊瓜苏瀑布也为所属的米西奥内斯省带来了巨额的旅游收入。

维多利亚瀑布位于非洲赞比西河中游，赞比亚与津巴布韦接壤处，是世界著名的瀑布奇观之一，1989年被列入《世界遗产名录》。维多利亚瀑布国家公园与李文斯顿狩猎公园形成瀑布地区。瀑布地区已成为非洲著名旅游胜地。维多利亚瀑布大部分在赞比亚，有一部分在津巴布韦。游客们可以在赞比亚看野生动物园，赞比亚计划为游客提供统一签证的便利。

国家之间的和平友好是边境旅游发展的重要保证，西方发达国家普遍实行便捷化的旅游签证政策。这是值得我们边境旅游区发展借鉴的经验。

3．国内边境旅游的探索和发展

3.1　政策

1992年4月8日，内蒙古自治区外事办公室、旅游局、公安厅联合发布了《中蒙多日游暂行管理办法》和《中俄边境旅游暂行管理办法》；同年9月，吉林省旅游局发布《吉林省边境旅游暂行管理办法》，广西壮族自治区旅游局、公安厅发布《关于开展中越边境旅游业务的暂行管理办法》。

1993年2月，云南省旅游局、公安厅发布《关于云南省中越、中老、中缅边境旅游管理有关问题的通知》。

1996年3月，（原）国家旅游局、外交部、公安部、海关总署共同制定了《边境旅游暂行管理办法》。

1997年国家实施了《边境旅游暂行管理办法》后，“十一五”“十二五”，《兴边富民行动规划》都提到发展边境旅游业。“一带一路”倡议提出发展边境贸易与边境旅游合作。

2013年7月，公安部、（原）国家旅游局等14个部门联合印发《关于规范边境旅游异地办证工作的意见》。11月，十八届三中全会通过《中共中央关于全面深化改革若干重大问题的决定》，提出要“加快沿边开放步伐，允许沿边重点口岸、边境城市、经济合作区在人员往来、加工物流、旅游等方面实行特殊方式和政策”。

2015年，《国务院关于支持沿边重点地区开发开放若干政策措施的意见》（国发〔2015〕72号）明确提出要根据十八届三中全会的有关精神，强化政策集成和制度创新，研究设立边境旅游试验区，并明确由国家旅游主管部门牵头，会同发展改革委等部门负责开展此项工作。此外，在《中华人民共和国国民经济和社会发展第十三个五年规划纲要》《兴边富民行动“十三五”规划》等中央文件中，也都提出要建设一批边境旅游试验区。

2018年，文化和旅游部、外交部、发展改革委、国家民委、公安部、财政部、自然资源部、交通运输部、海关总署、体育总局等10部门联合印发了《文化和旅游部等10部门关于印发内蒙古满洲里、广西防城港边境旅游试验区建设实施方案的通知》(文旅旅发〔2018〕1号)。设立边境旅游试验区是党中央、国务院从经济社会发展全局做出的重大决策，是大力发展边境旅游业的重要举措。

3.2 我国现有试验区介绍

内蒙古满洲里和广西防城港因较好的基础条件，即区位优势突出、旅游资源富集和旅游交通便捷，成为第一批边境旅游实验区。

内蒙古满洲里边境旅游试验区由国务院于2018年4月同意设立。满洲里试验区位于内蒙古呼伦贝尔大草原的西北部，北接俄罗斯，西邻蒙古国，是欧亚大陆桥重要战略节点，试验区具有融草原文明、红色传统、异域风情为一体的口岸文化，口岸年出入境人数居中俄沿边口岸之首，试验区航空、铁路、公路立体旅游交通格局已经形成。旅游试验区布局三个功能区：中俄异域风情旅游区、口岸历史文化旅游区、草原生态旅游区。试验区的目标是由旅游通道向旅游目的地转变，基本建成中俄蒙文旅交融合作的窗口、国际化的旅游城市、边疆民族地区和谐进步的示范区。

满洲里试验区的主要任务有探索旅游扩大开放政策、构建产业发展政策体系、探索旅游产业促进新模式、探索完善旅游服务管理体系等四个方面，包括优化出入境管理制度、促进自驾车旅游往来便利化、推动团体旅游便利化、提高旅游投资便利化水平、探索实施旅游发展用地政策、创新旅游人才培养引进机制、构建产业融合发展格局、建立跨境旅游合作机制等13项具体任务。

防城港试验区位于北部湾畔，是我国西部第一大港，是中国与东盟海、陆、河相连的门户，内有十万大山、北仑河口、江山半岛、京岛等旅游资源，口岸年出入境人数居中越沿边口岸之首，试验区高速公路、高速铁路已与全国路网联接，与南宁吴圩国际机场形成1小时经济圈，与越南开通了“海上胡志明小道”高速客轮旅游航线。广西防城港边境旅游试验区布局三个功能区：中越边关风情旅游区、北部湾滨海休闲度假旅游区、十万大山森林生态旅游区。旅游试验区的目标是打造成为中越跨境旅游目的地、中越旅游产业融合发展实践区和中国—东盟旅游合作先行区。

防城港试验区的主要任务有探索旅游便利通关新举措、探索全域旅游发展新路径、探索产业发展引导新机制、探索边境旅游转型升级新动能、探索扩大边境旅游合作新模式等五方面，包括促进人员通关便利化、促进自驾车旅游往来便利化、完善边境旅游综合服务设施、构建旅游共建共享模式、创新旅游投融资模式、推动完善土地支持政策、开拓海上跨境旅游新市场、打造边境新型旅游产品、建立跨境旅游常态化联合执法机制、推动跨境旅游联合营销机制等15项具体任务。

两个试验区的试点试验时间为3年，即到2020年底，确立试验区在旅游体制机制、旅游产业发展、旅游目的地影响力等方面应达到的目标水平。

3.3 未来发展重点

我国设立边境旅游试验区坚持“分批实施，成熟一个推出一个”的原则，将在内蒙古满洲里、广西防城港开展试点试验的基础上，根据改革举措落实情况和试验任务需要，适时选择不同类型、具有代表性的边境地区开展试验，对试点效果好、风险可控且可复制可推广的成果，及时复制推广，推动建设一批边境旅游目的地。全国边境目的地热度排名前十的分别为长白山、西双版纳、丹东、腾冲、满洲里、漠河、延吉、伊犁、林芝、伊春。其中，长白山、西双版纳等已经是传统旅游行业的著名目的地，腾冲、林芝等一批新兴的边境目的地也在被中国游客挖掘，旅游热度增长迅速。边境旅游试验区下一步将有可能在以下区域产生。

（1）图们江旅游区。地方自然保护区，湖泊、沼泽、鸟类、古战场、海关资源富集，邻接俄、韩巨大的市场，具备开拓日本、东南亚地区市场的较大潜力。在联合国计划开发署直接参与和支持下，图们江经济开发区工程已在积极筹划之中，并请国际旅游咨询机构制定该地区涉及中、俄、韩、朝等国家的大旅游发展规划。

（2）湄公河旅游区。湄公河是东南亚最长的河流。发源于我国青海，流经云南，过缅—老、老—泰边境，流过老挝、柬埔寨、越南，注入南海，风景独特，多民族聚集，成为世界旅游者关注的地方。对相邻国旅游者具有巨大吸引力，而且对欧美市场来说魅力无穷，合作前景看好。

（3）黑龙江界河旅游区。黑龙江是世界上最长的一条界河，污染较小，两岸风光奇特，两岸民俗风情各异，留存大量的古代和现代战争废墟。大河既可航行，又可开展探险漂流活动，中俄联合开发将会取得一定的成效。

（4）港澳旅游区。港澳地区是祖国大陆的两大边境口岸，在东南亚地区乃至世界都有一定的吸引力。制定更加有利于国际旅游和边境旅游发展的政策，进一步加强内地与香港和澳门特别行政区的合作。

4．发展建议

实施签证便利化政策，助推游客在边境旅游区双向流动

积极推动与东盟成员国、APEC成员国或者上海合作组织成员国签订类似申根签证的协议，实行跨国旅游免签政策或是签证便利化政策。

加强与相邻国家区域合作，提升边境旅游一体化水平

加强与周边国家在公共服务领域的合作，形成边境旅游一体化的格局，包括旅游营销跨国合作、自驾车营地跨国合作、交通道路标识系统跨国合作、网络导航系统的跨国合作、移动通信系统的跨国合作及应急救援系统的跨国合作等。

放宽自驾车限制，实现自驾车游客便捷通行

随着“一带一路”开放战略的实施，不断建设与周边国家互联互通的高速公路、高铁网络，为自驾车游客在边境地区出行创造便利条件。

推动跨境旅游服务贸易人民币结算试点

加强边贸互市点的建设，增加销售商品的种类以及提升限购金额，为边境购物旅游提供便利条件。

试行旅游购物退（免）税政策，提高边境旅游购物消费水平

边境旅游试验区发展过程中，设立免税店和实施购物离境退税，提高边境旅游试验区的购物消费水平和消费额度。

完善旅游基础设施

加强道路等基础设施建设，实现“最后一公里”突破；完善边境地区的旅游基础设施，特别是餐饮、住宿、厕所等边境旅游公共服务设施的配套。除一般性边境观光外，提高休闲度假类边境旅游优质产品的供给。

第六篇

遗产、文物与旅游

建设旅游大国的遗产保护和遗产大国的旅游之路

（本文写作于2017年，数据截止于2016年）

第41届联合国教科文组织世界遗产委员会会议（世界遗产大会）2017年7月12日在波兰历史名城克拉科夫闭幕。本届大会共审议通过了21处新的世界遗产地，其中包括中国青海省可可西里和福建省鼓浪屿。由于被列入《世界遗产名录》的地方能够得到世界的关注与保护，提高知名度，将成为世界级的名胜，吸引更多游客，并可接受“世界遗产基金”提供的援助，并能产生可观的经济效益和社会效益，各国都积极申报“世界遗产”。世界遗产对旅游业产生的经济效益可观。目前，在数量上，我国已进入“遗产大国”行列，但质量上，我国还远远没有成为“遗产强国”。处理好遗产保护与利用的矛盾，对我国这样一个遗产大国要建设成为遗产强国提出了很多挑战。其中，旅游是最为突出的问题。

1．世界遗产和旅游

1.1 世界遗产

世界遗产是指被联合国教科文组织（UNESCO）世界遗产委员会确认的人类罕见的、目前无法替代的财富，是全人类公认的具有突出意义和普遍价值的文物古迹及自然景观。狭义的世界遗产包括“世界文化遗产”“世界自然遗产”“世界文化与自然遗产”和“文化景观”四类。广义概念的世界遗产，根据形态和性质，分为文化遗产、自然遗产、文化和自然双遗产、记忆遗产、人类口述和非物质遗产（简称非物质文化遗产）、文化景观遗产。遗产的概念已经在国际间广为传播和接受，其内涵也在不断扩大。

截至目前，UNESCO《世界遗产名录》上共收录的世界遗产地总数达1073处，包括814处文化遗产、224处自然遗产以及35处自然与文化双遗产，遍布世界167个国家。中国拥有世界遗产地52处。其中文化遗产36项，自然遗产12项，自然与文化双遗产4项。中国的世界遗产总数仅次于意大利（53处），居世界第二。目前，我国已经成为了世界公认的遗产大国，世界遗产集中展示了科学、美丽、文明的中国形象，成就辉煌，影响巨大。

1.2　世界遗产的旅游

联合国教科文组织评选世界文化遗产的目的，既是要保护各国优秀文化遗产的安全，又希望各国人民有效展示、利用自己的文化遗产。针对世界文化遗产，世界遗产委员会强调对文物本体原真性的保护、管理，以及合理的利用、展示。旅游让人们结识世界遗产，世界遗产让旅游增添趣味。“世界遗产旅游”作为一种旅游类型，从一开始就具有了超出其他旅游产品的魅力。世界遗产是旅游业发展的旅游资源，对于旅游业的意义重大。世界遗产地也正以其独特的魅力成为重要的旅游目的地，旅游为人们认识遗产价值提供了最直接、最有效的途径。同时要解决世界文化遗产地的保护和开发过程中的资金问题，遗产地的旅游应运而生。

旅游不只是简单的经济行为，而是融入文化、教育、休闲、历史。旅游观光只是其中一方面，还可以拍电影、拍电视、发行图书、做文创，建设反映城市文化内涵的博物馆等。旅游业把世界遗产推广到全世界，并且在旅游业这一经济杠杆的推动下，大量资金随即而来，这对世界文化遗产的开发和保护有着积极的作用。

旅游对遗产地也会有负面影响。旅游会带来土壤的侵蚀，会带来水质和大气质量的下降，带来通货膨胀和治安压力等。但同时旅游又可以（或者说可能）为遗产地带来好处，门票、特许经营费和捐款“可能”为资源的恢复和保护提供资金。旅游和遗产保护在两者之间寻求平衡，不致使遗产遭到破坏。保护好遗产需要经费支持，旅游的适度收入可以为遗产管理提供经济保障。但不是所有的世界遗产地都可以开展旅游，有些遗产特别脆弱，不应该对游客开放，只有出于研究和教育需要才能进入。

2．国外遗产大国的旅游和旅游大国的遗产保护

很多遗产大国往往也是旅游大国，比如美国、意大利、法国、西班牙、德国、英国等。其世界遗产旅游往往也是旅游的重要部分，不仅带来了丰厚的旅游经济收入，也为世界遗产的保护起到了积极的作用。

在很多发达国家，遗产地是旅游业的重要组成部分，如英国，遗产业被称为“英国吸引海外游客的主要力量”，每年约28%的旅游收入来自遗产旅游业，遗产业也因此自称是英国旅游业中的主要潜在增长区。在美国，近400个国家遗产地的年接待游客人数都在亿人次以上。俄罗斯地理学会表示该学会通过普及丰富的历史、文化和自然遗产知识、独具特色的景点项目并把它们列入联合国教科文组织世界遗产目录中，发展俄罗斯国内旅游。

法国1975年6月27日加入《保护世界文化与自然遗产公约》的缔约国，截至2016年，法国世界遗产共有43项，包括自然遗产3项、文化遗产39项、文化和自然双遗产1项，在数量上居世界第4位。法国3次担任世界遗产委员会成员。巴黎承担过9次世界遗产大会，是举办次数最多的国家。法国旅游业共有200多万个就业岗位，产值占国内生产总值的7%，在国家经济中占据十分重要的位置，是世界第一旅游大国，世界遗产第四大国。在发展旅游中，传统的“遗产日”的概念将进一步扩大，涵盖非物质遗产内容，特别是法国的美食。法国通过现代科技让游客360度角观看列为世界遗产的16世纪城堡的八个展室，借助技术让游客放大观看画作和艺术品并获取相关信息。

西班牙自1982年5月4日加入《保护世界文化与自然遗产公约》的缔约国，截至2017年，西班牙世界遗产共有46项，包括自然遗产4项、文化遗产40项、文化和自然双遗产2项，在数量上居世界第3位，次于意大利和中国。西班牙2次担任世界遗产委员会成员，主办过第33届世界遗产大会。在世界各国中，西班牙无疑是发展旅游业成功的范例。从入境游和出境游人数来看，西班牙都是世界第二大旅游国。西班牙是拥有世界遗产数量最多的国家之一，也是旅游业最发达的国家之一。它在遗产保护领域方面的工作开展得早，受政治、经济因素的干扰较小，因此一直处于稳定发展的过程。正是对遗产保护的重视，西班牙处理旅游与遗产保护的关系游刃有余。文化遗产的保护工作在西班牙中央政府和地方政府中得到了高度重视，政府还将文化遗产的保护作为国家文化政策的主要目标。西班牙自1985年出台了《历史文化遗产法》后，西班牙政府通过设立专门的组织机构、颁布具体的法律条文、推出各种操作性强的措施和计划等方式，开发管理和保护本国珍贵的文化遗产。

意大利1978年6月23日加入《保护世界文化与自然遗产公约》，截至2017年7月，意大利世界遗产共有53项（包括自然遗产5项，文化遗产48项），在数量上列居世界第一。意大利是世界上最早开展文物和文化遗产保护的国家之一，也是拥有世界遗产最多的国家。意大利的世界遗产数量是与其悠久的历史和灿烂的文化相匹配的。意大利是世界很多人心目中的首要度假目的地，高质量的生活、优美的景色、伟大文化遗产及美食等元素使意大利极受游客喜爱。大量的自然、文化遗产成为了意大利极具潜力的财富。

意大利世界遗产保护十分完好，罗马是世界上最大的“露天博物馆”，许多文物古迹既没有圈起来收门票，也没围起收照相费。很多历史文化遗产城市包括著名的罗马古城、佛罗伦萨古城、朱丽叶的故乡维罗纳古城等，都没有门票。少数收费的世界遗产，如斗兽场帕拉蒂诺山古罗马广场、比萨斜塔等，也收费低廉。同时意大利政府也考虑到一部分低收入群体，实行打折，甚至免票等优惠。在文化周期间，主要的博物馆、文化遗产、景点都免费开放。此外，意大利的主要城市也会推出自己的博物馆和景点免费活动。意大利人对世界遗产的保护原则是“最好的维护就是使用”。

意大利保护文化遗产的资金有三个来源：财政拨款，个人、企业和非政府组织赞助，商业活动筹款。意大利的财政预算中，有一项是文化遗产保护；在储备和专项基金中，有专门的文物修复基金。意大利的文物古迹一直由国家负责保护和管理，政府每年都要拨出20亿欧元左右用于文物保护。此外，1996年始，意大利法律规定，彩票收入的8‰作为文物保护资金；政府还鼓励个人或是企业参与文物保护，比如在税收政策上对投资修复文物的企业或个人给予适当优惠。

意大利的政策达到了双赢。首先，让所有国民都有机会参观文化遗产，感受在文物保护上的重大责任。其次，意大利的这些得到良好保护的世界遗产，不仅每年可以吸引世界各地近4000万游客，直接创汇约300亿欧元，而且带动了交通、建筑、餐饮、古物修复、音像、出版等各个行业的发展。

从国外经验来看，政府重视、资金投入、立法保护、非政府组织参与、全民参与、素质教育等直接影响到世界遗产的旅游。遗产管理直接影响到遗产旅游和保护的最终效果。如美国国家公园的管理者将自己定位于管家或服务员，而不是业主，对遗产只有照看和维护的义务，而没有随意支配的权利。法律保护，例如美国法律严格禁止在所有国家公园和历史文化遗产地修建索道，除几条个别公路外严格限制其他机动交通。

3. 作为遗产大国建设旅游强国与遗产旅游发展的思考

3.1　我国的世界遗产现状和问题

我国是悠久历史的文明古国，同时，有着各类山川地貌，因而，无论是文化遗产还是自然遗产，理所应当排名靠前。目前我国的世界遗产工作还在继续有序推进，在国家文物局的“宝库”里，还有40多个项目仍在“排队”。如提交申遗文本的中国明清城墙联合申遗项目，万里茶道国内段沿线8省区联合申遗、赤峰市红山文化遗址（红山后遗址、魏家窝铺遗址）、辽上京遗址、辽祖陵遗址和巴彦淖尔市阴山岩画已列入《中国世界文化遗产预备名单》，居延大遗址已正式启动申遗之旅。入选《世界遗产名录》，肯定会激发国人的民族自豪感。但有些文化遗产在申遗的过程中得到了关注与保护，在申遗成功后，却没有延续之前的保护措施，遗产的完整性被破坏，甚至于为了发展旅游而被改变。

世界遗产受到的威胁因素是多样的，除了自身的老化，还要面对自然灾害、环境污染、城市化与旅游业快速发展等带来的挑战。随着我国城市化进程加快，旅游业高速发展，极大地威胁着世界遗产的真实性和完整性。中国的世界遗产面临最主要问题是旅游业过度、无序的开发，以至于危及遗产本身。片面地把世界遗产当成旅游资源和“摇钱树”，大肆地进行商业性、破坏性开发而导致问题出现。我国目前的问题是历史遗产保护和游客量大之间的矛盾。

我国的很多世界遗产已经遭到严重的毁坏：1998年9月，湖南张家界武陵源风景区的过度建设；2003年1月，湖北武当山古建筑群发生大火；2003年8月四川都江堰杨柳湖电站建设；2004年2月，大足石刻石门山一尊石刻和一尊泥塑头像被砍掉盗走；2005年10月，山西平遥古城南城门城墙坍塌；山东泰山过度开发；北京故宫、天坛、颐和园、丽江古城以及布达拉宫等享誉中外的世界遗产，均曾因各种问题被要求整改。

门票收入无法填补遗产申报与保护管理工作所需资金缺口，一些遗产地试图通过不断提高门票价格来增加遗产地的收入。万里长城是个巨大的遗产，超过2万公里，由于自然侵蚀和人为破坏，已经消失了30%，约2000公里。同时，由于针对残存部分的保护措施未能到位，可能会进一步恶化。根据中国长城学会2014年所做的一份调查，只有约8.2%的万里长城状况良好，74.1%的长城则保护不善。仅依赖于地方文物部门的少量人力是不足以守护这座遗产的。近年来，游客对参观未开发的、被称为“野长城”的部分长城兴趣激增，这加速了长城状况的恶化。涂鸦和盗窃也对长城造成了损害。长城沿线一些地区的当地居民售卖刻有历史雕刻的砖块。如何处理好遗产保护和经济发展之间的矛盾，仍然是亟待研究解决的问题。

3.2 遗产大国建设旅游强国的措施

3.2.1 遗产旅游发展潜力巨大，发展就应做好保护

从保护角度对遗产区、缓冲区和可能影响区内的建设活动提出管理控制要求。自然文化遗产要分区对待：保护区内是以精神文化和科教功能为主，区外是旅游服务基地，以经济开发功能为主。不同类型的遗产都有相应的保护利用分区，文化遗产亦要因类分区保护利用，这样才能处理好保护与利用的关系，使两者相辅相成，否则两败俱伤。要加快对遗产地进行抢救性整治，根据分区保护利用原则，拆迁错位、超载的非遗产建筑物与构筑物，尽可能修复遗产的真实性和完整性。

3.2.2 严格控制旅游容量

基于遗产保护的要求，旅游功能的发展应进行游客量容量测算与调控，并制定游客量容量调控体系及应对策略。通过启用世界遗产监测管理中心建设的监测预警系统对游客数量进行科学管理，防止遗产被损坏，游客达到一定指标会提出预警。保护与发展互利、管理与服务共进、政府与民众双赢。

3.2.3 打造先进科技的智慧遗产旅游

将世界物质遗产保护与绿色生态、组织解说系统、构建交通系统以及创意重要节点有机地结合起来，搭建“多位一体”的旅游线路，打通遗产展示系统，结合现有遗产点以及潜在的资源打造展示系统，实现世界遗产的科学、全面、整体的保护和利用，从而带动世界遗产主题旅游发展，不断引导遗产展示智慧化发展。

3.2.4 文化挖掘实现最有效的适度开发利用方式

基于遗产保护的要求，针对旅游与展示压力，制定旅游策略，挖掘文化资源。整合

政府和民间的力量，进行适度开发和经营，在向公众充分展示世界遗产自然魅力和文化内涵、发挥现实功用的基础上，获取适度的利润回报。利润的一部分又可以反哺世界遗产的保护，并使这种保护更具积极、能动的意义。

3.2.5 世界遗产保护和旅游的全球视角

与世界自然保护联盟、联合国世界遗产中心在世界遗产地申报、保护管理等方面开展广泛的合作与交流，对我国的世界遗产旅游将起到积极作用。同时，由主管部门保护向全民全社会参与保护转变、由注重遗产资源本体保护向遗产环境整体保护转变、由国内保护向国际合作共同保护转变，实现世界遗产的严格保护和永续利用。

总之，遗产大国不是终极目的，保护与传承好才是努力的方向，“遗产强国”“旅游强国”才是我们的目标。烙上世界遗产的印记，意味着我国的国家文化有了新的地理坐标。新的起点上，应继续坚守初心，以国际的视野和博大胸怀，博采世界先进理念与做法，推动中华优秀文化与世界多元文化的融合发展，为缔造人类命运共同体做出新贡献。

借鉴国外经验发展我国的工业遗产旅游

（本文写作于2016年，数据截止于2015年）

改革开放四十年，中国最大的成就之一是实现了工业化，比起城镇化所取得的成就，工业化开始得更早，也比城镇化要成功。中国是工业大国，工业旅游资源类型全、覆盖面广。工业遗产作为工业文明的遗存和特殊的文化资源，在城市化浪潮与旧城更新中一直未被足够重视。据统计，全国有262个资源型城市，都保留了一定量的工业遗产，工业遗产作为文化遗产的重要组成部分，不仅是所在城市地区发展的宝贵资产，也对盘活城市存量土地、提升居民生活质量起着关键作用。因此工业遗产旅游应该成为旅游一个重要的部分。工业旅游资源大约有两个来源：一是在工业化过程中，有些产业衰败或资源枯竭，形成了很多工业遗产，旅游业可以借用；二是工业发展创造了很多新兴成果，如新的流水线和产品也可借用。

1. 工业遗产旅游的兴起

工业遗产旅游是一种从工业考古、工业遗产保护而发展起来的新的旅游形式。其特点为在废弃的工业旧址上，通过保护性再利用原有的工业机器、生产设备、厂房建筑等，形成能够吸引现代人们了解工业文明，同时具有独特的观光、休闲功能的新的文化旅游方式。

2002年，（原）国家旅游局发布实施《全国农业旅游示范点、工业旅游示范点检查标准（试行）》，其中工业旅游点是指以工业生产过程、工厂风貌、工人工作生活场景为主要旅游吸引物的旅游点。工业遗产旅游作为一种旅游产品进入大众视线，首要目标是在展示与工业遗产资源相关的服务项目过程中，为参观者提供高质量的旅游产品，营造一个开放、富有创意和活力的旅游氛围。2006年国家文物局“中国工业遗产保护论坛”及其《无锡建议》把工业文化遗存定义为：包括工厂车间、磨坊、仓库、店铺等工业建筑物，矿山、相关加工冶炼场地、能源生产和传输及使用场所，交通设施，以及工艺流程、数据记录、企业档案等物质和非物质文化遗产。

工业遗产资源主要包括老工业区的厂房、车间等建筑，一级生产设备、工艺、流程、管理等工业遗产和遗迹。工业遗产旅游项目目前有参观老工业区的厂房、车间遗迹工业遗产博物馆；利用多媒体手段再现原生产生活实景；体验原生产流程等；在由老厂房改造成的餐厅、酒吧、画廊等场所消费、休憩，显示这些遗产资源等。通过寻求工业遗产与环境相融合，成为工业遗产保护的积极因素，从而促进对工业发展历史上所遗留下来的文化价值的保护、整合和发扬。

在西方，工业遗产旅游在西方通常被当作流行的、广义的文化遗产旅游的一类，但它的理论来源却与工业考古学（Industrial Archaeology）密切相关，最早出现在19世纪末期，英国工业考古学的发展推动了人们的“工业遗产”意识，以博物馆形式，特别是科学、技术、铁路博物馆形式保护了大量的工业文物，满足并吸引了部分具有特殊兴趣的人们的旅行和观光，从而使工业遗产旅游得到了最初的发展。

今天，欧洲、北美、日本等地工业遗产旅游获得了长足的发展。改革开放之后，中国国营大企业，尤其是一些重工业厂家纷纷转产或关闭，留下很多“工业遗产”，如高大的厂房、烟囱、输送管、冶炼炉等废弃的建筑与设备。在城市土地资源日益稀缺、城市人口不断扩大的背景下，工业遗产的保护利用的前期规划研究显得更为重要，应努力实现工业遗产再利用和城市功能健全发展的科学协调。

作为新兴旅游模式，工业旅游搭建了工业遗产保护和合理利用的平衡支柱，工业遗产保护关键在于利用，引导工业遗产有序适度地开发利用，不仅使保护和开发利用相辅相成，还能发挥工业遗产资源的社会效益和经济效益。充分发挥工业遗产社会效益，让工业遗产“活”起来，促进文化旅游、文博创意产品等相关产业的科学发展，为区域经济提供新的增长点，使工业遗产成为改善城乡生态、创造美好的人居环境、提高人民群众生活品质的重要文化资源保障。工业遗产是一个地方悠久的工业发展历史的积淀，也是当地人民群众文化情感回归的路标。我国许多地方工业文明底蕴深厚，很多工业遗产已成为当地的城市名片，承载着城市发展的重要文脉，彰显了城市发展的个性特色。

2. 国内工业遗产旅游概述

2.1 现状

与发达国家工业遗产的保护和利用方面相比，我国在工业遗产保护和利用方面，仍存在着很大的差距。我国工业遗产研究以2006年国家文物局主持召开的“中国工业遗产保护论坛”为标志而开始。此次会议我国首次公布了中东铁路建筑群等9处工业遗址入选国家重点文物保护单位，标志着我国工业遗产保护与开发正式被列入国家政策保护层面。随着城镇化的快速推进，一些地方出现轻视低估工业遗产价值、过分强调商业开发而忽视其文化历史内涵的做法，很多地区缺乏全局规划和长远眼光，并未协调好城市发展与工业遗产保护之间的关系，甚至将二者对立起来。工业遗产应是城市的财富，而非包袱。应该把保护与开发利用更加科学有效地结合起来。

工业遗产旅游和传统旅游相比，不仅是观光休闲，而且还能够满足游客的好奇心和求知欲。近年来，我国工业遗产旅游渐渐起步发展，如北京798艺术区、上海江南造船公司利用老厂区装焊车间建设的展览馆等景点也成为了游人热衷的目的地，首钢集团、张裕葡萄酒、青岛啤酒等企业的工业旅游项目在国内有颇高的知名度，但相对于中国数量众多的工业遗址来说，工业旅游项目还是相对偏少。

随着传统制造业基地的结构性衰落，以及城市级差地租和环境整治等因素倒逼传统工业厂房转出中心城区，原来的工业用地被闲置下来，传统工业退出历史舞台后，大批工业建筑失去了原有的使用价值，又占据着中心城区的土地资源，许多人将老厂房、老仓库看成是城市的累赘。现在我们为失去的老城墙和老街区而叹息，以后会因为失去工业遗产而遗憾。很多人只看到厂房下面土地的价值，却没看到它所承载的历史内涵远远超过土地本身，这是城市在现代化过程中的一个重大损失。因此，工业遗产的保护与旅游性开发迫在眉睫。

2.2 老工业基地和矿业城市

有关老工业基地的振兴和资源枯竭型城市的改造一直是城市建设规划方面关注的焦点，这些在“一五”时期和三线建设中为新中国的社会主义工业化建设起到关键作用的中国城市却在新世纪的工业化进程中遇到了发展的瓶颈。自2011年底被国务院确定为三批国家级资源枯竭型城市试点后，老工业基地的振兴和资源枯竭型城市在困境中探寻转型发展突破口，将目光瞄准了当地浓厚的工业遗产传统文化和独特的文化旅游资源上，将“工业遗产文化突围”作为全面转型的一个重要支撑，踏上了由向“工业遗产”要生产力到向“文化”要生产力的新征程。

如作为中国工业遗存丰厚的城市，大庆有“大庆精神”“铁人精神”等宝贵的精神遗产，也有大量物质遗产。大庆借此开发了一系列工业旅游产品，如石油工业展馆游——铁人王进喜纪念馆、油田历史陈列馆、石油科技馆、石化总厂展览室等；油田纪念地游——大庆石油会战誓师大会遗址、松基三井、东油库、西水源、萨55井等；石油工业场景游——中十六联合站、1205钻井队等。大庆还创意策划了世界石油文化主题公园、中三路石油文化景观带、大庆1959工业遗产文化休闲园、创业遗址公园等一批石油文化和工业旅游项目。其遗存成为阜新海州露天矿是新中国第一个五年计划156项重点项目之一，因煤炭资源枯竭于2005年5月关闭。其遗存成为世界上最大的废弃人工矿坑之一，其遗址长4公里、宽2公里、垂深350米。海州露天煤矿全景式展示了现代中国工业文明百年发展的历史，曾被选入中国普通邮票和人民币背景图案，其丰富的人文遗迹和特殊的旅游资源罕见。（原）国家旅游局批准阜新海州露天矿国家矿山公园为全国工业遗产旅游示范区。矿山公园主题广场、矿山博物馆等第一期旅游观光项目已经竣工，并接待游客。

我国最早、远东最大的造船厂——福州马尾造船厂，将原有的船政绘事院（船舶设计所）开辟为厂史陈列馆，陈列舰模、图片、实物等，展现中国造船发展史、海军建设史、近代史上重大事件及改革开放后百年老厂发生的巨大变化，形成了以“工业遗产旅游—现代造船工业观光—船政文化主题工业—现代工业园观光”为主的旅游产品体系。

贵州仁怀市同样是一个工业遗存丰厚的城市，这里有家喻户晓的工业品牌“茅台”。有巨型茅台酒瓶、国酒文化城、巨型石刻长龙、美酒河摩崖石刻等景点，还有金酱、九九坊、黔台、文创园、古镇、国联、红粱魂等20余个酒庄。年全市接待游客七百多万人次。像大庆、仁怀一样工业遗存富集的地方还有很多，比如新疆的克拉玛依油田、河南洛阳的东方红拖拉机制造厂等。

紧紧抓住国家对资源枯竭城市转型发展政策连续支持，大力修复生态环境、挖掘旅游文化资源，努力把生态文化旅游业的“短板”培育成为经济增长的新“跳板”，并在产业转型、城市转型、环境转型、社会转型上大攻坚。工业遗产旅游的发展，对于塑造共和国文化坐标，开启我国新型工业化新路，引领东北老工业基地成为落实国家战略的一面旗帜，对于实现资源矿区的转型、带动旅游业的发展和社会经济的全面转型，有着极为深远的影响和意义。

2.3 798模式的工业遗产旅游开发

在北京798、上海M50等项目获得成功后，发展文化创意产业成了不少地方对工业遗产改造的“标准”模式，上海1933、上海1919、南京1865、新华1949……这些被一窝蜂改造成文创园的工业遗产项目，功能属性极其雷同：创意产业加上办公，但实际效果却相去甚远。

创意产业与工业遗产之间的结合日益紧密，但一些单位缺乏对工业遗产文化内涵、历史内涵的深入挖掘，将内外空间简单整治一下就对外招租，经济效益成为追求的第一目标，文化和社会价值被冷落一旁。工业遗产再利用俨然成为房地产开发的“挡箭牌”。

工业遗产保护与改造的模式很多，但是没有“万能”模式。现在的商业开发保护模式也是一种有效利用的方式，丰厚的盈利资金为工业遗产的改造再利用提供了准备金，关键是如何合理地开发利用；而另外一种模式，比如将工业遗产改造为学校、图书馆等公共文化场所等也未必不可，工业遗产的保护应该“因地制宜”。

工业旅游并不只是意味着老旧厂区、机器设备等硬件设施的陈设，与之相匹配的旧时代文化更是吸引游客的重要资源。旅游者不仅能够体验到一种新的旅游模式，而且还能通过旅游加深对城市的了解，增强对企业的感性认识，这是传统旅游模式无法给予的。厂区就是社区、市区，学校、医院等配套设施一应俱全，这种管理模式在许多工业城市的工矿企业中虽然已被淘汰，但其人文价值仍有巨大开发潜力，工业旅游对类似“软价值”的关注值得推广，既有历史知识的灌输，又可体会现代的变迁。

在推行我国的工业遗产保护与再利用时，应认真研究不同工业遗产表现出来的特点，在借鉴外国典型案例的基础上，因地制宜选择合适的发展模式。在认识到工业遗产保护对城市长远发展的重要性和不可取代的前提下，充分挖掘和体现其在历史、社会、建筑及审美等方面的价值，与时俱进，在新时代里赋予工业遗产新的功能。

3．世界旅游大国的工业遗产旅游国外借鉴

工业遗产旅游的概念于1996年在美国旅游研究年刊中被正式提出。随着对工业遗产价值的进一步认识，工业遗产旅游逐渐兴起，尤其是在英国，工业旅游景点成为英国当时增长最快的景点。此外欧盟各成员国将工业遗产资源整合，按照产业门类设计主题游览路线，极大地推动了欧洲工业旅游的发展。

3.1 法国

法国工业遗产保护与再利用的模式方法多元而灵活，法国于1983年成立了隶属于文化部文化遗产普查局（Inventaire Généraldu Patrimoineculturel）的工业遗产普查处，对工业遗产进行全国范围内专题普查，后由工业考古学信息联络促进委员会（CILAC）负责开展国内及国际间与工业遗产相关的实践活动。法国许多城市当局采取“发展的逻辑”，一方面强调“城市发展的历史连贯性”，一方面也要“每个时代的历史都清晰可见”，尊重各个时期的建设成果，并通过建筑内部空间、设备和技术的改造达到“以旧换新”的目的。

遗产地区的整体修复。保存遗址并置换其生产性功能。成功案例为法国北部里尔的勒·布朗（Le Blan）老厂房修复，划分成108处隔间，包括艺术家工作室、学生教室、带露台的300平方米公共活动空间、小企业与小作坊（提供手工业服务）、咖啡餐厅、办公室、儿童图书馆、转换成雕塑的旧机器等。对仍然具有生产性功能的工业遗产的修复与再利用，最有名的要数香槟-卡斯特拉酒厂，其主体建筑于1889年建造，其建筑质量令人称赞，吸引了游客的眼球。卡斯特拉酒窖和其收集的酒样标签已对公众开放。

工业旅游——迈向遗产经济效益。当技术优势得到公认时，“博物馆化”工业用地，用于展示集体记忆、工业技术和工艺。富尔米生态博物馆建于20世纪80年代，它由一个博物馆和布置在本地标识性遗产周边的相关建筑网络构成，每年迎接近8万名游客，其存在近30年，有助于改造富尔米的城市形象，并已成为旅游和本地开发合作伙伴的真正引擎。特定主题的跨地区探索，还包括施耐德公司的发源地、布冯锻造厂（18世纪末）以及蒙巴尔的丰特奈修道院（12-13世纪）。法国中东部罗讷阿尔卑斯大区卢瓦尔省省会圣艾蒂安设计城：昔日是国家武器制造厂，如今经过改造成为了艺术区，它延续了一种创造与革新的传统，这种传统造就了圣艾蒂安的声誉，并且在与其自身根基相连的同

时为描绘圣艾蒂安的未来面貌做出贡献。圣艾蒂安是国际设计双年展场地。

3.2 西班牙

西班牙通常由地方机构将工业遗产作为新型文化资产以及有潜力的旅游资源加以改造，通过向民众传播工业技术手段、生产运作过程、工作场所记忆和遗产的社会关系，来确保工业遗产的生存环境。

通过恢复文化消费与工业遗产，加泰罗尼亚科学技术博物馆系统（mNACTEC）与众多博物馆形成联合组织，被视为“科学、技术与工业趣味的场所”，大坝、冰井、光学塔、矿井构造和工厂等形成了参观线路的一部分。

工厂博物馆也是一条展示生产优势和生产关系很好的途径。工厂是工业遗产的中心和见证，技术、工艺和生产诀窍的历史清楚地展现在参观者眼前。一些公司已向公众开放其设施和流程的一部分，如：萨拉戈萨啤酒厂、比利亚维西奥萨的风笛苹果酒厂、巴塞罗那科奈拉的自来水公司（AGBAR）、拉里奥斯、马拉加有着百年历史的朗姆酒及饮料公司等。

工业遗产旅游业再利用。在塔玛鲁迪（Taramundi）发展的工业旅游项目中，苔索斯是距塔玛鲁迪小镇4公里远的村庄，拥有田园诗般树木繁茂的山谷、转动的推磨与仿造的水流发电车，此地人烟稀少，气氛神秘，不仅能够徒步旅行，也能在马背上驰骋，身处其中仿佛时光倒流。此地还有一家小餐馆，欣然担任了简单而又丰富的食物供给，走进这里仿佛走进了充满神奇的世界。

西班牙马德里屠宰场已变成马德里最新潮的当代艺术创作中心。展览形式多样、新颖而且免费。里面的大厂房都充分依据其自身特色，被设计师们巧妙地装饰布置成各种展厅，每隔一段时间便会有不同主题的展览。这里还有经过改造引人注目的小型剧场和电影院，舞台演出大概20欧元左右。

旅游经济是个更加吸引眼球的选择，工业遗产被重新利用后，“奇异”的酒店与“悠久”的旅馆并存，博物馆也在焕发生机，新的就业来源被不断创造。跨区域、国家和国际支持的基础设施、信息共享以及达成的地区共识，将通过区域经济联动共同促进这个新兴的文化产业。

3.3 英国

英国是世界上开展工业遗产旅游最早的国家，从工业考古、到工业遗产的保护，再发展到工业遗产旅游，却经历了相当漫长的时间。英国的工业文物保护范围目前已经扩展到更广泛的领域，不仅包括能源动力产业中的水车、蒸汽机、核电站、采矿业中的矿石场和工矿地、制造业中的农产品加工工厂，以及纺织、化工、陶瓷等生产领域，还包括谷物交易所（Corn Exchange）等商业性建筑，甚至工人的住房、工厂主的管理和办公建筑、工业码头等相关建筑乃至整体的工业区都可以成为工业考古的对象和工业文化遗产。

英国工业遗产旅游最成功的例子是铁桥峡谷（IronBridge Gorge）。铁桥峡谷从16世纪晚期开始，随着大规模的煤炭开采业发展，成为世界工业革命发源地。但19世纪下半叶开始衰退，工厂逐渐关门，“二战”末，几乎所有工厂都倒闭了，直到20世纪60年代才开始得到工业遗产的保护，20世纪80年代开创工业遗产旅游，通过对原有的工业遗产进行保护，恢复遭受破坏的生态环境和建造主题博物馆的形式来发展旅游业。今天其自然环境已经得到全面恢复，青山绿水掩映着古老的工业遗址。1986年11月该地被联合国教科文组织（UNISCO）正式列入世界自然与文化遗产名录，从而成为世界上第一个因工业而闻名的世界遗产，并形成了一个占地面积达10平方公里，由7个工业纪念地和博物馆、285个保护性工业建筑整合为一体的旅游区。1988年共有40万人游览此地，工业遗产旅游的发展达到高峰，目前平均每年约有30万人游览此地。英国的工业遗产地在1993年大约有1000个，其中被列入国家名册的在1998年就超过了600个。

巴特西（Battersea）发电厂是20世纪工业革命时代的产物，服务伦敦将近50年，在1983年停止运转。巴特西电厂已经不再是单纯的早期工业建筑，通过艺术及各种文化的演绎，巴特西电厂已经成为伦敦一处著名的文化地标。

3.4 德国

德国鲁尔区在转型过程中，利用原有的生产设备等工业遗产资源，开发了能够吸引人们了解工业文明和工业化历史，具有独特观光、休闲等功能的工业遗产旅游产品。德国鲁尔区的工业遗产旅游的形成过程，大致经过排斥、迷茫、谨慎尝试、战略化四个阶段。德国工业遗产旅游开发的真正标志是“工业遗产旅游之路”RI（Route Industriecultural）区域性的专题旅游线路开发，RI的策划使鲁尔区的工业遗产旅游，从零星景点的独立开发，走向了区域性的旅游目的地的战略开发。

德国勃兰登堡州旧飞艇仓库改造成游乐园和热带主题游乐园，划分成马来西亚、泰国、刚果原住民文化特色等六大主题区。游乐园内室温为约25摄氏度，湖水约30摄氏度，种植了从热带引进的万株植物，在此打造出属于欧洲的“热带雨林”风情。园内还有300米长的海滩，400多张日光浴床，游客可以躺在日光床上透过140米的透明天幕享受阳光。

德国弗尔克林根钢铁厂（VOELKLINGEN）是德国第二个被联合国教科文组织列入世界文化遗产名录的工业遗迹，成为工业博物馆，一些小型的模具房也被改造为地方大学的实验中心和实习基地。这里还被用于文化用途，目前该厂的矿石堆场已经改造成摄影和图片艺术展厅。

德国鲁尔工业区艾姆舍尔公园（EMSCHER）成了以旧艾姆舍尔运河系统再生为基

础的水上公园，铁路沿线的公园和步行广场将公园与周边城市连起来，还有见证工业区历史的花园，公园之间的缓冲区为当地居民提供娱乐活动场所，炼钢厂的原貌作为鲜活的博物馆向人们展示钢材的冶炼过程以及鼓风炉的发展历史。

德国柏林THEKINDL当代艺术中心前身是柏林酿酒厂。艺术中心空间很大，长期举办各种艺术展、研讨会等，展出和活动非常多。尤其是在“柏林四十八小时”这种平民艺术节里，满园都是艺术秀。

德国西部卡尔卡镇废弃核电厂的改头换面案例值得研究。先将原设施一一拆解，再赋予它们新生命，陆续建成了摩天轮、云霄飞车、迷你高尔夫球场、碰碰车、旋转马等各式游乐设施，还有可供2000人用餐的多家餐馆和酒馆，及提供冷饮和冰淇淋的小摊，而一座拥有437个房间的饭店也即将竣工。游乐场名叫“炉心水奇幻世界”，冷却塔也被保留下来，画上雪山壁画。目前电厂土地只被开发了三分之一，未来他们将把炉心水奇幻世界扩建成一个包山包海、老少咸宜的全方位游乐胜地。

德国鲁尔区正在发生的巨大变化之一，就是在逆工业化之后所开展得如火如荼、有声有色的工业遗产旅游开发，成为德国鲁尔区之环境综合治理、经济结构转型、社会空间重构以及迈向后工业、后现代社会发展的引人注目的表征。工业遗产旅游的开展发也是一个能够引起人们多重思考的议题。

4. 对我国工业遗产旅游的启发

通过对旅游大国的工业遗产旅游梳理，对我国的工业遗产旅游启示和借鉴如下：

合法性：树立工业遗产依法保护理念，依法开发保护工业遗产，增强责任意识、依法保护意识、“工业遗产+”意识。

规划性：加紧制定地方工业遗产保护名录和保护规划，解决工业遗产保护与利用问题。积极保护，适度利用，结合当地旅游资源，把工业遗产打造成新的旅游景点，最终实现真正意义上的保护。

原真性：应以工业遗产的保护与展示为核心，突出工业遗产的文物性、历史厚重感，注重工业遗产重要节点的原真面貌保留和展示，在此基础上作适当的加工、改造和提升，挖掘其在共和国历史上、文化上的独特意义。

标志性：深入挖掘工业遗产的文化内涵，突出工业遗产旅游项目的标志性意义，为全国工业及资源枯竭型城市提供转型模式及样板。

综合性：应注重对工业遗产的综合运营，在遗产的基础上叠加文化创意功能，站在城市运营的视角综合排布项目，安排产业，注重发挥工业遗产的综合运营带动效应，以工业遗产旅游为核心构筑完整产业链。

效益性：应兼顾项目的文化及经济价值，站在文化、社会、经济等多方面统筹项目安排，综合评估项目多方面的收益，走以文化育经济、以经济养文化的良性互动道路，综合开发、审慎开发。

动态性：统筹项目旅游开发与生产的关系，安排好时间表，令旅游开发过程与生产过程相配合，动态开发。

循环性：考虑资源的综合利用，考虑工业、工业旅游、工业遗产旅游、文化创意产业等多方面的循环发展，探索有特色的新型工业化道路。

教育性：充分发挥项目的教育功能，为游客提供学习成长平台，注重教育性和体验性的结合，充分使用现代科技手段，营造寓教于乐的现代工业遗产体验。

生态性：遵循生态理念，将生态治理、生态保护和旅游开发结合起来，充分考虑到旅游开发、旅游运营对环境、生态的影响，谨慎开发，发挥旅游业发展对生态正面的维护作用，将开发发展成为维护生态的必要手段。

世界遗产保护和可持续旅游的欧洲经验借鉴和启示——写在“中欧旅游年”

（本文写作于2018年，数据截止于2017年）

2018年是“中欧旅游年”，中欧旅游合作聚焦世界遗产保护和旅游业可持续发展，探索中国与欧盟旅游合作新模式。中国是旅游业发展最快的国家之一，对文化遗产保护而言面临挑战，需要学习欧洲经验，探讨负责任的创新型模式来促进旅游业的可持续发展。

1．世界遗产保护和可持续旅游概述

1.1　相关概念

世界遗产是指被联合国教科文组织和世界遗产委员会确认的人类罕见的、目前无法替代的财富，是全人类公认的具有突出意义和普遍价值的文物古迹及自然景观。世界遗产包括文化遗产、自然遗产、文化与自然遗产、文化景观遗产四类。广义概念，根据形态和性质，世界遗产分为物质遗产（文化遗产、自然遗产、文化和自然双重遗产、记忆遗产、文化景观）和非物质文化遗产。世界文化遗产包括：①文物，②建筑群，③遗址。世界自然遗产包括：①地质和生物结构的自然面貌，②濒危动植物生态区，③天然名胜。“文化景观”是包含于“文化遗产”中的一个特殊类型，并不是单独的一类遗产。

旅游（Travel and Tourism）是指人们离开平时的环境，为消闲、公务或其他目的而到外地旅行或逗留连续时间在一年之内的活动。

可持续旅游（Sustainable Tourism）世界旅游组织的定义是在保护和增强未来机会的同时满足现时旅游者和东道区域的需要。可持续旅游是在维持文化完整、保持生态环境的同时，也满足了人们对经济、社会和审美的要求，这也符合文化遗产保护的初衷，二者的关系可谓是紧密相依。

尊重当地人、旅行者、文化遗产和环境的旅游业是可持续发展的旅游业。可持续旅游产品是与当地环境、社区和文化保持协调一致的产品，这些产品使当地社区成为永久受益者，而不是牺牲者。

世界遗产承载着人类的历史与文明信息，为旅游提供文化资源，成为热门旅游目的地并带来经济和社会收益。可持续旅游是世界遗产利用和展示的一个良好手段。联合国教科文组织认为世界遗产与可持续旅游相互作用，制定世界遗产与可持续旅游有关政策框架和工具指南，实施世界遗产与可持续旅游计划，具有现实意义。

1.2 遗产保护和可持续旅游现状

截至2018年7月4日，世界遗产地总数达1092处，分布在世界167个国家，其中40%分布在欧洲。《世界遗产名录》总共列入了一千多处遗产地，这是需要我们共享、珍爱、尊重的人类财富，体现出我们地球和生活在地球上的人类的多样性。世界旅游组织2012年发布世界文化遗产保护报告，提到来自于旅游业的负面影响中14%为旅游导览、参观设施的影响，10%为住宿和相关设施的影响，26%是过多的游客进入和娱乐活动带来的影响。

遗产保护与旅游的矛盾主要是旅游活动对遗产造成的不可修复性破坏，管理手段与方法不当造成的遗产保护问题，对遗产及其周边环境的开发建设造成的毁灭性破坏，利用方式与遗产保护的价值观差异导致的文化遗产利用矛盾等。

世界遗产是人类珍贵的财产，是获得《保护世界文化和自然遗产公约》（简称《公约》）认定的精华。联合国教科文组织（UNESCO）认为世界遗产与可持续旅游具有双向作用，世界遗产是人类重要的财产和旅游资源，旅游的可持续发展和妥善管理使世界遗产地满足《公约》向大众展示世界遗产的要求并实现其社会和经济效益。

世界遗产跟旅游高度相关，旅游也被认为是推广、利用世界遗产最有效的方式。遗产保护应聚焦于推动当地经济、文化、社会的可持续发展以及阐明并传播可持续旅游价值观这两点。可持续旅游规划和管理可以让遗产旅游按照遗产管理者的意图来进行塑造。

遗产的管理需要所有利益相关者的参与，因此，为了更好地指导世界遗产地的管理者，使其能积极主动、有预见性地管理世界遗产地的旅游，使越来越多的世界遗产地良性发展，世界遗产中心于2014年发布了《世界遗产可持续旅游工作手册》（*World Heritage Sustainable Tourism Toolkit*）。

联合国教科文组织制定“世界遗产和可持续旅游计划”，在促进对话和考虑利益相关者的基础上，鼓励目的地将旅游和遗产管理规划相结合，敦促世界遗产和旅游利益相关者共同承担责任，使所有利益相关者提高认识、提升能力、平衡参与，致力于自然和文化遗产保护以及旅游部门的适当发展。

推动文化遗产可持续发展，可以减轻贫困，给当地带来就业，改善当地居民的生活条件，促进社会可持续发展。旅游开发和遗产保护是相辅相成、相互促进的，在可持续发展这个终极目标上是一致的。遗产旅游是可持续的、负责的，而不是过度商业化的旅游、不负责任的旅游。

遗产旅游涉及多个利益相关方。要想取得文化遗产与旅游的可持续发展，就要找到各方的发展空间，平等对待各利益相关方。遗产保护和可持续旅游，在创造幸福、传播快乐方面，双方是可以携手共进的。旅游要在可持续发展的前提下，服务者要提供负责任的产品，游客要做负责任的旅游。

2. 欧洲世界遗产保护和可持续旅游借鉴

回溯历史，欧洲各国的文化遗产保护事业已经走过一段很长的道路。2018年国际古迹遗址理事会（ICOMOS）的主题为“遗产事业，继往开来”（Heritage for Generations），强调文化遗产保护是一项世代相传、永续传承的事业。

2.1 欧洲遗产保护和可持续旅游概况

欧洲的41个国家共拥有367项世界遗产（其中12项为跨国遗产），其中文化遗产327项，自然遗产33项，文化与自然双重遗产7项，对遗产的保护利用都很到位。欧洲经济发达，文化多样，教育发达，社会基础设施完善，属地中海气候，自然条件优越，旅游业发展成熟。欧洲博物馆历史长达320多年，全世界5万多座博物馆中有一半在欧洲，涵盖当代博物馆的全部类型。在欧洲这样的旅游发达地区，遗产旅游是最有特色也是吸引世界游客最主要的力量。

欧洲遗产的“活化保护”经验。文化遗产精髓的提炼和弘扬是活化的根本，文化遗产的阐释与展示不仅要传递文化遗产自身的信息、内涵和价值，同时让“访问者”能最大程度“融入”文化遗产环境。庞贝古城遗址在保护展示中非常关注保持文化遗产整体环境协调，维护文化遗产与城市、维苏威火山的空间关系，为参观者提供完整的历史氛围和游览体验；西班牙格拉纳达的阿尔罕布拉宫，在保护展示中特设五条格拉纳达古城游览线路，将古城和邻近的居住区连接起来，增加了游客停留和参观遗产所在城市的时间，也加深了对遗产地的整体理解，既有效保护了遗产，提升了参观体验，又增加了整个区域的经济收益。

欧洲遗产保护管理利用的“商业化”和“当代化”经验。整个欧洲，从不避讳将遗产管理商业化。每一个独立景点、遗址景区出口处都有附属的纪念品商店，有咖啡馆等休闲业态围绕在景区的入口广场和室内空间，不仅创造了旅游的经济收益，也让旅行充满了温暖、人文关怀和乐趣。欧洲文化遗产面向人、面向当代生活，遗产修复利用充满当代化、商业化行为，如荷兰的马斯特里赫特天堂书店，前身为始建于1294年的多米尼加教堂，之后陆续被用作仓库、档案馆，甚至大型自行车停车场，而今它作为一家书店闻名全球；利物浦阿尔伯特码头建筑群历史上曾是著名的仓库建筑，1984年重新开业后被改造成商店、公寓、饭店、酒吧、宾馆、画廊和博物馆，吸引大批世界游客；法国波尔多建立于1824年的殖民地农产品仓库，在1984年成为当代视觉艺术中心；比利时一家新艺术运动风格的购物商场，1989年被完整地保护并改造为比利时漫画博物馆，吸引当地游客和外地游客。历史遗产建筑在保留、保存、修复、改造、重新利用的过程中，又焕发了新的生机，也成为旅游中一道亮丽的风景。

欧洲文化遗产的综合保护和管理经验。英国的巴斯在申遗成功后的20世纪90年代，对城市风貌实行了“基于文化属性的突出普世价值”为核心思想的系统规划与全面管控，使得巴斯全城基本保持了乔治亚时期的新古典主义建筑风格。2015年开始，巴斯推出“BATH”品牌计划，将巴斯文化遗产的解读作为巴斯品牌的精髓：巴斯巴斯的罗马浴场、维多利亚艺术博物馆几乎每一处景点都有纪念品商店，都会有咖啡馆等休闲业态围绕；简·奥斯汀故居，为旅客提供居住房间以感受名人生活空间。由于科学的遗产运营思路和所有权、保护机构、旅游发展机构三者分离的管理制度，巴斯实现了综合性地保护历史遗产，又在管理上具有商业偏向、创造了经济效益，做好保护与开发的平衡术。

考虑多样化主体利益的欧洲遗产保护和可持续旅游经验。强调“人”在遗产保护中的重要性，倡导在遗产保护获得更多的社会关注与参与，使遗产保护更好地服务并惠及广大民众。如巴斯历史建筑所有权是多样的，不仅有当地居民，还有巴斯与萨默塞特郡自治会、国家信托基金、巴斯保护信托基金、巴斯大学等。城市层面的管理机构为英格兰遗产委员会（Historic England）与巴斯世界文化遗产指导组（The City of Bath WHS Steering Group），前者平衡国家与当地管理间利益关系，后者从世界文化遗产的层面对保护举措进行监控。而旅游发展则交给另一个独立组织BTP（Bath Tourism Development）。

欧洲遗产跨境旅游经验丰富。欧洲有12项为跨国遗产，是世界上跨国遗产最多的洲。欧洲的文化多样性、历史多样性和开放性、浓厚的宗教氛围、海洋性气候、发达的旅游业和公共基础设施以及类似的社会制度使得欧洲跨境旅游合作成效明显，在合作意愿、政策支持、战略方向、管理体系等方面积累了许多成功经验。跨国遗产旅游项目对合作可行性、合作意愿、合作领域及合作管理的评估充分，这些经验给正在推进跨境旅游合作区建设的中国带来重要启示。

欧洲的文化遗产的数字化保护和可持续旅游发展经验。文化遗产具有稀缺性、脆弱性和不可再生性，为保护遗产，欧洲对文化遗产进行数字化记录。数字技术让更多人有机会接触文化遗产，近距离感受文化遗产的魅力。借助虚拟现实等一些沉浸式的体验；推广历史遗迹的历史意义和价值，让公众获得更好的体验，利用新技术和新创意，拓展文化遗产的展示、阐释方式，使历史记忆重回当代，使文化遗产旅游吸引更多的游客。

例如世界遗产数字档案馆（CyArk）项目对乌干达的苏比陵墓进行了详细的数字测绘，以数字化的方式，让乌干达所有的文物和历史遗址都能够得到先进技术的保护。在耶路撒冷圣墓教堂修复中，希腊国立雅典理工大学修复团队利用3D激光扫描对教堂的现存状况进行评估，之后开展相应的保护工作，并利用相关数字技术进行监测和监控，使得修复科学地开展。修复后的项目吸引全世界的旅游者来参观，在保护的同时也就实现了可持续旅游发展。

“欧洲世界遗产之旅”是联合国教科文组织推出首个结合世界遗产和可持续旅游的网络平台。为了实现欧盟委员会旅游目标和宗旨——通过改善旅游服务，促进欧盟国家之间以及与当地旅游网络的联系，保持欧洲作为主要旅游目的地的地位——主推前往欧洲最具吸引力的世界遗产地的可持续旅游，网站提供了各类实用信息和工具，鼓励人们探索传统游览热点以外的地方，通过深度游全面了解遗产地。目标是改变人们的旅行方式，在目的地停留更长时间，体验当地的文化和环境，从而获得对世界遗产价值的更深入的认知。平台由欧盟提供支持，由教科文组织与《国家地理》杂志合作开发，推介欧盟19个国家挑选的34处世界遗产地。包括如下：

瓦豪文化景观（奥地利）

内塞巴尔古城（保加利亚）

布鲁日历史中心（比利时）

瓦隆大区的主要采矿点（比利时）

维利奇卡和博赫尼亚皇家盐矿（波兰）

北西兰岛狩猎园林（丹麦）

上哈尔茨山的水资源管理系统（德国）

波兹坦与柏林的宫殿与庭园（德国）

特里尔的古罗马建筑、圣彼得大教堂和圣玛利亚教堂（德国）

莱茵河中上游河谷（德国）

埃森的关税同盟煤矿工业区（德国）

香槟地区山坡、房屋和酒窖（法国）

圣米歇尔山及其海湾（法国）

北部加来采矿盆地（法国）

凡尔赛宫及其园林（法国）

加德桥（罗马式水渠）（法国）

克罗麦里兹花园和城堡（捷克共和国）

莱德尼采—瓦尔季采文化景观（捷克共和国）

斯塔里格勒平原（克罗地亚）

维尔纽斯历史中心（立陶宛）

辛特拉文化景观（葡萄牙）

法伦的大铜山采矿区（瑞典）

德罗特宁霍尔摩皇宫（瑞典）

帕福斯（塞浦路斯）

历史名城班斯卡—什佳夫尼察及其工程建筑区（斯洛伐克）

阿兰胡埃斯文化景观（西班牙）

塔拉科考古遗址（西班牙）

奥林匹亚考古遗址（希腊）

埃皮达鲁斯考古遗址（希腊）

托卡伊葡萄酒产地历史文化景观（匈牙利）

卡塞塔王宫和园林（意大利）

阿奎拉古迹区及长方形主教教堂（意大利）

圣吉米尼亚诺历史中心（意大利）

伦敦基尤皇家植物园（英国）

“世界遗产之旅”是精心挑选的跨越欧洲四大主题的文化之旅。为游客规划了皇家欧洲、古代欧洲、浪漫欧洲和地下欧洲4条文化遗产参观路线，路线相互交织，共同讲述欧洲遗产和历史的迷人故事。这一平台激发世界旅游者的旅游兴趣，游客在掌握了当地知识后，自己规划难忘的欧盟世界遗产深度旅行。

2.2 借鉴和启示

欧盟和中国都拥有众多世界文化遗产，借鉴欧洲探索的经验，启示如下：

（1）促进世界遗产与可持续旅游结合。世界遗产是可持续旅游发展的重要资源，要继续完善世界遗产价值发掘展示、基础设施建设等工作，做好世界遗产保护和展示工作，为可持续旅游的发展提供助力。

（2）发挥旅游开发在遗产保护和展示中的作用。利用旅游发展带来的机遇和优势，恪守《公约》关于世界遗产保护的要求，介绍文化遗产及其保护知识，宣传文化遗产保护的意义、政策和措施等，不断增强全民文化遗产保护意识。

（3）重视游客参观世界遗产情感体验。按照旅游活动的“需求-动机-决策-行为”过程，为游客提供良好的游览经历。同时，实施游客数量和旅游活动监测，有效缓解压力，确保遗产安全及其突出普遍价值的可持续发展。

（4）用数字化技术保存遗产。利用数字技术对文化遗产进行保护，不仅是对历史遗迹进行“重现”，更重要的是用新理念、新技术和新形式，使其形成新的价值，以全新的模式迎接新的机遇与发展。

（5）欧盟对文化遗产利用的理念和实践发展相对完善成熟，其利用形式大致分为三类：公众教育、功能延续和开发新的功能。

（6）包容的遗产价值观，保持环境资源和文化完整性，增强遗产利益相关者的文化认同，增强遗产保护的责任感，文化遗产在可持续旅游发展中创造价值。

（7）遗产保护中“以人为本”的文化遗产保护和可持续旅游开发，文化遗产中的“人”分访问者（游客）、居住者（居民）、管理者（管理人员、专业人士），三类人同遗产良性互动。强调“人”在遗产保护中的重要性，倡导在遗产保护中获得更多的社会关注与参与，使遗产保护更好地服务并惠及广大当地民众。

3．我国世界遗产保护的可持续旅游建议

3.1　中国的世界遗产保护

我国于1985年加入保护世界文化和自然遗产公约。截至2018年7月2日，我国世界遗产已达53项，其中世界文化遗产36项、世界文化与自然双重遗产4项、世界自然遗产13项，全球排名第二，与意大利仅1项之差。然而，遗憾的是，我国遗产丰富却保护利用不利，在世界遗产的保护与持续利用上却并未名列世界前列。

从中国长城、北京故宫等被列入世界遗产算起，中国的申遗之路已经走过30多年。在世界遗产数量不断增多的同时，保护文化遗产的观念也不断深入。作为人类罕见的、目前无法替代的“财富”，被联合国教科文组织和世界遗产委员会确认的世界遗产，更是成为旅游的热门。相关数据显示，黄山、峨眉山、故宫、长城、都江堰、南岳衡山、明孝陵、秦始皇陵兵马俑、四川大熊猫栖息地、鼓浪屿成为国内最受欢迎的十大世界遗产景区。相关数据显示，2017年文化遗产类景区火热，同比2016年增长高达1.3倍。2018年，赴世界文化遗产类景区出游人次较去年同期增长17%，文化遗产类景区已经成为新的热点。

近年来，我国在世界遗产与可持续旅游发展方面不断更新理念，国内文化遗产领域整体水平提升，全社会重视保护程度增强。“让遗产活起来”及“十三五”规划明确提出创新文物合理利用模式、促进文化创意产品开发。同时国家出台各项政策引导，如《中国文物古迹保护准则》《国家考古遗址公园》等。2016年国家文物局、国家发改委等五部门联合印发《“互联网+中华文明”三年行动计划》，标志着我国“数字文化遗产”迈入新时代，也为我国的遗产保护和可持续旅游打下好的基础。国务院关于进一步加强文物工作的指导意见强调文物资源在壮大旅游业中的重要作用。我国的遗产保护要充分利用历史文化资源优势，引导游客在文化旅游中感知中华文化。

我国文化遗产的数字化进程几乎与国际同步，20世纪80年代末，敦煌研究院率先在国内提出建设数字敦煌构想。敦煌石窟的壁画完成数字化采集，可以让宝贵的遗产永久真实地保存下来。此后，数字故宫、数字圆明园相继建成。莫高窟游客数量快速增长，

使得文物安全存在极大的潜在威胁，给莫高窟本体保护及赋存环境的保护和管理带来极大压力。通过数字化，游客不但能欣赏最真实的虚拟洞窟，而且也实现了文物古迹的保护和可持续开发。

3.2 遗产地旅游在发展中所面临的问题

申遗成功会给旅游目的地带来非常大的经济效益。我国的世界遗产地在申遗的时候很重视，申遗花钱比较多，财政负担重，之后却缺乏维护；而且申遗成功之后带来的旅游收入过多地用于硬件开发，忽略了对遗产的保护；旅游收入中用于维护、保护遗产的比例低，令人担忧；我国遗产旅游还存在过度商业化情况，基础设施规模建设超越遗产的承载；遗产地真拆假建，将遗产目的地居民迁出，遗产保护与所在地的城镇生活严重脱节，带走生活形态和丧失遗产本真性。景区内外两张皮的现象在遗产地更为突出，遗产在外人（游客）那里弘扬，却未惠及当地居民，未在本地居民中传承。

我国文化遗产地的旅游可持续发展不尽相同：有些遗产得到有效保护和旅游有效利用，有些遗产的旅游价值还尚未真正被认识。在发展世界遗产旅游中存在缺乏游客的准入管理、文化干扰、旅游目的地建设超规及不当等问题。还有持续保护的资金来源、社会效益与经济效益平衡、管理体制制约等诸多问题。一些文化遗产地的旅游同质化比较严重，社会、经济效益都不理想，旅游可持续发展弱。

3.3 文化遗产与旅游的可持续发展措施

我国越来越积极地申报遗产和发展遗产旅游，文化遗产是历史留下的精神财富。一定要既重申请也要重维护，让文化遗产与可持续旅游发展相结合。

一是从可持续发展的角度，正确处理好保护与利用之间的关系，平衡游客遗产旅游体验需求和遗产当地社区冲突，评估遗产地社会和文化承载力，有效管理旅游活动的规模，形成以利用促保护、以保护促利用的良性循环发展态势。

二是要建立遗产保护标准的共识，充分认识遗产保护国际准则的动态性与多元化，立足中国国情与社会主义核心价值观，建立遗产保护标准的规则。

三是静态保护与动态利用共存。保用并重，形神兼备。遗产要在保护中发展，在发展中保护，既要保护文物本体，更要保护非物质文化遗产，包括村民的生产生活、民俗风情等。

四是政府与民间合力，以民为本，共生共享。除政府重视与支持外，积极唤醒广大民众保护利用遗产的意识。遗产的管理与旅游部门紧密结合，合政府与民间之力，鼓励当地社群参与遗产保护和旅游各方面的规划和管理，共同做好遗产保护与利用工作。

五是社会效益与经济效益共赢，文化遗产在保护与活化过程中，适当引入市场化运作模式，既保护文化遗产，又实现与其他相关产业的联动发展。

六是我国需要完善世界遗产保护的管理法律法规，建立世界遗产保护的分级分类管理机制，并科学编制世界遗产的保护规划，与当地的社会经济整体规划及其他专项规划协调。

七是重点关注游客体验，让旅游式学习也应成为遗产保护宣传、教育的重要手段。

作为文化大国，旅游大国，遗产大国，申遗不是结束，而是开始。遗产不是过去，而是未来。

历史大视角：从文化遗产保护传承和生态文明修复来谈中国当代的水利风景区建设——以京杭大运河为例

（本文写作于2016年，数据截止于2015年）

中国是个干旱缺水、水资源时空分布、丰沛极度不均的，从古至今饱受旱涝水患之苦的国家，中国也是注重水利建设的国度，从远古的大禹治水，秦朝修建应用至今的都江堰，隋唐的京杭大运河，现代的三峡、南水北调工程……中华民族史也是一部治水史。在这些水利工程中，有不少经历千年依然发挥着作用。古代文人骚客依托水利工程及其相关亭台楼阁而撰铭、作记、赋诗中，形成了大量人文景观、自然景观。中国传统文化“仁者乐山，智者乐水”的“山水”是风景的代名词，“水”包括了人们用汗水智慧创造的水利工程，它们抵御洪险旱灾的同时，也因其生态环境的美好，承担了越来越多的休闲观光功能。时至今日，我们不但注重要维护、宣传古老水利遗产的水利作用，而且要发掘、利用水利工程的历史文化内涵，并作为景点和风光让中国人民享受到人类智慧和神奇大自然造就的审美愉悦。

按照水利部的定义，水利风景区是指以水域（水体）或水利工程为依托，按照水利风景资源即水域（水体）及相关联的岸地、岛屿、林草、建筑等能对人产生吸引力的自然景观和人文景观的观赏、文化、科学价值和水资源生态环境保护质量及景区利用、管理条件分级，可以开展观光、娱乐、休闲、度假或科学、文化、教育活动的区域。国家级水利风景区有水库型、湿地型、自然河湖型、城市河湖型、灌区型、水土保持型等类型。截至2014年9月16日，全国共有658处国家水利风景区。

1．水利风景区的线性文化遗产保护传承开发

京杭大运河是世界上里程最长、工程最大的古代运河，也是最古老的运河之一，大运河开掘于春秋时期，完成于隋朝，繁荣于唐宋，取直于元代，疏通于明清，距今已有2500多年的历史，并使用至今，与长城、坎儿井并称为中国古代的三项伟大工程，是我

国古代劳动人民改造大自然的一项奇迹和伟大的水利工程，堪比罗马的引水渠，是中国文化地位的象征。2006年5月22日，运河沿线18城市会聚杭州并形成了《京杭大运河保护与申遗杭州宣言》。2014年6月，大运河请世界申遗产成功，成为线性历史文化遗产。京杭大运河作为一项伟大的水利工程，沟通南北经济、促进文化繁荣，京杭大运河两岸留下了丰富的历史文化遗产，京杭大运河也是一条驰名中外，贯穿古今，纵横中国最富庶的东部的水利风景区，囊括了国家级风景区的所有类型水库型、湿地型、自然河湖型、城市河湖型、灌区型、水土保持型等类型。

线性文化遗产（Lineal or Serial Cultural Heritages）是世界遗产的一种形式，主要是指在拥有特殊文化资源集合的线形或带状区域内的物质和非物质的文化遗产族群，运河、道路以及铁路线等都是重要表现形式。京杭大运河就是一种线性文化遗产。作为“世界遗产”，大运河南起余杭（今杭州），北到涿郡（今北京），自北而南流经京、津2市和冀、鲁、苏、浙4省，贯通中国五大水系——海河、黄河、淮河、长江、钱塘江五大水系和一系列湖泊，全长约1797公里。运河的自然风光和十里港湾的奇特景致融为一体，形成了运河观光线，由此既能北上微山湖观赏万顷荷花，又可南下苏杭领略江南秀色。线性文化遗产是新兴的遗产保护理念，京杭大运河是一条线性历史遗产的文化长廊，随着成功申遗，准确地评价线性文化遗产的旅游发展潜力，利用线性文化遗产开展旅游活动，着眼于线性区域，兼具物质文化和非物质文化，涉及多种多样的遗产元素，不但旅游价值较高，也有助于有效保护和合理开发利用文化遗产资源，是实现遗产“保护、保存和展示目标”的重要手段。建设京杭大运河生态经济带，建设一条黄金水道，更好保护运河沿岸资源，彰显蕴藏的丰富历史文化内涵，创造巨大的经济社会价值。

2.“互联网+”打造水利风景区的智慧旅游开发

通过“互联网+”对旅游过程进行智慧化、多元化、体验化、情景化的再现，从声音、光线、气味等感官、感受入手进行体验再现。由于水利风景区或古运河的部分遗弃，造成无法修复，因此可以通过智慧旅游的形式来展现当年的漕运盛景。世博会的《清明上河图》的动画作品，以及国家博物馆数字展厅推出的首展作品《乾隆南巡图》是运用“互联网+”再现水利工程的典范。

《乾隆南巡图》参照历史记述，借助现代技术让定格在《乾隆南巡图》的古人动了起来，动态再现了原作恢宏壮观的历史情境。乾隆于1751年南巡。南巡队伍从正阳门出发，沿西河沿大街西行，转出广宁（安）门，过宛平县拱极城、卢沟桥、长新（辛）店，最后从绍兴回銮。全程5800余里，历时112天。在声画合一的巨幕上，南巡队伍场面浩荡，再现了盛世好景。

大运河智慧旅游通过数字化技术打造动态运河沿线城市旅游观光，串起大江南北的钟灵毓秀之处。千年运河之旅，以北京为起点，途经泰安、台儿庄、镇江、苏州至杭州。运河沿线从浩渺烟波的微山湖国内罕见的水上森林和丰富的物种资源，到台儿庄古城“活着的运河”、枣庄的诸多景点，从徽派、晋派、鲁南、闽南等八种建筑风格，到百庙、百馆、百业、百艺等立体展现，运河带集自然风景、民俗宗教、人文历史、休闲度假诸多功能于一身，旅游资源不胜枚举，呈现出独特而迷人的气质。

3. 创新水利风景区的新业态

水利工程有着丰富的“水”资源，或潭、或瀑、或湖、或湿地、或河流等，以点、线、面的形式呈现。因此将水利风景区的山水风光与当地文化相结合，充分利用湖泊、湿地、河流，完善旅游服务设施，加强水陆联动，创新开发水上旅游产品和滨水绿道旅游产品，提供湖泊泛舟、溯溪冒险、野外露营、山岳旅游、峡谷漂流、度假养生、农家休闲等多种旅游产品，进一步凸显“三游”经济（游轮、游船、游艇）及观光休闲、文化展示、民俗风情、商务会展等功能，着力打造与水利风景旅游区相匹配、充分体现水利风景区文化和两型特色的集水利工程景观、美景水道、文化水道、生态水道和旅游水道、民族风情、水上运动、休闲度假等于一体的旅游休闲集聚带和特色水利景观旅游带。水利风景区还可以水利工程、河湖堤坝文化、抗洪精神为主题，着力展示湿地景观、风情和水利科技，规划建设主题突出、特色鲜明的水利工程旅游区、抗洪纪念馆、民俗风情园，开展生态旅游、弘扬抗洪精神和普及水利科技等教育文化旅游。

例如大运河文化带，充分利用运河深厚的文化底蕴，结合北京城市副中心建设来开展大运河文化遗产保护，使历史文化与北京城市副中心交相呼应。加强运河沿线的建设，将在“十三五”期间，实现京杭大运河段的通州、香河和武清段等京津冀地段的河域正式通航。2014年9月，通州、武清、香河三地水务部门已签订战略合作协议，京杭大运河通州—香河—武清段有望实现复航，计划于2017年实现初步通航，2020年正式通航。在运河的两岸建筑了观光走廊，走在观光走廊上人们能感受到大运河的磅礴气势。

4. 生态文明建设与水利风景区开发

我国江河纵横，河流众多，长江、黄河、淮河、海河、珠江、松辽、太湖七大流域汇集千流万河。包括5万多条流域面积100平方公里以上的河流，13个水面1000平方公里以上的湖泊，18个500-1000平方公里的湖泊，600余个10-500平方公里的湖泊，还有冰川、瀑布、泉点及遍布大江南北的湿地等。新中国成立后，党和政府带领人民建成了8.5万多座水库、3.9万多座水闸、27万多公里堤防，8亿多亩灌区，以及众多的水土流失治理区等一大批水利工程。这些水利工程设施在保障社会稳定、促进经济与社会发展方面起到了十分重要的作用，同时，也形成了相当规模的水利风景资源，为水利风景区的发展和建设奠定了一定的基础条件。

水利风景区建设是大生态文明发展工程，也是建设美丽中国的重要举措。水利风景区是融合巍峨的水利工程与独具特色的水利景观，集良好的生态环境与丰富的自然景观为一体，并能为人们提供观光、休闲及文教活动的空间，从而满足人们重返青山绿水的需求，让人民群众更好地享有水利发展成果。目前，我国85000多座水库所在地风景优美，在青山绿水中蕴藏着巨大的发展潜力，其中具备旅游开发资源的占80%以上，但已开发的尚不足40%。长期以来，这些风景资源多处于闲置或粗放开发状态，亟待加强开发利用指导和保护。党的“十八大”首次把生态文明建设当成中国特色社会主义“五位一体”的总体布局，把美丽中国作为了未来生态文明建设的宏伟目标。站在新的历史起点，水利风景区的建设应树立尊重自然、顺应自然、保护自然的生态文明理念，维护水资源安全、水利工程安全、水生态安全。水利风景区建设也有利于优化水资源配置、保护水生态和修复水环境，促进水利工程效益与社会效益、环境效益和经济效益的进一步实现。

近几年，水利行业依托水利工程形成了大量人文景观、自然景观，水利旅游工作的发展已取得了一定的经济效益、社会效益和环境效益。水利风景区建设是生态文明建设的重要组成部分，推动人与自然和谐相处、民生水利新发展。以转变经济发展方式为主线，以治理水环境为核心，综合治理和生态修复为重点，我国的水利旅游景区，不仅要维护、宣传、发掘、利用山水名胜的历史文化内涵，不断创新水文化，还应为新发现、新开辟的景区配置高效的生态资源体系，标本兼治的生态保护体系，监管有力的生态制度体系和全民参与的生态文化体系。在创建必要的人文景观的同时，更应着力为其创造新的文化内涵，自觉行动着力构建绿色低碳生态旅游体系。

制定京杭大运河生态经济带发展规划，严格界定沿线的产业布局，提升京杭运河旅游、物流、城市配套、临港产业等功能。在保证京杭大运河完成南水北调任务的前提下，进一步统筹做好京杭大运河保护和开发，建设京杭大运河生态经济带，充分发挥其航运、旅游等功能，积极探索具有时代特征的生态文明发展之路，更好地保护运河沿岸资源，造福沿线人民。

5．跨区域旅游联合开发沿线城市，形成区域联动

从古至今，水利工程往往都是跨省、跨县、跨地区等跨区域的流域经济，因此，通过这些跨区域的水利风景区的旅游开发和联动，对于中国的区域经济有着重要意义。“一衣带水”“同饮一江水”常常作为不同国家不同地区深厚友谊和紧密联系的象征，因此，通过“水”（水利风景区）这一媒介的旅游开发，实现跨国跨区域的旅游先行和合

作，也正是“一带一路”旅游先行和新常态下发挥“旅游外交”的重要体现。

以京杭大运河的旅游开发为例。京杭大运河是我国罕有的跨区域旅游产品。京杭大运河从华北平原直达长江三角洲，地形平坦，河湖交织，沃野千里；从开凿到现在，孕育了一座座名城古镇，流经6省市、18个城市。近代，京杭运河区域的京津、津浦、沪宁和沪杭铁路及公路网相继修建，与运河息息相通；沿线各地工业先后兴起，城镇密集，是中国经济精华荟萃之地。2006年5月22日，运河沿线18城市会聚杭州并形成了《京杭大运河保护与申遗杭州宣言》。2014年6月，大运河申遗成功，沿线6省市、18个城市成立了京杭大运河城市旅游推广联盟，计划在3—5年间分阶段实施区域市场联合推广“十个一”工程①，旨在整合城市旅游资源。发展运河旅游对于沿线城市具有积极的作用，一是对沿线城市在全国乃至国际上的知名度会有一定的提升，二是有助于沿线城市完善基础设施。

作为世界遗产，运河沿线6省市、18个城市也因此更加紧密地联系在一起，共同达成了京杭大运河城市旅游推广联盟《泰山宣言》。《宣言》提出：联盟城市将整合各自优势资源、突出运河特色、加强区域联动与合作，致力于打造京杭大运河旅游经济带，并定期进行工作会商，积极推进客源互送、互为旅游目的地和客源输出地，相互支持举办旅游促销活动，在国内外市场上联合招徕，形成合力；在宣传本地旅游资源和产品的同时，积极宣传促销另一地的旅游资源和产品，争取互送客源人数每年递进上升；支持旅游企业加强合作，鼓励大型旅游企业、著名旅游管理公司和知名旅游品牌实现跨省市经营、连锁经营和品牌输出，共同推动区域开放融合、创新发展。

以“创新、合作、活力、共赢”为主题，大运河保护发展平台和体制机制，贯彻运河保护传承发展主旨，弘扬运河沿线自然生态文化和传统文化，推进沿运城市之间的合作交流和区域产业协调发展，为实现美丽中国创造条件。

① “十个一”工程：一个联盟、一本画册、一组旅游线路、一组运河美食、一部形象片、一组旅游节庆、一个专题网站、一本通关文牒、一组特色纪念品、一名运河形象代言人。

第七篇

都市旅游与特色小镇

小镇故事多——特色小镇旅游发展的“脱虚向实”

（本文写作于2017年，数据截止于2016年）

“进入21世纪，大城市依然是人口最多、财富集聚、奢靡消费的地方，但似乎已经饱和。”《自然》（*Nature*）杂志预测，全球范围内发展最快的城市将是中小城市。斯坦福（Stanford）的哲学家汉斯·乌尔里希·贡布雷希特（Hans Ulrich Gumbrecht）认为，最适合酝酿或产生思想的地方是小城镇，对那些创造财富的年轻人来说小镇更有吸引力了。摩根士丹利（Morgan Stanley）预测，从现在到2030年，中国较小城市的增长速度将比一线城市快得多。随着我国经济的快速发展，旅游成为人民生活水平提高的一个重要指标。休闲时代的度假旅游、生态旅游、养生旅游等逐步成长为旅游消费市场的热点，面对市场需求的变化，旅游开发方向开始调整，旅游小镇开始成为旅游的发展方向之一，“十三五”规划纲要明确提出未来五年中加快发展中小城市和特色镇。我国有660多座建制市、1500多座县城镇和一大批小城镇，发展条件和发展阶段极不相同，小城镇不仅能帮助解决大都市病，也可以成为旅游经济中的新增长极。于是，特色小镇伴随着城镇化、休闲时代、新常态走进中国人的视野。

1．我国的特色小镇

2014年10月，特色小镇概念最早兴起于浙江。

2015年底，习近平、李克强等最高领导人做出重要批示，要求各地学习浙江经验，重视特色小镇和小城镇建设发展，着眼供给侧培育小镇经济，以特色小镇带动小城镇全面发展，走出新型的小城镇之路。特色小镇从浙江起步走向全国。

2016是中国特色小镇政策元年。7月20日，住建部等三部委发布《关于开展特色小镇培育工作的通知》，指出在全国范围开展特色小镇培育工作，计划“到2020年，培育1000个左右各具特色、富有活力的休闲旅游、商贸物流、现代制造、教育科技、传统文化、美丽宜居等特色小镇”。

2016年10月，国家住建部公布了第一批127个特色小镇，其中平原、丘陵、山区各占三分之一，大城市近郊、农业地区、远郊区也基本均衡。第一批特色小镇有50.39%定位于“旅游发展型”环境优美、特色观光、历史文化等旅游型小镇。功能类型以旅游型、历史文化型居多，大致符合人们对特色小镇的想象。

2017是特色小镇关键年，特色小镇与小城镇建设得到全面推进。2017各地政府的工作报告中都提出培育建设特色小城镇，强调因地制宜，依托历史文化、产业基础、资源禀赋，充分发挥地方特色优势。

2017年5月26日，住建部下发《通知》要求第二批300个国家级特色小镇在6月30日前申报完成。较第一批而言，第二批候选名额几乎是第一批的两倍，体量和要求都远超第一批。筛选标准更加严格，要求以旅游文化产业为主导的特色小镇推荐比例不超过三分之一。

据统计，31个省市规划体量远超三部委规划，约2000个左右。根据现有的特色小镇投资，结合三部委提出的1000个特色小镇的发展指标，未来将带动5万亿左右投资额。旅游小镇作为特色小镇的一个重要类型，成为了旅游产业的热点。

2．特色小镇和旅游

2.1　特色小镇与旅游小镇

特色小镇发展是经济转型和经济爬升的重要抓手。顺应发展需求和产业转型升级新阶段，大力推进特色小镇建设，是现实的要求。特色小镇，既是一个产业创新升级的发动机，又是一个个开放共享的众创空间；彰显了人文气质；既集聚了人才、资本、技术等高端要素，又能让这些要素充分协调，在适宜居住的空间里产生化学反应，释放创新动能。特色小镇大多是以历史文化、自然风光或者农副食品加工等为特色的旅游休闲小镇。除了旅游，还有各种产业小镇可以去培育和推进。

旅游的特色小镇是以旅游业为主要产业，并围绕其进行相关产业布局、功能配套和环境建设的新型旅游目的地，是旅游发展的新标志、新名片，是城镇化发展的新模式。旅游小镇依附于某类具有开发价值的自然景观或人文景观，并以为其开发或旅游服务为主的小城镇。旅游小镇=旅游资源+旅游设施+旅游服务+游客云集+小城镇。旅游小镇围绕一个旅游服务的主轴，在周围布置一系列的功能，用不同的功能去完成旅游中吃住行游购娱的全息旅游要素。

网上曾经对“特色小镇”作过“特色”是什么的调查，结果最多的包括美丽、迷人、独特、多样化、有活力、和谐、宜居等。按照这样的关键词，理想的特色小镇应该是小型的，有相匹配的适宜步行的街道，没有高楼大厦，不刻意建成旅游景点，与当地地貌和生态环境相协调的居所。

我国特色小镇为探索差异化和特色化的小城镇建设提供了良好契机，也为休闲时代开启了新的征途。一个小镇如果拥有旅游资源，并把旅游选定为特色产业，形成旅游资源和产品，依托于当地经济，提高旅游服务的标准化、高品质品牌，由其形成的竞争力是永恒的。

2.2 特色小镇的产业和旅游

特色小镇体现的是依据经济发展规律和社会发展阶段的经济发展方式升级和产业换代的“退虚向实”的产业导向。特色小镇的主流应以高端产业小镇为落脚点，占领产业链的高端，悉心培养发展真正重要的产业，如高等教育、科研、金融、智能制造、生物医药、新能源、新材料等符合国家产业战略发展的方向。高端产业特色小镇一旦形成，那么人才、教育等资源将会聚集，工作机会和税收将稳步增长，反过来推动了产业的进一步升级发展。

特色小镇的定位是“一镇一业”，日本在20世纪80年代初发起“一村一品”运动。该运动旨在鼓励各地发现和利用地方特色资源，包括文化遗迹、农产品等，并将其打造成为支持当地经济发展的支柱产业或产品。

产业和旅游很大程度上是相互矛盾和相互制约的。产业特色小镇必须满足两个条件，即私密和宜居。产业发展好的区域往往旅游不是主业，比如美国的对冲基金小镇格林尼治镇，聚集了数百家掌握几十亿乃至上百亿美元的基金公司，小镇的设施主要就是办公楼和住宅及一些高端生活配套，没有什么可旅游的。小镇居民对安全要求非常苛刻，物价水平比大城市还要贵很多，小镇既不欢迎游客，游客也不会有兴趣跑到格林尼治去住宿消费。航空发动机公司罗伊斯·罗尔斯总部辛芬小镇，产业还涉及到技术秘密和安全生产，小镇的管理方当然不会从旅游上赚钱，而是希望陌生游客越少越好。

旅游发展好的地方高端产业是很难集聚的。故而搞特色小镇，要分清先后和轻重，产业和生活靠前，文化和旅游靠后。

特色小镇与特色旅游小镇对比

	特色小镇	旅游功能特色小镇
与产业关系	发展高端产业和传统经典产业，如高等教育、科研、金融、智能制造、生物医药、新能源、新材料、高端制造、科技创新、物流贸易、信息、环保、健康、旅游、时尚（影视、动漫、设计等）、文化创意产业等，特色产业成为小镇的主题和符号，既承载着新产业的强势成长，又引领着传统产业的深度转型。	主要依托旅游资源发展泛大旅游，如自然与人文景观、休闲娱乐、民俗体验、健康养生、会议培训、婚纱摄影、手工艺品生产和体验之类。

续表

	特色小镇	旅游功能特色小镇
区位	对区位条件要求较高，需要有便捷交通与中心城区连接，需要周边相关产业链配套，适宜分布于大中城市周边地区。	对交通和区位要求较低，适宜布局于相对偏远但拥有特色旅游资源的地方。
核心配套需求	配套融资、法律、信息等各种产业服务平台，具有幼儿教育、优质医疗、社交空间、娱乐购物设施。	配套人文自然景观、酒店或民宿餐饮、民俗体验、娱乐与健康疗养设施等。
主要成本	产业与生活配套建设成本	景区开发与旅游建设成本
与城镇化的关系	特色小镇是新型城镇化的新探索；既缓解城市发展瓶颈制约，又积蓄农村发展新的能量。	满足城市人在休闲时代的休假旅游、体验旅游、生态旅游等慢生活需求，提高幸福感。
区域经济发展职能	区域经济发展的发动机。	区域经济平衡。
经济收入模式、盈利模式	高端产业或专业产业、强势主导产业强势产业支撑起居民稳定收入，整个产业同居民生活高度融合。	旅游服务收费与旅游地产。
开发主体核心竞争力	产业规划、招商引资与企业服务能力。	旅游开发、营销策划与管理服务能力。

总之，产业是特色小镇发展的生命力和内动力，特色是产业乃至小镇发展的竞争力，旅游之于“特色小镇”，并不是一个“生存或者毁灭”（To be or not to be）的问题。一个小镇的生成，最初大多并不是依存于旅游产业，文化是小镇的内蕴力，生态和生活是小镇的吸引力，旅游应该是最为靠后的产业，是小镇的辐射力。旅游对于特色小镇可能锦上添花也可能是画蛇添足惹人生厌的事情。

2.2 国外小镇的特色及其旅游

在世界各地，很多有名的小镇很有特色，主要有四种类型：

企业总部基地

由于小镇自然人文环境好、投资环境宜人、地价低廉、基础设施完善，一些知名企业总部设于小镇。如沃尔玛总部位于阿肯色州北部的小镇本顿维尔，人口只有2.5万；“股神”巴菲特投资帝国总部设在内陆小城内布拉斯加州奥马哈；微软的总部设在华盛顿州雷德蒙德市；美孚石油的总部设在得克萨斯州达拉斯县的欧文小城；雀巢公司总部位于瑞士日内瓦湖东岸、人口1.8万的小城沃韦；奥迪总部在德国巴伐利亚州的小城英戈尔斯塔特；印刷行业大佬海德堡印刷公司位于海德堡古城；西门子医疗器械公司位于纽伦堡附近的厄尔兰根。企业总部基地类小镇基本排斥旅游。

特色文化小镇

在国外，依托当地悠久的历史资源增加景区的文化内涵，有浓郁的艺术氛围。这些举世闻名的特色文化小镇，已成为令游客流连忘返的世界级旅游目的地。如埃吉桑镇保持完好的中世纪建筑，卢塞恩的教堂桥、文艺复兴时期的老店等，玲玲马戏团发源地巴拉布小镇，第一个原子弹制造地洛斯阿拉莫斯小镇等特色文化小镇，充分挖掘当地的文化，通过大型节庆等增加景区吸引力。如埃吉桑小镇的葡萄酒文化节庆及音乐小城卢塞恩的国际音乐节等，突尼斯的画家、艺术家及波西塔诺小镇的电影作品。它们的共同特点：小巧别致，各具特色，集合着专业博物馆、艺术画廊、乐团、历史遗迹等文化印迹，充满了浓浓的历史文化味，同时又立足现实、面向未来，拥有良好的自然和人文环境、别致的建筑和艺术氛围、丰富的美食和舒心的服务，扑面而来的现代气息触手可及，值得我国特色小镇旅游开发认真学习借鉴。

特色产业小镇

小城镇凭借自身的特色资源或地理区位优势，以某一类主导产业为支撑，带动当地的经济社会发展。如“苹果酒之路”的产业链苹果＋主题旅游的贝弗龙，瑞士西北部的拉绍德封是典型的做钟表的城市，依云小镇是做矿泉水的小镇，格拉斯是以制造香水出名的香水小镇。这些小镇在做好产业的同时，也锦上添花地发展了旅游。

匈牙利小镇索普朗（Sopron）距布达佩斯220公里，离奥地利首都维也纳60公里。每到周末，来自欧洲各地的游客从四处为牙齿聚集而来，一边度假一边医牙，那里花费便宜，最高可省70%。加拿大著名滑雪城惠斯勒举办过冬奥会。惠斯勒以旅游服务为产业主轴，辐射出高尔夫休闲、山地休闲、滑雪、山地自行车等旅游业态。瑞士特色小镇达沃斯位于德瓦河畔，四周群山环抱，空气干爽、洁净、清新。19世纪，达沃斯成为靠大自然治疗肺结核的一方宝地，被誉为“达沃斯旅游健康度假村”，在医学界地位卓越，每年有不少国际医学大会在该地举行。此外，作为全欧最大的滑雪场吸引了“世界经济论坛”在此召开并延续至今，名扬天下，吸引越来越多的人来此观光、旅游、运动、度假，成了集“医疗、会议、度假”于一体的旅游胜地。

生态宜居城镇

20世纪70年代后，美国出现“逆城市化”，大量人口从大都市中心区向周边城镇扩散。2007年，英国政府宣布在全国启动生态城镇建设项目，旨在为居民提供高水平、可持续的居住条件和环境。1959年始，法国创立“鲜花小镇”竞选。级别有一朵花、二朵花、三朵花、四朵花，最高荣誉四朵花。到2014年，法国一半的市镇都加入鲜花城市竞选的申请，共有227座市镇获得四朵花的荣誉，三朵花小镇则有1006座，二朵花和一朵花小镇共有3200多座。评选鲜花小镇的主要目的是为了提高市民的生活品质，用花草园艺来美化或改善市镇面貌，保护自然环境以更好地迎接游客，同时推进本地经济发展。鲜花小镇为第一旅游大国法国的旅游发展做出了杰出的贡献。

生态宜居小镇本身生态环境优美，独具特色的自然风光，或花团锦簇，或湖光山色。如埃吉桑小镇重视城市布局，卢塞恩小镇的湖光山色，波西塔诺独特临海观景房等都非常有特色，且以生态人居为发展特色，倡导自然悠闲的生活方式，避免过度商业化。小镇主要接待城市休闲居民。如免费演艺节庆提升文化品位且吸引了大量游客的瓜纳华托。

2.3 国内特色小镇的旅游

国内的旅游小镇有以自身拥有旅游资源成为旅游目的地的小城镇。此类型以古镇为主。古镇本身就是旅游吸引物，有特色建筑、风土情调、民俗文化等，典型是浙江乌镇；有以产业为依托的旅游特色小镇，如绍兴的越城黄酒小镇，台州的路桥沃尔沃小镇，平阳的宠物小镇，湖州的美妆小镇，庆元的香菇小镇，还有以无人机和巧克力生产为特色的小镇。梁祝爱情小镇以特色婚庆产业为核心，全力塑造东方爱情时尚主题形象，计划通过3年左右时间，打造一个集爱情产业、文化、旅游“三位一体”和生产、生活、生态融合发展的爱情特色小镇。还有的特色小镇是为前往景区旅游的游客提供住、行、食、购、娱等相关服务，作为旅游集散地，具有独特的区位优势，如黄山汤口镇。旅游发展不单纯是开发景点，更应注重将当地的风土人情和历史文化融合到生活场景中，让外来游客感受到一方水土一方人的情怀。

枫泾古镇投资建设了上海世界非遗文化城暨中国非遗总部基地。规划布局多个核心功能区，入驻落地的有：中国民间皮影艺术馆、中国剪纸博物馆、国际根雕艺术馆、中国钧瓷博物馆、全国少数民族文化演艺商品馆、非遗艺术博物馆、民间书画名家艺术区、非遗文化主题酒店、非遗文化主街等200多家（个）。全国各地的非遗传承人、非遗文化产业等纷纷进驻，一个规模性的“世界非遗特色小镇”正日益形成。

3. 特色小镇发展旅游要“脱虚向实”

目前旅游小镇普遍存在的问题是一哄而上、同质化、虚化现在，很多省片面扩大特色小镇，勉强依托一两个景点吸引游客，特色不明显，旅游虚化。特色小镇发展旅游的路径应坚持明确产业定位、文化内涵、旅游和社区功能的“产城人文”四位一体和生产、生活、生态融合发展，让小而美、小而精、小而专特色小镇脱虚向实地发展旅游。

3.1 特色小镇打造生活化的旅游

对于特色小镇和旅游业来讲，处理二者关系应注重：“三生融合”，即生产、生活、生态三者必备；“三位一体”，即产业、文化、旅游是标配；“三产融合”，即一、二、三产业融合。特色小镇一定要从走马观花型转变为生活居住型。当地居民在一个相对宽松的空间里，让旅行、旅居、旅游者“慢生活”，特色小镇是让人们能够住下来的居所，它有城市功能，包括教育、医疗、文化艺术、时尚、商业等服务；有青山绿水、新鲜空气、绿色食品、原生态的慢生活。游客可体验当地吃、住、行、游、购、娱及参与当地活动。小镇要有文化底蕴，功能完备。设计要体现步行、方便、多样性、独特风格、特色文化，要关注生活导向、功能混合、紧凑、微景观，以实现基础设施最有效利用，及能耗低、运营成本低。

要有原住民的居住和生活。住在小镇内的居民，不需要为外来者而刻意装扮迎合，维持本地生活的自然状态。居民和游客和谐相处、互相尊重，处处有风景，见物也见人，流露出高品质服务、高品质生活和由内而外的自信和美的细节，这些都是特色小镇发展旅游的基础。

3.2 特色小镇打造产业的旅游

特色小镇的“特色”取决于经济功能，小镇，重在“特色”“一镇一业”。生态型经济、绿色经济、信息经济是特色小镇开发的基本特点。特色小镇无论是发展环保、健康、旅游、时尚、金融、高端装备制造等现代产业，还是专注于美食手工、物产市集、风俗、茶叶、丝绸等历史经典产业；抑或特色仪式节庆、展会赛事与相关的上下游产业，都吸引着人们的目光。传统农业文明、现代工业文明、生态文明与当代信息技术的深度融合，都可以成为特色旅游小镇的产业追求。基金小镇、智慧小镇、制造小镇、海洋金融小镇、梦想小镇、云栖小镇、青瓷小镇、美妆小镇、巧克力甜蜜小镇……都在讲述不同的故事，专注于不同的旅游新业态。

3.3 特色小镇打造文化的旅游

特色小镇不只是经济名词，更是一个文化名词。“文化”＋“特色小镇”将区域特色文化与现代生产生活相结合，文化元素的挖掘与利用并在生产、生态、生活中深度融合，与产、城、人、文融为一体。传统农耕文明、游牧文明、乡村文化、传统建筑、古村落、传统生活方式塑造小镇特色风貌。特色名人故居、庄园农场、博物馆、文化传承与教育机构承担起本地文化保护、传承、创新、建设和品牌营造职责，正视、尊重、敬惜、爱护和善待本地文化基因，将文脉注入小镇，发挥市场主体作用开发文化创意产品，推动有价值的传统民俗和文化习俗与节庆、演艺、赛事经济相结合。为特色小镇打造品格，发挥文化服务作用，持续开展各种艺术普及和公共文化活动，用丰富的精神文化为特色小镇的旅游培育特色、品质和格调。

“罗马不是一天建成的”，特色小镇也大都经由历史形成。特色小镇建设要因地制宜，发展特色鲜明、产城融合、充满魅力的小城镇。特色小镇旅游着眼于不同的自然形态、历史过程、传统、居住群体、人物和故事及生存方式，演绎着不同的旅游。路漫漫其修远兮，种下梧桐树必将引来旅游这只金凤凰。

全域旅游推动下的新型城镇化

（本文写作于2017年，数据截止于2016年）

1．全域旅游与城镇化

1.1　概念辨析

全域旅游是指在一定区域内，以旅游业为优势产业，通过对区域内经济社会资源尤其是旅游资源、相关产业、生态环境、公共服务、体制机制、政策法规、文明素质等进行全方位、系统化的优化提升，实现区域资源有机整合、产业融合发展、社会共建共享，以旅游业带动和促进经济社会协调发展的一种新的区域协调发展理念和模式。

新型城镇化是指坚持以人为本，以新型工业化为动力，以统筹兼顾为原则，推动城市现代化、城市集群化、城市生态化、农村城镇化，全面提升城镇化质量和水平，走科学发展、集约高效、功能完善、环境友好、社会和谐、个性鲜明、城乡一体、大中小城市和小城镇协调发展的城镇化建设路子。

全域旅游以旅游业为主导产业，具有鲜明的地域文化，提供景区观光、小镇休闲、乡村度假有机结合的综合性旅游产品，促进了城乡区域协调发展。在新型城镇化建设的大环境及全域旅游发展中，许多具有代表性的旅游产业导向型城镇应运而生。旅游城镇化让农村人口转移到城镇，让城镇人口也到了农村。全域旅游是应对新城城镇化与全面小康社会大众旅游规模化需求的新理念、新模式和新战略。住建部公布的首批200家特色小镇中有70%与旅游业发展相关。“青山绿水、蓝天白云”和“特色文化、生活方式”是全域旅游发展的重要基础条件，也是新型城镇化追求的目标！

全域旅游具有新型城镇化重大国家战略对接和融合发展的优势。新型城镇化的“新”以提升城市的文化、公共服务等内涵为中心，真正使我们的城镇成为具有较高品质的适宜人居之所。新型城镇化要求不断提升城镇化建设的质量内涵，而全域旅游是中西部县域经济和市域经济发展的重要模式；是东部地区统筹城市空间、生产空间和生态空间的重要抓手，也是民生工程，因此，对于丰富城镇的质量内涵不无裨益，也体现了新型城镇化统筹和规划城乡一体化的特征，体现了经济社会发展的和谐与协调。

城镇化是衡量一个国家或地区经济、社会、文化和科技水平的重要指标。促进大中小城市和小城镇协调发展就是新型城镇化的要义。对于我国这样一个人口众多、陆域广阔、地理条件多样的国家，全域旅游有利于城乡联动统筹，提升城镇和区域整体价值，形成良性的城市规划。旅游城镇化顺应旅游业快速发展不断开发了新的旅游景点；老城或者生产制造业中心被作为新的旅游景点而得到再发展，促进传统城镇和工业化城镇的转型。旅游城镇化与我国所提出的新型城镇化高度耦合，囊括城乡统筹发展与城市的质量提升。旅游业也被视作新型城镇化的重要推力。

1.2 两者的关系

全域旅游集中体现了新型城镇化本质内涵，二者都遵循绿色发展理念和环境友好理念，着眼点都在小城镇或乡村；都强调了城镇的文化属性。澳大利学者马斯林提出“旅游城镇化”概念，旅游城镇为消费而建立，旅游引导着城镇化包含产业互动、文化传承、生态宜居等。在产业发展中特别重视旅游业的发展和相关产业与旅游业的协调，产业结构围绕旅游业来构建，以旅游带动经济的发展。

全域旅游为新型城镇化建设提供了有力支撑，形成新型城镇化的发展动力；全域旅游及由此引导的休闲农业、养老康疗、会议会展、创意文化、运动娱乐等泛旅游产业，推进旅游与文化、餐饮、生态、健康、体育等相关产业立体融合互动，拉长旅游产业链，形成附加值和溢出效应很高的泛旅游产业，具有产业、居住支持双重价值，是城镇化发展重要动力。

发展全域旅游是推进我国新型城镇化和新农村建设的有效载体。发展全域旅游可以加快城镇化建设，有效改善城镇和农村基础设施，促进大城市人口向特色旅游小城镇转移；带动现代生态农业和农副产业加工、商贸物流、交通运输、餐饮酒店等行业联动发展，为城镇化提供有力的产业支撑；发展乡村旅游、观光农业、休闲农业，能使农民实现就地、就近就业，就地市民化。发展全域旅游，注重区域协调发展，构筑良好的社会生活环境和生态环境，实现城市文明和农村文明的直接相融，促进农民提升文明素质，加快从传统生活方式向现代生活方式转变。

全域旅游对新型城镇化的作用

全域旅游的作用	对城镇化的影响
青山绿水产业	装扮城镇，诗意栖居，“山水城镇”“花园城市”“绿色城镇”，宜居、宜业、宜游的山水园林城市和国际旅游城市。
城市品牌	旅游提升城市的国际、国家和区域形象。
无烟工业	带动城市消费经济蓬勃发展。
人文软环境营造	人文城市，留住乡愁，文化传承。

全域旅游既是新型城镇化建设的重要方向和目标，又是构建特色城镇体系的重要路径。全域旅游让纷至沓来的游客“望得见山，看得见水，记得住乡愁”，使得我国的城镇化是新型的有温度的城镇化。

2. 全域旅游下的新型城镇化

在2016年全国旅游工作会议上，（原）国家旅游局局长李金早提出要推动我国旅游从“景点旅游”向“全域旅游”转变。围绕全域旅游，（原）国家旅游局发布了《国家全域旅游示范区认定标准》《全域旅游示范区创建验收标准》等多个文件，并且，在“十三五”旅游规划文件中均围绕全域旅游开展工作部署，加大了政策扶持力度。同时，全域旅游也得到了各级政府的重视和支持。全域旅游成为我国旅游业发展的一项国策。目前，国家旅游局已公布了首批262家、第二批238家的两批国家全域旅游示范区，以全域旅游开创旅游发展新格局。

2.1 绿色城市与全域旅游

“全域旅游+绿色城镇化”形成美丽乡村、旅游小镇、森林小镇、风情县城、文化街区、宜游名城及城市绿道、骑行公园、慢行系统，支持旅游小镇。围绕建设生态宜居城市发展目标，将旅游发展与城镇建设有机结合，推动城镇化建设。新型城镇化提出加快绿色城市建设，将生态文明理念全面融入城市发展，构建绿色生产方式、生活方式和消费模式。绿色城市建设重点是绿色能源、绿色建筑、绿色交通、产业园区循环化改造、城市环境综合整治、绿色新生活行动。在衣食住行游等方面，加快向简约适度、绿色低碳、文明节约方式转变，培育生态文化，引导绿色消费。

2.2 智慧城市与全域旅游

新型城镇化提出推进智慧城市建设：推动物联网、云计算、大数据等新一代信息技术创新应用，实现与城市经济社会发展深度融合；促进城市规划管理信息化、基础设施智能化、公共服务便捷化、产业发展现代化、社会治理精细化；增强城市重要信息系统和关键信息资源的安全保障能力。

全域旅游借助“旅游+互联网”“旅游+科技”，形成在线旅游产品、旅游大数据与智慧旅游产品，如旅游大数据中心、旅游大数据应用、智慧旅游交通、智慧旅游政务、未来景区、未来酒店等。全域范围内旅游交通和智慧旅游等服务体系的互联互通，强化“互联网+旅游”信息化建设，打造“无线畅游”目的地，形成以“导游、导览、导购”为特征的智慧旅游系统。建设客情监测与分析、在线行为分析、舆情监测平台等，构建旅游监管体系。建设乡村旅游营销服务平台及政务管理云等，保障数据实时共享，实现旅游产业运行全数据化管理。会同交通运输部门，推动各类交通间的相互衔接，实现零换乘，提供良好的旅游交通服务。

总之，全域旅游是智慧的，是数字化、网络化、智能化、服务化的，为新型城镇化的智慧城市建设提供有力的支撑。

2.3 人文城市与全域旅游

全域旅游的文化旅游打造人文城镇。新型城镇化提出注重人文城市建设，发掘城市文化资源，强化文化传承创新，把城市建设成为历史底蕴厚重、时代特色鲜明的人文魅力空间。加强国家重大文化和自然遗产地、国家考古遗址公园、全国重点文物保护单位、历史文化名城名镇名村保护设施建设，加强城市重要历史建筑和历史文化街区保护，推进非物质文化遗产保护利用设施建设。建设城市公共图书馆、文化馆、博物馆、美术馆等文化设施，社区配套建设文化活动设施，发展中小城市影剧院。建设城市体育场（馆）和群众性户外体育健身场地，社区有便捷实用的体育健身设施。建设城市生态休闲公园、文化休闲街区、休闲步道、城郊休憩带。开放公共图书馆、文化馆（站）、博物馆、美术馆、纪念馆、科技馆、青少年宫和公益性城市公园等等。

全域旅游以文化为城市精神，做大做强文化，传承和传播文化，以农庄特色经济进行农村经济转型探索，以旅游资源作为养生旅游品牌对外推广，以户外运动配套发展，开展旅游业主导的新型城镇化实践，将城市建设成为经济社会协调发展、生态自然持续发展，文化魅力独特、城乡统筹的新型宜居山水旅游城镇。为让居民“望得见山、看得见水、记得住乡愁”，将古建筑、古遗址纳入和谐城市建设规划中，使古建筑与山水自然衔接，文化与城镇有机融合。全域旅游，核心品牌景区、城市建设、文化、服务、市民的热情好客度等各方面都成为旅游要素，游客进入之后有一种融入感，能够全城体验，这是由旅游资源、城市氛围、市民素质、区位条件、交通条件和市场条件等多方面因素综合形成的城市品格，旅游与城市的发展形成了一种相互作用的耦合效应，融合度非常好。

全域旅游将一个城市的文化遗存、非物质文化遗产、民俗风情转变为吸引物并迅速地传播出去，形成目的地品牌形象。另外，旅游的外向性和美好性，也能提升城市品牌的知名度和美誉度。

3 全域旅游城镇化展望

旅游城镇化与新型城镇化高度耦合，囊括城乡统筹与城市质量提升。区域内若干城镇和乡村，作为全域旅游在新型城镇化方面的突破口和切入点，旅游推动城乡统筹，“城乡一体、区域协调、城乡均衡、基本服务均等化”，在大城市周围，打造环城游憩带，形成依托小城镇、旅游区、村落而发展的休闲带。构建“向心发展、组团布局、统筹融合”的城镇发展体系，从全域产业布局、综合交通、公共服务、基础设施、生态环境、信息与社会管理等方面构建全域城镇化发展支撑体系。打造集现代新城、活力新区、特色新街、优美新居于一体的新型城镇化结构，加快城乡一体化发展。未来，田园城市建设是新型城镇化中最为有特色的部分，是旅游城镇化的重点内容。

全域旅游将成为一项中长期国家战略和国策，通过全面改善和提升区域内公共服务水平，基本服务均等化的全域旅游城镇化，全域旅游战略的意义和影响将远远超越旅游领域。全域旅游将成为促进新型城镇化的新引擎，是历史赋予旅游人和旅游业的巨大机遇。从生态建设来看，全域旅游将成为区域统筹协调发展的重要模式，届时会塑造一批生态城市全域旅游目的地品牌。全域旅游将成为新型城镇化建设的新载体。全域旅游成为老百姓的旅游生活新方式、幸福源泉和小康指标。全域旅游将更加有效地促进社会结构优化、人民素质提高、各民族融合、社会治理能力提升。以全域旅游设计为载体，强调全域可持续发展的理念，在“全域旅游”中统筹推进新型城镇化建设。

凯撒的归凯撒，上帝的归上帝
——特色小镇旅游面面观

（本文写作于2018年，数据截止于2017年）

1．特色小镇回顾和盘整

特色小镇自2014年兴起到现在，刚好到了转折点，过去一段时间称为特色小镇的野蛮生长期。2017年12月，“特色小镇”一词在中央经济工作会议中首次亮相，“引导特色小镇健康发展”成为经济工作的一部分。2018年特色小镇创新发展年会指出，全国共有20个省份提出特色小镇创建计划，目前全国特色小镇总计划数量已超过1500个，加上住建部此前公布的两批403个全国特色小镇，今后全国将会出现近2000个特色小镇。商务部原副部长魏建国指出，特色小镇的建设，将成为下一步打造全球最好城市群的最大竞争力，而特色小镇的发展最缺的两个字是“理念”。目前特色小镇的主导产业主要有两类，一类是旅游产业，另一类是加工产业。旅游小镇是以旅游产业为主导的小镇。作为城乡枢纽与结合点的旅游小镇，是休闲娱乐的理想去处。随着旅游业作为幸福产业，其拉动内需的经济作用越来越大，促进社会发展的民生意义越来越重要。旅游小镇被市场不断接纳，被越来越多的游客接受，旅游小镇取得明显的发展，也成了“特色小镇”中取得成绩最大的一类。

1.1 特色小镇承载的功能和期望值

中国自古以来就是农业立国、农业大国，改革开放40年后，我国正处在从农业社会转向城市社会的过程中，新型城镇化如火如荼地进行着，无论是政府、政策、产业、金融、协会、社会组织等都把特色小镇当作时代的代表，旅游小镇作为特色小镇当中的一大类，近几年成为热点。

“十九大”后，以新理念、新思路、新方法，从新经济发展的角度贯彻落实国家战略，探索中国特色小镇建设与发展。国家特色小镇，是一个集产业、文化、旅游和社区之功能于一身的一个新型聚落，是以产业为核心，以项目为载体，生产、生活、生态相融合的一个特定区域。特色小镇建设风生水起，作为发展实体经济的重要载体，作为国家供给侧结构性改革的重要平台，是连接城市和农村的枢纽，破解城乡二元结构问题的一把钥匙。特色小镇是鼓励农民就近城镇化、促进城乡一体化发展、引领新型城镇化的“特色担当”；是新常态下培育经济增长新动能、促进产业升级的有力手段；是形成“产、城、人、文”四位一体的有机融合，落实五大发展理念的重要平台。特色小镇集聚特色产业、融合文化、旅游等功能，是促进区域经济结构转型升级的内在要求，构建了区域经济发展新业态，引领区域经济新发展。在促进创新创业、服务“三农”、承接城市功能疏解、推动新型城镇化建设和产业转型升级、经济转型升级方面，以及在三产融合、区域经济转型、乡村振兴和区域协调发展等领域成为重要的推动极点。

1.2 特色小镇建设存在的问题

特色小镇自兴起到现在，经历了过去一段时间特色小镇的炒作期和野蛮生长期。旅游业作为融合度最高的产业，往往被概念化的特色小镇绑架；同时由于进入新时代的矛盾转化期，旅游业因为其对于生活方式最为直接的影响和指数表示，被特色小镇从各个方向借用，“旅游+”的提出推波助澜，批量式、规模化的特色小镇建设陷入了认知误区，运动式、房地产化和打着旅游的名义将小镇“旅游化”等短期行为给特色小镇可持续发展埋下隐患，出现了一系列问题：

（1）特色小镇产业特色不鲜明，产业不集聚，产业不“特”，“特”而不“强”，不能支撑特色小镇的发展。导致特色小镇产业业态“脱实向虚”、产业主体“脱实向弱”、产业空间“脱实向空”等问题。

（2）土地利用粗放，土地利用不集约，城镇功能不集中，简单追求规模大、面积大。居民参与不够，对小镇的身份认同度、归属感不高。特色小镇的重要特征是“小而精”，关键是做强特色和提升品质。

（3）定位不明确，特色不明显，形态不优美，同质化严重。脱离当地的文化底蕴、历史文脉、自然景观，与当地文化、要素资源、产业基础的结合不足，导致小镇形态不优美，缺乏原乡原味、引人入胜的独立性。

（4）特色小镇背离了经济转型、区域协调发展内在要求的发展初衷。忽视了特色小镇发展的应有条件，计划总投资金额特别高、规划面积远超小镇要求、投资方缺乏项目长期运营的经验、出现了政府债务过高的风险。

（5）将圈地与旅游开发相结合，出现了房地产化倾向，在强调环境、文化、旅游等等功能时却忽视了产业和特色。存在大量“以小镇之名、行房地产之实”等现象，存在将特色小镇作为“拿地拿钱”的招牌和盲目跟风现象。

（6）多集中在新兴产业或旅游文化产业小镇项目。新兴产业小镇缺乏基础，容易概念化，旅游、文化小镇则容易避重就轻，倾向于直接利用旅游文化资源，而非结合产业深度开发。打着特色小镇旗号，依托旅游资源，搞房地产开发。

（7）市场主体定位不准，市场机制的运用不够，政府“赤膊上阵”，大包大揽、只管前期申报不管后期发展，将特色小镇作为招商引资“风口”，出现将指标任务逐级下派倾向，忽视了对企业主体的培育，没有放手引入社会力量和吸引社会资本。

（8）追求特色小镇的建设数量，忽视了质量。短平快地建成特色小镇，甚至盲目发展，“大干快上”的苗头在特色小镇开发建设领域有所体现。

因此，发展特色小镇需要站在经济、政治、文化、社会、生态等前瞻性、全局性战略层面，以更宽阔的视野、精准的目标、清晰的路径、务实的操作、深远的效益为工作要求，探索中国特色小镇的创新性发展。

2．特色小镇的政策、主管部门

2.1　相关政策涉及部门广、发布密集

由于特色小镇抓住了时代的脉搏，从上到下引起了政府的广泛关注及重视，国家层面出台了相应的多个指导文件，这些出台的政策分别由国务院、国家发展和改革委员会、工业与信息化部、财政部、（原）国土资源部、（原）环境保护部、住房和城乡管理部、水利部、农业部、（原）林业部、（原）国家旅游局、国家体育总局、国家中医药管理局等13个部委局单独或联合发布。此外，国家发改委、住建部、财政部、（原）国家旅游局、国家林业局、国家农业部、国家工业和信息化部、国家中医药管理局等八大部委局积极鼓励社会力量参与到特色小镇建设。涉及部门之广、规格之高、密集程度如此重大，实属前所未有。金融机构涉及国家开发银行、建设银行、农业银行、光大银行等，机构涉及中国企业联合会、中国企业家协会、中国城镇化促进会等。截至2017年底全国共发布特色小镇相关政策192个，其中，国家层面共发布27个、省级政策93个、市级政策72个；共有26个省市区发布了特色小镇相关政策，其中，浙江省最多，发布了25个政策。

中共中央、国务院《关于深入推进新型城镇化建设的若干意见》（国发〔2016〕8号）明确提出加快发展特色小镇后，国家有关部门开始大力推进相关工作。

关于特色小镇建设政府文件主要包括：

国家发展改革委主导的2016年2125、2604号文和2017年102、2084号文：

国家发展改革委《关于加快美丽特色小（城）镇建设的指导意见》（发改规划[2016]2125号）；

国家发改委、国家开发银行、中国光大银行、中国企业联合会、中国企业家协会、中国城镇化促进会等机构《关于实施“千企千镇工程”推进美丽特色小（城）镇建设的通知》（发改规划〔2016〕2604号）；

国家发展改革委、国家开发银行《关于开发性金融支持特色小（城）镇建设促进脱

贫攻坚的意见发改规划》([2017]102号);

国家发展改革委、(原)国土资源部、(原)环境保护部、住房和城乡建设部四部委发布的《关于规范推进特色小镇和特色小城镇建设的若干意见》(发改规划〔2017〕2084号)。

住房和城乡建设部主导的2016年的71、147、220、221号文和2017年的27、81、144、178号文:

住房和城乡建设部《关于做好2016年特色小镇推荐工作的通知》(建村建函[2016]71号);

住房和城乡建设部、国家发展改革委、财政部《关于开展特色小镇培育工作的通知》(建村[2016]147号);

住房和城乡建设部、中国农业发展银行《关于推进政策性金融支持小城镇建设的通知》(建村[2016]220号);

住房和城乡建设部《关于公布第一批中国特色小镇名单的通知》(建村[2016]221号);

住房和城乡建设部、国家开发银行《关于推进开发性金融支持小城镇建设的通知》(建村[2017]27号);

住房和城乡建设部、中国建设银行《关于推进商业金融支持小城镇建设的通知》([2017]第81号文);

住房和城乡建设部《关于保持和彰显特色小镇特色若干问题的通知》(建村[2017]144号);

住房和城乡建设部《关于公布第二批全国特色小镇名单的通知》(建村[2017]178号)。

国家体育总局2017年73号文:

体育总局办公厅《关于推动运动休闲特色小镇建设工作的通知》(体群字[2017]73号)。

国家林业局2017年110号文:

国家林业局办公室《关于开展森林特色小镇建设试点工作的通知》(办场字〔2017〕110号)。

农业部2017年27号文:

农业部办公厅《关于开展农业特色互联网小镇建设试点的指导意见》(农办市〔2017〕27号)。

其中住建部发布的政策文件最多,而(原)国家旅游局并没有单独发布“特色小镇”的政策。总之,一系列重要文件的发布,给特色小镇建设注入了越来越多的新动力,同时也带来了越来越多的新疑问。

2.2 主管部门多头管理

主管行政机构出现多头。除住建部统筹推进特色小镇建设外,体育总局、农业部、国家林业局结合自身相关领域及产业发布小镇政策，国家中医药管理局提出中医药文化小镇；（原）国家旅游局、国家林业局提出旅游风情小镇、森林小镇；国家农业部提出农产品加工特色小镇、农业特色互联网小镇；国家工业和信息化部、财政部提出工业文化特色小镇；住建部提出美丽宜居小镇；国家发改委、住建部、财政部提出国家级特色小镇等等；同时，各地政府、产业资本、房地产商等都开启了小镇发展模式。截至2017年，全国34个省市自治区中，有23个地方政府启动了特色小镇培育创建工作，其中发改委牵头的有19家，住建厅牵头的有4家，仅北京、新疆、上海、河南、山西、贵州、青海、西藏8个省市区尚未启动。

特色小镇创评开展以来，相关政策制定、指导检查、国家级特色小镇的复核发布等工作一直是住建部在牵头开展，而《意见》中明确提出由国家发展改革委牵头并增加（原）国土部、（原）环保部，意味着未来特色小镇将更加注重生态环境的保护和土地的管控。《意见》提出的资源约束、生态约束，如何体现在特色小镇的管理方面，是发改委、环境资源部、住建部、生态环境部在今后相当长一段时间内需要探索的问题。

基本申报条件存在分歧，给特色小镇的申报和推进工作带来了较大困扰。国家体育总局、林业局、农业部的特色小镇与住房和城乡建设部、发展改革委、财政部倡导的特色小镇有区别。创建制度、达标制度、检查制度、淘汰制度都在探索之中。各地的特色小镇的申请、维护、建设和可持续发展更需要制度环境、制度要求和制度建设。

建制镇还是非建制镇。发展改革委的相关通知明确特色小镇分建制镇和非建制镇两种，但住建部发布的第一批特色小镇全是建制镇，第二批也要求是建制镇。这说明了对于政府和市场的两种力量在特色小镇中的作用的不同认识。那么今后特色小镇的建设是市场起决定作用，还是政府的指导作用更大，在新时代的发展中，还是需要实践检验。

3．特色小镇与旅游

3.1 我国的特色旅游小镇

旅游小镇作为特色小镇当中的一大类，很多旅游小镇，集聚的是消费，集聚不了特色产业，而这些所谓的特色小镇其实就是度假小镇，还到不了特色小镇的层面。另外，有些小镇把原本的产业基础进行简单升级，将类似于劳动密集型的产业装到小镇的概念里，这种嫁接形式强调了产业，但缺乏特色，最终的成品缺乏竞争力和吸引力。

我国旅游小镇发展过程中缺乏旅游规划，许多旅游小镇没有旅游规划，开发无序；许多规划水平相对较低，缺乏操作性，项目雷同、缺少内涵。旅游小镇产业生存环境还有很大的提升空间，旅游产业发展过程中还存在着行业准则不完善、市场机制不健全、功能配套不到位、融资渠道缺乏多样性、旅游产业发展与当地居民利益冲突等诸多问题，产业生存环境依然面临着诸多考验。我国旅游小镇掠夺式开发给区域经济、生态环境及传统文化等方面带来了诸多负面影响。我国城郊旅游小镇的开发还处于初期阶段，开发层次还比较低。

2017年，国家发展改革委、（原）国土资源部、（原）环境保护部、住房和城乡建设四部委发布《关于规范推进特色小镇和特色小城镇建设的若干意见》明确提出要坚持创新探索、因地制宜、产业建镇、以人为本、市场主导的原则，提出“两不能”：即不能把特色小镇当成筐，什么都往里装；不能盲目把产业园区、旅游景区、体育基地、美丽乡村、田园综合体以及行政建制镇戴上特色小镇“帽子”。提出“四严”：严防政府债务风险，尽可能避免政府举债建设进而加重债务包袱；严控房地产化倾向，防范“假小镇真地产”项目；严格节约集约用地，避免另起炉灶、大拆大建；严守生态保护红线，禁止以特色小镇和小城镇建设名义破坏生态。

因此，需要对特色小镇和特色小城镇进行明确区分，更需要对“特色小镇”和旅游小镇进行区分，克服眉毛胡子一把抓的毛病，突破核心问题，正确规划小镇发展，正确发展产业，正确发展旅游，“凯撒的归凯撒，上帝的归上帝”，为分类指导打下基础。但是我们需要明确和强调的是，建设“特色小镇”不是为了发展旅游，是我国供给侧改革的重要平台，着力点要发展供给侧小镇经济，旅游并不是“特色小镇”的必需品，过分强调，更像是画蛇添足。

3.2　国外小镇建设与旅游发展启示

1959年开始的法国的鲜花小镇评选是为了突出城市建设，提高小镇居民的生活品质，用花草园艺来美化或改善市镇面貌，保护自然环境，同时推进本地经济发展。不想，最后意外收获了旅游。鲜花小镇评奖级别有“一朵花”“两朵花”“三朵花”“四朵花”。2014年，法国一半的市镇都加入鲜花城市竞选的申请，其竞选标准非常严格，评奖标准如下：①小镇的天然景色和植物遗产占50%；②当地政府为改善生活环境、保护环境卫生所做的工作占30%；③游客增值度、教育发展、市民的参与和敏感度等，占20%。目前共有227座小镇获得四朵花的荣誉，1006座三朵花小镇，有3200多座二朵花和一朵花小镇。这些鲜花小镇在改变小镇面貌，提高居民生活质量，发展经济的同时，也带了旅游业的繁荣。所以，旅游不是急功近利的事情，特色小镇发展好了，环境好了，基础设施公共服务上去了，何愁旅游不发展呢？对于鲜花小镇，旅游是水到渠成的事情。

再举出一个德国小镇的例子。从世界看，德国历史城镇遗产保护成绩显著。遗产保护包含两个方面：文物（纪念物）保护和文物维护。德国历史城镇作为文化遗产的一种类型予以保护，从对单体建筑的保护，到老城区重建，对历史城镇进行成片区的保护，从国家层面大力推动，联邦、州、地方联合参与，专家团队全程咨询，高质量实施了大量对历史城镇进行保护的项目。德国联邦及各州都精心进行文物与历史城市或历史街区关系紧密的整体性文物保护，包括建筑群、重要的街道、广场及景致、街区、历史公园、历史性生产设施等。德国的历史城镇数量可观，美好的历史城市景观得到非常小心的保护传承，并很好地协调了现代生活设施与传统格局肌理、传统建筑之间的关系。2007年，欧盟发布《莱比锡宪章》后，历史城镇复兴对于地区与国家发展具有了更为重要的战略意义，也带来了德国小镇整体提升，自然而然的伴随而来的是旅游发展，吸引了世界各地的游客。

英国创意小镇、美国硅谷小镇都是着眼于产业，当产业发展了，带来一大批对于创意产业、科技创新创业的朝圣者，客观上也促进了旅游的发展。

总之，“凯撒的归凯撒，上帝的归上帝”，不必在意特色小镇是不是为旅游而生的，只要各个部门、各方行业、各个产业、各个城镇做好了该做的事情，那么旅游自然就会跟进。

3.3 “特色小镇”的旅游发展建议

我国旅游小镇可细分为旅游资源主导型、旅游接待型、特殊行业依托型三类。我们对这三种类型分别进行叙述。

（1）资源主导型的旅游“特色小镇”

资源主导型旅游小镇包括自然资源主导型、历史文化资源主导型、旅游商品主导型，这是目前我国申请成功“特色小镇”最多的一类，也是旅游立业最本底的一类，文化传统传承、生态红线、资源约束将是此类旅游小镇的关注重点。

因此，资源主导型旅游小镇的建设重点在于：①营造独具特色的空间景观。充分考虑自然环境、地理条件因素，匹配建设城镇基础设施，挖掘历史文脉、民俗文化、风土人情，营造独具特色的空间景观，实现景观本土化、景观人性化、景观主题化、景观情境化和景观生态化。②打造协调统一的城镇风貌。注重山系、水系、绿系和人文的协调统一，形成人与自然和谐相融的建筑空间组织和多样化、个性化的景观风貌。③建设生态宜居的城乡空间形态。加强城镇生态文明建设，优化投资环境，提升环境生产力，构建空间尺度紧凑开放、生产空间集约高效、生活空间舒适宜居的美丽城镇。

（2）接待型的旅游“特色小镇”

旅游接待型包括以餐饮和住宿为主导的旅游小镇，以旅游地产为主导的城郊小镇，这是我国打着旅游的名号进行圈地和房地产开发、存在问题最多一类小镇，也是《关于规范推进特色小镇和特色小城镇建设的若干意见》提出来的需要整顿的最大的一类。未来将有大批的此类小镇经历兴衰的大浪淘洗，最后才能胜者为王。

对于这类“特色小镇”，首先挖掘特色产业与休闲度假、文化创意、体验学习的关联点，推进产业功能与旅游功能的深度融合，开发产业性旅游项目和产品，做强做优产业品牌，建成特色产业全产业链；其次推动产业与文化融合发展，深挖文化内涵，使文化符号价值、文化经营理念等向相关产业渗透，提升产业文化内涵和边际效应，实现产品的“文化美学增值”，扩大文化消费，实现文化经济价值；最后，构建以产城融合为导向的社区生活空间，实现生产空间和生活空间的高效链接，合理配置医疗、教育、养老、娱乐等公共服务资源，营造现代化宜居宜业环境，增强居民的身份认同度和社区归属感。

（3）特殊行业依托型的旅游“特色小镇”

这是我国最为重要的一类小镇，但是也是和旅游关系似乎最不明显的一类，“小城镇、大承载”，承载着最多功能和希望的小镇，特色产业、优势产业的培育，通过产业的聚集和带动效应，既能与区域结合，也推进城镇化和产业发展。随着产业的发展，旅游的形成是自然而然、水到渠成的。

因此对于这类特色小镇要因地制宜推动产业做特做强，科学定位产业发展方向。大城市周边具有区位优势的卫星城，要主动接受中心城市的辐射和产业转移，重点培育成为休闲旅游的专业特色镇；远离中心城市的小城镇，加强基础设施和公共服务建设和融合发展，分区、分类打造“生产、生活、生态”融合的美丽小镇，营造独具特色的空间景观，打造协调统一的城镇风貌，建设生态宜居的城乡空间形态，将特色小镇打造成为绿色发展的排头兵。

总之，对于“特色小镇”来说，2016年是启蒙年，2017年是探索发展年，而2018年是矫正年，是由战略规划向落地实践推进的关键一年。但是对于旅游来讲，无论是2016、2017、2018年，还是未来的很长时间，发展旅游幸福产业、建设旅游强国，实现中国梦都是要勇往直前的！让“特色小镇”去做“特色”和“小镇”吧！让我们去做好旅游吧！

城市有机更新与旅游发展的共建共享

（本文写作于2017年，数据截止于2016年）

目前“世界遗产”“保护和延续城市文脉”热方兴未艾，“假日经济”“休闲旅游”持续升温。在“城市有机更新”理论的基础上，“城市有机更新”如何协调“文化遗产”与“旅游”发展，如何协调“遗产保护”和“旅游开发”，通过整体的城市更新规划和环境艺术设计使得在“文化遗产实现保护”“延续传统文化”“留下乡愁”的基础上实现可持续旅游开发战略的目的，成为一个重要的课题。

1. 城市有机更新与旅游

1.1 城市有机更新理论

“城市有机更新”是指采取适当规模、尺度，改造的过程更好地权衡当前和未来，更凸显以人为本，提高规划和设计质量，并保证城区完整性的更新模式。城市更新最早起源于“二战”后欧美各国对不良住宅区的改造，随后扩展至城市其他功能地区的改造，以改善旧的城市中心衰退现象，恢复城市生机。

20世纪80年代，我国著名建筑学家吴良镛就提出城市“有机更新”的理论构想，即城市是一个生长的“有机体”，通过自身的“新陈代谢”来实现可持续发展。21世纪初，吴良镛再次提出“积极保护、整体创造”的观点，将遗产保护与建设发展统一起来，不仅要保护文化遗产的原有风范，还要使新建筑具有时代风貌。今天的城市更新是可持续的有机更新，是城市的动态更新，既涉及到物质性的更新，也涉及到非物质性的更新。城市的有机更新既是机遇更是挑战。

1.2 城市有机更新与旅游

城市有机更新是一种城市化，旅游在其中起到重要的作用。城市化的有机更新使得旅游和休闲成为城市人的生活方式。城市更新可以实现城市旅游发展，是城市的理想、艺术和价值的体现。适度的利用是最好的、最有效的保护方法，旅游就是适度的城市保护。城市有机更新特别强调城市的合理利用问题，这里的利用就包括旅游，处理好更新、保护、利用，结合旅游开发，将城市历史文化“找出来、保下来、用起来”，增添城市历史特色和文化内涵。

城市有机更新按照“传承历史、延续文脉”的思路，深入挖掘保护城区的自然景观和人文景观、着手展开恢复和重建工作，充分展示城市历史文化要素。城市更新有助于改善城市综合生活品质。城市更新要与改善民生相结合，而衡量城市居民生活品质的重要指标就是旅游和休闲。

2. 城市有机更新与文化旅游

2.1 城市有机更新以文化为引领，促进城市旅游发展

旅游大都市往往也是文化大都市，伦敦、巴黎、东京、纽约、巴塞罗那既是独一无二的世界文化城市，也是世界著名的旅游城市。美国知名学者刘易斯·芒福德（L.Mumford）曾说城市是文化的容器，城市文化归根到底是人类文化的高级体现。沙里宁说“城市是一本开启着的书，从中可以读到理想和抱负”。文化是一座城市的“根”与“魂”。文化蕴涵了城市发展的根本动力。文化主导下的城市更新对于城市旅游经济的推动效果很显著，对于城市经济多样化、解决工业衰退造成的城市经济问题有着积极的作用。

城市有机更新在规划上注重文化导向，体现文化品位：不仅注重整体文化氛围，更注重历史的碎片、文明的碎片；不仅注重保护历史文化，更注重发展先进文化，科学解决老旧城区环境品质下降、空间秩序混乱、历史文化遗产损毁等问题，促进建筑物、街道立面、天际线、色彩和环境更加协调、优美。城市有机更新实现了保护城市历史风貌、保留城市文化特色与改善居民的生活环境、发展旅游经济的一举多得。

例如上海在城市快速发展的同时，也遭遇到文化传承的挑战。但上海发挥文化引领作用，提升城市内涵。上海的城市更新将艺术注入城市空间。通过发挥文化引领作用，将上海飞机制造厂车间改造成徐汇西岸艺术中心，举办城市艺术季；上海艺术化地提升了街道空间品质，开展成片保护历史街区计划，如田子坊，塑造城市特色风貌，使得城市有机更新成为打造城市文化旅游的手段。上海外滩、田子坊和石库门的更新案例探索出了城市旅游的新模式。

2.2 历史文化名城的有机更新与旅游

近三十年来，国内大多数历史文化名城都在“拆老城、建新城”中遭到不同程度的破坏，历史文化名城留给人们的历史和文化的记忆正愈来愈少。历史文化名城的保护应该是建立在城市更新基础上的一种去粗取精的再加工、再弘扬的过程，在有机更新中挖掘历史资源、展示文化特色。在城市有机更新中充分利用好城市历史文化遗产，增加城市的品位，化腐朽为神奇，打造生活品质之城，回应居民和旅游者怀旧审美体验的文化

需求、回应地方的文化特色，是城市更新中不可动摇的法则。城市有机更新要以历史文化名城建设为抓手，全面推进人文景观的有机更新，推进城市的有机更新和旅游发展。

厦门老城区的有机更新，利用渔港文化元素，再现沙坡尾历史；启动沙坡尾避风坞整体提升项目，美化提升沙坡尾形象。鹭江老剧场文化公园开展旧物早市、鱼市学堂、老手艺展示等活动，唤醒市民对老厦门的记忆，点燃市民关注城市历史的热情。恢复原来的宗祠广场风貌，呈现老厦门生活场景。城市有机更新打造了厦门历史文化旅游休闲点。

杭州是国务院首批命名的国家历史文化名城、中国七大古都之一，历史文化积淀十分深厚。杭州以城市“河道有机更新”推进“城市有机更新”，以此带动河道两侧建筑物的整治、历史文化遗存的保护。以展示城市文脉为中心，推动京杭运河（杭州段）沿线滨水区活力再生型更新。更新中注重“修旧如旧、注重文化、以民为本、可持续发展”，实现城市水环境发展与风景区环境发展的良性互动，促进旅游业、休闲业的可持续发展。杭州通过城市有机更新保护历史、延续文脉，在推进城市化中当好历史文化遗产的“薪火传人”。杭州通过走城市有机更新道路，让杭州天蓝、水清、山青、花艳，通过旅游做到既要“金山银山”，又要“绿水青山”。

2.3 城市有机更新将文化历史街区保护和旅游景区建设相结合

随着现代文化观念对民俗、传统文化的冲击，市场经济与商业化对文化的侵蚀，导致城市特色的消失和历史文化环境的破坏。城市有机更新保护历史文化风貌，有序开展城市老旧城区修补和更新提升，延续城市历史文脉，保护城市历史文化街区。城市里的老商业区、历史街区承载着地区的变迁印迹，注重特色保护的改造策略更有利于旧城持续有机的更新，更新的规划设计尊重历史和现状，继承城市在历史上留存下来的各类资源和财富。城市有机更新能够通过综合保护手段来改善城市旅游形象，并以此来发展文化旅游。

例如开封市书店街与日本东京神田书街齐名，位于开封市中心繁华的商业区，是世界两大古街之一，是我国唯一一条以“书店”命名的街道，是保留开封古城历史风貌的典型街道，也是唯一一条没有进行大拆大建的历史老街。书店街的历史可追溯到北宋时期，《东京梦华录》记载哪里是东京城里最繁华的街市，沿袭有近300年的历史。开封通过城市有机更新，把书店街建成了为旅游者提供购物、餐饮、娱乐等活动场所的有特色的历史文化街区。

开封市以大宋文化、古都历史和人文底蕴为背景，以书籍、书画、书房文化为主题，以书店街及相邻、相连街巷为载体，以旅游、休闲、购物、展示为业态，以明清建筑为风格，将文化历史街区保护和旅游景区建设相结合，把书店街打造成高标准、高水平的特色历史文化街区。将文化历史街区保护和旅游景区建设相结合，突出文化内涵，彰显主题特色，同时将旅游与休闲列入书店街建设目标，将书店街打造为特色历史文化街区型旅游商业区，满足社区游憩和城市旅游的需求，以城市营销和文化遗产的开发利用为特点，发展消费型文化产品，吸引了大量的游客。

2.4 城市有机更新促进城市的遗址公园旅游

遗址公园模式是针对遗址保护与利用提出的一种方法，将遗址保护与公园设计相结合，运用保护、修复、展示等一系列手法，对有效保护下来的遗址进行重新整合与再生，将已发掘或未发掘的遗址完整保存在公园范围内，是目前国内外对遗址进行保护、发掘、研究和展示的较好方法。遗址公园建设推动了旅游业发展，增加了城市历史文化旅游品牌的竞争力。遗址公园是一种有效的城市有机更新方式，使社会公众身临其境，达到重温历史、增长知识、荡涤心灵的目的。像日本的平城京遗址和意大利庞欠遗址，西安钟鼓楼、碑林、城墙，北京皇城根遗址公园中的部分城墙、城门遗址、明城墙遗址公园部分城墙遗址和元大都遗址公园中北城垣，罗马部分城墙、输水管道、道路等遗址均采用此种方式保护。遗址公园贴近城市生活，有利于化解遗址保护与城市发展的矛盾，也为城市的旅游提供了方便。

例如嘉兴市内现存唯一一处古城遗迹子城，是嘉兴城市历史的见证，无可替代的重要历史景观符号，体现了嘉兴历史文化积淀与城市形成的载体，见证了嘉兴1780多年的城市历史文脉。嘉兴通过城市有机更新，采用遗址保护的理论和方法进行保护利用，建成了子城遗址公园，真实而充分地展示从宋元以来嘉兴的历史文化进程，子城城市遗址公园把区域内的其他文物古迹、遗迹遗址、民居、宗教建筑及园林等展示历史文化的各类标志物在空间上有机组织起来，打造以子城为中心的历史文化休闲核心区，成为城市旅游的一张重要的名片。

3. 城市有机更新打造城市的旅游文化中心和地标

美国的巴尔的摩，早期开发把工厂当中的设备都留下来，后来作为旅游的文化资本。西班牙北部城市毕尔巴鄂，20世纪50年代从生活城市变成冶金工业基地，20世纪90年代开始城市转型，把一个冶金工业基地转变为文化旅游的地标，现在该城市正努力成为欧洲的文化旅游和商务旅游中心。德国汉堡2003年开始了跨易北河的发展规划，把两岸缝合，把城市的空间和整个景观的开发、产业开发结合在一起，在原来的仓库基础上建造易北音乐厅，花8亿欧元改建一个历史建筑，成为德国北部的文化旅游地标。

芝加哥市是美国中西部地区的中心城市，制造业基地，中西部地区最大的金融、商业、交通中心。城市起源和发展与水有着密切的联系，为五大湖地区最大的湖港。芝加哥通过1909年勃南的“芝加哥规划”对密西根湖湖滨地区有机更新的保护与发展，对湖滨地区进行精致的建设规划，将湖滨地区从铁路、仓库、工业手中“夺”回来，作为城市永远的公共空间，对推动芝加哥的有机更新起到了重要的作用。在“芝加哥有机更新规划”推动下，《湖滨保护与发展条例》《湖滨地区发展规划》及芝加哥市中心走廊的《城市设计大纲》等陆续出台。经过一个世纪的发展，芝加哥湖滨区不仅成为全市的公共活动中心、文化娱乐中心，更成为全世界闻名的旅游胜地、展览会议中心。改建后的海军码头每年吸引的游客数量超过700万，麦高梅克展览中心已发展成全美最大的会议展览中心，博物馆区更是聚集了世界级的文化艺术机构，包括自然博物馆、天文馆、水族馆、美术馆等。芝加哥废弃的布卢明代尔铁路线将变成空中花园，芝加哥已一改过去重工业城市的形象，成为美国金融、会展及旅游的中心城市。

4．城市有机更新促进旅游的共建和共享

在城市有机更新的过程中，通过基础设施的完善、社区生态环境的提升，推动城区居民主动参与、传承历史文脉，注重社会多元协同，有序、共建、共治、共享，共同打造城市更新的社会共同体，这样的有机更新才是“鲜活”的，这样的“城市有机更新”才能实现生态、社会、经济三个效益的最大化、最优化，才能通过旅游使得城市的文化遗产成为“人人共享”的城市。在共建中共享、在共享中共建，推进城市有机更新，提升城市生活品质。

第八篇

旅游新业态

全球背景下的中国医疗旅游发展

（本文写作于2018年9月，数据截止于2018年上半年）

一方面，全球老龄化、环境污染、高压力、亚健康、退行性疾病不断增加、难以获得高质量健康护理服务、健康护理成本上涨、就医等待时间长，另一方面，旅游更为便利、财富水平提高、优质医院增多、生活品质的追求等推动了医疗旅游业的发展。越来越多的人不远万里到医疗旅游目的地求医问药。全球目前已有100多个国家和地区开展医疗旅游的服务项目。

1. 医疗旅游概述

1.1 概念和分类

所谓医疗旅游，英文一般翻译为 medical tourism、health tourism、surgical tourism 等，世界旅游组织将医疗旅游定义为“以医疗护理、疾病与健康、康复与休养为主题的旅游服务”，具有附加价值高且低污染的特点。

从医疗、旅游产业融合角度讲，游客去异地进行医治、康养、美容和预防等为主要目的而产生的食、住、游等旅游活动，统称为医疗旅游。其覆盖范围小到美容整形，大到重症手术，人们可在求医同时体验异国风情、文化等。

从定义来看，医疗旅游是以医疗管理、疾病和健康、康复治疗以及抚慰心灵为目的的旅游。其中，狭义的医疗旅游是指，一切有利于游客健康的旅游活动，旨在提供旅游保健、预防疾病、急救护理、康复、美容以及疗养等服务的同时，让旅游者亲近大自然、开阔眼界、强身健体、愉悦身心。广义的医疗旅游是指，一种可持续的旅游发展理念，强调通过旅游发展，在满足游客身心健康的同时，促进医疗旅游的自然环境、社会环境的改善和居民身心健康。

从分类上来讲，国外学者对医疗旅游的分类还没有统一的观点。亨德森（Henderson）把医疗旅游分三类，即温泉浴、选择性治疗与医疗旅游。蜜莉卡和卡尔（Milica & Karla）则直接把医疗旅游分成侵入性手术治疗、医疗体检与诊断和医学生活方式三类。凯撒（Kesar），奥利弗（Oliver）将克罗地亚的医疗旅游分为疗养（医院）旅游、温泉（海水）旅游、健康旅游、医疗旅游四类。阿特金森（Atkinson）等则根据在地域上的出境、入境对医疗旅游进行了划分。根据目前国际上一些医疗旅游强国的医疗旅游企业或机构涉及的医疗旅游项目可以发现，蜜莉卡和卡尔（Milica & Karla）的分类方法更适合目前医疗旅游业的实际情况。

目前国内，一种是按照市场上将医疗旅游分为三类：一是休假式的旅游，通过放松身心、调理饮食等达到疗养目的。二是医疗美容、整形等；三是以治病为主，借助国外的仪器设备治疗疑难杂症或进行手术。还有一种是从产业和产品角度也分为三大类型：医疗集群、医疗旅游产品和医疗旅游产业。

目前，国内外对医疗旅游的定义和分类尚未形成统一定义和达成一致共识。

1.2 发展历史

医疗旅游的历史可以追溯到几千年前，古希腊朝圣者和病人从地中海周边各地聚集到埃及道鲁斯的医神爱斯累普的圣殿；中国古人的泉石膏肓烟霞痼疾的成语，寄情与山水旅游，说明疾病与景观的密不可分；罗马统治时的英国，病人们从神殿里的温泉中取泉水喝，在尼斯温泉城洗浴理疗；从18世纪开始，富有的欧洲人从德国旅行到尼罗河区域的温泉疗养，这些都是医疗旅游。

20世纪中叶，美国等西方发达国家的公民因本国医疗费昂贵，手术排期时间长，从而选择去价格低，并具有优秀医疗水平的亚洲国家医疗旅行。亚洲国家还有舒适的疗养环境，因而成为医疗旅游的新目的地。到了上世纪80年代，国际医疗旅游产业在哥斯达黎加、巴西等拉美国家蓬勃发展，这些市场以低廉高质的医疗服务吸引了一批欧美顾客。最早的医疗旅游是从健康旅游的研究中派生出来的，当时的拉丁美洲国家以价格相对便宜的牙科、整形等服务吸引欧美病人南下。医疗旅游从发达国家起步，吸引大批的国际患者，到发达国家与发展中国家来看病。当代国际医疗旅游起源于1989年。那一年欧洲有将近3万意大利人、英国人和西班牙人，到法国去治病旅游，从此开启人类历史上，或者是医学史上医疗旅游的新篇章。

国际医疗旅游市场演变经历三个阶段：最初是发达国家拥有先进的医疗技术和水平，因而吸引了医疗落后的其他国家的富有医疗旅游者前往就医旅游；第二阶段是随着发展中国家医疗技术水平的提升和其对传统医疗技术的挖掘，加上相对低的医疗费用，吸引了许多发达国家游客前往就医；第三个阶段是发达国家与发展中国家的医疗旅游者相互流动。目前正是处于第三阶段。

1.3 市场概述

全球医疗旅游人数已经上升到每年数百万以上。精确的医疗旅游人数很难确定，原因之一是各国对医疗旅游的界定不同。有些国家的统计数据把仅仅去了下水疗中心或在当地生了病的游客都算在内。

“病人无国界”的数据显示，2000年世界医疗旅游业的总产值不足百亿美元，医疗旅游市场正以每年25%的速度迅速扩张。2004年这一行业在全球只有400亿美元，到2005年已达到200亿美元，到2012年，医疗旅游业总产值已达到1000亿美元。2013年为4386亿美元。其发展势头十分惊人。而全球医疗旅游市场总体约600亿美元，每年市场消费约为210亿美元，年增长率为20%至30%。

美国斯坦福研究调研数据显示，全球医疗旅游增速是旅游业增速的两倍；而世界卫生组织预计2016年会有6785亿美元的产值，其中亚洲也有1000亿美金以上的产值；联合市场研究公司（Allied Market Research）估算，2016年医疗旅游行业价值为610亿美元；医疗旅游研究机构莱茵布韦森（Laing Buisson）估计市场规模约100亿—150亿美元，要小得多。

预计2017年，医疗旅游者将达1100万人次，占世界总旅游人数的3%—4%；全球医疗旅游收入将达7000亿美元，占世界旅游总收入的16%，并以每年20%速度增长；保守估计2017年市场份额1000亿美元，以每年25%的速度增长。

美国市场研究咨询机构透明市场研究（Transparency Market Research）公司报告称，2013—2019年，全球医疗旅游业复合年均增长率将保持17.9%。到2019年，全球医疗旅游市场将由目前的100亿升至300亿美元。

而世界卫生组织（WHO）预测，至2020年，医疗健康相关服务业将成为全球最大产业，观光休闲旅游相关服务则位居第二，两者相结合将占全球GDP的22%。

无论从哪个角度，医疗旅游都已成长为全球增长最快的一个新兴行业。

2．世界医疗旅游

经过30年发展，放眼世界，医疗旅游甚至已在全球崛起。面对医疗旅游的巨大经济利益，一百多个国家发展医疗旅游，以吸引那些富有但却找不到适当治疗、被迫过久等待或缴费昂贵的外国病人。上百万病人因本国的医疗服务不全，转而到泰国、马来西亚、韩国甚至美国和英国求医。“医疗旅游”已变成越来越多的发达国家和发展中国家的选择。而我国已成为医疗旅游最主要的客源地之一。

2.1 医疗旅游目的地

在全球一体化的今天，发达国家与发展中国家的医疗旅游相互交叉发展，医疗旅游患者来自不同的地域、种族、经济社会，医疗旅游项目包罗万象，如肿瘤治疗、试管婴儿、医疗美容、健康疗养、灵修养生等。每个医疗旅游目的地都在因地制宜地开展适合自己旅游资源的医疗旅游产品，如瑞士羊胎素、泰国试管婴儿心脏术及SPA疗养、韩国整容、哥斯达黎加和匈牙利看牙、印度瑜伽疗养等。全球医疗旅游行业蓬勃发展，期刊

Medical Tourism Index 列出了全球41个最热门的增值服务和高品质医疗目的地，包括印度、泰国、美国、日本、韩国、英国、德国、新加坡及瑞士等众多国家。

从市场格局现状来看，发达国家的医疗旅游产业发展成熟，但最大的医疗旅游国家是泰国和印度，泰国排全球第一，印度排全球第二。欧美国家依托医疗技术优势，更专注于接收重症的转诊。亚洲国家将医疗旅游上升到国家议程：日韩等国依托高水平服务和高性价比产品；南亚国家依托产品价格竞争力成为国际医疗旅游的主要目的地。根据调查，我国2017年主要海外医疗旅游目的地分别为：美国49%，日本21%，印度13%，其他17%。

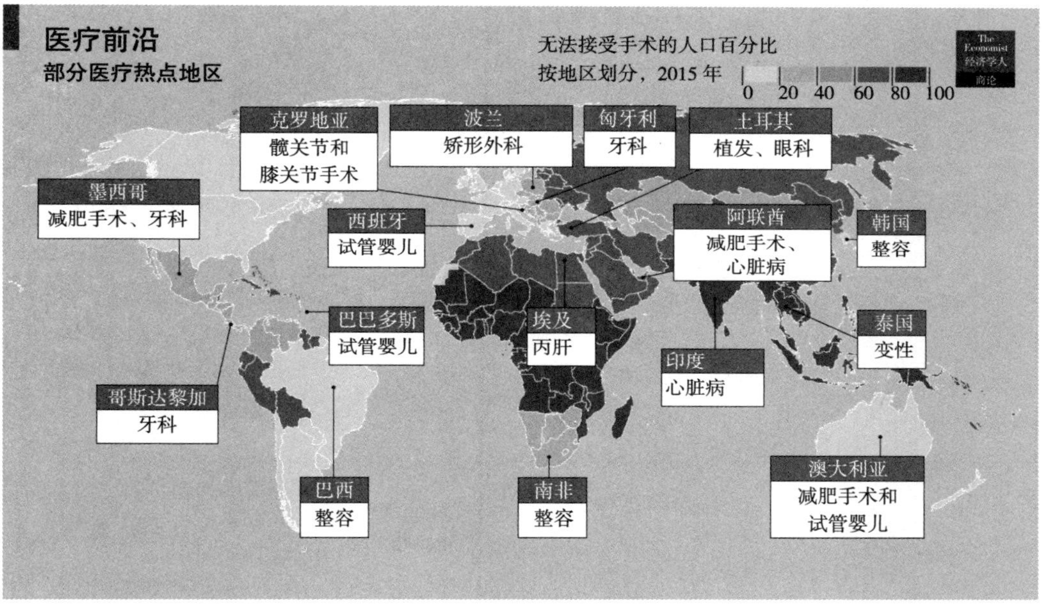

世界部分医疗旅游目的地

资料来源：Msdigo，Qunomedica；基思·波拉德，LaingBuisson；瓦莱丽·克鲁克斯，西蒙弗雷泽大学；B.C.阿丽吉尔，NP雷卡尔，《全球病患接受手术情况：一项模拟研究》《柳叶刀》，2015年；《经济学人》。

世界各国的医疗旅游目的地

	特点	措施
美国	最受关注的健康医疗旅游目的地，高端群体的第一选择，高度发达的医疗产业、全球最先进的医疗设备和诊疗技术、最好的医疗教育和医学院。基因筛查体检、以肿瘤治疗为主的重症转诊、生育辅助试管婴儿，肿瘤新药比中国早8年上市，患者5年生存率达66%。	美国政府对医疗旅游采取市场化的政策，鼓励私人医院开展医疗旅游，医疗旅游是双向的，既输出，也输入。

续表

	特点	措施
巴西	美容手术的中心之一，全球第二大整容市场。高质量服务和低廉价格。整体医疗名列前茅，医院数量仅次于美国。圣保罗有全球最好的医院，高端的医疗器材，有医术精湛、经验丰富的医生。	多数医院得到了美国医院评审联合委员会的认证。
巴拿马	曾被美国《国际生活》评为全球最佳养老地首位、全球最佳医疗国家第三。高素质医疗专业人士、高水平医疗保健质量、极具竞争力的价格优势和独具魅力的旅游潜力吸引大量游客，项目有整容、牙科、矫形手术、生育、减肥、癌症治疗等。	政府极力推进医疗旅游产业发展，医学旅游促进了经济发展，旅游业繁荣带动劳动力市场，为近1500万人解决了就业。
哥斯达黎加	受到北美青睐。以低廉的价格、高水平的医疗水平而著称。接受牙科和整容手术。	政治局势稳定，教育水平良好并且政策鼓励外资投入。
墨西哥	世界医疗标准、最新、前沿的医疗项目和技术，专业化医疗、费用低廉，气候温暖怡人、友好和气的民俗促进医疗旅游。美容减肥、牙科、整形外科、专业医疗、疾病预防、髋关节置换、器官和生育治疗尤出色。	政府实行国际标准化、国际战略、医疗福利和医疗旅游的市场化。
法国	医疗口碑好、质量高，有人道主义精神，就医容易，价格不高，并且还是全球排名第一的旅游目的地。法国医疗旅游将带来20亿欧元收入。法国医疗机构接待国外患者及国外知名人士不是最近才有的，对国际优质医疗的需求才是新现象。	法卫生部和外交部提交的调研报告促进发展医疗旅游业务，创造就业岗位。
德国	世界一流体检及微创手术系统、紧跟时代的治疗形式、全新的疗养理念，使350多座矿泉浴场与疗养胜地完成从传统疗养机构向现代化健康中心升级，成为疾病预防与治疗的极佳地。擅长眼科、糖尿病、心血管疾病、肿瘤、运动损伤等疾病的治疗与康复。成熟的接待流程，近10%的健康中心从事国际医疗旅游，费用低，“干细胞抗衰老之旅”很有名。	德国家旅游局将2011年设为“德国健康与健美之旅”主题年。 在全世界推广德国“舒适之国”形象，欢迎亚太患者就医，提供医疗签证，在签证申请、翻译服务等方面提供便利。
英国	全球公认的领先医疗水平，顶级的私人医院和高质量的医疗水平，无障碍的语言交流，领先的医疗设备和高素质的从业人员，绝佳的购物和旅游之地，具有绝对的医疗旅游优势和地位。有肝移植、抗衰老、减肥手术、癌症治疗、心脏病、慢性病治疗等优势项目。	政府支持医疗旅游的市场化，鼓励私人投资医疗旅游，医疗旅游消费在市场份额上领先。
瑞士	抗衰老疗养、“瑞士全器官精华素抗衰老之旅”羊胎素、活细胞注射抗衰老等为特色项目，瑞士的医疗制度十分规范。	设有“国际事务办公室”，满足自付费者需求。
匈牙利	享受人性化医疗服务和完善的医疗保险体系，具有医疗旅行机构，并拥有专业高水准的牙医。在匈牙利镶牙便宜，到处都是牙医诊所一条街。	匈牙利实行法定医疗保险，法律规定公民要参加医疗保险。

续表

	特点	措施
土耳其	便捷的医疗服务、相对低廉的医疗价格和充满阳光的旅游胜地而成为医疗旅游者的选择。温泉疗养是作为旅游目的地的资源优势。土耳其国内在46个城市的240处温泉发力医疗旅游市场，赢得很好声誉。	政府大力发展温泉疗养和土耳其浴室旅游市场，将其作为2023年旅游战略内容，2023年医疗游客将达200万。计划实行医疗免税区，以吸引更多医疗旅游者和国外投资。
以色列	奢华的住宿条件、地中海岸美丽、宁静和独特的氛围及众多名胜古迹，成为全球医疗旅游、医疗保健最吸引人的地方，医疗保健、服务和疗养体验的医疗旅游指数排名最高。肿瘤治疗和心血管疾病、死海康复有名，医疗价格低，服务质量和医师经验一流。	以色列倡导生育。以色列是全球独一无二提供试管婴儿手术高额补助的国家，公立医院甚至还可以免费。以色列为此建立了多个国际患者中心。
泰国	专业医疗团队，国际管理和培训，国际（JCI）认证执业医师；全球先进、专业的技术设备；人性化、个性化定制，全程服务；性价比高，有“第三世界的价格，第一世界的享受”美誉。试管婴儿、整形美容及变性手术。全世界接待医疗旅游者最多、赚取外汇最多的国家。	始于1997年，自2004年起，实施五年国家计划，泰国政府卫生部门牵头，组合医疗服务、健康保健服务、传统草药产业三领域，力推泰国成为“亚洲健康旅游中心”。
印度	充分挖掘民族传统医学优势，以其传统瑜伽等并以本国特色和优势发展国际医疗旅游。以良好的医疗条件、优质的医疗服务和低廉的医疗价格参与国际竞争。心脏手术和矫形知名，有“世界药房”美誉。癌症仿制药价格仅是欧美十分之一，仿制药差价优势，吸引全球患者。	印度赴海外推介本国的医疗旅游；政府支持发展仿制药品产业，形成了世界级别的产业竞争力，敢走向世界，去切一块国际的大蛋糕。
新加坡	精密的医疗服务，被世界卫生组织列为“亚洲拥有最佳医疗系统国家”，语言优势强，健康检查、尖端手术疗程、癌症治疗与各种专业护理的优秀医疗资源，先进的医疗技术、发达的旅游业、丰富的温泉和优美的海滨风光、都市风情及娱乐、购物，鼓励发展医疗旅游。	政府出台一系列政策和法规给予支持。
日本	优势精密体检、健康体检等。先进的体检技术和检查设备。技术设备先进，在质子重离子治疗、早期肿瘤、心脑血管、内分泌和消化道等方面独特优势。医疗性价比高。抗癌体检、医疗设备、医生资质、五星级酒店式的体检环境和服务，优质旅游资源和服务。	通过“医疗签证”等政策扶持，推出“医疗+观光”计划，从医疗旅游输出国成为输入国，官方机构积极鼓励推进外国人赴日治疗和体检。发放范围广泛的“医疗签证”。
韩国	整形美容，医美抗衰；手术性价比高，质量高。有整容美容支援中心，医牙、整形外科和体格检查。体检与医疗环境优秀，包括全科体检、营养、过敏、内科等，距离、价格及休闲购物环境等具有优势。	国家鼓励并发布政策资金支持。

续表

	特点	措施
马来西亚	将医疗、健康检查与海滨观光、度假结合起来，有利的汇率和当地稳定的经济、政治局势吸引旅游者。建立了完备的医疗服务体系，提供全面的医疗服务包括牙科、整容、心脏手术等，费用低，人性化服务。	政府大力支持医疗旅游，积极推动，提出“放松的时候就是做健康检查的最佳时机”的口号。
中东迪拜	修建卫生保健城，引进大批德国一流医生。迪拜已经成为全球四大旅游目的地，2016年接待医疗游客约32.7万人次，同比增长9.5%，医疗旅游市场总产值达3.8亿美元。	2014年，迪拜宣布推出医疗旅游发展战略，目标是发展成为地区医疗旅游中心，并计划到2020年吸引50万医疗游客。
约旦	先进的医疗体系，医疗服务便宜，全国GDP的7.5%花费在医疗服务方面。专攻女性不孕不育，是中东医疗旅游主要目的地。	约旦医疗战略的主要目标是为所有人提供全面的医疗服务。政府鼓励私人医疗机构在地方改善条件。
菲律宾	以低廉价格享受世界顶尖医疗服务，提供体检、医疗、康复、疗养和观光等医疗服务的同时，为医疗旅游者提供参与海边的日光浴、沙浴、温泉洗浴和高尔夫球等娱乐活动的便利。	私立医院通过国际医疗机构认证，已经成为招徕高质量国际医疗旅游者的重要手段。
南非	整形美容在世界医疗旅游中占有重要位置。	政府保证每个南非人都有平等的保健、医疗的权利并资助医疗保健业。

2.2 启示

（1）医疗旅游发达国特色医疗旅游产品品牌突出。如匈牙利的牙科医疗服务、瑞士的运动康复和心血管手术、韩国的整容整形等都是特色品牌。此外，医疗旅游目的地基础设施和旅游接待设施都健全，医疗服务良好、知名度高。

（2）政府支持。医疗旅游发达国家一般都有政府支持并有明确的国家战略。如泰国、印度、韩国、新加坡、马来西亚、德国等都得到政府扶持。

（3）细分市场、差异化战略。根据消费者的需求动机和行为开发不同的医疗市场和医疗旅游产品，并制定相应的价格策略吸引到大批游客，形成核心竞争力。

（4）国际性、标准化。塑造良好的国际医疗旅游形象，参与国际合作与国际JCI（国际医疗卫生机构认证联合委员会）认证，让医疗旅游的旅客放心就医。

（5）有竞争力的服务。提高医疗服务水平，解决看病就医的卫生、技术和服务问题，利用价格区间差形成了核心竞争力，在合理的价格差异内打造出更具有竞争力的服务。

3．中国医疗旅游

3.1 现状

医疗旅游作为新兴行业，自2010年在国内异军突起。随着中国经济的发展，中国人们的生活水平和生活环境有了很大的改善，为中国医疗旅游市场提供了物质条件。相对于医疗旅游发达的国家，我国目前医疗旅游市场“外热内冷”。目前，我国还是医疗旅游客源输出国，国内医疗旅游市场尚在起步阶段。我国医疗旅游行业“走出去”的多，“引进来”的少。目前国内医疗旅游90%以上是出境的，不少国人在黄金周期间选择前往美国、欧洲、日韩等国家和地区，接受“高档医疗”和体检服务。2016年，60多万中国人到境外医疗旅游，其中，大概40%是晚期肿瘤，1/4是去体检的，1/8是去做整形美容，单单在2017年，内地去香港注射HPV疫苗的就超过5万人。我国出境医疗旅游尚处探索发展期。2017年出现行业洗牌和两极分化：一方面，轻医疗出境游人数增加，价格进一步上涨。另一方面，大而全海外医疗机构“跑马圈地”盲目扩张，服务质量下降而市场萎缩。总之，我国目前扮演的仍是医疗旅游输出国的角色，

我国医疗旅游资源丰富，在发展医疗旅游业方面具有独特优势，特别是中医药领域拥有传统技术和广阔市场。中医医疗旅游是非常有发展潜力的，同时是国家大力培育的战略性新兴产业，其预防、休养、保健的养生理念，符合当前旅游潮流，传统的诊疗手段等医疗旅游成本低廉、旅游资源丰富、医疗技术水平较高等都是中国医疗旅游的优势所在，对外国友人们具有吸引力，有巨大发展空间。

中医作为中国的特色医疗产品，是一些外国游客来中国旅游时的体验项目，也被认为是发展国内医疗旅游的富矿，但目前还很少见到专门为外国游客提供的国内医疗旅游产品。与一些国外客人日益关注中医中药的治疗效果形成鲜明对比的，到中国接受医疗服务的外国游客数量很少。在入境医疗旅游方面，中国不仅大大落后于泰国、新加坡等东南亚国家，甚至还不如印度。我国医疗旅游整体来说还处于起步阶段，正处于成长期，分布零散，多集中在疗养方面，缺乏优质、完善、全程的医疗旅游服务及支撑系统。

相对于医疗旅游发达的国家，我国的医疗旅游产业，主要分布在医疗技术、设备先进或医疗保健资源丰富的地区，如北京、上海、广州、珠海等城市。上海建立了中国首家医疗旅游行业园区——上海红桥和闵行国家医疗园区，探索扩大国际市场，努力开发国际化、现代化和多元化的特色医疗保健服务；海南省以建设国际旅游岛为契机，打造健康岛的服务品牌，国际医疗旅游先行区已经成为海南新名片，2013年，海南乐城成为中国第一个医疗旅游先行先试区；2015年，江苏常州成为国务院特批的医疗旅游先行先试区；2016年，江西上饶成为国务院特批的医疗旅游先行先试区。

现阶段，医疗旅游行业参与者主要包括三类：一类是在线医疗企业；另一类是传统海外医疗机构；还有一类在线旅游企业，如携程、途牛等。

3.2 问题

我国医疗旅游的问题分为境内和境外两个层面。境内医疗旅游阻碍主要是异地医疗的医保报销问题、高质量医疗机构供给不足、境外高水平医生国内执业问题和先进医疗设备、药品不足问题；对于境外医疗旅游的游客来说，主要是签证便利性和时间限制境外游客的医疗旅游需求。问题可归结为：

第一，医疗旅游体系不规范。国内对医疗旅游行业尚未有专业的法律规范的约束，缺乏统一的行业管理，相关行业监管力度不够。在经济利益的驱使下，已出现了争抢客源、医疗资源等问题，扰乱市场，引发恶性竞争，对行业的健康发展带来了很多负面影响。

第二，“医旅合作”不畅。医疗旅游跨医疗服务和旅游两个行业，旅游业对医疗市场的开拓处在初级阶段，旅行社与医疗资源缺乏对接，医疗机构不懂旅游服务，旅游行业也不懂医疗。缺少一批既懂医疗保健又懂旅游的人才。

第三，尚未打造医疗旅游品牌形象。我国医疗旅游目前还处于起步阶段，医疗旅游产品并不丰富，欠缺医疗旅游品牌形象，制约了中国医疗旅游的发展，影响行业的国际吸引力。

第四，医疗旅游环境尚待完善，机制、人才、监管阻碍我国国际医疗旅游的发展。如我国医疗机构缺乏国际化认证，健康医疗旅游专业化人才缺失。

第五，医疗旅游没有核心的竞争企业，仅在港澳台地区有发展，大陆的大多数医疗旅游企业还没有充分发展，医疗旅游企业分布还较为分散，在顶层设计没有落到实处。

第六，健康医疗市场有待培育，旅游产品良莠不齐，医疗旅游产品宣传力度和方式不足，众多健康医疗旅游产品还是待字闺中无人识。

4. 发展建议

4.1 开展医疗认证

积极开展JCI国际化认证工作。医疗国际认证是医疗旅游者选择的重要判断标准。通过国际认证可增强旅游患者的认同感，增强医院参与国际医疗旅游市场的竞争力。

4.2 提高国际化医疗服务水平和质量

随着医疗技术的发展，未来全球医疗水平的差异化将会逐步减小，疾病治疗类医疗旅游的比重将会进一步提高，消费者对于医疗旅游过程中的医疗服务水平、旅游项目、旅游服务将会更加重视。

4.3 以中医药技术开展医疗旅游

以中医药和中医技术吸引海外游客前来我国就医旅游。中医药诊疗和慢病理疗的养生旅游模式，包括“治未病”和“药膳”等有巨大发展空间。

4.4 以智能医疗打造医疗旅游

开展以大数据和人工智能为代表的智能医疗旅游，以创新技术手段发力旅游体验和医疗相关的周边服务。

4.5 “走出去、请进来”相结合，开展国际化合作

积极开展国际化医疗技术的交流与合作。现在约翰霍普金斯医院、克利夫兰诊所和匹兹堡大学医学中心等美国医院正在和中国本土医院建立合资机构，拓宽我国医疗旅游产品的国际市场。同时我国积极与海外相关医疗旅游机构组织等交流合作，吸引更多的国内国际医疗旅游消费者。

4.6 主动开拓国际客源市场

将我国特有的、传统的、民族的精华资源，在国际客源市场上宣传展示我国差异化医疗旅游产品，开拓来华医疗旅游的客源市场。将资源、产品、服务和文化紧密结合，吸引国际医疗旅游者。

消费升级下的我国体育旅游

（本文写作于2018年，数据截止于2017年）

1. 体育旅游概述

1.1 概念

体育旅游的概念有很多，（原）国家旅游局的定义是：体育旅游是旅游产业和体育产业深度融合的新兴产业形态，是以体育运动为核心，以现场观赛、参与体验及参观游览为主要形式，以满足健康娱乐、旅游休闲为目的，向大众提供相关产品和服务的一系列经济活动，涉及健身休闲、竞赛表演、装备制造、设施建设等业态。国外学术界通常用乔伊·斯坦德文（Joy Standeven）和保罗·德努普（Paul De Knop）的定义：主动或被动参与其中的，尤其是出于商业或非商业原因的非正式的或有组织的，需要离开居住和工作的地方去参与的所有形式的体育活动。

体育旅游就是指以观看、欣赏和参与各种体育活动为目的的旅行游览活动。

体育旅游已经成为一个全球性的文化现象，是国民经济发展新的增长点，是推动和促进旅游业和全民健身的重要手段。体育旅游从狭义上讲是为满足和适应旅游者的各种体育需求，借助多种多样的体育活动，使旅游者的身心得到和谐发展，从而促进社会物质文明和精神文明，丰富社会文化生活的一种社会活动；从广义上讲是以各种体育活动为主的旅游，即旅游者在旅游中所从事的各种身体娱乐、身体锻炼、体育竞赛、体育康复及体育文化交流活动等与旅游地、体育旅游企业及社会之间关系的总和。体育旅游是当前我国旅游业发展的一项重要项目，并存在着巨大的市场。体育旅游因其具有参与性、观赏性、体验性、健身性、娱乐性、资源可重复利用性而成为体验经济、服务经济和低碳经济时代的时尚宠儿。

产业角度来讲：体育旅游是体育和旅游两大产业交叉渗透而产生的以资源与环境为依托的综合性经济产业。体育旅游产业链长，不仅包括直接从事体育旅游产品生产、制造、营销、消费的行业，也包括为体育旅游活动提供支持、支撑和服务的行业。体育旅游业上游产品涉及体育器材与设备生产、场地建设、体育旅游资源保护规划等，下游包括体育俱乐部、大型赛事组织、体育旅游线路开发，上下游产业链涉及酒店、娱乐、休闲、餐饮、商业贸易、交通运输、咨询、邮电通信、传媒、网络、金融、保险、医疗、教育、建筑、环保、教育培训等几十个行业，庞大的产业体系几乎涉及到国民经济的所有产业部门，并与第三产业之间有高度的关联性。

目前学术界对体育旅游的概念没有统一。

1.2 分类

国外一般根据体育旅游的定义分成四大类：职业体育旅游，业余（大学）体育旅游，户外活动（打猎、钓鱼、高尔夫），与体育有关的旅游活动（参观体育博物馆、名人堂、参观体育设施）。

国内的分类更加不统一：体育旅游按旅游者参与的目的划分为参与、观赏、竞赛三大类型；按体育旅游活动的场所划分为陆地项目、水上项目、海滩项目、空中项目和冰雪项目；从资源角度根据体育旅游特性划分为大众和极限体育旅游资源两大类；体育旅游还可分为以探险、趣味、健身为主的参与性旅游和以观赏体育比赛、娱乐为主的观赏性旅游；从参与的目的出发，体育旅游划分为休闲类、刺激类、野战类、体育节事类、观赏类、竞技类。

携程将体育旅游分为包括户外活动、体育观赛、体育竞技、体育培训四类，其中户外活动包括徒步、骑行、潜水、滑雪、高空项目等；而体育观赛指的是奥运、欧洲杯等赛事现场观赛产品；体育竞技产品指的是客人亲自参与竞技的产品，目前的代表产品有马拉松；而体育培训指的是击剑课程、游泳课程、潜水考证等学习类旅游产品。途牛将体育旅游分为三类，包括以徒步、骑行为代表的户外活动，以马拉松为代表的体育参赛游及奥运会和世界杯、欧洲杯等赛事的体育观赛游。

总之，体育旅游的分类也很不统一。

1.3 发展概况

体育旅游由来已久，最早是公元前的希腊奥林匹克运动会，运动员参赛者出行得奖，奥林匹克运动会可以吸引万名来自希腊各地的观众；罗马人则通过观看角斗士厮杀的方式把旅游和体育紧密结合起来；我国古代有丰富多彩、种类非常齐全的体育活动，如古代球类活动：蹴鞠（足球）、击鞠（马球）、捶丸（高尔夫球）、木射、掌旋球、其他球戏；古代田径、投石、举石、马术、游泳、滑冰、摔跤、举重、抖空竹、射箭、投射、围棋、象棋、相扑还有养生体育；季节性民俗体育包括春游、放风筝、荡秋千、放纸鸢、龙舟竞渡、登高、拔河、秧歌等多种多样。宋徽宗赵佶曾为水球运动（宋称“抛水”）写过诗“掷球戏水争远近，流星一点耀波光”。

体育旅游最先出现在西方旅游业发达国家，现代意义上的体育旅游起源于1857年英国人成立的登山俱乐部，之后各国相继效仿成立了许多相关俱乐部。20世纪初期，国外的体育旅游开始逐渐形成规模。20世纪60年代以后，体育向高度竞技化发展，同时，发达国家始构筑服务全民体育场地设施体系，推进大众性的体育休闲旅游活动，出现体育国际性与大众化趋势。80年代以后通过私人投资进行饭店、交通等旅游基础建设，极大地推动了体育旅游业的快速发展。尤其是20世纪90年代后，国际大众体育休闲和旅游发展进入新时期，越来越多的国家把促进大众体育和休闲作为目标，体育旅游产业在全世界范围内快速成长。

世界旅游组织（WTO）和国际奥委会（IOC）从1999年就开始了体育旅游方面的合作，还发表联合声明呼吁双方加强合作，以谋求共同发展。世界旅游组织（WTO）曾将2004年世界旅游日的主题确定为“体育与旅游：增进相互了解、文化与社会发展的动力”。体育在全球旅游业扮演着越来越重要的角色，体育与旅游形影相随，谋求共同发展，滑雪、登山、漂流等活动不断升温，成为旅游业重要的组成部分，逐渐发展成为很多国家与地区的重要产业和新的经济增长点。

参与性体育休闲旅游成为人们生活休闲的主要方式，休闲体育旅游如攀岩、高山滑雪、探险、海上冲浪及蹦极等实现了旅游与体育的完美结合，取得了持续快速发展，山地户外、水上运动、冰雪运动和高尔夫运动占到整个运动休闲市场的80%。在人们对大型的体育赛事（如奥运会、世界杯等）的关注下，观赏性体育休闲旅游也成为体育旅游的重要组成部分，奥运会、欧锦赛、亚洲杯、南美杯等重大体育赛事不仅是体育界的一个个亮点，更成为全球旅游界关注的焦点并取得了蓬勃发展。体育休闲旅游业的蓬勃发展为这些国家创造了巨额的收入，促进了其国家经济的快速发展。

从全球看，体育旅游在旅游产业细分市场中增长最快。世界旅游组织（WTO）2016年报告显示，体育旅游年产值超4500亿欧元（或达到6000亿美元），当旅游产业平均年增长率在2%—3%浮动时，体育旅游的年增长率将高达14%。超过旅游产业4%—5%左右的整体增速，是全球旅游市场中增长最快的旅游方式。体育以及与体育相关的消遣娱乐活动在旅游活动中所占的比重已达到25%以上，全球体育旅游的收入占到了世界旅游总收入的32%。随着世界旅游的发展和休闲时代的到来，体育旅游已逐渐成为一种时尚。

2. 消费升级对旅游的影响

2.1 消费升级

改革开放40年，我国大致经历四次大的消费升级：第一次改革开放之初到20世纪80年代末，粮食和轻工业带来第一波消费升级；第二次是20世纪90年代，以电子、钢铁、机械制造带来物质生活硬件的消费升级；第三次21世纪的头10年，汽车、房地产、交通、通讯、教育等基础设施消费升级；第四次是进入新时代后，经济由高速增长转向高质量发展阶段，伴随着居民收入水平的不断提高和消费结构的深刻变革，娱乐、文化、旅游、体育、养老、医疗保健，包括运动、户外、体育为代表的生活服务类消费升级。

国家统计局数据显示，2018年上半年最终消费支出对经济增长的贡献率达78.5%，成为拉动经济增长的第一引擎。我国经济增长已经向消费驱动型转变。根据经济学家（Economist）智库数据，2016年中国年消费总额已突破4万亿美元，未来10年个人消费的增速还将保持6%以上，高于GDP增速，预计到2030年个人消费总额将比2015年高出3倍。

新一轮消费升级不仅体现在规模上，消费需求总量快速提升，而且体现在结构上不断迈向高端。随着消费经验逐渐丰富，消费结果的满足感提升，消费心态成熟，居民消费偏好从“越便宜越好”逐步转向个性化、高端化、品牌化，消费整体呈现出从注重量的满足向追求质的提升：传统的生存型、物质型消费开始让位于发展型、服务型等新型消费，从“买温饱”到“买发展”，消费结构升级，消费越来越多被注入精神内核，消费者更愿意为体验、环境、情感和服务买单，更愿意为健康、娱乐付出相应溢价。新消费观念、新消费模式闯入百姓日常生活，引领经济转型。城市消费水平较高，消费结构逐渐升级，公众对体育旅游的消费需求日益增长、不断升级。从“吃住行”到“游购娱”，再到“运健学”，体育旅游成为新的消费热点。

体育旅游是市场经济发展到一定阶段的产物，属于享受和发展型的消费行为。消费升级体现在体育上，即是对运动的专业性、品质感和个性化的需求更为突出和强烈。消费结构升级下，体育旅游消费结构也在逐步升级。以消费新热点、消费新模式为主要内容的消费升级，引领体育旅游产业升级向高质量发展。我国的体育旅游消费，正经历从免费到付费，从专项到跨界，从大众到小众，从参与到体验的升级过程，即从简单的参与到深度的体验。在体育旅游领域里体现得尤为明显。

根据文化与旅游部《2018年上半年旅游经济主要数据报告》显示，上半年，国内旅游人数28.26亿人次，比上年同期增长11.4%；国内旅游收入2.45万亿元，比上年同期增长12.5%；实现净利润19.19亿元，同比增长48%；休闲服务行业实现营收650亿元，同比增长26.95%；实现净利润53亿元，同比增长30.63%，保持着较高增速。从整体消费结构来看，目前包括旅游、文化、体育等在内的服务消费已占到国内居民消费支出比重的40%以上。

消费升级的本质在于消费总福利的提升，消费升级主要由中产阶级做贡献。2017年，对我国经济影响巨大的是中产阶级的崛起，而中产阶级扮演着社会消费主力的角色。由80后、90后甚至00后群体组成的新兴中产阶级群体习惯借贷消费，不再只存款。对中产阶级消费来说，消费是一个寻求自我和个性化的过程。我国14亿人口当中，大概3亿—4亿是中产阶级，用品质消费倒推国内行业打造品质，向出国旅游、文化休闲、体育旅游等更高层次发展。

但是尽管我国的消费升级在不断推进，尽管包括户外运动产业的体育旅游等发展迅猛，但我国与欧美国家相比仍存在一定差距。例如根据美国权威杂志《跑者世界》数据，体育跑者节俭型一生花费14358美元，普通型花费56942美元，奢华型消费212872美元；而我国对应的三个等级的跑者花费分别是14100元、243000元和1101900元人民币，差距还是很大。据《北京晚报》报道，目前我国的户外运动市场大概相当于欧美20世纪七八十年代水平。体育在美国旅游业中的贡献率为21%。

2015年底我国人均GDP刚超8000美金，人均乘飞机次数平均0.5次，旅游的频次人均不到3次，而美国乘机均值是2.5次，旅游频次为6.9。美国露营地有1.65万，欧洲有2.5万，我国却只有100多家，而日本有1300家。我国现在的水平相当于美国20世纪七八十年代水平，这意味着中国未来的旅游、体育、体育旅游在3–5年的时间内，有至少5倍以上的成长空间。根据我国相关部门的统计，到2020年，我国的体育旅游总人数将达到10亿人次，占旅游总人数的15%，体育旅游总消费规模将突破1万亿元。

2.2 我国与世界各国的体育旅游比较

各国体育旅游与其消费水平比较

国家	体育旅游概况	2017 年人均 GDP（$）
美国	休闲、旅游和职业体育非常发达，有包括四大职业联赛等各种职业联赛，也有诸如马拉松、高尔夫球、赛车等体育比赛。每年1.4亿以上人次参加户外活动，占总人口比重超过48%，创造产值达7300亿美元，就业610万个。户外休闲产业已成为拉动美国经济发展的主要驱动力和保持持续增长的产业之一，自2005年以来，户外休闲产业年增长率大约为5%，体育产业产值是汽车产业的3倍，约5万亿。奥运会入境客人大概也是在20万–30万之间。	59501
英国	2011年全年旅游收入达227亿英镑，其中体育休闲旅游收入达130亿英镑，占57.3%，比上年增加13%。2012年伦敦奥运会带来150亿英镑旅游收入。每年参加高尔夫球旅游人数高达300多万人，各大知名足球场也是游客不能错过的地方，以一睹英超劲旅比赛。	39735
法国	作为传统旅游大国，体育赛事加风景美食，挖掘出法国旅游更大潜力。借欧洲杯助力旅游业。霞慕尼小镇2015环勃朗峰耐力赛（UTMB）吸引87个国家的7500名选手报名参赛。赛事为霞慕尼小镇带来众多游客和各种户外用品的消费。	39869
瑞士	“欧洲屋脊”瑞士将清新宁静的自然环境与山地户外运动休闲度假有机融合。建有200多个滑雪场，300多个设施完善的登山营地和约1500名经过专业训练、经验丰富的登山向导，每年接待滑雪旅游的国外游客高达1500多万人，每年创汇就达70亿美元左右；2012–2013年吸引中国游客6万多人次，增长25%。	80591

续表

国家	体育旅游概况	2017 年人均 GDP（$）
德国	德国是欧洲户外运动的最大消费国，有58%的德国人是活跃的户外活动爱好者，年龄在25岁以下的人士是户外用品最大的消费群体。每年都有多于200多家的旅行社积极组织自行车旅游。	44550
意大利	以“足球工业”为主体的意大利，目前体育旅游的年产值为500亿美元左右，超过汽车制造业和烟草业产值。	31984
西班牙	斗牛、地中海阳光沙滩、体育赛事、持续增长的足球俱乐部收入、体育旅游业收入及跑步运动的流行都是其增长动力，保持增长趋势，产值占GDP的2%以上。足球吸金最强，足球产业占GDP的1%，彩票等周边衍生产业迅速发展。巴塞罗那奥运会的巨大广告效应带动体育旅游，奥运会入境客人30万，旅游外汇收入达30多亿美元。目前旅游收入仅次于法国位列全球第二。	28359
希腊	奥运会的发源地，每个城市都有属于自己的体育场。2004希腊奥运会投入12亿美元，许多志愿者为游客服务，出租车司机接受礼仪训练，对希腊国际形象起了至关重要作用。希腊籍NBA球员扬尼斯・阿德托昆博担任希腊旅游大使，依靠NBA巨星邀请全世界观众访问希腊。2018年迎来3200万游客。	18637
俄罗斯	2018年俄罗斯世界杯销售超250万张门票，全世界数十亿人观看世界杯直播，创造了61亿美元的总收入，约10万人次的中国游客到俄罗斯观战，在全球掀起了一轮体育旅游热潮。让承办此赛事的11个俄罗斯城市的经济迅速发展。	10608
澳大利亚	2000年悉尼奥运会给澳大利亚带来了大量游客，比赛期间共接待国外旅游者50多万人次，旅游外汇收入达42．7亿美元。奥运会后，会议、会展、节事活动的能力大为提升，多次举办大型活动，使世界各国人民的目光再次聚集在澳大利亚，为澳大利亚体育旅游的发展起到了宣传作用。	55707
日本	积极开发具有滑雪特色的体育休闲旅游项目，吸引大量国外游客。在体育休闲旅游发展中，水上运动及登山等在体育休闲旅游项目中占主导，产值持续上升。积极承办世界性体育赛事，如2019年橄榄球世界杯赛、2020年第32届夏季奥运会、2021年世界老将运动会。赛事期间，大量游客将前往观看比赛并旅行观光。	33010
韩国	韩国日本联合举办2002年世界杯，分别创造出88亿美元和245亿美元产值，汉城奥运会入境旅游人数约22万，激发了体育旅游的市场潜力。韩国设置文化体育旅游部，协调、统筹、规划和总管体育、旅游和文化三大行业。	29891
中国	北京奥运会仅当年收入就高达45亿美元。目前我国体育旅游仅占旅游行业总规模的5%（发达国家25%），为1700亿人民币。其中国内市场占比45%。	8643

在发达国家，体育旅游已成为国家的支柱产业之一，体育休闲旅游已具有成熟的规模，形成了巨大的市场。欧美休闲旅游产品中有一半是和体育有关的，包括五大类体育休闲旅游产品，包括冰雪运动、高尔夫、水上运动、山地户外运动及以马拉松为代表的路跑运动。各国将体育休闲旅游作为一种高收入与产出的旅游项目进行经营，并积极扶持体育休闲旅游的发展。

目前我国体育旅游收入仅占旅游行业的5%，而发达国家占20%，旅游产业总值达4万亿元。

2.3 借鉴和启示

（1）政府支持、非营利组织多元参与体育旅游。体育和旅游主管部门合作，民间非营利组织参与，采用股份制等多种筹资方式使体育旅游资源的开发主体实现多元化。社会组织成为体育赛事的发起者、规划者和组织者，从组织体育旅游赛事活动中获得经济和社会效益。

（2）突出中小企业在体育旅游中的推动作用和市场主导作用。欧美发达国家，超过90%的体育旅游设施都是由中小企业提供，这些小型、独立、灵活的市场主体主导了大部分的旅游市场，在促进产业结构完善或国家GDP增长中发挥着至关重要的作用。

（3）大力发展学校体育赛事和旅游。挖掘学校体育赛事，开展体育旅游。

（4）通过国家公园创造户外运动机会。国家公园是美国人1872年首创的，目前全世界已有100多个国家设立了多达1200处风情各异、规模不等的国家公园。我国已经建立国家公园制度，学习借鉴世界各国国家公园发展户外运动。

（5）特有的球类比赛联赛。欧洲有足球联赛，美国有美式橄榄球、棒球、篮球NBA。借用他国经验，我国开展国内的球类联赛观赛制度，促进传统体育项目旅游的开发。

（6）体育、旅游、会展和商业部门长期合作，重视体育旅游市场化宣传。体育部门和旅游部门密切合作，运动部门和目的地市场组织融为一体。协调部门管理职能，对接商业会展，利用媒体推动体育旅游，宣传促销招徕游客。

（7）举办体育短期、长期、日常赛事。举办国际短期、长赛季、日常体育赛事是体育旅游的根本。推动特定时段的长短期体育节事，引导和借势形成体育旅游市场规模。

（8）体育项目国际化和全球化。体育旅游促进国际间的交流合作，通过体育和旅游方式实现国际间的参赛选手个体和群体交流，推动体育运动的全球化发展。

（9）创意挖掘体育旅游产品。欧美发达国家，经常可以看到买到制作精良的体育旅游纪念品，景区自制的精美的体育旅游纪念品，我国零学习体育旅游商品创意开发。

（10）发挥消费升级在体育旅游中的作用。制定适应消费升级的体育旅游发展现状的相关政策并予以引导和扶持，体育旅游面向大众，带给国民健康体魄和愉悦的心灵，倡导健康快乐幸福的生活方式。

（11）以举办大型赛事为契机推动体育旅游的发展。体育旅游发展得益于大型体育赛事的涌现。通过举办大型体育赛事，以大型体育赛事为中心、以开发体育观战旅游为重点的短期规划促进体育旅游。

3. 消费升级下的体育旅游

3.1 发展

国家体育总局发布的《2014年全民健身活动状况调查公报》显示，2014年，人均体育消费水平从2007年的593元提高到2014年的926元，体育旅游消费已得到越来越多人的认可。随着消费升级，体育旅游从2015年开始有明显升温态势。（原）国家旅游局统计数据显示，2015年我国体育旅游实际完成投资额达791亿元，占总旅游投资额的2.5%，投资增长率达71.9%。

2016年在国务院关于加快发展体育产业、旅游业等一系列重要文件推动下，我国体育旅游呈现出快速、持续发展的势头，每年增长速度达到30%—40%，目前国内旅游者中以健身、康复、休闲旅游为目的的旅游人数已占总人数的75%。

驴妈妈旅游网的《2016体育旅游消费报告》显示，我国体育旅游市场逐年扩大。体育旅游人群基本集中在30-45岁的中青年，以80后、90后居多，其中80后占比最大，85%是男性，男性更青睐马拉松、足球、滑雪。而女性则更为关注马拉松、滑雪和网球等项目。上海、广州、北京、南京、杭州、大连等城市体育旅游热情最高。我国目前的体育旅游集中在观赛类、健身类、极限类三种，其中健身类游客占7成，极限类占2成，观赛类1成。观赛游出境游热销，主要集中在欧美。其中，欧洲占20%。世界杯、奥运会、英超、欧冠赛、亚冠赛、西甲、意甲和NBA等重大的盛会，吸引力更强。

目前我国各类城市举办的国际马拉松赛事活动每年已经超过上百项；各类专项体育赛事活动，如汽车赛事的上海F1中国大奖赛、新疆的环塔（国际）拉力赛等也在发展中；具有我国和各地方浓郁特色的体育节事活动文化底蕴深厚、群众参与性高、精彩纷呈，成为各地体育旅游的盛事。

凯撒旅游发布《出境体育旅游消费市场白皮书》，预计2020年全球体育旅游市场规模有望突破4000亿美元。庞大的消费群体、不断升级的消费需求以及以2022年北京冬奥会为代表的重大国际赛事资源，让我国拥有世界独一无二的体育旅游发展沃土。目前我国体育旅游收入仅占旅游行业总规模的5%（发达国家25%），若体育旅游达到25%，则未来我国体育旅游的规模可达1万亿人民币。

3.2 存在的问题

（1）体育旅游设施不完善。体育基础设施水平相对薄弱，体育旅游基础设施投资因风险大而不足，建设滞后。如房车和背包客露营地的规划和建设滞后，供旅游者运动和娱乐的设施不足，部分供山地车赛事使用的道路不足或保护不力而遭损害等问题比较突出。

（2）体育旅游产品供给不足。体育旅游产品开发不够、设计开发滞后，产品结构单一、同一品种体育旅游产品重复性开发，内容陈旧，多集中在体育类休闲旅游产品，赛事旅游相对不足。体育旅游产品供给不足，不能完全满足体育旅游需求。

（3）体育旅游服务发展滞后。体育旅游服务质量不高、体育旅游服务不完善、管理体制不够健全、救援体系不完善等问题突出。我国体育服务业在体育旅游的占比不到20%，对比成熟的美国市场体育服务业占比57%，差距较大。

（4）体育旅游专业人才严重缺乏。缺少专业化体育旅游人才，尤其缺乏既懂观光旅游管理，又具备体育旅游专业管理知识的复合型人才。

（5）体育的职业化、市场化程度高，市场不成熟。体育职业化不够，国际大赛较少，体育旅游市场发育不全，整体发展还相对迟缓，发展体育旅游的条件还不太成熟。国内体育旅游还处在早期阶段。

（6）市场化宣传促销工作滞后。体育旅游营销手段落后、合作联系少。体育旅游认知度有待提升，人们对体育旅游的认识程度仍较低。

3.3 发展措施

（1）整合体育旅游资源，制定体育旅游发展规划，优化旅游产业空间布局，规划先行。加强体育设施开放和各类体育旅游公共服务设施建设。

（2）加大赛事的创新力度，强化特色，打造品牌。打造具有影响力的体育旅游拳头产品，充分挖掘体育旅游经济功能。

（3）加快体育与旅游景区的融合和体育旅游基地建设，拓展体育旅游项目，延长游客在地的停留时间，促进体育旅游消费。

（4）积极培育市场主体，不断开发体育旅游产品，培育旅行社、俱乐部成为市场主体。

（5）改革投融资体制，构建顺畅的体育旅游产业融资渠道，鼓励多方发展体育旅游，形成多元化的投资格局。

（6）实行人才发展战略，发展体育旅游教育，完善体育旅游智力支撑，提升体育旅游项目认识度，建立适合体育旅游产业发展的人力资源培养体系。

（7）推行国际化战略，强调并发展国际化体育旅游，把有限的人、财、物集中起来，宣传扩大国际知名度，吸引国际客源市场。

（8）增强民族自信和文化自信，打造传统体育旅游。

森林旅游新业态之过去、现在和未来

（本文写作于2017年，数据截止于2016年）

2017年4月，第71届联合国大会审议通过《联合国森林战略规划（2017–2030年）》，其中，发展生态旅游、森林景观恢复作为重要的专题领域列入其中。森林在健身、保健、疗养、医疗等方面的功效受到推崇，森林旅游成为大众旅游的一种新时尚、新追求。目前，我国的森林旅游业发展正迎来难得的机遇。高铁和公路的大量修建，交通条件的改善，为森林旅游的发展开辟了一条道路。人们还可以通过自驾游的方式去游览森林风光、体验生态之美。森林旅游不仅是实践“绿水青山就是金山银山，冰天雪地也是金山银山”的最佳途径，还是建设生态文明、助推精准扶贫、促进林业转型发展的重要举措。联合国的《战略规划》对于我国方兴未艾的森林旅游具有重要的指导意义和导向作用。

1. 相关概念

森林旅游（Forest Recreation）是指在林区内依托森林风景资源发生的以旅游为主要目的的多种形式的野游活动，不管是直接利用森林还是间接以森林为背景都可称之为森林旅游（游憩）或森林生态旅游。森林旅游有广义狭义之分。狭义的森林旅游是指人们在业余时间，以森林为背景所进行的野营、野餐、登山、赏雪等各种游憩活动；广义的森林旅游是指在森林中进行的各种活动，任何形式的野外游憩。

森林旅游是生态旅游的主体，其发展有着广阔的前景。森林旅游与自然生态系统所具有的供给、调节、支持、文化四大功能都有关系。森林旅游依托森林等自然资源开展的游览观光、休闲娱乐、度假体验、健身养生、文化艺术等各种活动，实质是要充分发挥森林的多种功能，让人们更便捷地享受到林区清新的空气、迷人的风光、幽静的环境和优质的生态食品，从而实现愉悦心情、陶冶情操、增长知识、促进健康等目的。

森林旅游资源是以森林资源及森林生态环境资源为主体、其他自然景观为依托、人文景观为陪衬的、对旅游者能产生吸引力的各种物质和因素的总和。它主要包括森林自然景观资源（林景、山景、水景、气象气候景观、古树名木、奇花异草、珍稀动植物）、森林生态环境资源（环境空气、地表水环境、天然外照射贯穿辐射水平、植物精气、空气负离子、空气微生物、旅游舒适期和土壤）、人文景观资源（文物古迹、民族风情、地方文化、艺术传统）三大类。其载体主要有：森林公园、风景林场、植物园、生态公园、森林游乐区、以森林为依托的野营地、森林浴场、自然保护区或类似的旅游地等。

“森林旅游地”根据国家林业局的定义，是指依托森林、湿地、荒漠和野生动植物资源，按规定程序设立，由林业主管部门指导、组织、监督并提供旅游服务的森林公园、湿地公园、林业自然保护区、沙漠公园以及国有林场、野生动物园等。“国家级森林旅游地”包括国家森林公园、国家湿地公园、国家沙漠公园以及林业系统国家级自然保护区。“省级森林旅游地”包括省级森林公园、省级湿地公园以及林业系统省级自然保护区等。

2．我国的森林旅游概述

1982年，我国张家界森林公园的建立，标志着中国森林旅游业作为产业开始形成。

2.1 森林旅游取得的成就

从20世纪80年代初起，林业部门先后开展了森林公园、湿地公园、沙漠公园的建设工作，其间还发展了一大批树木园、野生动物园、林业观光园等，这些自然区域是我国森林旅游发展的主要载体。早期的森林旅游产品基本是围绕观光游览打造的。现在，公众已不再满足于走马看花式的旅游，对大自然的兴趣点和体验需求越来越多样化。到目前为止，全国以森林公园、湿地公园、沙漠公园为代表的各类森林旅游地数量接近9000处，总面积约150万平方公里，超过国土面积的15%。森林公园、湿地公园和林业系统自然保护区是森林旅游发展的主要载体，这三者的总数达7181处。其中，国家森林公园828处，国家湿地公园836处，林业系统国家级自然保护区359处。以湖南张家界、浙江千岛湖、四川九寨沟、福建武夷山、湖北神农架等为代表的一大批森林旅游地已经成为享誉海内外的旅游胜地，并成为带动区域经济发展的龙头。

2001年，全国森林旅游游客量突破1亿人次，2011年达到了5亿人次，“十二五”全国森林旅游游客量总数达到40亿人次，年增长15.5%。2015年，全国森林旅游游客量达10.5亿人次，超过国内旅游人数的26%，创造社会综合产值达7800亿元。2016年，全国森林旅游游客量达12亿人次，占国内旅游总人数超过27%，创造社会综合产值9500亿元。2017年上半年，全国森林旅游游客量近7亿人次，同比增长16.7%。估计占全国旅游总人数将突破3%。

30多年来，我国的森林旅游业从无到有，从小到大，一直保持着加速发展的良好态势。森林旅游实现了从“砍树”到“看树”、从“卖山头”到“卖生态”、从“卖木材”到“卖景观”、从“把林产品运出去”到“把城镇居民引进来”的历史性转变，不仅保护了生态，而且对促进贫困人口增收脱贫的作用也是十分巨大的。

森林旅游实现了历史性转变，是继经济林产品种植与采集业、木材加工与木竹制品制造业之后，年产值将破万亿元的第三个林业支柱产业，已成为我国林业重要的朝阳产业、绿色产业和富民产业。森林旅游综合效益日益突显，我国提高森林利用的科学性和多样性，推动森林旅游以观光游览为主向观光游览与森林体验、森林养生、森林康养、文化教育、体育运动等多业态并重转变。在市场需求牵引下，森林旅游一批新业态应运而生，包括森林康养、森林体验、森林养生、湿地旅游、冰雪旅游、沙漠旅游以及生态露营、山地运动、丛林穿越、研学旅游等。中国森林旅游一直保持着高增长态势，成为中国旅游业发展的重要增长极。

我国的森林旅游成为区域经济支柱产业，森林旅游有力地促进了国有林区和国有林场的转型发展；通过发展森林旅游，地域特色文化得到了更好的保护和传承；森林旅游在改善当地居民精神文化生活中发挥突出作用，在教育、体验、养生等方面的功能得到充分发挥；在森林旅游产品开发、品牌建设、市场营销和休闲旅游服务等方面成效显著。

2.2 森林旅游与扶贫

发展森林旅游对促进贫困人口脱贫具有天然的地缘优势。我国大部分贫困地区位于大山区、大林区，通常这些区域的森林等自然资源具备种类多、品位高、规模大、原真性好等优势，发展森林旅游的潜力十分巨大。截至2015年，全国832个贫困县（含贫困片区县）中，有415个贫困县分布有537处国家森林公园、国家湿地公园和林业系统国家级自然保护区，约占全国贫困县总数的50%。森林旅游具有就业门槛低、产业链条长、就业容量大、辐射带动面宽等优势，周边百姓不离乡土就能找到合适的工作，以就业、开展个体经营、发展种养殖、资源出租、入股经营等途径实现增收。林区贫困人口充分利用森林旅游资源，自主开发经营农家乐餐饮住宿、特色纪念品加工销售以及各类休闲娱乐项目，不仅丰富了森林旅游产业内容，延长了森林旅游产业链条，而且增加了收入。统计显示，目前全国依托森林旅游实现增收的建档立卡贫困人口约35万户、110万人，年户均增收3500元。助推精准扶贫是“十三五”时期全国森林旅游行业管理的重要内容。

2.3 政府的工作

2014年，国家林业局印发了《全国森林等自然资源旅游发展规划纲要（2013—2020年）》，要求在森林旅游开发中，始终坚持“保护优先、适度开发”和“开发服从保护”的原则，把开发活动严格控制在生态承载力范围以内。

2016年1月，国家林业局印发《全国城郊森林公园发展规划（2016-2025年）》。

2016年2月，国家林业局森林公园管理办公室下发《关于启动全国森林体验基地和全国森林养生基地建设试点的通知》，确定把森林体验和森林养生作为今后一个时期森林旅游发展的重要方向，并确定了第一批全国森林体验和森林养生基地建设试点单位。

2016年4月，国家林业局下发《关于省级以下森林公园审批有关事项的通知》。

2016年4月，国家林业局印发《中国生态文化发展纲要（2016–2020年）》，要求到2020年，全国森林公园总数由2015年的3000处增加至4400处，建设76个国家湿地保护与合理开发利用、湿地生态文化服务体系建设示范区，扩建一批国家沙漠公园，初步建立起国家沙漠公园网络体系等。

2016年8月，66处试点国家湿地公园通过国家林业局验收，正式成为“国家湿地公园”。

2017年，国家林业局印发《关于印发〈全国森林旅游示范市县申报命名管理办法〉的通知》。

2017年1月，国家林业局发布《关于推进森林体验和森林养生发展的通知》指出在开展一般性休闲游憩活动的同时，为人们提供各有侧重的森林养生服务，特别是要结合中老年人的多样化养生需求，构建集吃、住、行、游、娱和文化、体育、保健、医疗等于一体的森林养生体系，使良好的森林生态环境真正成为人们的养生天堂。

2016年国家林业局的全国森林体验基地和全国森林养生基地建设试点，落实国家森林公园首批中央投资3.35亿元，新建国家级森林公园21处，并首次与国内商业银行组建1000亿元投资基金。

国家林业局以加强顶层设计统领森林旅游行业管理，不断释放森林旅游生产力。深度上，提高森林等自然资源利用的科学性和多样性，推动森林旅游从以观光游览为主向观光游览与森林体验、森林养生、森林康养、文化教育、体育运动、湿地旅游、冰雪旅游、沙漠旅游以及生态露营、山地运动、丛林穿越、研学旅游等一大批森林旅游新业态等多业态并重转变；在大健康建设背景下，打造森林保健、森林医疗、森林疗养、森林康复等在内的森林养生产品体系作为新时期森林旅游工作重点，最大限度地发挥森林在维护和促进公众健康中的作用。广度上，全面提升森林旅游地的基础服务设施条件，提高森林旅游地的产品供给能力及社会影响力，推动森林旅游从局部热络向整体繁荣转变。国家林业局还鼓励社会资本进入，加快森林旅游地的基础服务设施建设，并逐步拓展森林在教育、体验、养生等方面的多功能利用空间，以更好地满足公众的森林旅游需求。

2.4 问题

森林旅游业取得了可喜的成绩，但也存在很多矛盾和问题：

一是需求与供给的矛盾。森林旅游的需求越来越高，但森林旅游产品的有效供给显著不足。能真正将森林旅游的精髓挖掘出来的旅游地还不多。

二是旅游开发与生态环境保护之间的矛盾。处理保护与利用的关系不到位。森林旅游面临粗放开发和盲目利用，重开发、轻保护、轻管理之路已走入“死胡同”，平衡生态效益和社会效益，做好开发与保护的平衡，成为迫切需要破解的难题。不能竭泽而渔也不能因噎废食，借保护之名无所作为和借利用之名急功近利的问题同时存在。

三是森林旅游发展不平衡，不到5%的森林旅游地支撑了森林旅游的“半壁江山”，大部分“养在深闺人未识”，一小部分森林旅游地经常为节假日人满为患发愁，景区不堪重负。森林风景资源的利用效率很低。

四是当前我国“森林旅游”在国家相关战略实施中还缺乏应有的地位。国家扶持不足、部门协调不足、行业监管不足、项目审批周期长等也在一定程度上影响了森林旅游的发展，同时规划理念落后。

五是基础服务设施条件差、森林旅游基础服务设施薄弱、交通条件差是制约其发展的主要因素。

六是人才匮乏、引进战略投资伙伴难等问题。另外，从业人员素质偏低也成为阻碍森林旅游发展的重要因素。

3. 国外案例和启示

美国是森林旅游的鼻祖，1872的黄石公园是森林旅游的前身。“二战”后，依托森林来发展旅游逐渐兴起，到1960年，森林旅游的现实价值获得承认并成了森林资源开发的主要部分之一。在美国举行的第五届世界林业会议，是森林旅游发展过程中一个重要里程碑，从那以后各国积极进行自然保护区及国家森林公园的规划，这不仅为本国国民提供了健身益智的活动场所，同时也招徕了外国的观光游客，成为一项无烟工业。

欧洲的森林旅游以森林度假村打造度假核心吸引物。福布斯世界富豪榜巨头们所营建的森林行宫，包括沃伦·巴菲特的“快乐山谷”、萨默·雷石东的“比华利山庄”以及迈克尔·戴尔的“山顶神话”等。塞舌尔群岛的门岛私人酒店（Frégate Island Private）度假村和斐济岛的瓦卡亚俱乐部（The Wakaya Club），依靠的是海滩与热带雨林的完美结合，加上特色的森林休闲游乐项目，形成了世界级的产品吸引力；新西兰的胡卡度假庄园（Huka Lodge）、南非的私人酒店（Singita Private）等则完全依靠原始风貌的自然资源和原生特色，形成了具有独特性的产品竞争力。

德国在露营地建设方面堪称典范，阿尔卑斯山下和莱茵河畔，都有环境优美的露营地，无论是过境还是停留，餐厅、酒吧、烧烤、狂欢都有相应服务设施。完善的配套满足人们主要需求，减少了后期的人员维护成本，管理简便而高效。

森林疗养最早起源于20世纪40年代的德国，以丰富多彩的森林生态景观、优质富氧的森林环境、健康美味的森林食品、深厚浓郁的森林养生文化等为主要资源，配备相应的养生休闲及医疗服务设施，开展以修复身心健康、延缓生命衰老为目的的森林游憩、度假、疗养、保健、养老等服务活动。

日本是世界上拥有最先进、最科学的森林养生功效测定技术的国家。有一个森林疗养基地为“FUFU山梨保健农园”，其依托先进管理理念和当地丰富的自然资源，已经成为日本知名的健康管理机构。保健农园除了森林疗养步道之外，还有药草花园、作业农园、宠物小屋等保健区域，健康管理设施相对完善。游客可以在农园中选择各种健身和疗养项目，都有专人指导。这种森林疗养模式在日本取得了很大成功。

启示：森林旅游具有时空差异性、野趣、娱乐、知识、保健等特点，独特的森林景观和本体的旅游资源，对游客最主要的吸引力就是能够亲近大自然。森林旅游除了森林的观赏性，森林体验更具吸引力。森林体验包括接触体验、运动体验、休闲体验、文化创作体验、探险体验等，不同群体对体验形式有着不同的需求，森林马拉松、森林穿越、山地自行车、林区漂流、自然教育等参与性强的项目成为热门的旅游产品。

由于森林旅游固有的特殊性，旅游管理者除需具有常规的旅游开发和管理能力外，还必须具有很强的环保意识与环境管理技能等。在森林旅游开发与经营中自觉运用生态学原理，推出真正的森林旅游产品，促进森林旅游开发与环境保护协调发展。在旅游区内设立具有环境教育功能的基础设施、增加旅游商品中的生态产品，使游客在旅游中自觉遵守旅游条例规范，提高其生态意识、环境意识，保护生态环境和生态旅游资源。森林旅游管理者开发森林康养，集旅游、休闲、医疗、度假、娱乐、运动、养生、养老等健康服务于一体，令旅游者获得身体的放松和心灵的慰藉。

4. 未来展望

（1）森林旅游地的基础设施建设将不断加强，接待能力和服务水平不断提高。基础设施建设资金可积极争取国家投融资政策支持，还可发挥市场作用，通过设立林业投资基金，吸引社会资本进入森林旅游领域，实现融资方式多元化，加速森林旅游业发展。

（2）森林旅游作为一种新业态，需努力培育消费群体。通过积极培育森林旅游新业态，满足公众需求，包括积极推动国家森林步道建设，引导国民走进森林，推动森林体验和森林养生。

（3）科学规划、评估和控制森林旅游开发的景区容量，兼顾森林开发和保护生态的平衡，协调森林旅游与保护关系，科学管理森林旅游。把良好的生态环境作为最大优势，推动森林旅游、生态与产业、休闲与科普的生态文明建设。

（4）在政府主导下形成全域森林旅游发展的体制机制。将政府引导、部门联动、社会参与、市场运行相结合，管理得力，经营灵活，多方共赢，充分利用林改成果发展森林旅游，把森林旅游纳入地方经济社会发展规划和地方旅游产业总体规划，促进产业联动与合作，形成推动森林旅游发展合力，打造全域森林旅游。

（5）森林疗养成为新兴健康产业。森林疗养是发展健康产业的创新模式，既能迎合现代人预防疾病、追求健康、崇尚自然的需求，也能把生态旅游、休闲运动与健康长寿有机结合，具有广阔的市场空间和发展前景。

（6）打造成生态旅游森林小镇。培养旅游人才、社区共享、横向联合、新技术应用等方面取得显著成效。

（7）“十三五”期间森林旅游以转型升级、提质增效为主。森林旅游发展数量规模扩大与服务质量提升并重，既扩大森林旅游游客的数量，也提升服务质量，提高森林旅游地的基础和服务设施配套水中，提升游客的生态体验与满意度。

（8）在互联网+的大背景下，以各级各类森林旅游地为依托，以广大森林游客为基础，以各类森林旅游服务企业和投融资机构为支撑，以森林休闲、体验、康养、文化创意、体育活动等为抓手，通过森林旅游展现“绿水青山就是金山银山，冰天雪地也是金山银山”的美好前景。

游学旅游之前世今生

（本文写作于2017年，数据截止于2016年）

游学旅游作为一种文化的探寻和交流方式，无论古今中外，在各种民族、不同文明中，历来受到高度重视。“行万里路，读万卷书”大概是古代对游学旅游最好的诠释。进入大众旅游时代，游学这种古老而又崭新的旅游方式逐渐成为当代人新选择。研学旅游在我国有着悠久的历史和深厚的基础，古往今来，伟人名士皆有外出游学的经历。研学旅游寓教于游，游学交融，具有鲜明的体验性、教育性、娱乐性和休闲性。游学行业是横跨教育和旅游两个万亿级市场的行业，游学产品本身带有教育和旅游的双重特点。游学旅游有丰富的资源整合能力。2013年，中国游学市场规模达60亿元，且以每年30%的速度增长，游学旅游需求呈现爆发式增长。2015年海外游学人数超40万人，市场规模近百亿元，参与人群从大学向更低龄化阶段和成人等发展。游学旅游已成为旅游业创新发展的新增长点。

1．游学旅游概述

“游学旅游”就是在“游”的过程中达到“学”的目的，“游学”除了游山玩水还含有“学习”的意思。现代意义上的游学（Study Tour），是20世纪随着世界和平潮流和全球化发展进程而产生的。游学旅游通过学习语言、参观名校、入住当地学校或寄宿家庭、参观游览国内外的主要城市和著名景点，做到学和游的结合，在游中实现个人提升。有一位叫马赛·普罗斯特的学者说：真正的发现之旅不在于发现新的领域，而在于拥有新的目光。

现代的游学更多的是一种跨文化体验式的教育方式，有助于跨文化能力的培养。游学旅游的文化方面，是文化传承的重要载体，是全球化进程中实现文化认同的重要手段；政治方面，是以柔性方式进行国民教育、实现国家认同的必要手段；学术研究方面，青少年游学旅游的实践，为旅游与文化的深入融合开辟了相应的场域和路径。

随着各地区、各国在经济、政治、文化领域的频繁交流，地球村为游学这种有着悠久历史积淀的旅游教育提供了更大可能性。当代的游学，多以修学旅游、游学夏令营、游学冬令营等形式存在。在许多发达国家，非常流行修学旅行，现代的游学旅游在亚洲一些国家及地区，其历史也有30至60年。

游学如品美酒，注重在慢旅行中的细细品味和观察并获取新知。游学者钟情于富有文学气息的人文圣地、国外名校。特色游学更具有专业性，例如到泰国学习泰式料理，到新西兰学习酿酒，到印度学习瑜伽等。游学是一种体验，走进参与国际化进程和活动，亲身体验风土人情、感受异域文化氛围，了解东西方价值观与不同的文化，建立友谊，增长阅历和见识，培养全球化思维。

2．我国游学旅游的发展

2.1　我国游学旅游史简介

早在春秋战国，游学就已出现，最有名的莫过于孔子率众弟子周游列国，2000多年前孔子的“道德践履、仁爱贵和、精思善疑、平等民主”为核心的游学思想，成为我国研学旅行的奠基人，开创了民间研学旅游的先河。子曰：“志于道，据于德，依于仁，游于艺。”“游”就是学习六艺的过程。

汉以来，游学不断发展，至明清时期达到鼎盛。司马迁“二十而南游江、淮，上会稽，探禹穴，窥九嶷，浮沅、湘。北涉汶、泗，讲业齐鲁之都，观夫子遗风，乡射邹峄；厄困蕃、薛、彭城，过梁、楚以归。”司马迁通过游学实地采风访俗，获得一手资料写出《史记》。唐玄奘和尚游历西域研习佛学成就一代宗师。唐代诗人李白“仗剑去国，辞亲远游”。北宋学者胡瑗提倡游学：“学者只守一乡，则滞于一曲，隘吝卑陋。必游四方，尽见人情物态，南北风俗，山川气象，以广其闻见，则有益于学者矣。”

中国历代文人学者素来重视游学活动，历史上诸多大家，如孔子、玄奘、李白、徐霞客、顾炎武等，都是从游学生涯中积累了广博的学识。古人在游历中不仅欣赏了优美的风景，也在自然山水中陶冶了情操，实现自我提升。

到了近代，清政府为培养经世致用的人才，1872年挑选第一批幼童赴美留学。出洋游历游学是清末政府为提高官员素质所采取的举措之一。洋务大臣张之洞曾说“出洋一年，胜于读西书五年，入外国学堂一年，胜于中国学堂三年……”。官员出洋从出于交涉之需，到与开启官智相结合，经中外合力推动，在五大臣出洋与翰林、进士游历游学的刺激下一度达到高潮。1906年后，清政府加强加大了派遣贵胄出洋的力度。游历游学一定程度上提高了官员素质，促进了清末新政进程。

2.2　我国当代游学旅游

目前，中国游学旅游多以各机构组织的游学活动居多，主要是到国外参观风景名胜的同时学习语言。作为一种体验式学习，游学中的“游”是学习方式，“学”是目的。游学让教育方式多元化，有助于完善学生的素质教育。每到寒暑假，各大城市随处可见游学冬/夏令营宣传。在亲身经历中学习，使得学习不再是被动的接受，而是主动接受。一些游学项目针对有一定经济实力的白领，为白领在忙碌的工作之余提供充电、放松的新选择。游学让人们走出枯燥的钢筋水泥丛林，亲近自然，亲身感受多元文化的五彩缤纷，这种体验式的学习，让人真正做到了知行合一，从实践中学习。

游学中的跨文化能力培养。游学为人们提供了一种国际性的跨文化体验式学习，边旅游边学习。除了语言的学习外，许多游学者同当地居民住在一起，有机会体验最本土的生活方式，很大程度上增进了游学者对目的国的文化、风土人情的了解，这对语言的学习也大有裨益。深入目的国普通居民的生活，才能真正获得生活体验，而不是惊鸿一瞥，让游学者有机会了解语言以外的东西，亲身体验国外的生活方式、价值观等隐性文化，真正做到长见识。

通过亲身经历来学习异国文化和语言，不仅可以丰富游学者的人生经历，拓展视野，还能增强跨文化交际能力。因为在游学过程中，处处蕴含着异国文化，这为跨文化能力的培养提供了一个很好的平台。

2.3 我国游学旅游的支持政策

为发展旅游，我国出台多个游学旅游规范文件。2012年，教育部、外交部、公安部和（原）国家旅游局联合下发《关于进一步加强对中小学出国参加夏（冬）令营等有关活动管理的通知》（简称“《通知》”），对于规范中小学生境外游学活动提供了政策框架。2013年，国务院发布《国民旅游休闲纲要（2013–2020年）》（简称“《纲要》”），提出“逐步推行中小学生研学旅行”，明确研学旅行要纳入中小学生日常教育范畴，要把研学旅行放在实践素质教育新途径的战略高度来考量。2013年，教育部《关于推进中小学生研学旅行的意见》（简称“《意见》”）成为游学的政策利好。

2014年，国务院下发《关于促进旅游业改革发展的若干意见》（国发〔2014〕31号），首次明确研学旅行要纳入中小学生日常教育范畴。同年年中，国家教育部制定发布《中小学学生赴境外研学旅行活动指南（试行）》（简称“《指南》”），对游学产品各项细节均做出详细规定，是在《通知》基础之上制定的。

2015年，《国务院办公厅关于进一步促进旅游投资和消费的若干意见》（国办发〔2015〕62号）指出，研学旅游对于人民群众尤其是青少年群体在了解基本国情（省情、市情、县情等），增长见识、陶冶情操等方面具有积极作用。

2016年1月25日（原）国家旅游局公布了全国首批“中国研学旅游目的地”和“全国研学旅游示范基地”，更将研学旅游推向了一个新的发展高度。2016年11月教育部等11个部委《关于推进中小学生研学旅行的意见》（教基一[2016]8号），提出要将研学旅行纳入中小学教育教学计划。政策规定“学”不能少于行程50%。“旅游行业要在国家开放新格局中，主动作为、主动发声，努力开创旅游对外开放新局面”。这意味着，我国的游学旅游将在政策推动下，从自发走向自觉，迈向一个崭新的阶段。

3．国外的近现代游学旅游发展

“大游学”（The Grand Tour）是欧洲封建时代旅行活动的重要代表之一，其规模较大、历时较长，影响深远，为近代以教育、游学为目的的旅游开创了先河。

英国的游学最初体现在英国贵族的教育旅行上，可追溯到中世纪。16世纪中后叶开始，人们逐渐认识到外出旅行在开阔眼界、增加对异国他乡事物了解等方面的重要作用，这种以教育和求知为目的的旅行活动开始风行。16、17世纪，英国人前往欧洲大陆游历并学习各国文化，进而成为“完全意义的绅士”。“大旅行”也被时人称作“幼熊”（青年人）教育的顶点和“成年礼”，是上流社会的一种风尚。亚当·斯密1776年写道：“在英国，年轻人一俟中学毕业不等投考大学便被送往外国旅行已成为日渐浓厚的社会风气。人们普遍认为，这些年青人完成旅行归来之后，（在学识和才干上）会有很大的长进。”

大游学流行的游学路线是法国（尤其是巴黎）→意大利（热那亚、米兰、佛罗伦萨、罗马、威尼斯等）→德国和其他低地国家。英国年轻贵族在读完牛津、剑桥大学后远赴法国和意大利去探寻艺术、文化以及西方文明的源泉。花上几个月或更长时间漫游徜徉在古希腊和古罗马及文艺复兴的文化遗产中，接触欧洲大陆时尚和社交圈。在巴黎学习法语、社会礼节、宫廷时尚、交谊舞、击剑和马术等。大游学对英国的文明程度、学术、艺术、科学等均产生了积极影响，增强了英伦岛与欧洲大陆的联系和相互影响。大游学有助于培养游学者的艺术爱好、提高艺术审美能力，增进学术交流、接触新思想和新文化。

随后，大游学扩展到欧洲其他国家。信奉新教的北欧国家富有年轻人也在欧洲大陆进行类似的旅行，17–18世纪在欧洲盛行。随着蒸汽机车（铁道、火车）和蒸汽轮船出现，旅行更便捷，游学旅游开始从上流社会扩展到中产阶级中，并逐渐向欧洲之外的其他国家发展。18世纪下半叶开始，南美、美国和其他海外国家年轻人也加入了大游学，极大地促进了当时的文化发展、经济发展。

目前，欧美等发达国家经过数百年发展，游学旅游成熟而规范。很多国家和地区把游学旅游作为青少年教育而纳入规范化轨道：例如夏令营在美国已有一百多年历史，现有两万多家夏令营，法律规定、操作过程规范成熟，老师要获得专业认证或国际认证。游学旅游形式众多，登山、健行、帆船、钓鱼等户外活动，住帐篷、做饭的野营，水陆运动和公益活动，艺术夏令营或其他专门从事棒球、篮球等运动的夏令营发展青少年的天赋或特殊兴趣。法国游学注重“学”，有近三分之二的法国学生以开阔眼界或提高外语作为游学目的。1946年起源的修学旅行是日本学校最具特色的活动，已成日本文化的一部分。2008年，日本修学旅行比例为高中94.1%、初中97.0%、小学93.6%。每年日本各地教委出台年度修学旅行实施细则，包括实施旅行的学年、旅行天数、行程长短、所需费用以及随行教师的人数等。澳大利亚的游学旅行，学校会安排老师监护，负责所有孩子的安全、饮食和生活。

总之，综上我们得到启示是：发展游学旅游，可以提高我国人口素质，促进文化发展、经济发展，扩大国家和地区间的交流和合作，有利于中国“走出去”和“请进来”，扩大中国的影响力。并且由于游学旅游在欧美国家是非常成熟的产业，在政策、管理、制度、法律建设上值得我们借鉴和学习。同时也要注意我国的文化传统、教育理念等的差别，不简单照抄或复制，在实践中积极探索符合中国特色的游学行业发展模式。

4. 我国游学旅游展望

游学旅游与国家“一带一路”倡议的最高要义“民心相通”不谋而合。目前，中国已与46个“一带一路”沿线国家和地区缔结各类互免签证协定，19个沿线国家地区给予中国公民落地签便利。以“一带一路”为主线，我国已推出一系列游学产品路线，包括草原丝绸之路——哈萨克斯坦、吉尔吉斯斯坦，海上丝绸之路——东非，文明交锋的中心舞台——高加索，还有印度、伊朗、以色列、乌兹别克斯坦、土耳其、俄罗斯、埃及……无论社会精英还是孩子，通过“一带一路”旅游游学，感受“丝绸之路”的文化与文明，与世界对话。联合国世界旅游组织秘书长瑞法依表示，“一带一路”显示着人类的共同理想。我国先后开展中俄、中韩、中墨、中印国家旅游年，参与并推动游学旅游，引起全球广泛关注。游学旅游更好地落实国家推进加强与“一带一路”国家教育、文化、旅游等领域交流合作的战略部署。

随着研学旅游的发展，我国各地旅游管理部门和研学旅行企业不断加强与区域游学旅游组织的协作，彼此互为客源地和目的地，协力共同开拓市场。积极推出精品旅游线、特色旅游地，打造研学旅行品牌，为研学旅行搞好服务。自2016年游学线路主题将多元化发展。比如“多元宗教文化线”“京杭大运河江南段”“丝绸之路文化产品线”“上海非物质文化遗产线”及“南孔文化线”主题游学。伴随着大众旅游，游学旅游持续增温。

第九篇

绿色生态
可持续与旅游

创新自然资源有偿使用 坚持生态红线下的旅游开发

（本文写作于2017年，数据截止于2016年）

自然资源治理是国家治理体系与现代化建设的重要组成部分，十八届三中全会决定提出要“健全国家自然资源资产管理体制，统一行使全民所有自然资源资产所有者”，对我国自然资源资产管理体制改革提出了新要求。2016年全国经济体制改革工作会议落实的重点领域八大改革任务，其中之一是大力推进生态文明体制改革。建立国土空间开发保护制度，探索推进各类空间性规划“多规合一”，研究设立统一规范的国家生态文明试验区，深入推进国家公园体制等试点。

1. 创新国有自然资源有偿使用

自然资源有偿使用主要是指在自然资源属于国家所有的前提下对其用益权（包括使用权、收益权等）的有偿转让，其中伴随有一系列的利益交换、补偿和分配，主要以权利金的给付来体现。

我国自然资源资产均实行公有制，包括全民所有和集体所有。自然资源有偿使用制度，是指国家以自然资源所有者和管理者的双重身份，为实现所有者权益，保障自然资源的可持续利用，向使用自然资源的单位和个人收取自然资源使用费的制度。2013年11月15日，《中共中央关于全面深化改革若干重大问题的决定》明确提出要“健全自然资源资产产权制度和用途管制制度。健全能源、水、土地节约集约使用制度。健全国家自然资源资产管理体制，统一行使全民所有自然资源资产所有者职责”。自然资源资产的全民所有者或国家所有者，无疑应该管好、用好、保护好全体人民共同的自然资源资产。当前国家自然资源资产主要的问题在于国家所有者主体不明晰、结构不合理、权利不到位、义务不充分。因此，主体明晰、结构合理、权利到位、权益保障、义务充分，是新常态下国家自然资源有偿使用创新要求。

自然资源实施有偿使用制度是在自然资源领域落实社会主义公有制的要求，是社会主义市场经济体制的要求。在社会主义公有制和市场经济条件下，实行自然资源有偿使用制度，能充分在经济上实现自然资源的国家所有权，充分发挥市场对社会主义经济发展的积极作用，保障社会主义公有制主体地位。在自然资源使用制度改革前，国家曾长期以行政手段无偿提供土地资源、水资源等自然资源，公有制在很大程度上被虚化，难以实现自然资源在社会化生产中的优化配置。以致出现了国有资产流失严重、自然资源短缺、生态环境恶化等问题，破坏了代际间的利益公平，威胁着经济的可持续发展。

我国的自然资源使用制度包括有偿使用和无偿利用，自然资源资产管理体制演进大致经历了四个阶段：第一阶段（1949—1978年），自然资源资产管理体制缺失，资源无偿使用；第二阶段（1978—1990年），自然资源资产管理体制探索，国家从制度上提出了所有权、使用权分离，提出有偿使用制度，但实际并未真正实施；第三阶段（1990—2010年），自然资源资产分散管理体制逐步形成阶段。初步形成了目前自然资源资产分类管理的体制，资源有偿使用制度得以全面推进，要素市场建设步伐加快；第四阶段（“十八大”以来），自然资源资产管理体制进入全面深化改革阶段。

进入新常态后，随着人口不断增加与经济增长速度的加快，我国自然资源的承受能力面临严峻的挑战，出现了生态环境恶化、资源短缺、资源性国有资产流失等问题。资源性产品价格形成机制不合理、要素市场体系不健全，是形成我国经济发展高消耗、高排放、低效率粗放型模式的一大症结。通过有偿、能流动的自然资源使用制度，将资源作为生产要素交给市场调节，合理配置自然资源，实现最大的资源利用效益。随着全球资源治理（GRG）的理念和自然资源治理体系日趋成熟，我国应适应全球资源治理格局及其演进的趋势，改进我国资源治理理念和方式，加快资源性国有资产管理体制创新，实行资源有偿使用制度和生态补偿制度，稳妥推进资源性价格改革，实施绿色价格政策，完善自然资源及其产品价格形成机制。坚持使用资源付费原则，逐步将资源税扩展到占用各种自然生态的空间。完善对重点生态功能区的生态补偿机制，推动地区间建立横向生态补偿制度。建立吸引社会资本投入生态环境保护的市场化机制，推行环境污染第三方治理。树立负责任大国形象，实施“利用两种资源、两个市场”策略是保障我国国家资源安全的必然选择。

2. 推进自然资源的旅游发展

2014年3月国家林业局印发《全国森林等自然资源旅游发展规划纲要（2013-2020年）》，是我国第一个指导森林等自然资源旅游发展的纲领性文件，是规范和促进森林等自然资源旅游发展的重要依据。文件要求要正确处理好自然资源保护与利用的关系。在旅游开发过程中，要始终坚持“保护优先，适度开发”原则，在保护好、培育好森林、湿地、野生动植物等自然资源的前提下，把开发活动严格控制在生态承载力范围以内，把对森林等自然资源和生态环境的影响减少到最低程度。坚持以总体规划统领自然资源的开发利用，坚持先规划、后建设，坚决防止因过度开发或盲目开发造成对自然资源和生态环境的破坏。当旅游开发与生态保护发生矛盾时，必须坚持开发服从保护的原则，保证青山常在、持续利用，坚决防止以牺牲森林等自然资源和生态环境为代价换取一时的经济发展。

伴随着我国旅游产业的跨越式发展，国内传统旅游资源管理体制机制存在旅游资源的归属不清、权责不明、价值误置、保护滞后等一系列问题，阻碍了旅游资源市场化进程；旅游资源经济价值估值过低，导致公共资源类景区出让收益的分配问题、旅游资源开发利用的生态补偿问题、旅游资源有偿使用制度的施行问题难以解决，导致了粗放型旅游资源管理模式的产生和扩展；旅游资源保护工作因资金原因而难以落实。许多未市场化运营的景区的旅游资源保护经费短缺，资源保护进程滞后。随着我国进入全面深化改革的重要战略机遇期，对现行的旅游资源管理体制与机制进行改革显得尤为迫切，改革无疑将推进旅游资源资本化、资源资产化和资本化管理。2012年初，中央七部委制定的《金融支持旅游业加快发展的若干意见》中明确指出“开展景区经营权质押和建设用地使用权抵押业务”。2012年党的“十八大”和2013年党的十八届三中全会明确提出“健全国家自然资源资产管理体制，实行资源有偿使用制度”。2014年《国务院关于促进旅游业改革发展的若干意见》和2015年《国务院办公厅关于进一步促进旅游投资和消费的若干意见》中又相继提出“发展旅游项目资产证券化产品”与“推进旅游项目产权与经营权交易平台建设”。旅游资源资产化实现机制包括旅游资源所有权、用益物权、担保物权的界定及旅游资源经营权价值与游憩价值的评估，旅游资源资本化实现机制包括旅游资源经营权的出租、抵押、转让、入股等方式的流转及旅游资源资产证券化。

加快实现旅游资源资本化机制建设，从完善旅游用地分类体系、优化价值评估机制、构建产权交易市场三个层面发力。一要完善旅游用地分类管理体系；二要优化旅游资源经营权价值评估机制。三要构建旅游资源经营权交易市场。在旅游经营权流转中，要坚持自然资源有偿使用的原则，坚决制止低价甚至无偿出让、转让国有自然资源经营权的行为，坚决制止各种随意划拨自然资源的行为，防止国有资产流失。坚持公开、公正、自愿原则，在资源资产价值评估的基础上，经营实体须通过参与公开招投标的方式取得旅游经营权；要充分尊重产权单位和原经营者的意见，不得强买强卖，不得行政干预，切实保障权利人应有的合法权益；要坚持所有权、管理权、经营权分离原则，坚决制止将经营权和管理权一同转让给企业，避免造成自然资源管理体系的紊乱。

3．坚持生态红线下的旅游开发

2015年（原）环境保护部发布的《生态红线划定技术指南》（环发[2015]56号）中对生态保护红线的定义为：生态保护红线是指依法在重点生态功能区、生态环境敏感区和脆弱区等区域划定的严格管控边界，是针对不同生态功能而划定的生态功能保障基线，是维护区域和国家生态安全的底线。我国是世界上唯一划定生态保护红线的国家。生态红线是一条有严格地理边界和管理职能的“管理”红线，更侧重于从生态功能上划区保护，主要考虑水源涵养、生物多样性保护、土壤保持、防风固沙等生态系统服务功能，是我国生态系统保育的需要以及国土生态安全保障的需求。生态红线是保障和维护国土生态安全、人居环境安全、生物多样性安全的生态用地和物种数量底线，具有不可替代性和无法复制性；是我国继“18亿亩耕地红线”后，又一条被提升到国家层面的“安全线”，体现了党和国家加强自然生态系统保护的坚定意志和决心。这一制度落地，对于实现生态红线下的旅游开发实现绿色发展具有重要的意义。

中共中央、国务院《关于加快推进生态文明建设的意见》指出，划定并严守资源环境生态红线，并严守生态红线，严禁任意改变用途。“绿水青山就是金山银山”。贯彻落实推动转型发展，树立发展和保护相统一的理念，清新空气、清洁水源、美丽山川、肥沃土地、生物多样性是人类生存必需的生态环境，转型发展必须保护森林、草原、河流、湖泊、湿地、海洋等自然生态。守望青山绿水，构筑生态屏障。发展生态旅游是建设生态文明和美丽中国的重要载体，重在“生态保护”“文明和谐”。按照主体功能定位控制开发强度，调整空间结构，研究设立统一规范的国家生态文明试验区，深入推进国家公园体制等试点。我国许多地方资源丰富，有发展生态旅游业的资源优势，在景区建设和管理中我们要树立尊重自然、顺应自然、保护自然的生态文明理念，始终坚守生态保护红线，着力解决好资源开发与经济社会发展、生态环境保护之间的平衡、协调关系。

“他山之石可以攻玉”，借鉴国际上生态保护区与旅游开发的经验对现在中国旅游发展十分有意义。坚持主动作为和国际合作相结合，同时要深化国际交流和务实合作，充分借鉴国际上的有益经验，通过发展生态红线下的生态旅游，积极参与全球环境治理，承担发展中大国的国际责任。世界各国在强调对资源的资产属性进行管理的同时，注重协调资源开发与生态保护之间的关系。国际上自然保护地系统等生态保护方法已经成功施行了近100年，世界上已有188个国家和地区参照世界自然保护联盟（International Union for Conservation of Nature，IUCN的保护地分类体系划定了生态保护地范围，许多国家在制定自然资源的保护规划和政策方面，有国家公园、生态保护地、特别保育区、特殊保护地等提法和实践。一个具有明确范围的、可识别并管理的地理空间，可通过法定的或其他有效方法，实现对其与自然相关的生态系统服务和文化价值的长期保护。由环保部门牵头来管理自然生态保护区（地）是目前国际上主流的发展趋势。

美国、日本、俄罗斯、德国的生态保护地（区）系统都实行了对不同类型保护区采取不同级别的环保管理制度，并通过立法加强自然生态保护地（区）建设和管理，明确了管理的授权和责任归属，使得生态保护地（区）在管理上有法可依。

以美国为典型代表，美国是世界上最早建立自然保护区的国家，也是世界上国家公园最多的国家，其旅游价值、经济价值和生态价值无可估量。国家公园由内政部下属的国家公园署负责，野生生物避难所由鱼类和野生生物署负责，海洋保护区由商务部负责，荒野地保护区由森林署、土地管理局、鱼类和野生生物署、国家公园署负责。美国在联邦、州、地方层面都有涉及自然保护地（区）体系的基本法。美国已建立以国家公园、国家荒野保护地、国家森林（包括国家草原）、国家野生生物避难地、国家海洋避难地和江河口研究保护地、国家自然与风景河流等六种保护地体系为核心，以土地利用等管理为辅助的自然生态保护体系，其目前陆地保护地区域约150万平方公里，占美国陆地面积的16%。

加拿大的《国家公园法案》和《加拿大野生动植物法案》等都明确了本国自然保护区、国家公园等保护园区管理规范，其国土和内陆水域的10%以及海域的0.7%已经被划入自然生态保护地体系。风光旖旎，美不胜收，吸引世界各地的旅游者。

德国成立了专门的国家公园管理署，制定了《自然和景观保护法》。其自然生态保护地面积占国土面积比例高达25%以上：85个自然公园，占国土面积16%；12个国家公园和5171个自然保护区，占国土面积3.8%；12个生物圈保护区，占国土面积3.2%；580个原始森林保护区，占国土面积4.5%。这为德国的旅游开发提供了非常好的环境基础和条件。

日本历来重视旅游环境，重视发展旅游，日本自然生态保护地约占日本国土总面积的14.37%。日本优良的环境和特色文化为日本带去了世界各地的旅游者。日本制定了《自然环境保全法》和《自然公园法》。

俄罗斯的自然保护区和国家公园属国家联邦级特别自然保护区，统一由自然资源环境部管理。在俄罗斯，保护地体系面积占国土总面积的11%。《俄罗斯联邦特保自然区法》全面规范了俄罗斯特别自然保护区域的建设和管理工作。近年来俄罗斯针对中国开展很多旅游活动，吸引了大批旅游者。

借鉴国外发展生态旅游的经验，在我国划定的生态保护红线内也要实行分级分类管理，制定不同的生态环境保护标准和管控措施，明确不同级别的环境准入活动类型和强度，进而充分认识保护区开展旅游的特殊性。使保护区走上一条保护——开发——增值——保护的良性循环之路。

目前，我国现有各类自然生态保护区（地）总面积约占陆地国土面积的18%；《全国生态功能区划》中的50个国家重要生态功能区，占全国陆地面积的24.8%；《全国主体功能区规划》中25个国家重点生态功能区，占全国陆地面积的40.2%；32个陆地生物多样性保护优先区占国土总面积的24.2%。在各类保护区中生态保护红线应是其中最为重要的核心保护地区。将生态文明建设与旅游开发有机结合，充分实现生态旅游的四个功能，即旅游功能、保护功能、促进经济增长功能或是扶贫功能、环境保护意识教育功能。

生态红线管理涉及林业、国土资源、水利、环保等相关部门，因此，需要明确任务分工，构建有效的协调机制，形成生态红线管理合力。在划定的生态红线内保护自然生态和自然文化遗产原真性、完整性，实现保护下的开发。坚持“严格保护，统一管理，合理开发，永续利用”的方针，分头设置自然保护区、风景名胜区、文化自然遗产、地质公园、森林公园等体制，进行功能重组，合理界定国家公园范围，开展生态红线下的可持续生态旅游。

国家公园——环境费用效益理论的中国实践

（本文写作于2016年，数据截止于2015年）

党的“十八大”把“生态文明建设”纳入中国特色社会主义事业“五位一体”，提出建设“美丽中国”、实现民族永续发展的目标。党的十八届三中全会提出了建立国家公园体制这一生态文明制度建设的重要改革举措。气候变化是人类最大的挑战，各国一直致力于控制温室气体排放，2015年12月12日，联合国气候变化巴黎大会通过《巴黎协定》，2016年4月我国正式签署《巴黎协定》，明确了2030年CO_2排放达到峰值。

1. 国家公园和环境效益费用评估

1.1 国家公园

世界自然保护联盟（International Union for Conservation of Nature，简称IUCN）对国家公园的定义是：一个广阔区域被指定用来①为当代或子孙后代保护一个或多个生态系统的生态完整性；②排除与保护目标相抵触的开采或占有行为；③提供在环境上和文化上相容的精神的、科学的、教育的、娱乐的和游览的机会。这一概念和标准得到国际社会的普遍认同和遵循。目前，全世界几乎所有国家都拥有自己的国家公园，但各国在执行国家公园的定义和标准上不尽相同。截至2014年7月，根据IUCN和联合国环境规划署统计，全世界符合IUCN标准的国家公园5220处，自然保护地共207201处。国家公园为世界人民提供了健康、美丽、安全及充满智慧泉源的生态系统和景观，具备健康、精神、科学、教育、游憩、环保及经济的多种价值，并提供保护性环境、生物多样性、国民游憩、繁荣经济、研究及国民环境教育的功能。我国约18%的国土被列为“保护区”，超过大多数国家，但对保护区的单位面积投入还不及泰国或尼泊尔。因此，我国政府于2015年5月提出，在9个省份开展“国家公园体制试点”。

1.2 环境效益分析

效益费用分析（Benefit Cost Analysis）简称效费分析（BCA）产生于19世纪，是以新古典经济理论为基础，以寻求最大社会经济福利为目的的经济理论。作为评价公共事业部门及水、大气污染控制、自然资源的保护等领域的投入资金（费用）与其产生效益对比分析的工具而得到广泛应用。环境和商品一样提供服务，环境服务在价格需求关系上与一般商品相似。因此，把费用效益分析理论与环境结合，引入到国家公园游憩服务在内的环境服务价值评估，就是环境费用效益方法。

环境效益很复杂，有直接效益或称内部效益（指环境本身产生的效益）和间接效益或称外部效益（指环境带来的波及效益）之分；环境量化效益（指可用货币估值的效益）和非量化效益（不能或难以用货币衡量的效益）；环境正效益（指环境资源作为生存、生产、消费条件而带给人们的物质和精神享受）和环境负效益（环境被污染和破坏后产生的各种损失）等不同分法。环境费用是环境价值的货币表现，由环境污染和破坏造成损失的货币表现和防治环境污染破坏所需资金的货币值两部分组成。环境效益费用分析通过技术手段，将环境效益转换成经济效益（环境效益的货币化），然后将环境效益和经济效益相加，求得综合经济效益。其分析涉及面广，需要信息量大，各种效益和损失均应转化为经济价值，要求多，环境的复杂性造成环境效益费用分析的复杂性。环境效益费用分析的应用主要有经济服务、文教发展、自然资源和环境保护项目、防护等项目上。在国家公园的建设上也有大量的应用。

1.3　国家公园的环境效益分析

随着社会经济发展，都市化及工业化以后，环境污染问题日益严重。国民对于户外游憩需求与日俱增，回归大自然的行动风靡全世界。因此，优美自然原始风景的国家公园，常作为现代都市生活最高品质的游憩场所，优美神奇的大自然景色可以陶冶情操，启发灵感。国家公园有利于改善环境质量，环境效益为正值。

国家公园的有形价值，特别是成本与经济收益方面，目前虽无完整资料，但诸如美、日、加、瑞士、英、法诸国因国家公园所带来的旅游年收入均有一笔可观的数目，就连发展中国家的国家公园，比如哥斯达黎加开展以国家公园为主的生态旅游收效显著。其收益对国家的经济帮助也是显而易见的，更不必说其环境优美空气清新带给人健康、休闲、教育、享受、精神愉悦等无形价值了。国家公园观光旅游的发展同时得以促进地方经济，繁荣区外市镇，并增加区内外居民就业发展的机会。在气候变暖全球恶化的情况下，这部分隐藏的无形价值可能比有形价值更有深远和长久的意义。

通过对国家公园运用费用效益分析，表现国家公园将会给社会带来的效益与费用，为我国的包括雾霾在内的环境治理、旅游发展产业决策提供科学依据。通过环境费用效益分析全面衡量自然资源（包括环境容量资源）的价值和资源有偿使用以体现发展代价和发展的共享性。

2．环境效益分析凸显生态建设和雾霾环境治理的重要性

2015年9月中央发布《生态文明体制改革总体方案》，提出生态文明八项基础制度，相当于生态文明建设的“八保险”。既需全面衡量自然资源（包括环境容量资源）的价值和资源有偿使用以体现发展代价和发展的共享性，也需要通过空间规划手段使科学发展方式从前端就被制度化，还需要通过管制和经济手段使发展过程有足够的约束力和动力体现绿色化，也需要通过落实到决策者的领导干部绩效考核和责任追究来使推动发展的人形成绿色发展思维。这要求国家公园试点区从合理性和可行性而言都应作为生态文明制度建设的特区。

据测算，以我国《大气污染防治行动计划》实施为例，中央财政在2013年和2014年的投入分别为50亿元和100亿元，未来3年加起来共计约500亿元，与投资需求1.7万亿相距非常大。即将出台的《水污染防治行动计划》和《土壤污染防治行动计划》等初步计算总投资至少需要数万亿元。如果同时推行国家公园建设，将以不同的形式减少公共财政负担，同时有助于发挥引导和杠杆作用，促进社会资本对环境的投资。

雾霾已成为我国社会最为关注的环境问题，既影响大众身体健康，又影响经济发展甚至社会稳定。先污染再治理的观念实在是无可取之处。国家对生态修复投入大，同时浪费也大。根据一项研究，空气污染导致的过早死亡每年给全球经济带来5.1万亿美元的代价，其中逾半负担落在中国和亚洲其他发展中经济体身上。然而无论从自然科学角度还是从经济学角度看，我国对雾霾治理的认识和理解都很缺乏，治理的力度和效果都不能令人满意。世行联手西雅图的健康指标和评估研究所（Institute for Health Metrics and Evaluation）的研究显示，2013年（可获得全球数据的最近一年）有550万人死于与空气污染有关的疾病。90%以上的过早死亡病例发生在发展中国家，幼童受到的影响特别严重。这些疾病及其造成的死亡还导致越来越高的经济成本，相当于2013年地区经济产出的7%以上。

1990年，全球空气污染造成的福祉损失达到2.6万亿美元（以2011年美元计算，经购买力平价调整），东亚占约四分之一。自那以来，中国经济崛起导致东亚空气污染激增，导致2013年该地区损失增至2.3万亿美元，达到原有水平的五倍。中国已经向污染宣战，国务院颁发“治霾”蓝图《大气污染防治行动计划》（简称“大气十条”或“国十条”。）根据环保部环境规划院估算，要完成“大气十条”7项内容，5年内最终需要投入17474亿元。中科院2013年发布《中国可持续发展战略报告》提出，今后10年环保需投入10万亿元，建议中央和地方政府每年投入2000亿（占20%）。其他资金（80%）应来自企业和银行绿色信贷。我国正处于经济结构调整和发展方式转变的关键时期，在生态环境保护问题上“宁要绿水青山，不要金山银山”，因为没有绿水青山，金山银山都会花光。因此，国家公园在治理大气污染、解决雾霾方面做出贡献。国家

公园试点区终极目标“保护为主、全民公益性优先”也正是生态文明制度建设的终极目标。

北方沙漠对北京等城市的侵蚀，政府对策是植树造林：建造“三北防护林”“绿色长城”，利用宝贵的大自然资源保护城市免受污染、风暴和气温升高侵扰。北京一年大气污染防治财政投入80多亿元，相关的社会投资700多亿。随着环首都经济圈的国家公园的酝酿、提出和建设，其环境效益带来的价值非金钱可以衡量，并造福千秋万代。

人类很早就知道绿色植物可以改善空气质量，国家公园和大型城市公园——如纽约中央公园（Central Park）和北京的“森林公园”常被称为“城市之肺”。国家公园可以改善城市空气质量，利用森林以及对湖泊、河流更好的管理来缓和极端气候。20世纪80年代以来，我国在环境效益费用分析的理论方法和实践应用上都做了不少工作。环境效益费用分析方法在宏观区域性研究、生产单位的经济分析及建设项目的环境影响评价中也广泛应用。如1980年我国应邀参加美国东西方中心环境与政策所编制的亚太环境经济评价指南，历时4年的《公元2000年中国环境预测与对策研究》首次对我国环境污染经济损失做出计算，极大推动了我国的环境效益费用分析发展和实践应用。国家公园属于公共资源，对环境污染实行终身追责制。目前，国家公园体制试点的实施服从于保护国家公园资源的原始性、自然性、完整性、丰富性及特异性的首要目标，为我国的生态建设和雾霾环境治理提出了新的要求和愿景。

3．国内外的国家公园费用效益分析实践

3.1 国外的环境效益分析发展

美国的效益费用分析随着1902年的《河流与港口法》及1936年的《洪水治理法》的通过取得法定地位。1950年，《内河流域项目经济分析的实用方法》显示了效益费用分析服务于公共福利评价，把实用项目分析与福利经济学联系起来的实用性；1965年，美国把完整的效益费用分析应用于水资源工程的前景评价上；20世纪70年代，美国经济学家哈曼德第一个把效益费用分析的原理和方法用于污染控制，更多经济学家将效益费用分析用于环境污染控制决策分析中，对环境质量变化的危害和效益进行评价。卡特政府曾规定所有对环境有影响的项目，在环境影响评价中必须进行效益费用分析。福利经济学充实、完善了效益费用分析理论，并成为现代效益费用分析理论的基础之一，成为环境经济定量分析研究的一种基本方法。

环境效益费用分析在全世界被广泛采用。英国、日本、加拿大等国，也广泛开展了环境领域效益费用分析的研究与应用。英国泰晤士河用了50年时间才将水治清，1970年，英国伦敦第三机场场地选择进行了大规模的效益费用分析，对包括旅客到机场的时间和

噪声危害等所有的效益和费用都进行了量化。现在，国外效益费用分析理论主要集中于研究资源利用和环境政策对经济增长的影响、气候变化及生态系统服务对经济增长的影响和技术创新对绿色经济增长的影响等。

3.2 美国的国家公园的环境效益分析实践

美国是第一个成立国家公园的国家，其国家公园管理局（National Parks Service）的体制有助于维护公园，并兼顾保护自然环境和促进旅游业两大目标。美国国家公园成为国民基本公共服务，著名的旅游目的地之一。美国的国家公园十分注重开发前评估工作，评估可能对环境带来的不良影响，并想方设法减少旅游对环境的影响。在前期，组织园内各领域的专家对各类工程进行前期评估，研究各种可行性，如对环境有较大影响，将研究替代方案，以减少旅游对环境影响，努力保持自然环境不被破坏。为保护自然风貌并给游客带来独特体验，美国国家公园通过网上预约限制游客人数，禁售瓶装水以减少垃圾。公园开设教育讲座，普及环保知识，发挥非营利组织、志愿者的作用；与其他政府部门、大专院校和非营利机构合作，开展各种各样的活动宣传保护国家公园。美国前总统巴拉克·奥巴马表示国家公园是美国人引以为豪的符号，应保护蕴藏着的自然之美与历史积淀，以免遭到气候变化的侵害。通过国家公园激发人们的创新思维，促进和谐与团聚，提醒人们去应对气候变化的影响。气候变化一直都是美国国家公园面临最深远、最严峻的挑战。

2014年7月杂志 *PLOS One* 的研究报告表明，国家公园像是气候实验室，公园的数据是“未被破坏的信息长链”。国家公园管理局科学家研究了从1901–2012年美国289个公园的气候数据，对比了历史趋势与近几十年的情况。结果显示气候影响了公园的方方面面，很多公园都有着极端且剧烈的改变。全球变暖已经威胁到了游客体验和国家公园等国家财富。国家公园的气候将更加炎热、干燥（或更潮湿）；不再有优美的冰川；被破坏的植被和野生动物；及升高的海平面。美国国家公园的“极端的”气候变化，会破坏游客的体验，并危及自然和文化资源。温室气体的排放导致了气候变化，处理这些气体排放的时间越长，国家公园的情况就会越恶劣。

3.3 我国的环境效益费用分析实践——国家公园试点

习近平总书记指出，要着力建设国家公园，保护生态系统的原真性、完整性，给子孙后代留下一些自然遗产，更好地保护珍稀濒危动物。习近平总书记的重要指示清晰地指出了建立国家公园的根本目的和基本方向，就是把生态保护放到第一位，不能借此大搞旅游开发。

我国构建国家公园的实践开始于2006年8月，第一个国家公园是香格里拉国家公园。其后，云南省着手建设“云南省国家公园体系”，包括“老君山国家公园”“梅里雪山国家公园”“西双版纳热带雨林国家公园”“怒江大峡谷国家公园”等。2016年1月，云南省委书记李纪恒提出云南将停止一切怒江小水电开发，推动怒江大峡谷申报国家公园。正在试点的云南普达措国家公园将受保护面积和游憩面积按99.81%和1.9%比例划分，采用新清洁能源太阳能资源供电、供暖，减少化石类能源和生物质能源对环境的破坏。2008年10月，（原）环境保护部和（原）国家旅游局联合批建黑龙江汤旺河国家公园试点，其在生物多样性、物种基因、东北虎等珍稀濒危物种监测基础上突出森林生态特性，强化保护、旅游、致富“三大功能”。目前公园森林植被覆盖率已由91%增长到93%，提升了林分质量，扩大和恢复了珍稀野生动植物种群和濒临灭绝物种，森林物种基因库更丰富。预计到2030年，森林生态系统功能可恢复到20世纪七八十年代水平。

我国对国家公园体制启动了深入研究，并加快了国家公园的环境效益分析的认识、保护探索实践。环境费用效益分析作为国家公园经济评估的手段，用货币价值的方式来估价环境改善的效益，使政府更好地权衡政策实施的投资费用与环境改善的效益，有利于改进和调整国家公园的环境决策；也可以使企业和公众了解政策意义，减轻政策实施的阻力。国家公园体制实行适度开放与严格保护相结合的开放式保护，是实现绿色发展、循环发展、低碳发展我国公共自然资源管理体制的创新。

建立国家公园，在地域上要把分散的、片段化的保护区按照自然生态系统的完整性整合起来，形成大范围的完整保护区，保护自然生物多样性及其构成的生态结构和生态过程，是生态系统完整性的保护，为公众提供对国家公园环境及其蕴含文化的体验、研究、学习和享受机会，并且以全民公益性、民族自豪感、“留得住乡愁”和代际公平为主要特征，是最为公平的社会生态产品和生态文明代表。

从目前开展国家公园体制建设试点的地区来看，大多数均是资源价值较高且已经开展了生态文明相关建设试点的区域。如“三江源国家公园”试点区核心玛多县，是全国生态建设重点实施县；“开化国家公园试点区”是全国主体功能区和多规合一的试点县；“浙江仙居国家公园试点区”是浙江省唯一的绿色化发展试点县。同时，美国保尔森基金会与发改委签署了“关于国家公园体制建设的合作框架协议“，未来三年基金会将协助发改委开展一些与顶层设计有关的研究项目、支持部分省市的试点工作，并开展培训和能力建设活动。

随着新《环境保护法》实施，我国环境执法能力和力度得到大幅提升，环境行政体制改革和司法体制改革启动，顶层设计环境机构及职能设计会进一步合理，中央对地方的监督协调力度加强，将产生更有效的制约。随着环境影响评价重心从项目环评逐步转向规划环评，让公众获得充足的环保科学知识，进一步前置和推动公众参与，环保组织和绿色公民们将有专业性和动员力，社会力量在推动环境保护方面将发挥显著作用，我们的子孙后代一定能享受公园里的各种资源。

4．环境费用效益分析借力绿色金融促进国家公园建设

2015年是“中国绿色金融发展元年”。新成立的中国金融学会绿色金融专业委员会，成员单位达140家，所管理的金融资产总额占中国全部金融资产的65%左右。环境效益分析有效支持和推动了中国绿色金融的发展，诸多研究项目如环境效益评估、环境压力测试、自然资本估值、绿色股票指数、绿色债券评级等都取得了可喜的进展。同时环境效益分析借力环境绿色金融也促进了国家公园的建设和发展，主要体现在以下几方面。

（1）准确把握国家公园的成本效应。从短期看，降低国家公园建设和环境治理的融资成本。转变理念，赢得更持续、效率更高的发展成果。绿色金融把环境污染的负外部性内部化、价值化，通过信贷工具提高其污染环境的成本，凸显环境优美、生态保护的国家公园的资金成本优势，促进了我国的国家公园发展。

（2）准确把握潜在收益与损失效应。目前，现阶段的国家公园经济效益普遍较低，需要国家的扶持与补贴，同时限制旅游发展，似乎“得不偿失”。但长远看，国家公园有着巨大的潜在收益空间。因此，不能因为当前存在的“损失”而忽视了未来的潜在收益，并因此影响发展国家公园的积极性。

（3）推进清洁发展机制（Clean Development Mechanism，CDM）下的碳排放交易。碳交易是得到国际公认的碳交易机制，2017年我国启动全国性的碳交易市场。通过费用效益分析有效地将国家公园环境外部性内部化，对国家公园的生态产品和服务进行定价，实行资源有偿使用制度和生态补偿制度，发展环保市场，推行生态产权交易制度，体现国家公园的生态产权增值性和可流转性，推动建立国家公园正向激励的绿色金融机制。

（4）国家公园的环境费用效益分析增强了环境风险的分析能力。开展对国家公园金融风险的定量分析，通过市场化的方式解决环境的外部性和公共产品的提供问题，有助于克服过去所采取的以行政管制方式解决国家公园等环境问题的做法，破解环保与旅游之间的矛盾和争利。

（5）环境费用效益分析激励PPP公私合作的国家公园投资。国家公园的建设需投入大量资金，需要借助于社会力量，不能单纯依靠政府提供。因此有必要动员和激励更多社会资本投入到国家公园建设。

绿色共享：可持续旅游年的乐活旅游

（本文写作于2017年，数据截止于2016年）

1. 可持续旅游与可持续旅游年

1.1 可持续旅游

1990年，加拿大温哥华召开的“全球可持续发展大会”发表的《旅游持续发展行动战略》草案，构建了可持续旅游的基本理论框架，并阐述了可持续旅游发展的主要目标。1995年4月，联合国教科文组织（UNESCO）、联合国环境规划署（UNEP）和联合国世界旅游组织（UNWTO）共同通过了《可持续旅游发展宪章》和《可持续旅游发展行动计划》。同年《可持续旅游》（*Journal of Sustainable Tourism*，JOST）杂志在英国创刊。1997年，世界旅游理事会（WTTC）、联合国世界旅游组织（UNWTO）和地球理事会（Earth Council）指出，可持续旅游是满足现代旅游者和旅游地区的需要，同时保护和增加未来游客的机会的旅游。可持续旅游共有三个重要因素：采取有益环境的措施（少用、重复使用、回收）；保护文化和自然遗产（恢复历史性建筑或者保护濒危物种）；为当地社区提供切实的社会和经济利益。

近年来，可持续旅游备受关注。以关注自身的身心健康及关注环境可持续性为主要目的的旅游活动成为旅游业发展的新趋向，可持续旅游通过规划，使旅游业的可持续发展成为当地社会、经济、环境可持续发展战略的一部分。可持续旅游对所有资源进行管理，在满足人们经济、社会、审美需求的同时，维护文化完整性、基本生态过程、生物多样性及生命支持系统。

对可持续旅游的学术研究呈现多学科特征，可持续旅游的书籍、杂志等出版物大量增加。世界旅游组织出版的《地方旅游规划指南》指出可持续旅游的目的：一是提高目的地社区居民的生活质量，二是为旅游者提供高质量的体验，三是保证旅游业发展成本和收益的公平分配，四是保持社区文化特色的传承，五是维护目的地社区和旅游者所共同依赖的环境质量。

（原）国家旅游局从2016年起推出旅游促进可持续发展十大举措，包括举办首届世界旅游发展大会，引人关注的是推出文明旅游促进行动方案。国内目前有8个联合国世界旅游组织的可持续发展观测点，也是世界上首个设立这类观测点的国家，这都表明我国已经深刻意识到旅游业可能为社会、经济、环境带来的积极效应并对此高度重视。全球领先的酒店及住宿在线预订平台Booking.com发布的2017年可持续旅游发展报告显示，有83%的中国旅客已经加入了可持续旅行者的行列，中国旅客对旅游业可持续发展理念的支持超过全球旅客。

1.2 可持续旅游年

2015年9月25日，联合国190多个成员全体通过了《联合国2030年可持续发展议程》（UN Agenda 2030）的17个发展目标和169个具体目标。有3个与旅游业相关，包括可持续经济增长、可持续消费与生产模式和保护海洋资源。

随后联合国宣布2017年为国际可持续旅游发展年，旨在提高决策者与地球公民对可持续性发展的认识，并推动旅游业积极改变。由于局部地区的旅游开发存在急功近利、竭泽而渔的现象，看重眼前利益，不考虑长远发展，以工业化的思路搞旅游项目开发，粗放的发展模式会造成环境破坏和资源消耗。这种现象在世界很多国家存在，所以联合国才强调"可持续旅游发展"。旅游业需要承担目的地访客量增加所带来的影响，为保持长期可持续发展也要在应对气候变化上贡献力量。联合国2017年国际可持续旅游发展年为共同探索解决方案提供了契机。

2017年1月18日，"2017国际可持续旅游发展年"在马德里的西班牙国际旅游博览会（FITUR）上正式启动。联合国世界旅游组织（UNWTO）秘书长塔勒布·瑞法依博士致辞：2017年为推广旅游业在打造人类理想上的重大贡献带来前所未有的机遇；同时确立了旅游业在促进我们迈向2030年及往后的可持续发展议程上所担当的角色，奠定旅游业作为实现"17个可持续发展目标"的重要支柱地位。

联合国作出将2017年确定为"国际可持续旅游发展年"的决议，就是要通过"精心设计和良好管理的旅游"来推动"负责任的旅游""善行旅游"的发展，借以促进三大领域可持续发展。

联合国世界旅游组织获授权执行"2017国际可持续旅游发展年"相关事宜，致力与各国政府、联合国系统内的相关机构、国际和地区组织，及其他相关者紧密合作，在五大关键领域——（一）包容性和可持续的经济增长；（二）社会融合、就业和减贫；（三）资源效率、环境保护和气候变化；（四）文化价值、多元化和文化遗产；（五）相互理解、和平与安全——推广"2017国际可持续旅游发展年"，以促进旅游业发展。

1.3 国际组织的相关行动

世界旅游组织（UNWTO）通过全球评选，指定了2017年的国际可持续旅游发展年的5名特别大使。中国银联董事长葛华勇正式担任2017年"国际可持续旅游发展年特别大使"，将参与倡导旅游业对经济社会发展的促进作用，推动旅游相关领域的交流合作，让旅游组织、旅行机构和消费者共享旅游业发展机遇，并将为世界旅游组织带来关于提升旅游消费服务的专业化、前瞻性建议。世界旅游组织指定的其他4位特别大使为：利比里亚总统埃伦·约翰逊·瑟利夫、保加利亚政要和前国王西美昂二世、约旦最大的教育培训集团TAG主席兼创始人Talal Abu-Ghazaleh、德国旅游经济联合会主席Michael Frenzel。

中澳以2017“中澳旅游年”为契机，举办系列推介活动，进一步促进人文交流，鼓励人员往来。

中国—东盟中心是中国和东盟10国成立的政府间国际组织，承载着11个国家推进各领域务实合作的重托，促进旅游合作是中国—东盟中心的重点工作领域之一。2017年是“中国-东盟旅游合作年”，更是联合国确定的“国际可持续旅游发展年”，中心精心规划设计“促进中国—东盟旅游交流多样化发展”“举办中国—东盟生态旅游发展研讨会”和“旅游从业者能力建设培训班”等一系列活动，加强同中国和东盟各国政府部门、旅游机构的沟通联系，积极支持、参与和配合相关活动，发挥好独特的平台作用，为中国—东盟关系贡献更大力量！

国际古迹遗址日项目是由ICOMOS（International Council on Monuments and Sites）国际文化旅游委员会主导，全世界的ICOMOS机构参与的活动。ICOMOS鼓励各委员会将2017年4月18日的活动同“国际可持续旅游发展年”联系起来。因此，2017年国际古迹遗址日的主题为“文化遗产和可持续旅游”，与“联合国国际可持续旅游发展年”及“2030年可持续发展议程和可持续发展目标”有关。

世界地质公园网络（Global Geoparks Network，GGN）执行局为响应联合国决议也做出决定，将GGN作为联合国国际可持续旅游发展年的“金牌合作伙伴”，并在全球范围内开展一系列宣传推广活动。

联合国的“2017生物多样性国际日”将主题确立为“生物多样性与可持续旅游”，旨在为推动可持续旅游业项目等现有倡议提供一个机遇。

2. 乐活族的可持续旅游

乐活旅游为资源的可持续发展提供了可行的主题，可持续发展的思想是乐活旅游得以成功的基础。

可持续旅游的发展与绿色环保型住宿的普及息息相关。现如今，越来越多住宿方都致力于通过提供本土生产的食物和产品、提倡节能减排，鼓励旅客尝试并享受可持续旅游的理念。

乐活（LOHAS）是英语Lifestyles of Health and Sustainability的缩写，意为“健康和可持续的生活方式”，它是由美国社会学家保罗·瑞恩（Paul Ray）及同事们经过15年的问卷调查，在1998年首先提出的新词汇。“健康、快乐、环保、可持续”是乐活的核心理念。乐活，是全球兴起的一种新的健康可持续生活方式，是1998年美国社会科学家针对人类“健康衰退、心灵空虚、关系疏远、资源紧缺”状况而提出的新健康生活方式。以乐活理念为指导，乐活族的绿色旅游的出行方式，既能减少对地球的影响，又能支持当地经济发展，还能保护野生动物。

乐活是20世纪末许多富裕阶层经历追求逸乐、过度消费的空虚之后所产生的集体反思。乐活族重视健康、关爱环保，在消费时以健康、环保、时尚、有机、天然、绿色为主题。这种新的“活法”、新的生产方式与生活方式，能够保证人类健康、快乐而可持续地发展。乐活是一种环保理念，一种文化内涵，一种时代产物。它是一种贴近生活本源，自然、健康、精致的生活态度，是一种健康可持续的生活理念。热爱旅游是乐活族的一大特点，乐活旅游的兴起为旅游业的健康持续发展带来新的契机。

乐活理念传入中国时间虽不长，但由于乐活理念顺应了社会发展的大趋势，已为很多人所接受，并成为一种生活趋势。其中生态生活这一条更是乐活一族的身份标签，去世外桃源旅游、享受轻松便捷又环保绿色的出行工具越来越被乐活族所看中。乐活旅游核心内容是乐活生活体验，赋予了旅游可持续发展的理念，而可持续发展的方式也成为乐活旅游的核心吸引项目。旅游本身就是一种高度生活化的体验。

近年来人们对自身健康和生态环境的高度关注，为乐活旅游准备了充分的条件，乐活旅游已从概念成为现实，并成为休闲时代大众旅游的新宠。乐活旅游是区别传统旅游的新的旅游方式，强调旅游的健康、快乐功能，旅游的过程感受乐活的生活方式、生活理念、产品，是旅游业可持续发展的新模式。乐活旅游可以提升旅游特色吸引力与竞争力，增加旅游产品的文化附加值，促进现有的服务业的转型、升级。

在欧美四个人中有一个人是乐活族，仅在美国就有40%的成人，约8000万乐活族。中国有3000万精准乐活族，1亿准乐活族，乐活族强调“健康、可持续的生活方式”。乐活旅游被中国一部分社会精英们所欣赏，并在生活中践行。根据2017年可持续旅游发展报告，中国旅客选择环保型住宿的五大原因：减少对当地环境的破坏、拥有更本土化的住宿体验、环保型住宿更有利于当地发展、更有机会品尝到当地特色菜和绿色有机食品、体验新的住宿流行趋势；最受中国旅客欢迎的五大绿色环保住宿设施：太阳能、可循环的用水系统、节水型卫浴、原生态有机餐厅或食品、室内的物品回收篮；中国旅客对绿色环保型住宿各项节能措施支持率：使用节能灯泡、安装节能温控系统、配备节水型花洒、回收卫生纸、适当减少洗浴用品的使用次数、降低床上织品和毛巾的置换频率、原生态食品的高成本投入。报告显示，有83%的中国旅客已经加入了可持续旅行者的行列，中国旅客对旅游业可持续发展理念的支持超过全球旅客。

“中国式乐活”追求的是一种“天人合一”的境界，是一种恬淡自然的人生态度。高度生活化的乐活旅游，可以通过旅游平台转变人们的生活态度和方式，引导生活产业向更环保、健康、永续的乐活产业迈进。乐活旅游激发人们潜在的乐活需求，使得旅游更具生活化气息，最终带动乐活相关生活产业发展。乐活者注重健康、可持续性的生活，维系环保的健康生活方式，在消费时，乐活者考虑自己和家人的健康以及对生态环境的责任。乐活旅游充分理解旅游地文化的内涵和特色，旅游强调旅游者对文化的、生活的、历史的体验，强调参与性与融入性。旅游者体验到乐活生活的乐趣，乐活生活理念无疑是旅游与社会、环境、经济可持续发展最优选择之一。

3．国内的可持续旅游

世界旅游业的发展水平是不平衡的，我国虽然存在着地区差异、城乡差异，可持续发展理念在旅游业中的贯彻也同样参差不齐，但是可持续发展理念在各个社会发展领域得到了积极响应。在旅游业发展领域，倡导绿色旅游、低碳旅游和文明旅游，实行景区容量测算与客流量控制，实施旅游扶贫计划，开展旅游志愿者行动，全面完善旅游公共服务体系，加强旅游外交与跨文化交流等等，可持续发展和生态文明理念得到了全面贯彻，并已取得了很好的效果。

从可持续旅游的投资来看，大量的社会资本进入旅游市场，在我国尤其表现明显。从消费端来看，不仅局限于物质资源的节约，更入乡随俗的旅游体验形式也是可持续旅游的重要释义。为保护环境，中国旅客不仅期待住宿地可以提供更为绿色环保的住宿设施，充分利用科学技术的力量和身体力行的方式，实现旅游业可持续的发展理念。

根据2017可持续旅游发展报告：随着可持续旅游的持续升温，相比全球旅客（65%），中国旅客更愿意通过环保的住宿和出行方式，对全球旅游业的可持续发展做出贡献。98%的受访中国旅客表示愿意尝试入住绿色环保型住宿，有69%的旅客将入住绿色环保型住宿视为践行可持续旅游的首选，49%的中国旅客已选择绿色环保型住宿，35%的中国旅客购买土特产和支持当地传统手艺人，助力可持续旅游发展；绿色出行方式上，71%的中国旅客表示尽可能选择搭乘公共交通，46%的旅客支持骑行或徒步旅行的环保态度，超三分之一（37%）旅客愿减少飞行次数践行绿色出行。可持续旅游受到了越来越多旅客的青睐，正在日渐深入人心。

“旅游可持续年”强调“可持续”“消除贫困”和“和平”。为了实现旅游可持续发展，我国制定推动旅游业可持续发展的相关政策，规避发展风险；旅游目的地居民参与旅游业相关决策；旅游从业人员的权利保障和监管机制都得到了发展；非政府组织应承担起揭露旅游业不公现象的责任；我国通过“旅游扶贫”，“离土不离乡”的旅游带动就业，在家门口通过参与旅游就业实现脱贫；没有和平就没有旅游，我国广泛开展“一带一路”沿线合作，为世界创造和平的国际环境。总之，绿色共享成为可持续旅游年的乐活旅游的主题。

全球气候变化与旅游应对

（本文写作于2018年8月，数据截止于2018年上半年）

2018年的夏天热浪让全球不少国家苦不堪言。法国布雷斯特大学研究表明，2013-2017年曾是有记录以来最热的5年，而2018年可能才是有史以来最热的一年，从葡萄牙到美国加利福尼亚，大火吞噬了数千公顷森林。全球多地甚至北极圈内出现高温天气，原本天寒地冻的北极，出现了32℃的罕见高温，许多冰川已经融化。英国最新研究称，如果不加强应对气候变化，未来热带、亚热带地区及美国、欧洲等地因热浪死亡的人数都会持续上升。英国《自然·通讯》杂志2018年8月14日的报告称，概率预报系统预计，2018-2022年是一个异常“温暖”的时期，极端温度出现的可能性将会上升。

世界旅游业已进入大众化发展阶段，应对全球气候变化与旅游相关，重视低碳旅游、关注环境、气候变化与旅游业间的关系、寻求可持续解决途径成为政府、学界和业界面临的主要课题。2018年7月7—8日，全球气候变化与旅游国际论坛在吉林延边朝鲜族自治州召开，探讨旅游业尽快减低排放，来应对它赖以生存的资源受损。

1．气候变化与旅游

1.1　气候变化

《联合国气候变化框架公约》（UNFCCC）中，气候变化（Climate Change）是指“经过相当一段时间的观察，在自然气候变化之外由人类活动直接或间接地改变全球大气组成所导致的气候改变。气候变化主要表现为全球气候变暖（Global Warming）、酸雨（Acid Deposition）、臭氧层破坏（Ozone Depletion）三方面。政府间气候变化专门委员会（IPCC）认为，气候变化指气候随时间的任何变化，无论其原因是自然变率，还是人类活动的结果。UNFCCC将因人类活动而改变大气组成的“气候变化”与归因于自然原因的“气候变率”区分开来。

全球气候变化（Climate Change）是指在全球范围内，气候平均状态统计学意义上的巨大改变或者持续较长一段时间（典型的为30年或更长）的气候变动。气候变化的原因可能是自然的内部进程，或是外部强迫，或者是人为地持续对大气组成成分和土地利用的改变。

气候变化已成为旅游业可持续发展的重要挑战。全球的气候正在发生变化，气候变化致干旱、暴雨和风暴等极端气候事件频发，且强度加大。全球气候变化影响旅游资源的数量与质量变化，影响客流的空间与季节移动，并随着气候变暖、海平面上升、极端天气和气候事件等日益加剧，旅游业受到气候变化的严重冲击。

1.2　气候与旅游

气候既是旅游业发展的自然条件，又是主要的旅游资源，它与其他因素共同决定一系列旅游活动的适宜位置，而且还是旅游季节性需求的基本推动力。对于很多旅游目的地来说，充足的气候条件（比如阳光、冰雪）本身就是很好的吸引物，对旅游者具有很强的“拉动”作用。气候变化与旅游发展有紧密的联系。高温天气游客避暑、台风来临景区关闭等是气候影响旅游发展的直接体现，实际上这种影响不止于此，而是更加广泛、更加深远。

从全球来看，旅游业增长十分迅速，气候对旅游业有着重要影响。旅游业是严重依赖自然环境和气候条件的产业，对环境变化十分敏感，当前和未来气候的变化会对旅游产生强烈的潜在影响。世界旅游业已进入大众化发展阶段，大量游客在享受旅游作为国民大众基本权利的同时，在世界各地的自由行走势必也会对环境与气候变化造成影响。旅游各行业对气候也有重要影响，如航空、酒店等行业的碳排放不容忽视。

2．气候变化与旅游的相互影响

2.1　气候变化对旅游造成的影响

近年来，各类极端气象灾害频繁发生，愈演愈烈。在全球气候变化中，全球第一大产业旅游业既不能“幸免于难”，也不能“置身事外”。联合国世界旅游组织说，对于大部分依赖旅游业的国家和地区，旅游业和气候的关系是一荣俱荣，一损俱损。

相比而言，旅游业更容易受气候变化的影响。全球气候变化直接威胁旅游各个领域——威胁生态系统、破坏旅游名胜。气候变化对北欧、地中海和加勒比地区的旅游业造成冲击，最不发达国家和小岛屿国家的沿海、山区和其他易受自然影响的旅游区尤为严峻；冰川的融化、海平面的持续升高极有可能让马尔代夫、威尼斯等旅游胜地遭受“灭顶之灾”；全球变暖影响户外活动，美国杰克逊霍尔高山度假村因降雪量减少、降雨量增多而存在风险；莫阿布更温暖、更干燥、雾更重及红色尘土的增加，令人们骑行变得异常痛苦；约塞米蒂国家公园高温引起更多岩石滚落，显著影响公园的登山者；每年可为旅游业贡献115亿美元的珊瑚礁，因海水温度升高、海平面上涨及大气中二氧化碳增多造成的酸化现象而饱受冲击；洪水侵袭了城市，面临被洪水淹没的风险；路易斯安那州因海水上升淹没了公路和周边树木，盐度很高的海水让树木很快枯萎死亡，变为“鬼林”。

越来越多的岛屿国家和沿海城市正面临海平面上升的威胁，从1870—2000年，海平面上升18厘米。近年来上升速度加快，最近20年上升了6厘米。据联合国政府间气候变化专门委员会专家预测，到2100年，海平面平均高度将上升26-82厘米。届时，所有岛屿、三角洲和沿海都将受到威胁。因海平面上升，一些海滨湿地旅游区正受到威胁。联合国气候变化专家小组规定本世纪海平面上涨的上限为1米，将会损害加勒比海域60%的旅游设施，淹没许多机场和港口；度假天堂马尔代夫平均高度仅高于海平面1-2米，八成国土不高于1米。由于海平面上升趋势，预计马尔代夫50年后可能消失；澳大利亚沿海的国家公园内，因海平面上升，灌木的生存正面临威胁，有些已死亡；气候变化引起海岸腐蚀、海水升温、台风强度或频度增加及珊瑚礁白化或死亡等，破坏海洋生态，影响旅游发展。

全世界正遭受着最高气温纪录不断刷新，冰盖面积在不断缩小，旱灾规模和严重程度不断扩大的损害。气温升高引起雪线不断向高纬度地区收缩，一些动植物资源的分布范围缩小。温暖冬天让适合冬季运动的季节变短，并威胁到滑雪旅游区的生存。全球变暖加快冰川融化速度，阿根廷冰川国家公园的冰川每年加速融化，所剩的冰川已屈指可数，喜马拉雅山脉冰川融化更快。研究称2100年前，整个欧洲的冰川会减少22%-89%：瑞士有的冰山每年融化或下陷的速度达10-13米，山间孤零零的木架显示了冰山融化之快；奥地利的冰川正在急速融化变小；格陵兰的冰山也急速融化，致格陵兰岛库卢苏克角一村庄漂移。

南北极也是近年来因气候变化遭受侵袭的地方之一。美国国家航空航天局（NASA）从1979年开始每年对北极进行卫星监测，影像显示北极冰层覆盖面积下降明显。重达万亿吨的冰山脱离南极冰架备受关注，冰川融化破坏了生态系统和许多动植物的栖息地，不少物种濒临灭绝。南极西部的海岸沿线，冰川正以惊人的速度消退。随着温暖的海水不断侵蚀冰川脆弱的边缘，证据表明南极东部部分冰川也开始缓慢消融，如果按照现在的趋势，南极东部的冰川融化恐怕会给人们带来想不到的灾难。

普遍上，旅游业更多是被看成气候变化的“受害者”，认为“气候变化是对旅游业可持续发展和21世纪千年发展目标构成最严重威胁的因素”。但也有一些地方的旅游业可能会因祸得福，迎来更多游客，如阿拉斯加和北欧；有的地方旅游的淡旺季将改变：欧美传统的夏季度假地地中海地区夏季旅游的吸引力在减弱，春秋季吸引力在上升；北欧则成为旅游者夏季的度假胜地，越来越多来自南欧的旅游者会前往北欧，以躲避地中海夏季炎热的高温。

联合国世界旅游组织（UNWTO）、环境计划署（UNEP）和世界气象组织（WMO）曾将气候变化对旅游业的影响分成四大类：直接的气候影响、间接的气候及环境影响、旅游流的可能变化以及社会影响。

直接影响包括旅游出游因素变化、旅游成本变化以及极端天气事件影响。气候变化影响旅游者出游决定的推-拉因素出现颠覆性变化；对旅游成本的影响体现在旅游企业冷暖、制冰、灌溉和供水及保险支出等，旅游基础设施、额外的应急计划、保险、营救等支出将提高。

间接影响包括气候变化导致的水资源变化、生物多样性丧失、目的地风景资源的退化、食品安全等。水对旅游业至关重要，水短缺导致旅游瀑布减少甚至消失，旅游区因缺水或洪水而生意惨淡，洪水损害旅游区的自然、文化遗产等吸引物；气候变化威胁地方物种、珊瑚礁、植物花季及森林覆盖，引起生物多样性丧失而影响旅游；全球变暖造成目的地的风景资源退化；气候变化加深农业脆弱性，影响粮食安全而削弱旅游目的地或旅游市场竞争力。

旅游流变化是气候变化影响旅游流的形成及旅游流量和流向。气候影响出游动机、目的地选择和出游时机等，影响人们什么时候出游和去哪里旅游。

社会影响表现在旅游目的地的经济和政治领域。旅游业与经济、民生、环境相互依存，气候变化影响旅游业进而影响到旅游地经济和居民福利，正向影响是促进，负向是阻碍削弱经济和福利；气候变化改变地缘政治，影响旅游地开发，造成当今世界地缘政治格局演变。

2.2 旅游业对气候变化的影响：碳排放

旅游业既受全球气候变化影响，同时也是影响全球气候变化的因素之一。过去，人们认为旅游是个能源消耗更少、对环境更友好、经济效益更大的产业。随着旅游业的发展壮大，对环境和气候的影响越来越明显，旅游业能源消耗和碳排放也已成为影响全球气候变化的重要因素，是全球温室气体排放的重要来源之一。

据世界旅游组织、联合国环境规划署和世界气象组织三家机构的最新报告显示，整个旅游行业产生的温室气体量占全球总量的4% —6%。随着旅游业持续的需求上涨，预计下个10年，每年需求增幅为4.3%。全球旅游消费从25000亿美元增加至47000亿美元。英国剑桥大学可持续发展领导研究所、贾吉商学院同欧洲气候基金会的研究报告警告说由于目前旅游业的不断增长，2025年旅游业的温室气体排放量占全球排放量的比例将从现在的3.9%-6%增长到10%左右。

“碳足迹”是指个人或机构因所从事的活动而释放的二氧化碳量。过去有关旅游业碳足迹的研究认为，旅游业的碳排放占全球温室气体排放的2.5%-3%，但一般没考虑旅游交通运输及目的国的餐饮、基础设施和零售产生的碳排放。而英国《自然·气候变化》杂志的论文认为，国际旅游业的碳足迹在2009—2013年之间增加了，旅游业全球碳足迹从3.9亿吨上升到45亿吨二氧化碳，超过了之前预计量的4倍。这表明，旅游业去碳的努力已不敌高能耗旅游需求的增加。也说明目前鼓励低碳旅游的措施，并不能限制国际旅游业碳足迹的增加。

联合国的研究报告显示，全球旅游业所导致的温室气体排放的总量相当于全球总排放的8%。排碳量除交通排放外，还包括住宿、饮食以及购物等。交通是最大的排放来源，占旅游业排放的75%，其中航空占54%−75%，航空业是旅游业碳排放的关键。旅游趋势是到越来越远的国家旅游，乘坐飞机旅游的频率将不断增加。从国际航运来说是长途航运呈上升趋势，国际民航组织预估，2036年全球每年客运数将达78亿人。航空业之外，还包括旅游住宿、旅游活动、饮食、购物。警惕全球旅游业不断增长，及时采取措施减少碳排放变得十分急迫。如果不采取有效措施，旅游行业温室气体排放量在今后30年中可能增长1.5倍。

澳大利亚悉尼大学研究人员采用将碳排放分配到目的国和客源国两种不同的核算程序对国际旅游业进行了全面分析，对160个国家进行计算后，结论是高收入国家之间的旅游是旅游业碳足迹的主要来源，推动碳排放增加的是不断增长的财富。国家富裕程度和人口规模是决定性因素，排名最靠前的三个国家是美国、中国和德国。旅游行业排碳量最高的航空业主要来自高收入国家，2013年，美国的旅游排碳量居首位，中国、德国、印度、墨西哥及巴西位居其后。排放增速最快的是中国与印度等发展中国家，中国旅游业在2008年的二氧化碳排放量约占当年全国二氧化碳排放总量的0.86%。

国际上为减缓气候变化而制定并实施的相关政策措施中，对航空客运征收碳税或者实施排碳配额是限制碳排放的最有效的措施。提高游客的气候意识及改善排碳技术，使用更高能效的飞机、机动车以及采用绿色能源将有助于降低碳排放量。《达沃斯气候变化与旅游宣言》报告明确指出，如果最大限度估算技术进步因素在交通、住宿及旅游中的作用，可减少38%的碳排放；如果采用混合交通模式、短途旅游和增加平均停留时间等方式可减少44%的碳排放；如果实施最有效的减排计划和充分利用以上措施，到2035年旅游业将减少68%的二氧化碳排放。

旅游业的每个部分都需要考虑怎样适应气候变化及如何继续减少旅游业的运作对环境带来的影响。联合国环境署开展了一项全球旅游业价值链改造转型活动。如在对加勒比海的多米尼加共和国的酒店进行调查，发现仅仅是通过一项设备更新就能使其酒店业节约用电11%，每年减少的二氧化碳排放相当于170辆小轿车的排放量。这种紧密的合作和措施将是未来的大趋势。旅游业有很大的减排潜力，旅游低碳化发展前景广阔。

3．应对全球气候变化的旅游发展

3.1 国际应对全球气候变化的旅游发展

联合国世界旅游组织、环境计划署、发展计划署、气候框架公约、国际民航组织及政府间气候变化专门委员会、国际旅游伙伴联盟、世界气象组织等一些与旅游紧密相关的国际性组织，通过达成会议宣言、发布研究报告和年度报告等形式对全球旅游业应对气候变化问题进行宏观指导，为全球旅游业减缓和适应气候变化影响指明方向。旅游业在应对气候变化的战略规划、制度设计、技术研发、财政投入、环保宣传等方面采取了积极行动，也取得了可喜成效。

1992年里约会议上与会国签订《气候变化框架公约》，包括旅游业在内的经济发展与环境保护的不可分割性被世界各国广泛接受。

2008年，世界旅游组织在第二届“全球变化与旅游”国际会议上强调，“气候变化是对旅游业可持续发展和21世纪千年发展目标构成最严重威胁的因素”，把当年世界旅游日的主题确定为“旅游：应对气候变化挑战”，表明了全球旅游业界对气候变化问题的高度重视和必要反应。

2009年2月的哥本哈根世界气候变化大会上，联合国世界旅游组织与世界旅行与旅游理事会（WTTC）联合举办了“应对气候挑战——旅行和旅游行业的思维”的主题活动，积极宣传旅行和旅游行业在节能减排方面的有效措施。

全球的旅游业界，与旅游相关的各类国际组织、区域组织，国际性的、区域性的旅游相关组织以及旅游业发达国家、不发达国家都在积极采取措施，以减缓和适应气候变化对旅游发展的影响。联合国环境署在推进气候与旅游协调共进方面做了很多努力。欧盟（EU）、经济合作与发展组织（OECD）、小岛屿国家联盟（AOSIS）等，拓宽旅游合作视野，寻求共同应对之策，让旅游适应气候变化。

为了应对气候变化，许多国家和地区的旅游目的地都积极采取措施来减少温室气体排放，制定可持续旅游推广政策和资金支持计划，鼓励旅游企业进行环境改善，使用可再生能源和采用绿色交通方式，交通限排，发展生态旅游、低碳旅游。旅游业正在探求与气候、生态和谐共处的可持续发展之路。

对国际航班收取碳排放税、制定相应的碳排放交易计划；个人通过造林或投资造林来补偿自己出行的碳排放量。引入更严格的飞机排放标准，在特定的航线使用环保的生物燃料，或者提供碳排放抵消项目。航空公司和订票机构提供更多透明的信息，能让乘客选择乘坐碳排放更少的航班。

3.2 我国应对气候变化发展旅游业的对策

我国幅员辽阔，气候条件复杂，旅游资源类型丰富，是全球重要的“气候旅游热点”地区之一，近年来我国旅游业发展受气候变化的影响日益严重。气候变化对我国旅游资源产生深远影响。气候变化可能对我国的旅游业造成重大的不利影响。气候变暖将导致海平面上升，我国海平面到2050年将上升12-50厘米。气候变暖将导致一些冰川范围向高纬度收缩，将影响河流、湖泊、温泉、瀑布等水文类旅游资源的格局变迁；气候变化易导致我国生物类旅游资源性状与布局发生改变，也可能造成我国植被景观整体发生变化。气候变化对旅游业的影响是潜在的、长期的，旅游业作为我国最具发展潜力和活力的产业，要减缓并适应气候变化的影响，要积极适应气候变化。

我国作为发展中国家，国家层面已经有比较完善的应对气候变化的政策体系，气候部门与旅游领域不断加强合作，共同寻求新技术、新办法。但旅游部门和企业还需在国际气候合作、部门资源整合、减排研发投入和环保意识宣传等方面采取更有针对性的应对措施。

2008年11月，(原)国家旅游局发布了《关于旅游业应对气候变化问题的若干意见》，是迄今为止我国旅游行业主管部门出台的唯一一个应对气候变化的专门性政策文件。要求“各地立足全球气候变化趋势，充分认识区域性气候变化的特征和规律，全面把握对旅游业的不利与有利因素”。提出旅游业应对气候变化的指导思想和基本原则，提出了旅游业减缓和适应气候变化的基本方针。

2009年，国务院《关于加快发展旅游业的意见》(国办发〔2009〕41号)明确提出要“实施旅游节能减排工程”和“倡导低碳旅游方式”。

2011年11月发布的《第二次气候变化国家评估报告》，全面评价了气候变化对包括旅游业在内的我国国民经济的影响，并提出适应、减缓气候变化的社会经济影响建议。

目前，我国积极借鉴旅游发达国家和地区在应对气候变化上的先进经验，加大研发投入，尝试主动应对；积极开发替代性旅游产品，大力发展旅游循环经济，构建旅游危机管理系统，开拓潜在旅游市场，强化环保宣传，提升公众可持续旅游发展观。在未来，我国的旅行是低碳的、绿色的，包容性的、基于自然的。

作为一个旅游大国，我国政府向来高度重视环境保护、气候变化与经济社会的可持续发展问题。关注环境、气候变化与旅游业间的关系、并寻求可持续解决途径，持续推进旅游产业与气候变化机构在全球范围内的深入合作，担负起在全球治理中旅游应对气候变化责任并发挥大国作用。

第十篇

乡村旅游与扶贫致富

旅游扶贫实现包容多数的共享式经济增长

（本文写作于2016年，数据截止于2015年）

反贫困、促扶贫是世界难题、千年挑战。联合国千年发展目标提出，到2015年全球贫困人口减半。2015年后发展议程提出，到2030年将全球每天生活费不足1.25（世界银行将其提高到1.9）美元的贫困人口降至零。旅游业作为21世纪促进经济发展的最大产业之一，是一个劳动密集型行业，能够提供广泛的就业和创业机会，可以有效消除贫困，促进农村发展。世界旅游组织的优先事项和主要工作领域之一是尽最大可能支持旅游扶贫。首届世界旅游发展大会确定了旅游促进和平、发展、扶贫三大议题。旅游扶贫是促进国际交流的扶贫，利于增进国人与世界各国人民的了解、助力世界和平。进入新常态，旅游扶贫在我国的作用和意义越来越大，成为国家实现全面的小康的重要途径，旅游扶贫开发是全社会共同的责任，是国家治理体系和治理能力现代化的重要且特殊的组成部分，也是实现“中国梦”的重点和难点，企业、社会和每个公民，人人有责。世界旅游组织秘书长塔利布·里法伊盛赞中国将在“十三五”期间通过发展旅游带动17%的贫困人口实现脱贫的规划。

1. 我国的旅游扶贫

我国是世界减贫事业的积极倡导者和有力推动者。按照我国标准，我国贫困人口规模接近1亿，假如按照联合国每天1.25美元生活费标准，我国贫困人口将达到2亿。我国是世界上最大的发展中国家，贫困人口规模还很大，分布面积也比较广，集中连片贫困地区占比很大。旅游扶贫就是要在具有一定旅游资源条件、区位优势和市场基础的贫困地区，通过开发旅游带动整个地区经济发展，使贫困群众脱贫致富。

中国旅游扶贫政策的提出是在20世纪80年代中期，短短几十年，旅游扶贫成效显著。旅游扶贫在中国扶贫开发中的显著作用和优势日益突出，已成为中国扶贫攻坚的崭新生力军。中国的“旅游+扶贫”既是重要的扶贫攻坚之路，也是重要的旅游发展之路。我国现有14个连片特困区，832个贫困县和12.8万个贫困村。按国家现行扶贫标准，到2014年底还有7017万贫困人口。832个贫困县主要分布在国家生态功能区内。其中，近300个县属于国家主体功能区限制开发县。[①]我国现有1392个5A和4A级旅游风景区中，

① 数据援引于《“十三五”脱贫攻坚规划》。

超过800个、比例60%以上分布在中西部；扶贫办列入试点的560个贫困村，半数以上分布在成熟景区周边；70%以上的景区周边集中分布着大量的贫困村，都是原生态。我国已建成的4万多个旅游景区（点），一半以上分布在广大的农村地区；（原）国家旅游局调研12.8万个建档立卡贫困村中，约1/3村有发展旅游的潜力和条件，这些村中有一半贫困人口通过参与旅游产业可以实现脱贫致富。旅游扶贫使贫困地区的人们实现脱贫致富，也使得许多位于贫困地区内的高品位风景区陆续被发现，成为闻名遐迩的旅游胜地，为贫困地区经济注入了新活力。

贫困地区脱贫致富一定要与全面小康同步推进，通过旅游发展带动经济、政治、文化、社会、生态五位一体发展。“十三五”我国脱贫标准所代表的实际生活水平要能达到2020年全面建成小康社会所需的基本水平。现行脱贫标准是农民年人均纯收入按2010年不变价计算为2300元，2014年现价脱贫标准为2800元。按该标准，2014年末全国还有7017万农村贫困人口。若按“十三五”GDP每年6%增长率调整，2020年全国脱贫标准约为人均纯收入4000元。届时通过产业扶持、转移就业、易地搬迁、教育支持、医疗救助等措施解决5000万人左右贫困人口脱贫，完全或部分丧失劳动能力的2000多万人口全部实行社保政策兜底脱贫。

国务院办公厅在《关于进一步促进旅游投资和消费的若干意见》提出：“到2020年，全国每年通过乡村旅游带动200万农村贫困人口脱贫致富；扶持6000个旅游扶贫重点村开展乡村旅游，实现每个重点村乡村旅游年经营收入达到100万元。”2020年前，我国将建成15万个乡村旅游特色村寨，300万个农家乐，每年带动100万人脱贫。“十三五”规划纲要指出，将实施乡村旅游扶贫等重点工程，实现3000万以上贫困人口脱贫。到2020年确保我国现行标准下的农村贫困人口实现脱贫，贫困县全部摘帽，解决区域性整体贫困。在《关于<中共中央关于制定国民经济和社会发展第十三个五年规划的建议>的说明》政治局会上，习近平提出以“精准扶贫”为基本方略，共享发展守住民生“底线”，用一系列数据勾勒出扶贫开发的新路线图。中共中央政治局《关于打赢脱贫攻坚战的决定》对扶贫工作部署，强调要“结合生态保护脱贫”。（原）国家旅游局发布《中国旅游发展报告2016》称多举措力促旅游扶贫，“十三五”期间旅游扶贫目标是每年旅游脱贫200万，到“十三五”末，通过乡村旅游带动1000万贫困人口脱贫。旅游成为实施精准扶贫的新动力和新机遇。

2. 包容性旅游与扶贫

包容性增长（Inclusive Growth）由亚洲开发银行在2007年首次提出。包容性增长寻求社会和经济协调发展、可持续发展。与单纯追求经济增长相对立，包容性增长倡导机会平等的增长，最基本的含义是公平合理地分享经济增长。包容性增长的理念要求赋予贫困群体公平参与经济活动并分享其成果的机会。改革开放至今，我国经济腾飞取得成就的同时，社会经济发展也出现了失衡，如东部与西部经济发展的失衡、城市与农村经济发展的失衡、社会阶层之间经济发展的失衡，旅游业解决这种失衡称为包容性的旅游扶贫。旅游业切合了包容性增长的内涵，是扶贫的重要途径。包容性旅游，亦称旅游包容性发展，是指以政府规划为服务主体，旅游企业为经营载体，旅游社区居民为主要受益者，社会各界为参与发展者（包括游客和公民组织），基于政府政策保障，保证弱势群体话语权，鼓励社会力量参与旅游发展，让更多的贫困人口获得均等就业的机会，实现旅游经济成果的相对公平分配，减少旅游目的地的社会贫富差距，营造良好的旅游环境，最终实现旅游的包容性发展。

李金早说，旅游扶贫是包容性、交融式扶贫，旅游与扶贫相结合，可以相互促进，相得益彰，相融相盛。偏远地区的旅游开发往往在政府和企业利益的驱动下，忽视了贫困群体参与旅游发展并分享合理收益的愿景。为此，在投资旅游开发的前后阶段，地方政府都应以“旅游扶贫”为目标，引导、支持贫困群体投入包括劳动力在内的各种生产生活要素，积极地参与旅游业的发展，在解决他们权利贫困的同时实现经济的包容性增长。我国贫困地区包容性旅游发展模式一定是基于国家权力部门、地方人民政府、旅游相关企业、公民社会组织、社会舆论评价五个要素共同构建的贫困地区发展旅游的支持网络系统。

包容性旅游是实现贫困群众共享社会发展成果的重要路径。旅游可以为我国的扶贫攻坚做出重要贡献；在助推扶贫攻坚中，扶贫事业也拓展了旅游发展空间。实施脱贫攻坚对于农旅融合，促进乡村旅游发展也是绝佳机遇。旅游扶贫将中高端消费吸引到贫困地区，实现先富带后富。旅游扶贫不是简单的、单方面的给钱给物帮扶，而是开发当地的特色资源，形成特色产品，构建旅游产业链，吸引游客。产业化扶贫方式具有明显的市场优势和造血功能，有效实现真脱贫、不返贫。旅游扶贫既是旅游业责无旁贷的历史使命，也是旅游业新的发展空间，为新时期旅游业发展提供了新的动力和机遇。包容性旅游扶贫能实现现行标准下农村贫困人口的脱贫摘帽，解决区域性整体贫困，共享改革红利，缩小城乡差距，保障全面小康建设。

3．国外包容性旅游扶贫案例借鉴

国外也有一些旅游扶贫的例子：作为旅游大国的印度通过大力发展旅游业增加就业岗位，在减少贫困人口的探索上取得了一定的成功。印度旅游业相比其他行业，促进扶贫增长的广阔空间。印度政府在其“十二五计划”中强调将扶贫旅游作为首要途径，确保旅游业增长能带动创造就业，为贫困的年轻女性劳力提供就业机会，最终降低贫困率。旅游扶贫重视改善社区居住环境，提高文化和自然景区附近贫困和弱势社区的谋生机会；恢复目的地自然及生态特征（如公园、森林区域、水域等）；恢复知名度较小的文化资产（如历史遗迹、宗教圣地等），为印度的社会、环境和文化遗产带来积极的影响。印度旅游扶贫模式在促进贫困地区合理开发旅游、重视农村基础设施建设、转变农业经济发展方式、增加生产性就业岗位方面有着重要的借鉴意义。

非洲经济强国南非旅游扶贫具有独特的时空背景。南非地理区位优越、产业潜力巨大，但贫富悬殊，国际上旅游扶贫新发展则是南非实施旅游扶贫战略的内外促进因素。南非希望旅游扶贫在经济发展中起到特殊作用，在许多有利的宏观经济政策支持下，南非采取了一系列措施，如减少贫困计划、负责任旅游、旅游中的公平贸易、在旅游扶贫中对企业的激励，以及试验区的创建等。塞内加尔是西非的一个国家，位于非洲大陆西部凸出部位最西端。塞内加尔乡村旅游规划始于20世纪70年代初，是政府对60年代末和70年代初的各种问题采取应对的方法。这种乡村旅游项目不单单被视为塞内加尔的最佳旅游发展模式，而且它还是对传统旅游形式的一种补充，并给村子里的年轻人提供各种就业机会，改善他们的生活状况。此外，通过旅游吸引资金来发展基础设施和服务，因而，非洲塞内加尔乡村旅游发展计划是将国家旅游发展政策运用到某个特定类型的区域旅游业发展的典范。同时，也是促进本地居民参与旅游规划实现旅游扶贫的一个榜样，给当地村镇带来直接的利益，又可以让游客与当地的生活方式有着最亲密的接触。非洲的旅游扶贫经验和措施包括减贫、负责任旅游、旅游中的公平贸易、旅游扶贫企业激励、提供旅游就业等对我国有很大启示。

泰国旅游扶贫从“产业均衡”“机会均等”“财政包容”“权利保障”四方面，推动经济与社会的协同发展，属于战略规划旅游经济的包容性增长。泰国旅游扶贫是全面的旅游经济包容性增长模式，政府机构的高效运作是关键，旅游经济的稳定增长和生产性就业岗位的增加是核心，旅游社区社会包容性与均等经济发展机会是基础，旅游对弱势群体扶贫安全保障制度的贡献是支撑。旅游管理的善治与政府相关机构高效运作、旅游经济的稳定增长与生产性就业的增加、旅游社区社会包容性与均等经济发展机会、旅游对弱势群体扶贫安全保障四个方面，构成了泰国旅游经济包容性增长模式的核心，使得泰国的旅游扶贫取得很大成效。泰国作为世界著名旅游目的地，通过旅游包容性增长实现旅游扶贫，促进国内社会问题的解决，缓解社会矛盾，提升经济发展质量与水平，以旅游经济发展促进减贫，逐步实现社会的相对公平，进而成为高度全球化和世界有影响力的国家。这对我们国家旅游扶贫有着重要的借鉴意义。

在里约热内卢的600万城市居民中，大约三分之一的人生活在约1000个贫民窟中。巴西热切希望在2016年里约热内卢奥运会之前吸引世界目光，此次欲将贫民窟打造成为新的旅游景点，准许有好奇心的游客到里约热内卢贫民窟参观。借助世界杯和奥运会，巴西政府下大力气帮助里约州改善贫困问题。巴西的贫民窟最早出现于19世纪末巴西废除奴隶制后，而大量违章建设的贫民窟则是上世纪70年代巴西经济腾飞之际才出现的。

贫民窟产生的四大原因有土地拥有不平等、城市化就业机会不足、城市规划建设未考虑低收入人群和公共政策不完善。光在里约州，巴西政府就拨款了17亿美元进行贫民窟的改造升级，地方政府也投资数亿美元改善其基础设施。政府希望在巴西整个范围内都启动像里约热内卢这样的贫民窟旅游项目，进而促进基础设施建设、消除贫困、促进社会包容和经济发展。因此，巴西以贫民窟为旅游地对消除贫困人口高密度聚集、消除滋生黑帮和毒贩，通过旅游业实现社会公平包容和发展具有很好的启示。

4．结论

通过以上分析，借鉴国外旅游扶贫经验，我们可找到“老弱边穷”四类旅游景区的发展难题和缺陷、优势和强项，对症下药开展包容性旅游扶贫。按照“旅游发展带动扶贫开发，扶贫开发促进旅游发展”的工作思路来开展包容性旅游扶贫。传统景区要寻找新的发展思路，塑造新的品牌形象，带动新的产业发展，如文化创意产业、影视产业等，打造完整产业链，形成全面产业面，铸就新型产业网，进一步创造新效益。做好贫困户全面参与旅游才能实现旅游扶贫工作，以多业态、多种方式为游客提供服务，如民居食宿接待、配套旅游产品和旅游商品销售等活动，促进游客在区域内的消费，实现脱贫增收，带动景区贫困人口脱贫；将旅游产品输送到游客聚集区域，或以电商方式销售旅游产品，让当地人享受到旅游扶贫红利；通过让当地人以资金、人力、土地参与乡村旅游经营获取入股分红，争取国家相关资金扶持，鼓励社会资金参与，分享旅游资源开发和旅游产业发展红利，将绿水青山变为群众脱贫致富的金山银山。打造具有特色和影响力的旅游项目，吸引社会大额投资，完善旅游的基础，为发展旅游打下坚实基础。

总之，“我国扶贫开发已进入啃硬骨头、攻坚拔寨的冲刺期”。旅游扶贫将单纯的资金扶贫逐步转变为制度扶贫、人才扶贫、市场扶贫、技术扶贫，更注重扶志与扶智、扶知。旅游扶贫以其强大的市场优势、新兴的产业活力、强劲的造血功能、广泛的受益性、巨大的带动作用发挥日益显著的作用，是物质和精神“双扶贫”，是富有尊严的扶贫，是促进和谐的扶贫，为造血型、补血型、混血型、换血型扶贫。旅游扶贫将实现包容多数的共享式经济增长，为实现2020年全面建成小康社会打下坚实基础。

用五大理念统筹精准旅游扶贫

（本文写作于2016年，数据截止于2015年）

十八届五中全会确定了创新、协调、绿色、开放、共享的发展理念，也确定了到2020年全面建成小康社会，实现“两个一百年”奋斗目标。2015年，习近平总书记强调：谋划好“十三五”时期扶贫开发工作，实施精准旅游扶贫，是走出贫困、走向世界，奔向小康的唯一出路。为贯彻落实中共中央、国务院关于打赢扶贫攻坚战决策部署，深入实施旅游精准扶贫，（原）国家旅游局提出了全力推进乡村旅游和旅游扶贫、旅游致富工作，各地旅游扶贫工作积极探索推进，将旅游扶贫当作扶贫攻坚的“突破口”“着力点”，实施精准化旅游扶贫。“创新、协调、绿色、开放、共享”五大理念为旅游扶贫指明了方向，旅游扶贫理应在落实五大发展理念方面先行一步。

1．概念辨析

1.1　五大理念

五大发展理念，是在深刻总结国内外发展经验教训、分析国内外发展趋势的基础上形成的，是“十三五”乃至更长时期我国发展思路、发展方向、发展着力点，是关系我国发展全局的一场深刻变革。习总书记多次强调“十三五”时期必须牢固树立并切实贯彻创新、协调、绿色、开放、共享的发展理念。

1.2　旅游扶贫

我国学术界对旅游扶贫的定义是通过开发贫困地区丰富的旅游资源，兴办旅游经济实体，使旅游业形成区域支柱产业，实现贫困地区居民和地方财政双脱贫致富。发展旅游业是实现脱贫致富的一种手段和途径，“旅游扶贫”是在总结贫困地区以旅游开发带动脱贫致富的经验时而提出的。旅游扶贫通过开发贫困地区丰富的旅游资源，兴办旅游经济实体，使贫困地区人们实现脱贫目标。旅游扶贫的“贫”指的是相对贫困，“扶”是旅游依存于市场却又超越市场运作。（原）国家旅游局局长李金早表示，旅游扶贫正以其强大的市场优势、新兴的产业活力、强劲的造血功能、巨大的带动作用，以其锐不可当之势正成为我国扶贫攻坚的崭新生力军。“十二五”期间（不含2015年），全国通过发展旅游带动了10%以上贫困人口脱贫，旅游脱贫人数达1000万人以上。要实现2020年全面建成小康社会的目标，“最艰巨最繁重的任务在农村、特别是在贫困地区”。加快补上贫困地区和人口“短板”，旅游扶贫被寄予厚望。

一般而言，贫困地区或革命老区往往保存着较为良好的自然生态环境，具有优秀的文化传统，相对而言，旅游具有一定的资源优势，旅游扶贫对这些地方也是一种比较对口的扶贫方式。旅游扶贫是平衡地区发展和缩小地区、城乡、工农差别的重要渠道，为落后地区农村旅游资源的开发和贫困人口的脱贫致富带来了新的契机。旅游扶贫应重在“扶志”“扶能”，贫困地区居民在被扶过程中，不仅获得优惠政策，而且掌握通过旅游与生产生活相结合而致富的能力。

1.3 精准扶贫

精准扶贫是粗放扶贫的对称，是指针对不同贫困区域环境、不同贫困农户状况，运用科学有效程序对扶贫对象实施精确识别、精确帮扶、精确管理的治贫方式。习近平精准扶贫思想是关于贫困治理的指导性思想，其理论基础是“共同富裕”根本原则，现实基础是“全面建成小康社会”的宏伟目标。精准到点的扶贫效果也更值得期待。着力增强贫困地区旅游发展的自我造血功能，促进了贫困地区旅游业的发展和贫困人口脱贫致富。

1.4 旅游精准扶贫

旅游精准扶贫，是指在经济不发达地区，以当地旅游资源为依托，借助各种外部力量推动扶持当地旅游业发展，通过旅游业关联带动实现群众脱贫致富。精准化旅游扶贫的特点：一是通过发展旅游脱贫的人们，不仅返贫率较低，而且能够比较快地由脱贫走向致富道路；二是旅游扶贫经济效益很高，旅游扶贫投入具有丰厚的经济回报，吸引带动了一批失业、无业人员走向致富之路；三是旅游扶贫还具有非常好的环境效益、社会效益和文化效益；四是旅游扶贫带动力大，辐射带动功能强，实现从单一开发到多元开发的转变。旅游业的精准扶贫正在成为促进贫困地区产业升级、加快美丽乡村建设、实现农民脱贫的重要抓手。

2. 以五大理念统筹下的旅游精准扶贫

五大发展理念相互贯通、相互促进，具有内在联系。

2.1 以创新发展为动力，推进发展旅游精准扶贫

在五大发展理念中，创新发展理念是方向、是钥匙。创新发展居于首要位置，是引领旅游精准扶贫发展的第一动力。创新发展将使一国、一地区的旅游精准扶贫更加均

衡、更加环保、更加优化、更加包容。精准旅游扶贫要解放思想，加大体制机制改革力度，进行旅游扶贫供给侧改革，不断打造具有时代特点又融合传统地方文化的新产品、新模式、新业态。发展旅游业是手段，创新是技能，落后地区的居民在进行旅游扶贫开发时，一定要创新，突出开发个性与“人无我有、人有我新、人新我变”特色旅游产品。抓好顶层设计创新发展，开发新产品，发展新业态。

创新旅游精准扶贫的科技前沿，全面提升自主创新能力，力争在智慧旅游精准扶贫科技领域作出创新取得突破。创新旅游扶贫机制，融入“互联网+”等新理念。广泛应用大数据、云计算等现代科技成果，积极发展“互联网+旅游”，推动在线旅游，降低在线旅游进入退出门槛，鼓励投资在线旅游业务。建设智慧旅游扶贫电商村、推出旅游商品及品牌，将“互联网+”理念全面融入旅游扶贫开发建设，支持互联网企业深度参与旅游扶贫，建设旅游扶贫电商平台，培育旅游商品。鼓励旅游创业创新，旅游扶贫管理创新，旅游精准扶贫创新的投融资平台建设，结合金融扶贫富民工程探索建立旅游投融资平台、担保贷款融资平台、保险平台。优先对旅游扶贫评级授信，对到贫困地区开发旅游资源的企业提供成本更低、时限更长的扶贫再贷款支持。开展景村共建扶贫工程，在贫困村重点开展乡村旅游休闲度假业态创新，实施旅游扶贫示范带动工程，实施乡村旅游基础设施提升工程。

旅游精准扶贫的创新发展对协调发展、绿色发展、开放发展、共享发展具有很强的推动作用。坚持协调发展，将显著推进绿色发展和共享发展进程。

2.2 以协调发展为路径，均衡全面进行精准扶贫

在协调发展方面，重点在于推动精准旅游扶贫的区域协调。加强对贫困待发展地区旅游的支持力度，从规划、政策、资金、人才等方面给予优先支持。推动基本旅游公共服务均等化，在重大基础设施建设和国家旅游扶持资金等方面，向中西部旅游资源丰富的欠发达地区倾斜。推动精准旅游扶贫的城乡协调，推动精准旅游扶贫部门协调，加大旅游部门与相关部门协调力度，提升旅游部门统筹协调能力和突发问题处置能力。推动精准旅游扶贫物质文明和精神文明协调发展。将旅游促进经济发展和促进国民素质提升有机结合起来。

长期以来，精准旅游扶贫不仅仅是旅游部门的任务，而是全社会各方面、各层次都可积极参与的综合性产业。要加大旅游与产业的融合力度。精准旅游扶贫的协调发展、旅游业与相关产业的协调发展，日益成为一个地区精准旅游扶贫发展质量高低和数量大小的措施保障。更加注重生态保护、社会保护，是协调发展的题中之义。

2.3 坚持绿色发展，旅游精准扶贫更加注重环保和谐

旅游业具有生态性（维持正常生态，尊重动植物生长规律）、低碳性（排放二氧化碳极少）。坚持旅游精准扶贫的绿色发展将深刻影响地区的发展模式和幸福指数。我国

的生态功能区的生态地位和蕴含的巨大生态价值是中华民族最宝贵的自然遗产。在大力发展旅游精准扶贫中，既要契合绿色发展的需要，又使得各族群众在良好的生态环境保护的前提下发展经济、提高收入水平、走出一条可持续发展的路子。以绿色为导向，在精准旅游扶贫的绿色发展方面一要坚持保护优先，贯彻落实习近平提出的“绿水青山就是金山银山”发展理念，在旅游发展中坚决防止海洋、乡村、森林、土地等过度开发。二要积极发展生态旅游。提高国家生态旅游示范区的影响力、引导力，促进生态旅游和健康、养老、研学旅游等结合，延伸生态旅游产业链条。三要积极发展绿色产业。鼓励旅游服务部门广泛使用清洁能源，进行节能减排技术改造，减少旅游行业的碳排放量，深入开展绿色饭店和生态景区创建工作。对旅游项目建设严格管理，遏制盲目追求高、大、上趋势，积极推动生态环保材料、新能源交通等在旅游行业的应用普及。四要加强生态教育。加强对旅游精准扶贫从业人员的生态环保宣传，树立节约光荣、浪费可耻的观念，不断地激发技术创新和理念创新，倡导合理消费，推动绿色出行。

绿色发展将使得旅游扶贫落在实处，显著提高人们的生活质量，使共享发展成为有质量的发展。

2.4 以开放发展为平台，打造精准旅游扶贫

精准旅游扶贫外向性强。以旅游促开发，以开发促开放，以开放促发展就显得尤为重要。遵循精准旅游扶贫的发展规律，坚持开放发展，将增强我国精准旅游扶贫的开放性和竞争性。把握趋势，坚持开放发展理念和心态，积极推动与省内外旅游企业、各地区、各产业的融合，精准扶贫旅游业的开放发展一定会起到积极的作用。开放发展是一国繁荣的必由之路，在精准旅游扶贫的开放发展方面，一要提高旅游产业开放水平，在资本进入便利性、旅游签证便利化、商品免退税等方面积极试点。二要加强国际旅游合作。利用中日韩、中国东盟、中非、金砖组织、G20等合作平台，将精准旅游扶贫主题更多纳入对话合作框架。推动“一带一路”沿线国家和地区精准旅游扶贫合作。创新边境精准旅游扶贫合作方式，推动有条件的边境地区在商品免税、通关便利化等方面先行先试，大力开展边境精准旅游扶贫。三是积极开展精准旅游扶贫外交。发挥好旅游民间外交，在促进国际交往、加强民间交流、精准旅游扶贫等方面积极作为，促进旅游业和旅游扶贫走向国家对外开放和外交前沿。四是积极参与国际精准旅游扶贫事务。通过人员参与、承办活动等方式，展示开放、友好、繁荣的大国形象。五是设立全域旅游目的地，提高我国旅游业和精准旅游扶贫国际竞争力。他山之石，可以攻玉，全域旅游目的地国内外已有成功案例，现有120多个国家建立了全域旅游目的地，其总数超过3000个全域旅游目的地。我国部分地区进行了有益的探索。如海南省在打造国际旅游岛的同时，就曾经探索将整个海南设立为一个全域旅游目的地。旅游精准扶贫可以加快改革开放，促进内外交流，充分发挥旅游业在国际交往的桥梁纽带作用。我们应不断丰富精准

旅游扶贫内涵，唱响“与世界对话”的旅游扶贫。

开放发展的精准旅游扶贫将更加注重创新，更加重视生态文明的影响，更加有利于实现共享发展。

2.5　以共享发展为目标，助推全面小康

旅游具有普遍性（普遍惠及广大人民群众）、民生性、综合性（综合多行业的发展）特点，精准旅游扶贫可以带动相关产业发展，扩大就业门路。精准旅游扶贫更加注重公平、正义。近些年，涌现大批通过参与旅游增收致富的群众。发展旅游精准扶贫经济，制定旅游业发展的方针政策，对于经济基础相对薄弱，而又具有丰富旅游资源的落后贫穷地区，促进经济发展和社会事业进步亦有一定的价值。精准旅游扶贫的实施有助于进一步完善旅游基础设施，推进旅游发展，促进城乡旅游互动。在发展旅游精准扶贫过程中，通过分类分地区分阶段推广旅游扶贫试点成功经验，推进旅游扶贫的共享发展。大力推进旅游扶贫，发展社会福利旅游，关注老年、青少年、残疾人等特殊人群旅游福利，做好旅游无障碍设施建设及为特殊人群设定价格优惠。支持有条件的地方发放旅游消费券或给予各种形式的旅游补贴，促进社区旅游参与和当地居民旅游就业，提高当地居民从旅游发展中的受益程度，提升当地居民参与旅游发展的能力。

坚持共享发展，是坚持其他四种发展的出发点和落脚点。坚持共享发展，将为其他四种发展提供伦理支持和治理动力。

总之，五大发展理念缺一不可。（原）国家旅游局携手国务院扶贫办宣布，“十三五”时期，中国计划通过发展旅游带动17%的贫困人口实现脱贫。到2020年，预计带动约1200万贫困人口脱贫。在旅游精准扶贫中，哪一个发展理念贯彻不到位，发展进程都会受到影响。唯有统一贯彻，才能如期全面建成小康社会。

3．用五大理念因地制宜实现旅游精准扶贫

国内外知名的旅游胜地多是典型的“老少边穷”地区，自然环境保护较好，民风淳朴，民族和民俗风情独特。在偏远山区，经济发展滞后，贫困人口较多，虽山清水秀，但交通落后、基础设施极其不完善，发展旅游成本高、投入大。我国现有的1300多个5A和4A级旅游风景名胜区，60%以上分布在中西部地区，70%以上的景区周边集中分布着大量贫困村，开发乡村和农业观光、休闲、体验、娱乐、运动、度假、养生等旅游项目有得天独厚的条件，借助旅游获得发展。中国改革开放40年来，通过旅游发展扶贫达8000多万人，约占贫困人口1/3；改革开放以来，中国先后涌现出了一大批通过发展旅游实现人民脱贫致富和地区经济社会快速发展的典型。如革命老区井冈山、延安、西柏坡，贫困地区张家界、黄山、长白山，少数民族地区九寨沟、西双版纳、丽江，领袖故

里韶山、广安等。发展旅游一直被作为促进经济欠发达地区脱贫致富的重要途径。

国家发改委、（原）国家旅游局等7部委下发了《关于实施乡村旅游富民工程、推进旅游扶贫工作的通知》，扶贫要坚持“输血”与“造血”相结合，充分利用资源优势，大力发展特色农业、旅游、文化产业，实现精准化扶贫；做好旅游扶贫，不仅是贫困地区全面建成小康社会的需要，也是山区、连片贫困区扶贫的需要。“一手抓旅游，一手抓扶贫”，大力实施旅游带动战略，制定“旅游反哺农业、景区带动农村”的扶贫措施，依托旅游产业发展辐射带动贫困乡村群众脱贫致富；实施精准旅游扶贫，推行全域旅游迫在眉睫。

旅游扶贫要科学安排、系统规划，客观评价扶贫点的旅游开发价值，制定旅游发展目标要客观，旅游发展路径要具有针对性，不可遍地开花，挑三拣四；科学分析扶贫点的市场空间，找准扶贫点的市场吸引点和发展突破方向；提高旅游扶贫从业者的素质，扎扎实实，一步步走，让扶贫落地有声。在旅游扶贫过程中，需要考虑旅游扶贫的延续性。不要过分抬高扶贫点的旅游发展预期，同时也需要根据扶贫点的具体情况，注意与其他扶贫方式之间的协同、共促。争取国家旅游发展基金补助贫困地区项目资金，利用丰富的旅游资源招商引资谋求发展。创新扶贫政策，确定精准旅游扶贫目标。全域旅游目的地的诞生使得旅游扶贫在注重经济建设成效的同时，扩展了社会功能含量。

旅游打头阵。随着一带一路、西部开发、中部崛起、东北振兴、山片区扶贫攻坚等一系列宏观经济发展战略实施，我国经济发展的重点正在由沿海向内地、由发达地区向不发达地区、由只重视传统产业向重视新兴的旅游、文化、信息等产业的转移。新常态设立新的全域旅游经济特区，来适应新的宏观经济战略实施，有利于推动新一轮经济的增长；依托丰富的旅游资源，大力发展旅游业，推动地区经济快速发展，就业容量不断扩大。加快旅游产业结构调整与升级，依靠科学技术进步和制度创新，加快脱贫致富奔小康的步伐。

实施精准旅游扶贫，挖掘旅游资源，发展旅游特色产业，坚持“交通先行，旅游前行，环保躬行，产业力行”的扶贫发展理念。资源富饶的贫困山区，旅游等资源相当丰富，自然景观奇特、特色民族文化开发潜力巨大。将旅游作为当地支柱产业，并将之打造成旅游减负富民试验区。通过基础设施扶贫，加快区域性旅游交通枢纽中心的建设步伐。通过旅游产业扶贫，做大做强并延伸旅游产业链。通过文化教育扶贫和救济式扶贫，建立生态补偿机制，建设生态文明示范工程。加大对生态林的生态补偿力度，用制度保护生态环境。因地制宜发展片区的旅游产业，是推进脱贫致富的一个良策。

4. 展望

习近平总书记在提出“科学扶贫、精准扶贫”的同时，强调“全面建成小康社会，最艰巨、最繁重的任务在农村，特别是在贫困地区”。全面建成小康社会与实施精准扶贫有着必然的联系，必须通过扶贫消除贫困，才能实现人民群众的小康梦。“三农”问题特别是贫困地区的脱贫是全面建设小康社会的关键问题。因此，要坚持“创新、协调、绿色、开放、共享”的发展理念，用创新发展增强旅游精准扶贫成效；在旅游扶贫中，要坚持协调发展，坚持保护与开发并重；坚持绿色发展，实现乡村经济转型与乡村生态保护的平衡。坚持开放与共享，坚持旅游扶贫的农民群众是参与者和受益者，广泛动员农民群众参与其中，主动作为，以开放的心态接受旅游扶贫发展新理念，引导更多农民工返乡就业创业，推进精准扶贫、精准脱贫，带动贫困人口整体脱贫，实现全面小康。

软文化的硬实力：挖掘和发挥文化在旅游扶贫中的作用

（本文写作于2018年，数据截止于2017年）

脱贫攻坚是新时代中国特色社会主义建设和我国经济社会发展的重要任务，文化和旅游部把深度贫困地区文化建设工作作为重点，文化既是旅游业的资源基础，又是其精神动力支撑。我国许多贫困地区也是旅游资源丰富、自然生态环境优美的地区，很多贫困地区的文化生态保存比较完整和纯正。在尊重贫困地区文化生态的基础上，充分吸收外来先进文化的有益养分，创新发展符合新时代要求的文化旅游。文化旅游精准扶贫，是一种典型且高效率的“造血式”扶贫，文化产业和旅游产业以及两者融合衍生的新兴业态成为各地政府推进精准扶贫最有效的方式之一，应该加强文化旅游扶贫的统筹规划。

1. 文化扶贫和旅游扶贫

1.1 概念

文化扶贫是指从文化和精神层面上给予贫困地区以帮助，从而提高当地人民素质，尽快摆脱贫困。传统的扶贫主要是从经济物质上进行辅助，而贫困地区要改变贫穷落后的面貌，既要从经济上加强扶持，更需要加强智力扶助。扶贫不仅要扶物质，也要扶精神、扶智力、扶文化。我国文化扶贫工作的开展主要始于1993年12月成立文化扶贫委员会。

文化承担着启迪心灵、振奋精神、鼓舞斗志的重要作用，经济贫困往往伴随着精神贫困、文化贫困的发生。必须要高度重视文化扶贫，它是打赢脱贫攻坚战、全面建成小康社会的精神动力和民生保障。文化扶贫、旅游扶贫相结合的脱贫新路既能促进农民增收、农业增效，又能加速社会主义新农村和乡村生态文明建设，推动区域文化大发展、大繁荣。

1.2 相关政策

为贯彻落实中共中央办公厅、国务院办公厅《关于支持深度贫困地区脱贫攻坚的实施意见》，深入贯彻落实党的“十九大”精神和习近平扶贫思想，全面贯彻落实党中央关于深度贫困地区脱贫攻坚的总体部署，国务院办公厅下发的《关于促进全域旅游发展的指导意见》（以下简称《指导意见》），提出“大力推进旅游扶贫和旅游富民”的具体措施，为旅游业参与脱贫攻坚和乡村振兴战略指明了方向。

2018年7月，文化和旅游部发布两个关于“非遗扶贫”的文件：文化和旅游部办公厅、国务院扶贫办综合司下发《关于支持设立非遗扶贫就业工坊的通知》、文化和旅游部办公厅下发《关于大力振兴贫困地区传统工艺助力精准扶贫的通知》，旨在通过发展文化产业助力精准扶贫，大力推进文化扶贫，传统工艺、非遗助力脱贫攻坚。支持设立非遗扶贫就业工坊，组织传统工艺手艺培训，帮助当地建档立卡贫困户学习传统工艺，掌握相关技能；组织专家团队，对传统工艺产品进行专业设计和改造提升；搭建平台，支持电商企业等通过订单生产、以销定产等方式，帮助销售非遗扶贫就业工坊生产的传统工艺产品，形成扶贫就业、产业发展和文化振兴的多赢格局。

2018年7月10日，国家发展改革委、财政部、交通运输部、文化和旅游部、中国铁路总公司五部门发布《“三区三州”等深度贫困地区旅游基础设施改造升级行动计划（2018−2020年）》，聚焦深度贫困地区“三区三州”（西藏自治区、四省①藏区、新疆自治区南疆四地州、四川凉山州、云南怒江州、甘肃临夏州）等深度贫困地区的旅游基础设施和公共服务设施建设，精准扶贫，提出加快“三区三州”主通道建设，加强对旅游业发展支撑；加大资金投入和项目倾斜，改善深度贫困地区旅游基础设施和公共服务设施；引导社会资本投入，不断丰富深度贫困地区旅游产品和服务。文化和旅游部办公厅、国务院扶贫办综合司提出以深度贫困地区“三区三州”为重点，兼顾部分少数民族地区国家级贫困县，选取确定了第一批“非遗+扶贫”重点支持地区，支持设立非遗扶贫就业工坊。

文化旅游是推动传统村落精准扶贫的不二选择。贫困地区并不是没有文化，贫困地区的文化也不等于贫困文化。“三区三州”等深度贫困地区大多生态环境优美、民俗文化多彩、历史底蕴深厚，蕴含较大的旅游价值，发展旅游是一条脱贫致富的捷径。文化和旅游部召开的支持深度贫困地区文化建设会指出，下一阶段，全国文化和旅游系统要全力支持深度贫困地区文化事业、文化产业和旅游业发展，推动深度贫困地区物质文明建设和精神文明建设，满足贫困地区人民群众对美好生活的新期待，推动贫困群众同全国人民同步进入小康社会。

2. 文化在旅游扶贫中的作用

我国脱贫攻坚已进入决胜的关键时期，剩下的贫困人口，主要分布在中西部石山

① 此处四省指青海、四川、云南、甘肃四个省份。

区、深山区、极端干旱山区、高寒阴湿地区，发展一般的脱贫产业难度大。但是，这些地方往往是革命文化、民族文化、生态文化、山地文化、历史文化资源的富集区，对于发展文化旅游、推进文化扶贫来说，具备宝贵的资源潜力。

贫困地区的传统文化有不适应现代社会的方面，但其中也有不少优秀元素，对维护区域和谐稳定、促进区域经济社会发展都发挥着重要作用。“脱贫攻坚，要发挥文化凝聚力量的作用”，为老少边贫等地区振兴传统工艺，需要进一步树立文化自信，挖掘文化资源，善于在继承中更好地创新，搭建资源整合和服务平台，增加文化旅游产品供给。发挥文化在脱贫攻坚中的“扶志”“扶智”作用，助力贫困地区打赢脱贫攻坚战。文化扶贫既要“富脑袋”，又要“富口袋”。“送文化”，贫困地区的人民大多乐于接受先进文化；“种文化”的旅游发展有效实践，本地文化资源与旅游要素的深度融合，全面提升了乡村扶贫的经济、社会、文化等效应，增强乡村的自我“造血”功能，进一步推进新农村和美丽乡村建设。“文化旅游扶贫”在落实精准扶贫、精准脱贫中的积极作用正越来越成为社会各界的共识。

2.1 民族文化

乡村文化、民族文化是中华文化的重要组成部分，也是农村的发展动力。贫困地区的传统文化本身并不具有封闭的特性，随着经济社会不断发展与进步，贫困地区的传统文化正展现出开放的姿态。

坚持打好民族文化这张牌，对于文化旅游大有可为。乡村旅游是充分挖掘和利用当地资源进行旅游扶贫的重要途径，珍视少数民族文化，加强少数民族文化等各类文化资源培育，在激发文化自信、推动文化产业发展、重塑发展格局等方面的具有积极作用。大力发展旅游在实施脱贫攻坚工程、促进民族交往交流交融中的重要作用，力争本地区旅游基础设施和公共服务设施水平实现较大改观，形成改善旅游基础设施和公共服务设施、促进旅游快速发展的合力。

近年来，在中国光大集团和光大证券等单位的帮扶下，一批瑶胞贫困户从大山里易地搬迁出来，建成美丽乡村和旅游示范村。让瑶胞在家门口脱贫致富。中国光大集团2015年底定点扶贫湖南省永州市新田县。中国光大集团和光大证券直接投入各类资金3537.44万元，结合新田县文化旅游的资源，积极推进文化旅游扶贫，投入资金360余万元，完成小源会议旧址、蒋先云故居、肖明故居等的保护性修缮工作。实施了金融扶贫、产业扶贫、文化旅游扶贫、电商扶贫等项目60余个，协调融资8亿元，招商引资20亿元。扶贫效果明显。

张家界是46个民族的聚居区，是湘鄂西、湘鄂边、湘鄂川黔革命根据地的中心，地处全国14个集中连片特困地区的武陵山片区，是全国脱贫攻坚的主战场。北京文化艺术界、乡村旅游领军企业和其他爱心人士共同参与的系列文艺公益助力旅游扶贫活动，通过聘请知名艺术工作者担任张家界乡村旅游公益大使，开展一系列文艺公益扶贫行动，开创了旅游与文艺公益扶贫融合的新模式，吸引更多文化艺术人才参与张家界旅游扶贫和乡村振兴工作。

2.2　传统乡村文化、民俗文化

优秀传统文化是良好乡风民风建设的推进剂，弘扬传统优秀文化，将其作为乡村扶贫发展的“金钥匙”，与新时代发展要求有效结合、深度融合，打好乡村文化资源整合、专业队伍素质提升、服务体系健全完善的“组合拳”，特别是在推动公共文化建设的过程中，重点发挥传统文化“推进剂”作用，将其与旅游扶贫、“文化扶贫”，精准扶贫有机融合，让贫困地区的乡村群众“口袋”鼓起来的同时，“脑袋”转起来，“日子”富起来，站在文化振兴的高度重新认识家园，过上更有品质的生活。

传统村落是一部微型的人类文明史。同时传统村落面临着巨大的扶贫任务。文化旅游是推动传统村落精准扶贫的不二选择。文化旅游精准扶贫有市场广阔、效果显著、环境影响小、可持续性等特点。把贫困村变成旅游村整村推进是旅游扶贫创新模式，不仅可以使贫困群众脱贫致富，还能打造秀美乡村，发展乡村旅游，给贫困群众带来源源不断的收入。甘肃陇南把特色文化保护传承与文化名镇名村建设、精准扶贫工作、美丽乡村建设、旅游产业开发等紧密结合，以白马人民俗文化旅游节为平台，着力打造文化名牌，推动文化旅游产业快速发展，加快了当地精准扶贫精准脱贫的步伐，取得了良好的经济社会效益。

民俗是一种民间传承文化，属于民族的传统文化，它的根脉一直延伸到当今社会的各个领域，伴随着一个国家和民族的生活继续向前发展变化。近年来民俗旅游已经成为一种时尚，因为民俗旅游是一种高层次的文化旅游，它能满足游客“求新、求异、求乐、求知”的心理需求，成为旅游行为和旅游开发的重要内容之一。民俗是沟通传统和现实、物质生活和精神生活的纽带，能反映民间地域或社区人群的共同意愿，并主要通过人作为载体，进行世代继承的、具有鲜明特点的文化现象。民俗文化是广大劳动人民所创造和传承的民间文化，是民族文化的重要组成部分，民俗文化不是落后地区的奇风异俗，不是穷乡僻壤的“专利品”，也不是古老部落的“土特产”。民俗文化活动为旅游注入新活力，发展文化旅游产业助力地区精准扶贫，走出了民俗文化搭台、文化旅游唱戏的新模式。

文化和旅游部对口帮扶县山西娄烦地处吕梁山腹地，是集山区、老区、库区于一体的国家扶贫开发重点县，也是红色文化浓郁的抗日根据地。娄烦近年来扶贫工作成效显著，截至2018年7月，累计89个贫困村脱贫，贫困发生率由43.7%降到9.7%。[①]娄烦持续深

① 李志刚．山西娄烦：打造文化旅游扶贫生力军．中国旅游报，2017-07-23。

挖文化内涵，大力发展旅游业，打造扶贫攻坚“生力军”。

2.3 非物质文化遗产和传统工艺

2003年10月《保护非物质文化遗产公约》出台，开启了我国非物质文化遗产保护与发展的旅程。非物质文化遗产尤其是传统工艺联系千家万户、遍布城镇村庄，与人民群众生产生活密切相关，具有带动贫困地区群众就近就业、居家就业的独特优势，是助力精准扶贫的重要抓手。非物质文化遗产乡村旅游扶贫是近年来的热门，利用少数民族非物质文化遗产进行旅游扶贫开发为贫困乡村精准扶贫提供了新的思路。

近年来，许多地方大力探索和实践“非遗＋扶贫”工作，取得了很多典型经验和显著成效。许多传统工艺企业、作坊、合作社主动招收当地贫困劳动力就业，帮助贫困家庭脱贫增收，取得了实实在在的效果。非营利性机构西藏雪堆白职业技能培训学校近年来在当地政府支持下，面向西藏自治区招收农牧民贫困家庭子女、残疾人和就业困难人员，学费、食宿费等费用全免，通过传统手工艺技能培训实现贫困人口就业并脱贫致富。政府与民间力量结合，探索出了独具特色的贫困生技艺培训与特色文化产业发展相融合的文化扶贫模式。

针对部分传统手工艺者的综合文化修养、设计创新能力不高，民族特色知名品牌缺失，行业整体实力和市场竞争力不足等问题，帮助非遗传承人群补文化修养之缺、美术基础之缺、设计意识之缺、市场意识之缺；帮助他们提高审美能力，提高传统工艺的设计制作水平，更好地将美带入作品，让这些“草根大师”乃至更多有手艺的民间手工艺者汇成“大众创业、万众创新”的新生力量。非遗扶贫就业工坊所在贫困村，帮助村民对传统工艺产品进行再设计和改造提升，解决工艺难题，提升产品品质，对接市场需求，提高产品附加值。

“非遗扶贫”不是概念，而是贫困地区发展致富的新路。大力推进非遗文化扶贫工作，振兴贫困地区传统工艺，发挥非遗尤其是传统工艺在助力精准扶贫方面的重要作用。对于贫困地区传统工艺项目的材料、工艺、功能、样式、历史文化内涵，进行分类研究，丰富现有产品题材、样式、功能。支持已设立的传统工艺工作站面向贫困地区和贫困人口开展传统工艺振兴工作。让非遗带动贫困村民增收、助力精准扶贫。推动在全国层面让文化的精神和价值惠及更大范围的贫困地区和贫困人口，使脱贫的意志植根于文化的血脉，还需要继续探索与创新。让文化推动特色产业发展、助力经济转型升级。

2.4 旅游文化创意

文创产品是指依靠创意人的智慧、技能和天赋，借助于现代科技手段对文化资源、文化用品进行创造与提升，通过对知识产权的开发和运用而生产出的高附加值产品。生发于贫困景区的东西，如今已不仅仅是贫困人的普通物件，而是游客眼中的稀罕之物，体现出景区的文化内涵、民俗风情及深层价值。创造这些稀罕物件的，正是各贫困地区手工艺者。贫困地区的景区文创产品挖掘属地区域的历史和文化，把景区特色活灵活现地展现在游客面前。贫困地区的文化创意产品以文化内涵为设计灵感，突破对文化表层的简单复制，启发人们发现产品背后的历史、人文、风俗等基因，极大满足了游客的需求，贫困地区的旅游文创产品收入已成了不可小觑的一部分。

旅游业的扶贫效果是非常好的。联合国世界旅游机构负责消除贫困和可持续发展旅游组织主席都英心（DhoYoung-Shim）说：旅游业可成为非常好的减贫措施。如女性集在一起编篮子，每一个篮子可以卖4.4美元。这就让她们有足够的钱买牛奶、面包。传统文化完全可以与高端的产品、科技、市场进行直接对接，历久而弥新的文化产品附加值是不可估量的。

娄烦县文物旅游局有关负责人介绍，近年来娄烦县依托核心文化和旅游资源，包括云顶山森林公园、汾河水库、汾河牡丹产业园，以及剪纸、刺绣等文化和旅游资源，大力发展红色旅游、民俗旅游、研学旅游等，做好加快文旅产品开发、发展乡村文化、乡村旅游，做好加快文旅产品开发、推进基础设施建设、抓好市场宣传营销、完善优化体制机制等工作，取得了扶贫致富的极大效果和显著成效。

屏南县，在既有古村落的有利因素下，积极探索“文创+旅游”模式，充分发挥“互联网+”优势，打造国际性文化创意硅谷和文化旅游胜地，践行文化惠民，给传统村落插上腾飞的翅膀，助力精准扶贫。以文化为魂，后发追赶可以实现弯道超车。

3．展望

文化发展是我国向高质量内涵式发展转型的题中应有之义。文化在激发脱贫意志、助推脱贫攻坚中具有独特作用和巨大力量，文化软实力是可以转化为经济硬实力的。高质量内涵式发展，必须提供丰富的精神食粮。在精神激励与物质丰富的合力下，才能形成拔穷根、真脱贫的决胜之势。

保护环境、挖掘文化是旅游发展的内在动力，而文化旅游扶贫是将“绿水青山”转变为“金山银山”的有效途径之一。通过发展旅游，树立文化自信，挖掘文化资源，激活贫困地区的传统文化生命，帮助当地人创造新的美好生活。文化旅游扶贫扶起的是志气骨气，传承的是家国情怀，守护的是绿水青山，融合的是经济硬实力与文化软实力，呼应着我国高质量发展的深刻内涵。

乡村旅游——从扶贫攻坚到发展致富

（本文写作于2017年，数据截止于2016年）

国外乡村旅游萌芽于19世纪中叶的欧洲，至今已有100多年的历史，真正意义上的大众化乡村旅游则起源于20世纪60年代的西班牙。目前，乡村旅游经历了萌芽兴起、规模扩张、成熟发展等阶段，在德国、奥地利、英国、法国、西班牙、美国、日本等发达国家已具有相当规模，走上了规范化发展轨道。乡村旅游在各国发展虽然在时间、内容和形式上不尽相同，但其内在驱动因素相类似。主要由于城市化和现代化快速发展，使人们产生了回归自然的休闲心理需求；及各国政府针对工业化后农村地区边缘化，改善农村面貌、提高农民收入、拓宽农业功能所实施的一系列推动农业、农村发展的有力措施。

我国的乡村旅游扎根乡土农村，从20世纪80年代“农家乐”开始，不断壮大规模、推陈出新、转型升级，现已发展成为一种全方位、多维度显现乡村资源、乡村生活、乡村文化、乡村社会的生活化旅游业态。同时，乡村旅游作为精准扶贫的重要载体，促进了农村一二三产业融合发展。乡村旅游把扶贫片区发展成旅游景区，让土特产品成为旅游商品，将绿水青山变为群众脱贫致富的金山银山。

1．我国乡村旅游的顶层设计

在党中央和国务院顶层设计中，乡村旅游已上升为国家战略。《政府工作报告》明确提出2017年重点工作包括创新扶贫协作机制，推动特色产业扶贫。要完善旅游设施和服务，大力发展乡村、休闲、全域旅游。2017年初发布的中央一号文件，要求要大力发展乡村休闲旅游产业，利用“旅游+”“生态+”等模式，推进农业、林业与旅游、康养等产业深度融合，发挥乡村旅游在解决三农问题、拓展农业产业链价值链中的作用。

2．我国乡村旅游的攻坚扶贫

2.1 我国的乡村旅游扶贫

我国贫困地区与旅游资源富集区的资源吻合度较高，很多旅游目的地位于贫困的内陆城市和省份，为旅游扶贫工作提供了坚实的发展基础和广阔的发展空间。旅游扶贫是贫困地区扶贫攻坚的有效方式，是贫困群众脱贫致富的重要渠道。乡村旅游具有重新配置乡村资源，整合乡村功能的重要作用，可作为相当多乡村传统产业的替代产业和长远发展的战略产业。乡村旅游业提供独特机遇，帮助当地居民特别是少数民族人口、年轻人和妇女找到工作，增加收入，改善生计状况，甚至起到“重唤农村文化与灵魂的作用”。

乡村旅游依托地方特色和自然资源，重点对有旅游发展基础、市场开发潜力大的贫困乡镇、山村开展旅游扶贫，让贫困人口参与旅游经营，分享旅游资源开发和旅游产业发展红利。发展乡村旅游的主旨在于增强贫困地区的造血能力，让贫困群众靠山水美景吃上旅游饭、摘下穷帽子。贫困乡村变成旅游景区，乡村旅游与精准扶贫碰出火花。贫困地区建立产业基础很难。在旅游产业形成过程中，广泛动员外部力量，为金融、企业、电商等社会各方面力量支持旅游扶贫的行为创造便利条件。贫困地区发展乡村旅游一方面应遵循旅游发展的规律，在起步阶段由政府给予帮助和扶持，另一方面还要发挥市场机制的作用，把农民积极性充分调动起来，把农民的潜力充分挖掘出来，形成良性循环。

贫困地区发展乡村旅游重在找到独具特色的精准扶贫路径，为农村贫困剩余劳动力提供更多就业机会，吸引人才回流，从而调整产业结构，改善贫困地区生态环境。乡村旅游要解决游客进入便利性问题，要优先发展道路和供水供电等基础设施，优先发展通信和网络，对仍处在贫困线下的乡村旅游目的地提供优先宣传支持与人才支持。组织旅游扶贫带头人交流、设立培训基地、提高农村旅游人员服务水平等。以旅游开发为契机，优化经济、社会、生态资源的合理配置，提升贫困人口的福利创收，提升贫困地区群众的幸福感，创造贫困地区脱贫致富新机遇。

2.2　国外的乡村旅游扶贫借鉴

旅游扶贫已成为国际扶贫工作的重要途径。乡村生态旅游就业成为增加贫困人员收入最有效、最直接、最持久的方式。南非实施《减少贫困计划》、负责任旅游、旅游中的公平贸易、旅游扶贫企业激励、旅游扶贫试验区建设等五项战略；印度深入实施“负责任旅游行动”扶贫战略，形成了各级政府、社会组织和农民之间的广泛联动工作机制；日本则走农旅结合的道路，振兴农村经济；为了平衡区域发展，斯洛文尼亚1991年制定了关于农村国家发展战略，意在振兴农村地区发展和促使村落革新；英国积极促进乡村小规模社区在国家范围内的旅游营销，令传统乡村旅游获得了极大的成功。

在世界各地，乡村旅游对推动经济不景气的农村地区发展起到了非常重要的作用，对当地经济的贡献得到了充分证明。在许多国家，乡村旅游被认为是一种阻止农业衰退和增加农村收入的有效手段。乡村旅游开发在世界各地发展非常迅速，2001年，意大利

10000多家乡村旅游企业共接待游客达2100万人次，营业额达9000亿里拉（约合4.3亿美元），比2000年增加12.5%%。在美国有30个州有明确针对农村的旅游政策，其中14个州的旅游总体发展规划中包含了乡村旅游。在以色列，发展乡村旅游成为提升农村收入的有效举措，从事乡村旅游的企业数量逐年增多。加拿大、澳大利亚、新西兰、前东欧和太平洋地区的许多国家，都认为乡村旅游业是农村地区经济发展和经济多样化的动力。

2.3 我国乡村旅游扶贫的成就

我国旅游扶贫成效明显。2015年全国建档立卡贫困村通过乡村旅游实现脱贫人口达264万，占年度脱贫总人数的18.3%，旅游扶贫已覆盖2.26万个建档立卡贫困村。国务院扶贫办和（原）国家旅游局统计："十二五"以来，我国通过乡村旅游带动了1000万人以上贫困人口脱贫致富，占贫困人口的比重超过10%。来自农业部的数据，2015年全国休闲农业和乡村旅游接待游客超过22亿人次，营业收入超过4400亿元，乡村旅游增加的农民就业有630万人次之多。

（原）国家旅游局2016年8月发布的《全国乡村旅游扶贫观测报告》认为，推进乡村旅游扶贫工作带来了经济效益、社会效益、生态效益。全国乡村旅游扶贫工作势头良好，成效显著，潜力巨大，大有作为，已成为我国扶贫事业的生力军。

3."十三五"乡村旅游的致富时代

3.1 国外发达国家乡村旅游致富借鉴

在发达国家各级政府中，旅游业被认为是乡村经济增加和创造就业的源泉。乡村旅游是乡村发展的战略产业，欧盟、新西兰、英国、美国、原东欧国家、欠发达国家和太平洋地区国家都非常重视乡村旅游。

乡村旅游在发达国家已成为重要的旅游业态，并形成了多元化、多功能和多层次规模经营格局。如美国的乡村旅游主要有观光农场、度假农场、家庭旅馆；英国的乡村旅游包括田园牌——农家乐、复古牌——古堡、古镇、生态牌——生态农业；法国的乡村旅游包括农场客栈、农产品市场、点心农场、骑马农场、教学农场、探索农场、狩猎农场、暂住农场、露营农场等；西班牙的乡村旅游包括房屋出租、别墅出租、山地度假、乡村观光等；意大利的乡村旅游包括农场度假、农场观光、乡村户外运动、乡村美食旅游等；日本的乡村旅游包括观光农园、市民农园、农业公园、休闲农场等；韩国的乡村旅游包括体验绿色农村、传统主题村落、民泊农庄等。这些丰富多彩的乡村旅游类型为我国的乡村旅游致富指出了可资借鉴的方式。

日本的乡村旅游对我国启发最大。在日本，乡村被视为历史文化宝库、生活之源。日本的乡村旅游被看做都市人生活"逆转的仪式"（ritual of reversal）。随着城市扩张和城乡收入差距的持续扩大，日本通过发展旅游开展了一系列农村环境综合整治工作，改善滞后于城市生活环境的服务设施，以保障农村生活水平、保护农村特色与环境、解决农村社会问题，提升了农村生活的便利性、安全性和舒适性，使公共服务有机融入农村居民的生活中。日本传统村落旅游带动了乡村的发展致富，缩小了城乡差距。这给我国的启示是，通过乡村旅游实现基本公共服务均等将成为我国乡村旅游致富的下一阶段目标。

3.2 我国乡村旅游致富发展展望

2017年政府工作报告提出的重要任务：加强农村公共设施建设，新建改建农村公路20万公里，实现农村稳定可靠供电服务和平原地区机井通电全覆盖，完成3万个行政村通光纤，提高农村饮水安全供水保证率，加大农村危房改造力度。深入推进农村人居环境整治，建设既有现代文明、又具田园风光的美丽乡村。

乡村旅游不仅催生出新的产业形态，还改变了农村群众的生活方式，改变了他们的精神面貌，推动了“农民就地就业、农业就地转型、农产就地增值、农村就地致富”等四个就地化，让村民充分尝到了旅游业的甜头。乡村旅游愈来愈成为农民脱贫致富奔小康的重要渠道。

进入“十三五”，随着居民收入不断增加，乡村旅游和休闲产业的发展，乡村旅游将主动参与产业竞争，刺激地方商业，创造就业机会。在乡村致富阶段，乡村旅游被确认为是发展区域基础设施、设备和服务（包括能够被乡村居民和乡村旅游者利用的游乐设备）的一种工具和途径。在传统乡村旅游活动基础上，延伸出了爬山车、摩托车、定向越野、生存游戏、空中滑翔、帆伞运动、喷汽船、冲浪、探险旅游、滑雪和时尚购物等新业态，丰富和改变乡村旅游的内涵。

2017年，我国将大力推进乡村旅游富民工程，抓好国家现代农业庄园创建工作，引导乡村旅游投资向多类型、多业态乡村旅游度假产品拓展，实现乡村旅游投资5000亿元，乡村旅游消费达到1万亿元以上的经济目标。可以预见的是，乡村旅游作为扶贫致富的发动机带着三农踏上从扶贫到致富的小康之路。

第十一篇

公共治理

旅游的公共治理：危机管理与安全

（本文写作于2017年，数据截止于2016年）

随着大众旅游时代的到来，我国旅游业面临新的发展机遇，进入快速发展时期，建设世界旅游强国的历史性跨越是中国旅游业发展的宏伟目标。但是在旅游业快速发展的同时，同时也出现了旅游市场秩序混乱、旅游危机频发和旅游公共治理等问题。因此，我国必须推进旅游公共治理，完善旅游治理体系，把防范或化解公共危机、提高公共管理决策科学化水平作为旅游公共治理的基本目标。实现从旅游业管理行政主导向社会治理转变，营造良好的旅游产业发展环境，促进我国旅游业健康、有序、快速发展。

1．治理、公共治理和旅游公共治理

1.1 治理

治理是一个多学科概念，涉及政治学、经济学、管理学等。“治理”（Governance）是一个不断被丰富的概念，大致可以分为传统治理与新治理两个阶段。治理概念最早起源于希腊语（Kybernan）与拉丁语（Gubernare），都包含着领航、掌舵或指导的意思。我国“治理”词源学历史悠久，西汉司马迁就提出了“礼乐刑政，综合为治”的治国理论。治理源自城市社会的发展，是公民不断扩大对社会事务、公共领域的参与过程。联合国全球治理委员总结了治理的四大特征：（1）治理是一个过程；（2）治理的建立不以支配为基础，而以调和为基础；（3）治理同时涉及公、私部门；（4）治理并不意味着一种正式制度，而确实有赖于持续的相互作用。新旧治理的区别在于：旧治理一般是指“政府及它的行为”，新治理是指“政府与社会之间的伙伴关系”。

随着快速发展的旅游业中出现的问题，治理理论被引入到旅游研究之中，并逐渐成为当前旅游研究的一个重要议题。

1.2 公共治理

公共治理是指为了达到集体的秩序和共同目标，公共、私人部门和非营利组织共同参与其中，相互之间形成伙伴关系，通过谈判、协商和讨价还价等政策手段来供给公共产品与服务、管理公共资源的过程。从行政管理到公共治理就是一个更小的政府、更多的治理的形成过程。公共治理是要实现公共目标，包含公共产品与服务的供给和公共资源的治理，公共治理是“有政府的治理”，具体体现在协商式的管理过程、多元主义的合法性保障、制度保障治理的秩序、网络增强适应性和弹性、打破二元划分、以善治为结果五个方面。

1.3 旅游公共治理

旅游公共治理，是指与旅游产业集群或社会组织系统具有利益联系的社会组织和个人，围绕政府旅游公共管理决策而进行的一系列影响或参与旅游公共政策制定、实施的行为。

旅游业是关联度高、综合性强的产业，因此，运用公共治理的理念创新旅游管理机制是旅游产业持续健康发展的需求。旅游公共治理是一种协商式的管理过程，具有多元的合法性，制度保障秩序的集体行动性，网状结构的弹性增效性，公共私人的善治性。

在治理过程中，政府作为参与者之一，不当领航者，不唱独角戏，与从国际层面到社区组织、从官方（政府）到非官方（私人与非营利组织）等社会组织的其他伙伴构成平等的关系，在广泛参与下的集体行动过程，治理制度约束的框架包含着大量的非正式制度。广泛参与的行动者及组织之间，打破垂直与水平关系，形成了错综复杂的网状结构，互动频繁，共同适应，形成增强式的管理。旅游公共治理是一种善治，打破公共与私人之间的边界，在行动中形成伙伴；政府与社会整合，合作性的政策制定和参与式决策弥补政府缺位和市场失灵的弊端。

2. 旅游公共治理是旅游发展的有效手段

2.1 市场秩序的公共治理

很多国家的旅游市场存在旅游市场秩序混乱问题，存在不同形式的“宰客”行为，无论是发达国家，还是落后国家，都有旅游市场秩序的公共治理问题。有的因为监管严格而逐渐减少，对旅游发展促进很大；有的却因屡屡得不到治理而愈演愈烈，极大地损害了旅游发展。一般来讲，发达国家的旅游公共治理制度比较健全，所以相对来讲市场秩序规范性较强，也比较安全；美、日、英三国的旅游治理具有协调机构明确、法律体系完备、多元主体参与、部门权责清晰等共同点。

由于我国的旅游业发展比较晚，目前还是一个发展中的“旅游大国”，加上区域差异比较大，各地旅游发育差异也比较大，因此，存在市场秩序混乱，政府监管不力，旅游监管力量薄弱，旅游监管职能交叉等问题。随着旅游业由景区景点旅游转变为全域旅游，旅游业管理主体的多元化，旅游业主营业务内容发生了转变和更新，但行业管理模式却滞后于社会化管理模式，因此一再出现旅游问题。比如2015年的“青岛天价虾”事件、“内地游客香港购物被打死”事件、南航“航班急救门”事件，2016年“哈尔滨天价鱼”事件、“山寨兵马俑”事件等等。但是我国已经开始着手旅游公共治理的建设，实行基于公共治理工具视角的旅游危机治理。推动旅游治理的“人人参与”，让更多的主体、机构和社会力量参与旅游公共治理的建设，推动公共安全、公共治理的全面发展，降低旅游风险，使旅游公共治理和安全能满足游客的需要，满足建设旅游强国的要求。

比如三亚政府对2012年三亚海鲜餐馆“宰客门”事件的处理中，运用了三项治理工具，包括直接政府治理（Direct Government）、经济调节（Economic Regulation）和信息公开（Public Information），提出相应的解决对策，有效地治理了产生的问题，取得了很好的效果，同时也提升了政府解决旅游危机的能力。旅游市场秩序实行多中心治理的框架。把多中心理论和方法应用于我国景区治理，建立完备的法律法规体系和统一权威的管理机构以发挥政府主导作用，明晰产权和合理界定景区价值以发挥市场机制，以地方自治主体的有效培育和多层次激励模式实现社会有效管理和监督，在政府、市场和社会的三个维度下构建多方协同的旅游市场治理新模式。

旅游公共治理具有极强的复杂性，涉及游客吃穿住行以及娱乐的各个方面，治理对象就包括了各个服务行业。加强旅游公共治理是全面落实科学发展观、构建社会主义和谐社会的重要内容，针对旅行社以及旅游景区的商业店铺的规范管理，防止出现欺诈游客的现象是加强公共服务和社会管理，全面履行政府职能的重要体现。在构建旅游公共治理体系中，建立一个功能齐全、设施完善、顺畅的协调联动机制，有利于整合各类社会资源，对旅游实现全过程的预防、控制和处置。此外，对旅游市场环境的优化，是旅游发展的重要任务。因此，构建现代旅游治理体系，符合发展旅游的内在理念和思路逻辑。

2.2 旅游灾难危机的公共治理

旅游危机事件会危害旅游目的地形象，影响人们预期的出游活动，使本来运行顺畅的旅游市场陷入危机之中。2011年，日本釜石地震、海啸双重灾难袭来；2015年4月，尼泊尔加德满都八十年一遇的8.1级大地震猝不及防的地降；2016年11月，新西兰南岛地震；2016年4月15日，日本北九州熊本县一系列连环地震；2017年8月8日晚间，我国九寨沟地震，让很多旅行者突然陷入了不同程度的困难境地。除了地震，还有特大旅游安全事故，造成人员伤亡或者重伤致残，以及其他性质严重、产生重大影响的事故，包括旅游交通事故、旅游娱乐设施事故、游客食物中毒事故等。旅行危机处理和安全、危机应对和规避都成为亟待解决的我国公共治理的课题。

提高预防和处置旅游突发公共事件能力，保障游客和公众生命财产安全，在灾难发生的时候，最大程度地减少旅游突发公共事件及其造成的人员伤亡和危害；全面加强应急管理，完善应急处理机制，提高快速反应能力和应急处理能力，有效预防、及时控制和消除旅游突发公共事件的危害；建立完善的公共危机治理体制等，是促进旅游经济全面、协调、又好又快发展，实现旅游发展长治久安的关键。

“现代旅游业管理”向“现代旅游业治理”转变，反映了旅游业发展的规律和趋势。建立现代旅游治理体系涵盖了旅游业现代治理的组织体系、制度体系、运行体系、评价体系和保障体系。旅游业治理体现出了制度创新，如治理主体的多元化和包容性，体现了“旅游+”；充分吸纳了地方上旅游考核、旅游志愿者、部门联席和联审制度等。政策创新突出了重点领域和着力解决的瓶颈问题。

3. 我国旅游公共治理的展望

在我国建设旅游强国中，需进一步完善管理政策，规范管理方式，使旅游公共治理满足现代旅游产业管理的需要。旅游目的地治理要保证经济、效率、效能、公平，旅游区要构建现代旅游治理体系，加强部门联动，促进旅游业从单一景点景区建设管理向综合目的地服务转变，从围墙内民团式治安管理向全面依法治理转变，从部门行为向党政统筹推进转变。探索建立与旅游发展相适应的旅游综合管理机构，积极创新旅游配套机制，推动政策创新。

目前，我国民主政治建设、立法推动、战略推进、政府职能转变以及各级政府旅游行政部门的实践已经为旅游公共治理奠定了基础。随着旅游业地位的提高、公众参与意识的提高、政府职能转变，以及包括居民、社区组织、旅游企业、旅游从业人员、旅游者、非政府组织、教育机构、研究机构、媒体、专家学者等参与主体增加，旅游立法与执法、旅游政策制定与实施、旅游规划制定与实施、目的地品牌化等不断提高，我国的旅游管理将向全面治理转变。

现代旅游治理体系关乎旅游业的长治久安。旅游业是综合产业，单靠旅游部门无法打造现代旅游治理体系。以前旅游管理模式依靠的是部门管理，而构建现代旅游治理体系则是发挥社会主体作用，强调部门间的联动作用和综合治理机制。只有加强部门联动，把社会力量充分调动起来，例如旅游志愿者组织、旅游规划公众参与等，才能真正发挥出“旅游+”的强大动能。从管理到治理，激发整体协同的活力。旅游发展通过联席会强化社会化治理方向，通过吸纳协会组织、俱乐部、志愿者等方式，鼓励居民、游客参与评价与管理，形成社会化的治理机制；同时，充分利用现代旅游业线上治理等现代科学技术，提高现代治理能力。

随着我国旅游发展的逐步推进，展望未来，在政府、社会、公众参与下，一个高效的旅游公共治理将带给世界一个负责任的“旅游强国”。

旅游推动我国走上全球治理的舞台

（本文写作于2017年，数据截止于2016年）

2017年9月11–16日，联合国世界旅游组织（UNWTO）第22届全体大会在成都召开，这是两年召开一次的国际旅游界规格最高的会议。来自130多个国家和地区的上千名旅游界精英共话全球旅游发展。会议期间，成立了世界旅游联盟（WTA），以“旅游让世界更美好”为核心理念，以旅游促进发展、旅游促进减贫、旅游促进和平为目标，加强全球旅游业界的国际交流，增进共识、分享经验、深化合作，推动全球旅游业可持续、包容性发展。这是中国旅游协会发起成立的第一个全球性、综合性、非政府、非营利的国际旅游组织，也是我国发起的又一个国际性质的旅游非政府组织，使得我国国际性旅游组织增加至三个，非常罕见，充分体现了我国旅游业在国际上扮演的角色越发突出，意味着我国又一次创新了全球治理理念和实践，昭示着作为旅游大国的中国越来越强的世界影响力和在全球治理的舞台上又一次展示中国智慧，有助于推动建立更加公正合理、普惠均衡的全球治理体系，将中国国际地位、国际话语权、国际影响力提升到前所未有的高度。

1．全球治理、NGO与旅游

1.1 概念

“全球治理”概念最早由国际发展委员会主席勃兰特于1990年在德国系统提出。第二次世界大战结束后，全球形成了以联合国为核心、以《联合国宪章》宗旨和原则为基础的国际体系。发达国家主导形成的全球治理体系在维护国际秩序和推动世界经济发展方面发挥了重要作用。然而，这种全球治理规则由发达国家掌握话语权，发展中国家及与西方发展路径不同的国家代表性和发言权严重不足。

进入21世纪，现存的全球治理理念与治理体系越来越不适应时代变化与世界发展要求。首先，发达国家复苏缓慢，以美国为代表的西方发达国家实力相对下降，以中国为代表的新兴大国快速崛起，发展中国家和新兴经济体力量上升，新兴大国与传统大国的理念和发展模式的冲突越来越多；全球治理开始从“西方治理”向“东西方共同治理”转变。金融危机以来，全球经济发展不平衡加剧，收入分配不公平导致社会不公平程度加深；世界经济正在经历前所未有的转型，世界各国都在寻找新的发展道路、发展理念、发展模式；世界贸易保护抬头，地缘政治跌宕起伏、不确定性和冲突的风险增大，全球化与“逆全球化”博弈加剧。全球治理体制变革正处在历史转折点上，面临新的挑战。

联合国开发计划署署长海伦·克拉克在第二届全球治理高层政策论坛上表示，在改善全球治理方面，发展中国家正扮演越来越重要的角色，特别是中国对全球治理的贡献越来越显著。新兴的力量昭示新的希望，中国坚定地站在广大发展中国家一边，积极为之争取国际话语权。我国在全球领域从国际体系的旁观者到参与者、建设者、贡献者，一步一个脚印，走近世界舞台中心，尤其是体现在旅游方面。

1.2　旅游NGO参与全球治理

NGO是国际非政府组织（Non-Governmental Organization）的英文缩写，是一个不属于政府、不由国家建立的组织，相对于政府间国际组织而言，它是各国公民结成的跨国界的非政治性、不以营利为导向的民间社团。英国说NGO是慈善组织和自愿组织，美国称之为免税组织和非营利组织，中国称民间组织或社会组织，都基于社会而非政府部门的、非营利性、非商业化、合法的、与社会文化和环境相关的倡导群体。世界上最大的影响最为广泛的旅游NGO是WTO（世界旅游组织）、世界旅游协会（WTA）以及亚太旅游联合会（PATA）。

随着全球性议题在公共领域的凸显，非政府组织在全球治理过程中的作用愈加重要。NGO组织作为不同于企业、政府的第三方组织，在某些公共服务、公共治理方面具有独特的优势。NGO非政府性和非营利性体现其在运作机制上不同于政府，组织目的上不同于企业；但同时NGO既具有政府的目标也具有企业的运作机制，与政府、企业相并行，称为“三条腿走路”的组织。NGO是信息传播渠道，政策创新源泉，国际规范和惯例的载体。在全球性事务中，NGO往往传递出更加理性和务实的信号。凭借NGO的专业知识、研究能力和跨国网络平台，影响公众和决策者，并协助各国政府和国际组织解决全球性问题。

在旅游发展方面，由于NGO在组织结构、行动方式上具有很大的弹性，还有财力、人力及专业性的优势，使其在一定程度上提供了政府和市场所不能提供的服务和功能，弥补了许多政府失位和市场失灵而形成的空白，为旅游发展起到推动作用。NGO对社会具有促进作用，为广大发展中国家带来了先进的发展理念。但是大多NGO是按西方国家意识形态运作的，有时会脱离发展中国家的国情和当地的发展现状，导致与当地政府和人民的矛盾。因此，中国作为新兴大国有责任建立起代表新兴国家的国际性的旅游NGO。

1.3 旅游在全球治理中的作用

21世纪是旅游业的第二个黄金时代。旅游业成为世界上最大的产业，取代石油工业、汽车工业，成为世界上最大的创汇产业，成为经济发展的主要动力，世界上最大的就业部门。同时还带动其他产业的发展，带来一系列的经济效益。尽管各个国家的政治、经济情况以及旅游业的发展模式不同，但就整个国际旅游业，无论发达国家还是发展中国家都把之作为首要发展的行业。和全球治理力量的变化趋势一样，欧洲和北美地区国际旅游市场上的份额也呈现出了进一步缩小之势，旅游重心由传统市场向新兴市场转移的速度加快。伴随着经济重心和旅游发展重心的相应东移，使亚太地区成为全球治理和旅游业的热点区域。世界各国都把以旅游带动的全球贸易作为提升治理能力的重要举措，并逐步辐射、惠及其他领域的全球治理。

旅游业随着新兴市场的崛起，国际旅游业转向新兴国家以及东亚、太平洋地区。以金砖国家为代表的新兴经济体仍将是世界经济发展的重要推动力量，同时，全球经济治理机制改革需要金砖国家加强合作。中美、中欧、金砖五国、“一带一路”、东盟等对旅游的合作机制加以推广，使中国参与全球治理的能力不断加强，也是新时期我国外交影响的一大特色。

2. 我国NGO、旅游发展

2.1 我国的国外旅游NGO

NGO（非政府组织）在全球治理中扮演着举足轻重的作用。我国海外NGO的出现最早始于19世纪后半叶，分布在慈善、医疗、教育、宗教等领域。20世纪80年代，改革开放后，境外NGO逐渐重返我国，我国的国际NGO组织也在不断增多，并进入更多的领域。目前许多外资NGO在中国境内运作，大都通过工商注册。根据清华大学NGO研究所报告估计中国的海外NGO总数在1万家左右，广西社科院专家称，在中国的海外NGO约6000家以上，其中最多的是美国NGO，约占总数四成。大多数海外国际NGO乐于和我国政府合作，与政府相辅相成开展工作，成为促进社会进步的一支重要力量。

但是，我国的NGO发展与国际相比还差距很大。据统计，每万人拥有NGO的数量，法国为110个，日本为97个，中国只有2.1个。随着改革开放，我国政府对NGO的态度趋向宽松。尤其是2008年开始，由于汶川地震和尼泊尔地震，我国NGO组织的国际化能够步入正轨，政府从严格管制，到默许，再到支持鼓励。一些公共服务的职责和权力下放到地方，为包括国际NGO在内的民间团体赢得了较宽松的发展空间。

目前世界上比较知名的旅游NGO有：世界旅游组织（WTO）、世界旅行社协会联合会（UFTAA）、亚太旅游协会（PATA）、世界旅游城市联合会、世界旅行社协会（WATA）、国际饭店协会（IHA）、国际民用航空组织（ICAO）、国际航空运输协会（IATA）、国际旅游科学专家协会、国际旅游协会（IAT）、国际汽车联合会（IAF）、欧洲旅游委员会（ETC）、美洲饭店及汽车旅馆协会（AH&MA）、欧洲运输部长会议（ECMT）、国际铁路联盟、国际旅游联盟（AIT）、世界一流饭店组织等等。这些国际旅游组织的运行机制为中国的国际旅游NGO提供了发展模式的范本和经验，值得借鉴和学习。

2.2 国内的旅游NGO发展及作用

随着我国旅游业的兴起，国内的旅游业NGO如雨后春笋般也发展起来。中国现在已经约有200万NGO，只有少数是海外NGO。国内的旅游NGO由官方机构脱胎而来，以旅游行业协会为形式，既有官方色彩，又有社会性组织的特点。我国NGO组织与旅游景区合作能更好地发挥旅游的社会效益。目前，NGO社会组织已经被纳入国家的治理体系，具有治理、发展、提供服务、对外交往和适应市场等五种能力。

进入全域旅游时代，全域旅游协同发展及区域间旅游合作更需要政府、企业和NGO的共同作用。NGO从整个区域协调资本、资源、人才等的调配，推动旅游发展；NGO推动区域旅游一体化建设，共建区域旅游网络，推动旅游合作；NGO建立和完善区域合作，引导行业和企业旅游发展；NGO搭建旅游研究机构、旅游企业、地方政府间横向交流平台，协调平衡各方利益；NGO通过行业制度、产品标准、监督机制、旅游诚信建设等建立公平有序的旅游市场竞争秩序，保护公平有效的旅游市场秩序，保证行业利益，推进旅游市场一体化；NGO有助于形成多种利益集团加入、多元力量参与、政府组织与非政府组织相结合、体现社会各阶层旅游区域协同发展模式。

NGO较政府具有更强的适应性和灵活性，便于做政府无暇、无力、无法顾及的事情。尤其是跨区域NGO，本着自愿、自主、自治的原则，不依托任一地方政府，更有利于突破行政区划的限制、弥补地方政府各自为政的缺陷，使得NGO在旅游发展方面具有天然的优势。NGO由于其政治、财务、管理的独立性，能客观公正地关注民间诉求，有助于旅游项目开展，降低了旅游带来的负面影响，强化居民在旅游中的主体地位，并为政府的科学决策提供建议，在旅游的良性发展中起到了积极的推动作用。

2.3 国内旅游的NGO发展促进中国的全球治理

随着“走出去”持续升温，我国应推动旅游NGO参与各类全球治理活动。促进中国参与全球治理活动，在国际社会开展多元外交，提升国际参与能力，是新常态下旅游先行和旅游NGO的重要任务。“走出去”的中国NGO组织数量在不断增加，分担了政府责任、提升国家形象和加强国际合作的重任。然而目前，中国NGO与那些在国际上已经做了几十年的NGO组织相比，仍然有巨大的差距，绝大多数“走出去”的中国

NGO还处在起步阶段，不仅缺乏国际化的人、财、物等资源，还缺乏国际化的能力和经验。因此，我国NGO组织在国际化过程中，要借鉴西方国家国际非政府组织的先进经验。

在成立世界旅游联盟（WTA）之前，中国已经成立了两个国际旅游组织，一个是2012年9月15日成立的世界旅游城市联合会（WTCF），由北京倡导发起，携手众多世界著名旅游城市及旅游相关机构自愿结成的，世界首个以城市为主体的全球性国际旅游组织；另一个2017年8月15日成立于贵州的国际山地旅游联盟，是经中华人民共和国国务院批准成立的非政府、非营利性国际组织。会员由世界主要山地国家和地区的目的地管理机构、民间旅游机构、团体、企业和个人自愿组成，涵盖五大洲29个国家和地区。两个世界旅游组织在先前的探索中有一些经验基础，特别是世界旅游城市联合会（WTCF）五年间已经具备了相当的国际影响力，也吸引了许多国内外的相关旅游业者的重视并加入其中。

随着我国旅游先行的不断推进，旅游NGO建设走到了前面，为今后“走出去”的中国的NGO组织作出了榜样。世界旅游联盟（WTA）标志着中国旅游在崛起，从过去国际旅游规则被动的跟随者、执行者，主动转变成为世界旅游业发展话题的引领者与规则的制定者。

3．重要意义和前景

全球治理需要中国积极参与；积极参与并引领全球治理体系。我国作为世界第四大旅游目的地国，世界第一大出境旅游客源国，世界旅游大国地位有目共睹。在世界旅游业对占全球GDP综合贡献中，我国占六分之一；在世界旅游业为社会创造的就业机会中，我国创造四分之一机会。截至2016年，我国公民出境旅游目的地国家和地区达153个，出境旅游人数达1.22亿人次，出境消费突破1000亿美元；[①]接待入境旅游人数达1.38亿人次。对于世界来讲，世界旅游联盟（WTA）的成立代表着国际旅游组织的主动权由欧美地区转向亚太地区，也有利于我国以“开放包容、公正平等”精神走上全球治理的舞台，以“义利兼顾、兼善天下”推动全球治理理念创新发展。旅游大国的使命要求我国深度参与全球治理，继续做好国际形势的稳定锚，世界增长的发动机，和平发展的正能量，全球治理的新动力。

① 数据来源于《2016中国出境旅游者大数据》。

全域旅游的社会治理与旅游增权

（本文写作于2016年，数据截止于2015年）

1. 全域旅游和治理

1.1　全域旅游

“全域旅游”来自于地方实践和学术研究，是指在一定区域内，以旅游业为优势产业，通过对区域内经济社会资源尤其是旅游资源、相关产业、生态环境、公共服务、体制机制、政策法规、文明素质等进行全方位、系统化的优化提升，实现区域资源有机整合、产业融合发展、社会共建共享，以旅游业带动和促进经济社会协调发展的一种新的区域协调发展理念和模式。旅游曾是我国改革开放的突破口和先锋队，对推进我国的发展发挥了巨大的作用。进入新常态，全域旅游是旅游全行业的创新发展，作为我国旅游业发展转型升级的战略转向，是运用“五大发展理念”对我国社会经济整体改革的突破和探索。

全域旅游与“五位一体”[①]建设、“五化同步”[②]发展等重大战略结合，从战略全局推进旅游发展，综合立体推进旅游促进新型城镇化、美丽乡村建设、生态文明建设、民生建设和特色产业培育；全域旅游促进城乡旅游互动和城乡发展一体化，带动广大乡村的基础设施投资，提高农业人口的福祉，还能提升城市人口的生活质量，形成统一高效、平等有序的城乡旅游大市场。全域旅游拓展区域旅游发展空间，培育区域旅游增长极，构建旅游产业新体系，培育旅游市场新主体和消费新热点，是旅游业落实新发展理念的增长点和有效抓手。

1.2　治理

“治理”（Governance）是20世纪90年代联合国全球治理委员会提出的，定义为“个人和各种公共或私人机构管理其事务诸多方式的总和”。我国古代的“治理”指国

① 指经济建设、政治建设、文化建设、社会建设和生态文明建设五位一体。

② 新型工业化、城镇化、信息化、农业现代化和绿色化，简称“五化同步”。

家统治者运用政治权力巩固政权的方式，如荀子“明分职，序事业，材技官能，莫不治理”、孔子“吾欲使官府治理，为之奈何”、法家强调的“不别亲疏，不殊贵贱，一断于法”等，与现代公共管理的治理不同。现代西方语境下的“社会治理”是指政府、社会组织、企事业单位、社区以及个人等多种主体通过平等的合作、对话、协商、沟通等方式，依法对社会事务、社会组织和社会生活进行引导和规范，最终实现公共利益最大化的过程。随着西方的治理理论在国际社会学中兴起，公共治理成了全球理论范式。

作为一个转型的发展中国家，“治理”已经引入国内近二十年，利用和借鉴治理理论，作为一种改革和创新的思路具有重要的参考价值，开阔了公众和政府管理者的思路，有助于我国的公民社会建设和市场作用发挥。“治理”“善治”成为新常态下我国改革创新的主流词。同样，全域旅游作为旅游业的创新和改革，也体现了是旅游的社会治理功能。在全域旅游祝阈下的社会治理，从个人到公共或私人机构等各种多元主体，对全域的经济、社会、文化、生态、旅游，通过互动和协调而采取开发的过程，其目标是维持社会的正常运行和满足个人和社会的基本需要。“治理”的特征也是全域旅游的治理特征，即注重“过程”和“调和”、“多元”和“互动”。

因此，全域旅游提升治理能力，优化旅游大环境。全域旅游提升全域治理能力，治理旅游市场秩序，治理旅游环境，城乡全域治理，实现从景点景区围墙内的“民团式”治安管理、社会管理向全域旅游依法治理转变。治理公共服务及交通等基础设施，推进全域改水、改厨、改厕。适应全域旅游的综合法制治理机制，让游客旅游“全域”“全过程”满意。

2. 全域旅游是“善治”的社会治理

“善治”由世界银行提出，是指有效率的管理、良好的治理。发展全域旅游就是旅游治理的全域覆盖，在发展旅游中强调制度建设，用法治思维和法治方式化解社会矛盾，是“善治”。“善治”主张增加政府与公共事务的透明和责任，减少公共支出的浪费；主张增加基本健康、教育和社会保障的投入；主张通过规制改革提升私人部门的力量；强调合法性与效率政治、行政和经济价值。旅游的“善治”就是要针对政府、市场、社会三者之间可能出现的冲突，找到一种合作方式，将法人治理（私人部门的善治）和新公共管理（公共部门的善治）纳入，同时有利于市场理论在旅游开发中的实施和发挥作用。

2.1 旅游的公共属性凸显社会治理的必要性

旅游是一种具有外部性的公共品，具有公共属性，过度的开发往往造成公地悲剧。

因此，这种因为旅游需求的普遍性、供给的社会性、巨大的关联性和其产生的外部性，更加凸显了旅游事业行政管理的公共属性。微观上看，作为一种生活方式的旅游需求，已经成为一种公共需求，必须得到满足，让游客游得顺心、放心、开心；同时作为旅游目的地的居民更好的生活的需求，也需要得到满足，要让居民生活得更方便、更舒心、更美好。全域旅游形成新型的目的地，要求是一个旅游相关要素配置完备和全面满足游客体验需求的综合性旅游目的地、开放式旅游目的地。社会参与是社会治理的基本保障，我国全域旅游的社会治理应该吸纳社会组织等多方面的力量去参与。因此，旅游公共管理的目标在于，充分满足大众的旅游需求，引导旅游事业健康发展，实现其社会效益、经济效益和生态效益的最大化。

所以，旅游开发应该突出社会治理，创新治理方式，突出地强调"鼓励和支持各方面的参与"，强调更好地发挥社会力量的作用，激发社会组织活力、预防和化解社会矛盾、健全公共安全体系等，发挥市场在资源配置中的作用，提高社会治理水平。全域旅游的社会治理，就是要在承认旅游需求和供给的个性化、多元化的基础上，通过互动和调和——沟通、对话、谈判、协商、妥协、让步——保障各社会阶层、各社会群体都能接受的社会整体利益，针对全域旅游开发中的社会问题——包括完善社会福利、改善民生、化解社会矛盾、促进社会公平、推动社会有序和谐，加强依法治理，推进法治；加强综合治理，有效破解难点问题：最终形成各方都必须遵守的社会契约，努力构建社会和谐。全域旅游社会治理发挥社会组织积极作用、推动企业履行社会责任、扩大公众有序参与，遵循社会效益、经济效益和生态效益相统一的原则。

2.2 全域旅游是共建共享方式的社会治理

全域旅游就是在旅游目的地全域优化配置经济社会发展资源，将更有力地整合区域资源、促进产业融合发展，充分发挥旅游业带动作用。在全域旅游模式下，整个区域的居民都是参与者、保护者、传承者、服务者，都是主人。全域旅游的社区居民的全方位参与是其能真正分享旅游开发带来的各种利益的关键因素。旅游地居民权益是全域旅游业的重要一环。当地居民的生活常态、生活方式也被旅游者、外来访客视为有文化特色和满足好奇心的一个对象。旅游质量和形象由整个社会环境构成，处处是旅游资源，人人都是旅游形象，全域旅游目的地的居民由旁观者、局外人变为参与者和受益者。同时，全域旅游也让建设方、管理方参与其中，更需要广大游客、居民共同参与。要通过旅游发展成果为全民共享，增强居民获得感和实际受益，来促进居民树立"人人都是旅游形象"的意识，自觉把自己作为旅游环境建设一分子，真正树立主人翁意识，提升整体旅游意识和文明素质。全域旅游是多元的、自组织的、合作的治理模式，强调政府、企业、团体和个人的共同作用。各行各业参与旅游发展，全体人民分享旅游成果，实现旅游"共建共融共赢""共治共管共享"。

2.3 从单一景点向全域旅游的社会治理转变

全域旅游破除景点景区内外的体制壁垒和管理围墙，推进旅游基础设施建设全域化、公共服务一体化、旅游监管全覆盖、产品营销与目的地推广有效结合。从仅由景点景区接待国际游客和狭窄的国际合作向全域接待国际游客和全方位、多层次国际交流合作转变，实现从小旅游格局向大旅游格局转变，从景点景区围墙内的“民团式”治安管理、社会管理向全域旅游依法治理转变，旅游、法院、公安、工商、物价、交通等部门各司其职。

全域旅游要求旅游治理全域覆盖。旅游管理全域化、全过程优化，实现旅游业与经济社会相互促进、相互提升，区域治理体系和治理能力现代化与旅游业转型升级的同步发展。整个区域管理围绕旅游来统筹经济社会各方面发展，构建大旅游综合管理治理体制机制，促进新型城镇化发展、美丽乡村的建设，推动相关产业的调整发展，推动基础设施的建设。要更加注重构建全域旅游综合协调管理体制，整个区域管理体制机制的设计都应有旅游理念，围绕适应旅游综合产业发展和旅游综合执法需求，创新区域治理体系，提升治理能力，实现区域综合化管理。彻底破除制约旅游发展的资源要素分属多头的管理瓶颈和体制障碍，消除现有执法手段分割、多头管理的体制弊端。加强旅游市场体系的建设，要明确界定全域旅游要素，以“五大发展”理论为本，提升旅游价值，拓展旅游空间。搭建全域旅游服务体系，突破现有体制机制存在的一些障碍，让旅游与其他产业、机构深度融合，产生共享的内生机制。

3. 旅游增权促进全域旅游开发

3.1 旅游增权

增权（Empowerment），又称赋权、充权、激发权能，是指“通过外部的干预和帮助而增强个人的能力和对权利的认识以减少或消除无权感的过程”，简单说就是赋予或充实个人或群体的权力。“增权”作为一种参与、控制、分配和使用旅游资源的过程和力量，增强旅游地社区在旅游开发中的有效参与，有效地推动旅游目的地可持续发展。1985年墨菲（Murphy）提出“社区导向的旅游规划”（community-driven tourism planning）或“基于社区规划”（community-based），“社区居民参与”被引入旅游发展中，并得到了广泛的应用。国外旅游目的地社区增权理论，更适应我国本土现状的全域旅游增权实践。

在我国旅游发展过程中，旅游资源的开发和过度开发与旅游区当地居民的矛盾一直十分突出，尤其是封闭的景点景区建设、经营与社会是割裂的，有的甚至是冲突的，旅游规划和开发忽视了当地居民的利益，造成景点景区内外“两重天”。全域旅游的提出就是针对这一矛盾，改变这种格局，将一个区域作为功能完整的旅游目的地来建设、运作。全域旅游下的居民增权，更关注旅游接待地或目的地之内长期居住的本地居民，注重居民对旅游发展的参与度、积极性，注重居民提供旅游产品和服务的参与度和影响力，旅游收益中的分配比例和共享发展成果。增权理论凸显旅游目的地居民的主体地位，实现充分的社区参与，保护旅游开发中的弱势群体，维护个体居民的相应权益，提高居民参与程度，辅助弱势群体提高就业，制约和监督开发过程中的不当行为，实现旅游开发管理的规范化和制度化，更好地发挥旅游资源的经济社会效益，提升当地居民的生活水准，实现全域旅游目的地可持续发展，实现全域旅游目的地的区域发展中的社会文化提高和善治。

3.2　增权旅游给予全域旅游“自下而上”的社区空间

公共治理的最小单位即是社区，全域旅游就是通过集合旅游目的地的基层旅游社区，治理旅游最小单位社区的增权来达到整个旅游目的地的社会治理和协调。增权使居民从旅游开发的被动角色中解脱出来，主动参与到整个项目资源的开发、控制、分配和使用之中，参与旅游发展的决策、规划、管理和监督中。在全域旅游的开发过程中，居民担任着重要角色，不仅是旅游资源的拥有者和受益者，更是旅游参与者、旅游活态文化的创造者和传承者。对社区居民实施全方位的增权，以达到活态保护的效果。推动旅游资源的可持续利用，降低公共资源悲剧发生的概率。相较于外来开发商，本地居民有更强烈的动机维护开发的均衡和长效，以保证自己长期收益的最大化。

因此全域旅游的开发，是以保护带动发展，以发展促进保护，实现全域旅游的全面发展。“旅游增权”必须以人为本，调动社区居民的积极性，摆正居民的主体地位，有助于旅游地全域居民参与。全域旅游更加注重旅游服务民生的功能，将旅游发展与城乡统筹建设相结合，这使得旅游资源所在地居民的权益安排成为今后旅游业管理的重要问题。旅游增权是对旅游地居民参与内涵的拓展，将传统旅游的“自上而下”的居民参与方式改变为“自下而上”的增权形式，在全域优化配置经济社会发展资源，充分发挥旅游业带动作用。

全域旅游开发必须充分考虑当地人民的需求和长期利益，将旅游资源目的地居民作为一个整体进行规划，给予居民“自下而上”的增权空间。旅游增权缓和了旅游开发过程中开发商与当地居民的矛盾，减少开发成本，调动当地居民共同发展旅游业的积极性，解决就业，使居民与旅游开发商成为利益共同体，激发居民自觉地保护景区资源，促进全域旅游开发和可持续发展。

3.3　全域旅游的增权方式

全域旅游发展的增权要因地制宜，发挥资源的最大效用。基于契约平等守信的观念，自下而上地自主构建，从政治、经济、心理和社会角色等方面增权，确保全域旅游目的地的居民真正参与到旅游决策、管理、经营和利益分配等各个环节。统筹人文和自然要素，结合当地开发规划，分配收益，并制定相关政策保护当地居民原本的生产生活条件，保障社区增权后体系的顺利运行。只有增强旅游地社区在旅游开发中的有效参与，才能真正有效地推动全域旅游旅游目的地的顺利开发和可持续发展。

旅游增权也是一种教育增权，通过旅游教育，能够培养当地群众的权利意识，提高当地人口素质。许多全域旅游的目的地，旅游资源丰富，但位置偏远，经济落后，当地居民普遍受教育水平不高，使得居民在全域旅游开发很被动。因此，通过增权为参与旅游的社区居民提供有效的信息和教育服务，随着旅游的发展，居民逐渐适应旅游的开发，引导居民由无参与变成弱参与，再到主动积极强烈地参与到旅游活动中。从向游客提供简单的服务、物品来参与旅游，到为游客提供多种多样的服务，积极又全方位的参与，以较强的能力参与并创立旅游品牌，从而实现了提高全域旅游的层次和旅游文明建设。

总之，随着我国进入全民旅游、大众旅游时代，随着全域旅游的创新发展，全域旅游与城乡建设融为一体，形成各具特色的全域旅游发展模式。通过居民增权实现“全域旅游”的社会治理和公共服务均等化、旅游全域景观优化、旅游全域服务、旅游全域治理、旅游全域产业的“美丽中国”愿景。

发展全域旅游　推动旅游供给侧改革

（本文写作于2016年，数据截止于2015年）

1．全域旅游与旅游供给侧改革

全域旅游是伴随旅游业从传统的观光旅游向休闲度假转型升级过程，从景区旅游向旅游目的地发展，在市场配置资源原则下，倒逼形成的一种发展旅游的新理念和新机制。全域旅游是旅游消费升级的必然结果，是从“景点旅游”模式发展到全民旅游和自驾游为主的新阶段，是全新定位的区域旅游发展理念。2010年，成都市大邑县率先提出发展全域旅游的全新理念。全域旅游又叫全景域或全景区旅游，是把一个地区当作旅游景区，从旅游业的全要素、全行业、全过程、全方位、全时空、全社会、全部门、全游客、全覆盖推进旅游，是资源优化、空间有序、产品丰富、产业发达科学系统的旅游。全域旅游促进发展公共治理和全民参与，为游客提供全过程、全时空的旅游风景体验需求，让当地居民享受到更好的休闲生活。

随着人民币加入SDR（特别提款权），国内经济基本面稳健和旅游消费常态化，我国旅游业“走出去”更为便利；同时，旅游创业创新活跃，旅游发展进入“黄金时代”。但旅游的“供给不足”“供需错位”已成为我国旅游的主要矛盾之一。中央提出的供给侧改革，为旅游经济快速发展提供了契机。旅游产品供给不足，旅游消费需求升级，为旅游投资和旅游业未来发展带来新的增长点和动能。旅游供给侧结构性改革可加强优质供给，减少无效供给，扩大有效供给，提高供给结构适应性和灵活性，提高全要素生产率，使供给体系更好适应旅游需求结构变化。除旅游业供给总量的扩大，更重视旅游业发展质量的提高。旅游业推进供给侧结构性改革，着眼点就是效率的提高和调自身的结构，实现旅游业的转型发展。提供优质的旅游产品和供给，并提高旅游供给体系的质量和效率，适应和引领经济发展新常态的创新，适应国际金融危机发生后综合国力竞争新形势，利用全面建成小康社会。

2．相关政策

最近几年，政府出台了很多旅游发展方面的政策和法律法规，如果说《旅游法》确立了旅游的法律地位，国家统计局发布《国家旅游及相关产业的统计分类2015》就确定了旅游在国民经济行业里的地位，把旅游及相关产业分为11个大类，27个中类，67个小类，基本上形成了全域旅游的概念。

（原）国家旅游局下发的《关于开展“国家全域旅游示范区”创建工作的通知》（旅发[2015]182号）提出开展“国家全域旅游示范区”创建工作，就此提出了一系列指标体系，是“全域旅游”从理念落实到实践、从地方探索到全面推进的有力举措。指标体系的量化制定、推进有待理论探索和实践的检验。

国务院及国务院办公厅先后发布《关于积极发挥新消费引领作用加快培育形成新供给新动力的指导意见》《关于加快发展生活性服务业对促进消费结构升级的指导意见》两大重磅文件，部署消费升级，培育新供给、新动力。而在未来几年，如何围绕国家“供给侧结构性改革”这个大局，推动旅游业转型发展，乘势而上，是值得全国旅游行业深思的问题。

因此李金早从（原）国家旅游局层面，首次明确提出全面推动全域旅游发展的战略部署，并给出量化工作目标。2016年我国开展首批全域旅游示范区创建工作，在全国确定10%的市州、20%的县区开展首批全域旅游示范区创建工作，确定海南省作为首个全域旅游创建省，享受（原）国家旅游局推出的多项支持措施（优先支持旅游基础设施建设、国家旅游改革创新试点示范领域、支持A级景区、安排旅游人才培训等）。首批国家全域旅游示范区创建工作原则上为2−3年。从2017年开始，（原）国家旅游局组织验收并公布首批国家全域旅游示范区名录。优先组织验收的创建单位需符合四项基本标准，一是旅游对当地经济和就业的综合贡献达到要求；二是建立了旅游综合管理和执法体系；三是厕所革命及公共服务建设成效明显；四是建成旅游数据中心。

3. 全域旅游与供给侧改革联系和案例研究

3.1 全域旅游与供给侧改革的联系

进入新常态，我国经济下行压力加大，通过旅游供给侧改革，把创新因素激发出来，发挥我国旅游产业的“弹性”调节作用，挖掘我国经济发展的巨大潜力、韧性和回旋余地，成功应对经济下行压力，保持稳定持续的经济增长。经济学研究强调不同发展时代的划分及其供给能力、与“供给能力形成”相关的制度供给，特别适用于我国作为一个发展中国家完成转轨和实现可持续发展的国情。所谓“供给侧改革”，就是从供给入手，解放生产力，提升竞争力，促进经济发展。具体到全域旅游而言，就是要求将发展方向锁定新兴、创新领域，创造新的经济增长点。市场是配置资源高效的机制和方式。因此，供给侧改革让市场在配置资源中起绝对决定性作用，更加注重从产业自身发展角度丰富旅游供给，使旅游业在稳增长、调结构、促改革、惠民生等方面的独特作用日益凸显。

厉以宁先生在谈到“供给侧发力的含义”时指出，“从供给方面调控，被认为是中期调控，供给侧调控主要在于，对经济结构的调整，包括产业政策的调整、技术政策的调整、资源配置的调整，这些都不是近期就可以见效的”。供给侧结构性改革是“中医药方”，要立足长期，解决的是经济结构深层次问题，涉及很多中长期战略安排，慢不得，也急不得。同样，全域旅游的建设也不是一蹴而就的事情。全域旅游强调在区域发展过程中不仅要为外来游客提供优质的服务，同时也要充分考虑本地居民的休闲需求。更多的中长期问题和“慢变量”问题，也必然成为供给侧研究要处理的难题。

供求是双方面的平衡关系，旅游供给侧方面的改革最终也是在创造旅游需求，通过旅游供给侧的改革创造出新的旅游需求，更加有效地带动旅游消费需求。供给侧改革的重心落到优化结构上，旅游领域的结构优化十分紧迫。推动旅游业的结构优化，平衡旅游需求侧扩张与供给侧改革之间的关系，扩张不足之需求，改善不足之供给。

把握供给侧结构性改革给旅游业转型发展带来的机遇，要更加注重改善旅游市场消费环境。“从实际出发”，既要充分考察我国的现有旅游供给，也要特别重视现实的旅游需求；既要考察中国的旅游发展实践，也要借鉴其他旅游发达国家的经验和教训，共性和个性。此外，还需要注重供给侧与需求侧结合，注重对政府、市场与社会第三方互动做全方位的深入考察。旅游行业需要在制度供给、完善旅游基础设施、推进重点领域投资增长、完善旅游投资统计体系和信息发布制度、实施品牌战略等方面补短板、下工夫，从供给端入手化解“中等收入陷阱”“塔西佗陷阱”和“福利陷阱”等风险。

3.2 全域旅游的供给——全域旅游目的地案例研究和借鉴

全域旅游目的地是一个旅游相关要素配置完备、全面满足游客体验需求的综合性、开放式的旅游目的地，是全面动员（资源）、全面创新（产品）、全面满足（需求）的旅游目的地。从实践的角度看，以城市（镇）为全域旅游目的地的空间尺度最为适宜。成功实现全域旅游的旅游目的地要对旅游“六要素”进行规模化发展，构筑核心吸引物竞争力、旅游业态配置、游客接待容量和公共服务能力等。

与欧洲、北美等城乡一体化程度高、城乡景观整体协调的世界旅游休闲胜地相比，我国成熟的全域旅游景区还不是很多，全域旅游的模式已经开始在一些旅游度假胜地试行，例如海南国际旅游岛。（原）国家旅游局多年来给予海南强有力的支持和帮助，海南成为全国首个“全域旅游试点”省份。又如江西婺源县域内景区星罗棋布、美不胜收，地方政府将县城做为一个大景区。再如成都、德阳、绵阳、资阳、眉山、遂宁、雅安和乐山等8市联手共建全域旅游，探索以打造西部旅游枢纽为核心的全区域、全年候、全要素、全流程的旅游发展新模式。

目前世界上著名的旅游胜地如美国夏威夷群岛、澳大利亚大堡礁、印度尼西亚巴厘岛等岛屿是享誉国际的全域旅游目的地典型代表。作为世界著名度假旅游目的地，夏威夷旅游目的地建设不仅面向本地居民，更服务于旅游发展的功能、元素与布局：有专属的旅游商业区，檀香山市专门划分长1英里的世界著名的威基基海滩及其旅游商业区；精心营造支撑旅游发展的环境，配置各种各样的植物园和社区公园，营造出惬意的旅游休闲环境；文化的保护与彰显塑造旅游目的地的个性，传播旅游地的特质形象；建立以人为本的旅游公共服务体系；旅游景区开发独到，酒店与旅游一起规划建设，打造旅游吸引物；处理好有为与无为、人工开发与自然点缀的关系。从地域文化中捕捉演绎旅游业的闪光点，旅游业体系中的各个要素都渗透着浓郁的地域文化元素。

世界著名全域旅游胜地阿尔卑斯山，山势雄伟、风景幽美，晶莹的雪峰、浓密的树林和清澈的山间流水，呈弧形贯穿法国、瑞士、德国、意大利、奥地利和斯洛文尼亚六国，其共同组成了阿尔卑斯山脉迷人的风光。瑞士辖区阿尔卑斯山国土面积占比最大，全球游客公认瑞士为体验阿尔卑斯的最佳地区。瑞士阿尔卑斯地区构建了规范系统的全域旅游业发展体系，成为其优质可持续发展的根本所在。春夏季自然风光、冬季冰雪运动、攀岩圣地、温泉观赏动植物，其常年冰雪、夏季草原、冬季天然滑雪场每年都吸引着大量来自全球各地的游客，为欧洲的旅游业带来了巨大的经济效益。阿尔卑斯的乡村旅游可以追溯到19世纪。20世纪中期，阿尔卑斯山以高山滑雪为代表的旅游业已成为地区经济复兴的动力。阿尔卑斯山旅游业的发展离不开各国前瞻性策略，这些策略关注旅游业、制造业、农业和高科技产业，经济结构合理、经济效益高，而且对环境破坏相对较小。

通过国内外的案例分析，可以明确现实要求我国必须从现在的景点旅游模式转变为全域旅游模式。全域旅游是旅游质量的提升，是旅游对人们生活品质的提升。旅游模式的转变是消费升级下的必然结果，景点旅游向全域旅游转变将延伸旅游产业链，旅游将在消费领域发挥更加重要的带动作用，符合国务院对旅游是现代服务业重要组成部分的定位。全域旅游就是要把一个区域整体作为功能完整的旅游目的地来建设，实现景点内外一体化。全域旅游是空间全景化的系统旅游，是跳出传统旅游谋划现代旅游、跳出小旅游谋划大旅游。

4．五个理念统筹全域旅游的供给侧改革

4.1 创新

国家信息中心旅游规划研究中心研究：旅游产业对GDP直接贡献超过7%，对GDP综合贡献超10%，对GDP增长拉动点数在1%左右，对GDP增长率贡献超过10%。发展全域旅游是旅游业长远发展的需要，是一、二、三产业转型升级的需要，注重优化旅游产业结构，是稳增长保运行拉动投资消费的需要。改革引入不同所有制的旅游企业。一方

面引进国际品牌，另一方面旅游“走出去”成为国际品牌。全域旅游领域积极运用新技术，提高运行效率和科技含量，实现旅游业转型发展。引导市场资本参与旅游公共服务体系建设，推广应用PPP模式，优化旅游服务供给侧结构。

旅游业是综合性产业，在改革中突破，形成旅游业发展合力。在“多规合一”改革中，争取形成以旅游业为主导的规划模式，突破束缚旅游业发展的体制机制困境。全域旅游将对未来旅游的资源保护、规划设计、投资建设、运营管理产生积极深远影响。主要表现为：突出品牌，特色彰显，推进旅游要素全域覆盖；方法创新，推进旅游营销全域联动；深化改革，推进旅游资源全域整合；提升旅游消费，壮大旅游新供给，旅游产品更个性化、旅游服务更人性化、旅游品牌国际化、把游客留到国内，注重提高旅游供给体系的质量和效率。

4.2 协调

全域旅游加快城乡之间的互动融合和统筹发展，消除城乡二元结构，实现城乡一体化，推动产业建设和经济提升；全域旅游指导区域内的旅游业发展，布局更合理；利于建立完善的公共服务体系，为全域旅游配置均质化的旅游公共设施、服务和景观体系，辐射城市、景区、乡村等全域旅游空间，覆盖游客的行前、行中和行后全程旅游。

全域旅游解决东中西部旅游业布局。全域旅游是推进新型城镇化发展的切入点，开发多元化、特色化、精品化旅游产品，推动形成一批重点旅游目的地、全域旅游示范区；形成分级发展的旅游区域布局，建设高水平国全域旅游目的地。通过有效的旅游供给满足旅游需求，缩小东中西部的区域差距。

全域旅游有利于各行各业统一发展，推进文物保护、旅游开发和城镇建设，全境整合旅游资源、全域布局景区景点、全面创新旅游产品、全力满足游客需求，旅游资源更加优化、空间更加有序、产品更加丰富、产业更加发达。

4.3 绿色

旅游供给侧改革保护生态环境，促进形成绿色生产方式和消费方式。旅游属于资源节约型和环境友好型产业，探索旅游业发展和生态保护有机统一的新模式，实现绿色发展。在生态建设和环境保护逐渐成为新常态的背景下，全域旅游的生态效应将得到极大的释放，旅游将成为生态文明建设的重要支撑。

在国家主体功能区中，将旅游业培育成限制开发区和禁止开发区中的主体产业和接续产业；发展全域旅游，不仅会促进当地生态环境的保护，还会美化环境，尤其对于处于产业转型关键期的地域。在国家生态补偿机制中，将生态补偿与支持旅游产业发展衔接起来，通过市场的力量，为生态保护区居民找到旅游创业就业的机会，并提高其保护生态环境的积极性和主动性。

4.4 开放

全域旅游形成对外开放新格局，双向开放是供给侧改革的应有之义。提高旅游产业的国际化水平，围绕“一带一路”的战略布局。全方位地整合国际国内两种资源，以中国的旅游供给去对应全球化的市场，为中国旅游产业的全球化布局提供支撑。促进中外民间的互动交流，可以促进国家之间的互动交流和增强理解。

4.5 共享

在全域旅游模式下，整个区域的居民都是服务者，是主人，由旁观者变为参与者和受益者，“旅游+”使得旅游发展成果能为全民共享；旅游公共服务的“主客共享”，打造外来游客的旅游乐土和本地居民的幸福家园。全域旅游立足于“造血式扶贫”，（原）国家旅游局已同国务院扶贫办形成联合工作机制，“十三五”时期通过旅游带动17%的贫困人口实现脱贫。随着旅游扶贫工作的深度和精度提高，旅游扶贫的质量随之提高。全域旅游成为一项民生工程。

5．结论

总之，全域旅游是能够全面贯彻创新、协调、绿色、开放、共享五大发展理念的战略，供给侧结构性改革将成为“十三五”时期的主旋律和风向标。2016年是“优化旅游供给启动年”，落实从景点旅游模式向全域旅游模式转变。期间要实现七个转变：从单一景点景区建设管理到综合目的地统筹发展、从门票经济转向产业经济、从旅行社委派导游的封闭式管理体制转向导游自由有序流动的开放式管理、从粗放低效转向精细高效旅游、从封闭旅游自循环转向开放“旅游+”融合发展方式、从旅游企业单打独享转向社会共建共享。加强全域公共服务建设，最终实现从小旅游格局向大旅游格局转变，构建居民与游客和谐共享的旅游空间。

第十二篇

品质旅游（厕所、民宿等）

中国旅游发展之小厕所大文章

（本文写于2015年，所有数据截止到2014年）

1. 旅游与厕所

旅游厕所是表现旅游服务细节的一种基础设施，是指设置在国内外旅游者活动场所内的各类厕所。这些场所包括旅游城市、旅游集散地、旅游景区（点）、游客中心、旅游购物商店、旅游娱乐场所、康体休闲场所、旅游交通工具、交通干线途中的休息点、客运站、公路服务区、旅游餐馆、旅游街区等。在旅游中，旅游厕所通过其在景区的合理布局、整洁卫生和服务功能，来体现对游客细微的体贴和人文关怀。旅游厕所作为旅游的一个细节，其建筑本身可以成为人文景观，折射出旅游业发展的文明水准及文化品位。

国内外旅游发展实践表明，旅游厕所数量和运营水平体现出旅游发展的硬指标和软实力。中国的旅游产业在迅猛发展，目前，中国入境游规模已居世界第四。根据世界厕所组织统计，每人每天平均要上6—8次厕所，中国年接待游客超过37亿人次，游客每年旅游如厕次数超过270亿次。要把中国从旅游大国建成世界旅游强国，就要改善中国旅游厕所这一旅游公共服务体系最薄弱的环节。

2. 中国旅游厕所的现状和问题

旅游厕所是重要的基础设施，也是城市公共基础服务设施的重要组成部分，与旅游交通和旅游咨询服务中心并称为旅游城市三大必备设施。经多年发展建设，尽管旅游厕所状况已经有很大改观，但厕所建设投入难以满足旅游行业的快速发展需求，与游客要求和国际旅游水准还有较大差距。根据2013年世界经济论坛发布的国际旅游竞争力排名，中国厕所等卫生条件排名99名，属于排名最靠后的指标之一。对照马斯洛的需求层次理论，从生理需求、安全需求到较高的尊重需求，目前中国的旅游公厕还不能很好满足基本需求。游客抱怨集中在厕所，包括厕所数量和质量需改善，卫生间脏乱差臭，不隔音等。2014年，对景区旅游厕所环境卫生的抱怨比高达23.30%，对住宿服务卫生间卫生抱怨比高达24.37%。2015年4月9日，中国旅游研究院在北京发布2015年第一季度全国游客满意度调查报告，指出旅游厕所的满意度有待提高。

国内旅游厕所存在的问题主要集中于：旅游厕所供应数量少，男女厕比例不合理，游客人均拥有厕所数量不足，基本需求不能及时解决；旅游目的地厕所良莠不齐，缺乏统一规划和长远考虑，缺乏个性化设计；布局不合理，不同旅游区域东、西部厕所差别悬殊，质量参差不齐；环境污染严重，不够清洁卫生，游客公德素质和如厕文明低；厕所文化落后，服务差，忽视旅游厕所的软服务建设，设施舒适、安全、和谐不够，缺乏人文关怀和文化气息；相关旅游厕所建设的法律标准与规划建设待完善；重建设、轻管理，厕所建设管理和技术应用水平落后，与世界旅游强国的现代文明生活差距明显。

新常态下，“旅游厕所革命”要解决中国旅游厕所中的上述问题。

3. 中国的“旅游厕所革命”回顾

（1）第一次厕所革命，新中国建立后

建造了一批有厕顶、厕窗、厕灯、有储粪井的“标准”公厕（四类），且均为传统的旱厕，大部分是独立式公厕，设施简陋。由于建国伊始，旅游业并不发达，因此旅游厕所问题并没有专门提出来。当时城市公厕、旅游厕所都是由政府投资建设和管理，并且承担全部的管理费用。

（2）第二次厕所革命是20世纪70年代后期至80年代末期

随着改革开放，入境游得到发展，旅游厕所设施落后与对外开放不相适应，引起国内外媒体关注。20世纪80年代，中国旅游业开始重视厕所问题，采取措施。1983年（原）国家旅游局召开第一次厕所工作会议；各地相继开始建设较高档次的旅游厕所，逐步取消旱厕，实现了水冲和机械抽运。建筑形式上，出现了公厕与其他建筑合并建设的附属式公厕。一些业主如商场经营者，为吸引更多顾客，也开始增设公厕，但不对游客开放使用。此阶段但旅游厕所数量较少，无法适应旅游发展。这段时间旅游公厕的投资和管理以政府为主，部分开始收费以缓解资金短缺问题。

（3）第三次厕所革命是在20世纪90年代至20世纪末

联合国儿童基金会的试点项目“厕所革命”于20世纪90年代进入中国。（原）国家旅游局从20世纪90年代中期开始大力着手解决旅游厕所问题，对公厕进行大规模改造，发达地区城市基本消灭三类以下的公厕；现代旱厕以及鲜明个性与旅游相和谐的独立式公厕开始出现，丰富了旅游目的地的建筑环境和文化内涵；附属式公厕大量对游客开放使用，旅游设施进一步提高；同时，旅游活动式公厕应运而生。1994年7月，（原）国家旅游局和建设部联合发布《解决我国旅游点厕所问题的若干意见》，启动了旅游业发展史上意义重大的“旅游厕所工程”，第一次掀起建厕高潮。1994–1996年，国家投入旅游厕所建设资金3000万元（每年1000万元）。建设部也拨出专款对风景旅游区公厕建设进行补贴，各地配套建设资金达1.7亿元，期间共建成和改造了7900多座旅游厕所，使中国主要旅游区（点）的厕所面貌发生很大变化。这段时间，政府投资管理依然是旅游和城市厕所建设的主流，同时也出现了企业和私人投资管理的旅游公厕。

（4）第四次公厕革命是从本世纪之初开始

2001年，“新世纪旅游厕所建设与管理研讨会”达成《新世纪旅游厕所建设与管理桂林共识》；2003年，国家质量监督检验检疫总局与国家标准化管理委员会联合发布《旅游厕所质量等级的划分与评定》标准，规范旅游厕所建设；中国许多省市区陆续出台关于公厕的管理办法，并增建公厕。如深圳2013年颁布公厕管理办法，处罚不文明用厕行为。同时，中国开始重视旅游厕所建设与管理，旅游厕所有一定发展，旅游厕所的“景观小品”品位设计、人文关怀、环保节水的高科技新材料，体现了旅游厕所的现代性和多样性，并注重培养游客的文明如厕意识。但在现代化旅游公厕建设的同时，一些地方出现了盲目建设豪华公厕的现象，造成社会资源的浪费。

在投资管理上，除了以政策投资为主以外，开始旅游厕所建设的探索，鼓励民间资本注入，建立了一批私营公厕，部分原由政府投资建设的公厕，也开始将经营权出让给个人和专业管理企业，但是市场化运营鲜有成功。

（5）第五次厕所革命

最近的“旅游厕所革命”是由（原）国家旅游局发起的，2015全国旅游工作会议报告提出未来三年中国旅游“515”战略，从2015年开始，通过政策引导、资金补助、标准规范等手段持续推进三年，全国共新建旅游厕所3.35万座，改扩建旅游厕所2.5万座。2015年，全国新建旅游厕所1.3万座，改扩建旅游厕所9500座。2017年，最终实现旅游景区、旅游线路沿线、交通集散点、旅游餐馆、旅游娱乐场所、休闲步行区等厕所全部达到三星级标准，实现“数量充足、卫生文明、实用免费、有效管理”要求。将“旅游厕所革命”放在“十大行动”第四位，并提出“吃、厕、住、行、游、购、娱”旅游七要素，增加“厕”。

在此阶段中国开始引入国外技术，2011年，比尔盖茨投入650万美元，发起“彻底改造厕所行动”（Reinvent the Toilet）。2013年，盖茨基金会捐赠500万美元，与北京科技大学联合发起厕所创新大赛–中国区项目（Reinvent the Toilet Challenge，RTTC–China）。2014年，中国区大赛第一轮方案启动征集，2015年1月26日，公布第一轮四个优胜方案。未来优胜团队将获得总额1300万元的研发资助金。中国区大赛第二轮方案征集活动已经正式启动。初选在2015年5月公布，第二轮比赛结果将于6月底公布。

“旅游厕所革命”是硬件革命，包括引入资金，加大旅游基础设施建设；是观念革命，包括国人如厕观念转变更新，文明习惯的养成，治理方式、管理模式的更新；是第一个由国家意志发动的行内革命，呼应了中国旅游发展。

4．对比研究和借鉴

世界发达国家和地区旅游发展的相应阶段，厕所也曾经是旅游业的一道软肋，都程度不等地进行过公厕革命。这些国家不仅成立各类专门的组织负责，而且从专业角度高要求，不断探索，逐渐把对旅游厕所和公厕问题的重视都落实在具体行动上，从而达到了目前值得中国效仿的水平。

国外旅游厕所对比与借鉴

国家	旅游厕所	借鉴和启示
瑞士	社会单位、公共空间如教堂附近、公园、饭店、餐厅里都有厕所，游客尽可使用；大多不收费，高档私密的收费。	不收费，社会单位与公共空间内设置厕所。
德国	公共厕所分布合理；排除异味，多系统保证公厕干净卫生；政府规定，城市繁华地段每隔500米有一公厕；一般道路隔1000米建一公厕；其他地区每平方公里有2—3座公厕；城市公厕率为每500—1000人一座。	分布合理、干净卫生、科技环保、法律保障。
法国	法律规定咖啡馆、酒吧、旅馆等公共场所必须配备厕所，为公众无条件提供服务，解决了游客如厕问题。 巴黎大街上，免费公共厕所使用便捷。	法律法规、社会单位、提供服务、免费使用。
英国	立法规定购物商场及大型零售店需建配套厕所，保障为公众提供厕所服务。标准为每1000—2000平米零售面积，设1男厕位、1男小便器、2女厕位、1男女通用残疾人单间。 创意设计，废物利用古老废弃地铁隧道、通道，改造成公厕。节省城市空间。 厕所卫生清洁靠的是使用者的高度自觉和自重。	立法规定、建设标准、公共场所提供、废旧空间再利用、创意设计、社会公德意识、自我约束力。
美国	政府政策规定公共空间社会单位提供；厕所无“城乡”差别，免费使用并提供设备用品等；相当注重卫生条件；注重实用节约；厕位人性化，注重维护弱势群体残障人士利益；提供多语言标识。	法律规定、社会业主提供、均等无差别、人性化、标识设计、卫生实用。
加拿大	公厕免费开放、免费供应设备与用品；无障碍人性化设施；卫生、整洁、温暖、洁净习惯；科技，无水公厕和不抽水马桶。	人性化、清洁、环保、科技。
日本	充分利用科技为生活服务；非常注重卫生；服务相当到位；厕所收费比较贵；厕所文化发达，风景区竞相建造文化型公厕，成“旅游热点”。	厕所文化、厕所景观化、卫生清洁、优异服务、科技、评比。
新加坡	“花园城市”；清洁，卫生状况理想；方便充足，建筑美观；法律重罚不文明行为。	卫生清洁、景观化、充足方便。
韩国	开展“营造亮丽厕所事业”；法律规定旅游景区公厕建设标准，如节能环保、特殊人群标识、应急通信设备要求，厕所男女蹲位比；厕所安全有法可依。	法律规定、人性化、标准化、干净卫生。

世界许多国家对厕所建设非常重视，国外发达国家如德国、日本、新西兰、韩国的厕所都非常干净、便捷、安全，厕所设计精美，取材考究，内置艺术品，把厕所提升到休闲空间的高度。此外，在细节上体现人性化和人文关怀。发达国家的厕所设计注重创意、环保节能，注重设计师的品位和个性，在设计、管理方面做得出色。

国外公厕投融资及运营管理对比借鉴

国家	投融资及运营管理措施特点	借鉴与启示
日本	1985年成立世界上第一个“日本公共厕所协会”解决旅游点公厕缺少、肮脏等公厕问题；讲究“厕所文化”，有厕所学会，有厕所学专业，“厕所博士”；“日本厕所协会”致力厕所清洁、服务评比，每年评比表彰最佳，提升其社会公益形象，鼓励公建业主为公众提供更好厕所服务。	公共治理、社会团体、建设管理、协会建设、厕所文化、厕所评选、协会制。
新加坡	世界厕所组织创始国，开设世界首家公厕学院； 政府重视，补贴将内部厕所向公众开放使用的公共建筑业主；20世纪90年代“公厕清洁运动”；每年举行公厕星级评选；环卫组织为清洁工人提供专业培训；环境局“厕所更新计划”（TUP—Toilet Upgrading Programme），改善增加沿街厕所，解决公众如厕； 政府“Hawker中心改建计划”（Hawker Centres Upgrading Programme），改建菜场、饮食中心、厕所，并向公众开放。	政府重视、政策支持、财政投入、社会管理、制定计划、宣传。
韩国	政府“营造清洁学校活动”，投资470多亿韩元为多所小学和学校厕所配清扫人员；财政部支持韩国厕所协会、改善公厕政策和制度、为弱势阶层建厕所；厕所品质认证、品牌开发，参加设计博览会等国际性活动；各级政府机构、100多家厕所相关企业及专门人士致力改善公厕；厕所销售网站Toiful.com销售产品，形象宣传，厕所文化宣传，开展爱心厕所活动；1999年设卫生间文化市民联盟，培养市民文明意识，开展文明用厕宣传，推进厕所文化；优秀厕所管理者评比调查，呼吁开放更多厕所免费使用；设立厕所恶臭研究所。	政府重视、开展活动、法律规定、财政投入、政策支持、协会团体、活动开展、素质教育、非营利性机构。
泰国	曼谷由政府投资建设的公厕仅38座，远远不足；政府采取与私人公司、煤气公司、百货公司、餐馆等部门合作的办法，帮助私人部门将厕所的清洁度提高到符合标准，向公众开放。	公私合作PPP、私人部门提供、清洁标准。
美国	无政府建设管理厕所；公厕市场化；邮局、银行、旅店、商场、餐馆、加油站等公共建筑内业主、使用人、承租人提供；厕所广告经营，经济效益较大；“最佳公厕”网站评比，对众多旅游城市厕所评级。	市场化、特许经营BOT、广告经营、厕所评比。
法国	公司与政府形成合作伙伴关系，向政府无偿提供公共厕所，政府将广告发布、经营权特许给公司，公司通过经营户外广告获取收入。	政府与私人合作伙伴关系。
英国	历史悠久；使用紧张；专门机构管理，选举产生负责管理的“伦敦公司”作厕所维护；在公厕服务上花几百万英镑配备服务人员。	专业机构管理、人员配备、资金维护。

续表

国家	投融资及运营管理措施特点	借鉴与启示
德国	市场化，弥补政府资金的不足，加快建设速度，方便百姓，促进技术创新，使科技迅速转化为生产力；政府也投资参股，提供政策支持“多赢”；个人企业都有权管厕所，通过拍卖承包给企业运作管理经营；瓦尔股份有限公司最著名，最具创意；厕所不能随便建，选址要经市民同意；以厕养厕，著名品牌广告让厕所赚钱。	企业运作管理、所有权或管理经营权拍卖承包、全民参与、广告经营权。
加拿大	加拿大公厕管理以公共财政投入为主，出租资源为辅，公共财政加出租资源的模式；公厕广告收入用于支付人员工资和部分厕所用品花费； 管理实现片区管理制度，标准化和定时管理，维持公厕清洁卫生；公共管理部门巡视车随时巡查。	BOT、BOO特许经营、财政投入、出租广告、片区管理、标准化管理、定时巡视。
新西兰	新西兰所有厕所建设、维持都是政府管理；厕所全部免费；设计形态各异；数量多，位置方便，标志显眼，根据旅游路线而设；以满足基本需求为主；实用、卫生、简洁。	政府管理、免费、实用。
墨西哥城	ECOSMA作为私人公司负责城市旅游厕所的建设和运营；墨西哥城色彩鲜明的旅游厕所使得人们感受到市民对厕所的舒适性的高度重视和追求；强调旅游厕所的重要性、必要性和方便性。	特许经营、私人公司建设运行、 舒适性、方便必要。

国外欧洲很多国家都推行公私并行模式，公共厕所有免费和收费之分，“私有性”强的厕所多收费。免费公厕资金来源于公共财政，鼓励市场化运作。国外厕所服务人员不仅受过专业训练，而且清扫非常及时，因此总能保持厕所干净整洁。西方发达国家和地区由政府投资建设并管理的公厕相对较少，通常由临街商业建筑、餐馆、咖啡馆内的厕所为公众提供服务，即“社会单位开放厕所”，可基本满足公众的厕所服务需求。同时，鼓励经营权和特许权形式的厕所开发。

目前，中国旅游厕所建设融资渠道，主要来自政府，但政府财政性资金投入仍显不足。虽然部分地区和城市已开始探索旅游厕所建设融资新方法，但旅游厕所的市场化程度依然不够，社会资金介入公厕建设力度有待加大。

5．解决方案

（1）政府主导，创新市场机制

旅游厕所既是经济概念又是公共服务概念，具有准公共物品性质。现在中国还没有发展到以纯市场化手段解决公共服务问题的阶段，独立于总体布局和发展规划之外的旅游厕所建设极易造成公共设施的重复建设和资源浪费。应明确政府为主体，主导公厕规范化运作，发挥政府资源配置优势，确保建设规划实施和资金落实到位。“厕所革命”

仅有政府努力很难实现。按市场化、社会化理念，整合资源，多方协作，引进市场竞争，拓宽旅游厕所融资渠道，投资主体变为多元，丰富旅游厕所公厕建设资金来源。同时，注重发挥行业协会作为第三方灵活专业的管理作用。此外，厕所环境的维护还需要游客素质的提高。“厕所共建”“厕所公用”和“合作共赢”，推动旅游厕所革命。

“厕所共建”：除以政府投资为主外，提倡大型商场、宾馆酒店、餐饮场所等附建公厕，并负责附建公厕的管理、维护，从政府单一主体供给独立式公厕，向多元化供给、以商场等经营性场所营建公厕为主转变。

“厕所公用”：将沿街一些饭店、商场、酒店原仅为内部使用的厕所对外开放，使内部厕所变为“公共厕所”。

“合作共赢”：国际趋势，公共事业外包被看好，从专业机构购买厕所服务更经济有效。旅游厕所受众到达率高、干扰性小、被动接受程度高，是理想的广告资源。制定政策法律，通过出售旅游厕所广告经营权、小型移动厕所经营权激发社会单位提供公共服务的积极性。

（2）探索采取PPP模式和“互联网+”商业模式

在旅游厕所公共服务领域积极推行政府和社会资本合作模式（PPP模式）。鼓励社会资本参与旅游厕所投融资，公平择优选择社会资本作为合作伙伴，提高公共产品供给效率。旅游厕所建设管理借鉴星级酒店托管运营模式，引进专业化厕所公司进行品牌化、网格化、规模化连锁经营。建设、运营分离，使旅游厕所良性发展。

旅游厕所人流高度集中，是衍生服务和商业价值的载体。因地制宜探索以商养厕，推进“厕所+”商业服务衍生创新。外包公司通过在厕所附近投放广告、售卖周边产品等途径实现盈利。如将电子商务与厕所结合，将广告与厕所结合等，通过各种形式创新，探索以商养厕的商业模式。

（3）科技、艺术创新和投入

利用技术创新推动人性化设计和环保设计，提高使用效率，增强公厕与环境的和谐度。旅游厕所要结合实际，积极采用新技术、新材料来建设，适应大规模、大流量游客需求。使旅游厕所符合现代时尚、方便实用、节能节水、保护环境等要求。

（4）提高如厕者文明用厕意识

加强教育，用法律、教育、监督、媒体宣传等多种方式约束使用者的如厕行为。设置专门监督机构和相对稳定的年度评选奖惩办法，督促管理，提升游客的公德心和文明意识，改善人们用厕行为。

（5）法律、制度和专业组织监督机构保障

厕所建设须规范化，设计应符合（原）国家旅游局颁行的《国家旅游厕所质量等级划分与评定等级标准》。法律制度不仅保障商家设施对外开放，保障公厕设施和服务标准，还有效限制不文明行为。

（6）以需求为导向，体现人文关怀，配套设施人性化

以需求为导向，事前规划和事后维护并重；以人为本，扩大女厕比例，全方位和立足长远进行厕所的结构性布局；设置公厕隔间、小门、洗手盆、导厕标识、多语言或图示化门牌、通风照明；提供手纸、香皂，消除臭味，美化环境；方便残疾人、婴儿、儿童、老人等，体现人文关怀。

（7）把厕所打造成旅游吸引物，与风景完美融合

好的旅游厕所是与环境和谐统一的，跟整个景区的风格相和谐的。通过新颖的设计、先进的设施、文化的包装和独特的建筑，把厕所打造成旅游吸引物。自然景区用树木遮掩，文化景区力求建筑风格统一，让厕所成为加分项。

（8）提高旅游厕所服务和人员培训

通过培训提高管理服务人员素质，提供高质量的厕所服务；制作旅游厕所电子地理信息图，实现旅游景区旅游厕所资源信息电子化检索。全面推进旅游公共服务体系建设，促进旅游发展和品质提升。

6．总结

世界厕所组织创始人杰克·西姆曾幽默地说“厕所是人类文明的尺度，要让上厕所成为一个很好的经历，要安全的、卫生的、不会影响健康的，人们需要培养上厕所的感情”。中国的“旅游厕所革命”提供了契机，由此，让旅游厕所成为中国旅游环境的重要标志。

大道至简：小厕所大情怀

（本文写作于2018年，数据截止到2018年上半年）

11月19日是世界厕所日，2018年的主题思想是："当自然呼唤来临时，我们需要厕所"。从比尔盖茨到世界银行，从联合国到贫穷的西非，从印度电影《厕所革命》，到中国旅游厕所革命，国外到国内，厕所革命从世界首富到下里巴人的贫民窟，从卫生到生态，从女性平等到扶贫发展，从人文关怀到民生国事，从慈善到慈悲，成为热门话题。2018年的世界厕所日，作为我国厕所革命新三年计划首个世界厕所日，其意义也不同凡响。

1．小厕涉及世界大问题大方向

1.1 厕所是世界绿色生态可持续发展的大问题

联合国的世界可持续发展目标6为旨在确保到2030年，为所有人提供水和环境卫生并对其进行可持续管理，使得所有人都有安全的厕所，没有人随地便溺。目前，世界上仍有45亿人居住的房屋缺乏能安全处理排泄物的厕所，约10亿人口无法使用安全和卫生的厕所，8.92亿人仍然在随地便溺。这对全球意味着，维持人类生命的水和土壤被大量未经收集或处理的人类排泄物污染，将全球环境变成了一个开放的下水道。2030年并不遥远，我们必须建立与生态系统相协调的厕所和卫生系统。

一个世纪以来，厕所几乎没什么改变。美国环保署（EPA）表示，厕所用水占一个普通美国家庭室内用水量的近30%，超过了任何其他家庭用具。一些老式厕所冲一次需6加仑水。盖茨基金会认为，简单地将发达国家模式引入贫穷国家行不通。贫穷国家快速发展的超大城市通常缺少排污管道和粪便处理厂。厕所用掉了太多稀缺的水资源，发展中国家无法承受普及传统厕所。因此，我们要在实用性方面付出努力，寻找到廉价、没有异味而且无需太多维护的新型厕所，即新发明的污水处理机器能就地清除人类粪便、杀灭病菌并消除异味的离网式厕所。

环境卫生的改善对健康和生活质量有着深刻的影响。因此，联合国提出基于自然需要的环境卫生解决方案，即利用生态系统在人类排泄物返回环境之前对其进行处理。大多数基于自然环境的卫生解决方案涉及植被、土壤和湿地（包括河流和湖泊）保护和管理。如：使用堆肥式厕所，现场收集和处理人类排泄物，生产能促进作物生长的免费肥料；通过人工湿地和芦苇床，在废水重新进入水循环之前加以过滤；除此之外，经过安全处理的废水有可能成为人们负担得起的能源、肥料和水的可持续来源。

正缘于此，我国在解决了人民的温饱后，开始关注厕所问题。未来三年，全国计划新建改扩建旅游厕所6.4万座。我国环保意识的增强和科学技术的提高为厕所革命的生态环保功能和科技创新能力提供了重要支撑。如负离子新风除臭技术使厕所保持空气清新；光伏陶瓷瓦等新能源技术帮助厕所节约能源；清洁工具紫外线消毒保持了厕所的整洁卫生；生态环保技术、干式环保厕所、环保移动厕所等创新技术改变了厕所面貌。通过使用绿色环保材料与科技应用，体现了科技创新下的可持续发展理念。

1.2 卫生健康大问题

2018年11月，在北京召开的“新世代厕所博览会”上，比尔·盖茨带了一罐粪便上台，引发舆论关注。根据世卫组织和联合国儿童基金会报告，全球环境卫生危机体现在几方面：世界卫生组织（WHO）估计，全球只有27%人口拥有可以把粪便冲入下水道、然后流入处理厂的室内厕所；十分之三的人既没有室内厕所、也没有公共厕所可用，他们每天都在为由此带来的疾病付出代价、丢掉尊严，丧失生命。热映的印度电影《厕所英雄》改编自真人真事，是部“有味道”的影片。该片讲述新娘贾耶嫁给凯沙夫后，发现家中没有厕所而坚持离婚，最终掀起一场女性厕所革命的故事。中印有诸多相似之处，电影引起我们强烈共鸣。

目前，全世界约60%的人口（45亿人）居住的房屋没有厕所或厕所无法安全处理排泄物；全世界有8.62亿人只能在“街沟、灌木丛后或开放水域”等地方随地便溺，因此有大量人类排泄物未被收集或处理；18亿人饮用未经改善的水源，缺乏防范粪便污染的保护措施；全球三分之一的学校不提供任何厕所设施，对于生理期女生而言，这特别棘手。全球有9亿学童没有洗手设施，这是致命疾病传播的一个关键因素；在全球范围内，80%人类活动产生的废水未经处理或再利用就排入生态系统。如此大规模的人类排泄物未经处理，对全球公共健康、生活和工作条件、营养、教育和经济生产力都产生了破坏性影响。盖茨基金会称：“被粪便中的病原体所污染的水源使人们生病，全球每年有近50万5岁以下儿童死于与卫生相关的疾病，包括腹泻、霍乱和伤寒。”

厕所虽小，却是全世界通用的嗅觉语言和视觉语言，小事实却关乎人类健康和文明的大事。一个国家的厕所状况体现的是其先进程度及人文关怀精神。世界银行正在转变卫生项目设计和实施的理念，力求每个人都能从卫生条件改善中获益。

1.3 小厕所大慈善

慈善，指对人关怀有同情心，仁慈善良。慈善是在慈悲的心理驱动下的善举，是对人类的热爱，为增加人类的福利所做的努力，包含慈悲的心理和善举。

世界巨富慈善家比尔·盖茨建立了盖茨基金会致力于在全球掀起一场厕所革命。盖茨认为人人都需要厕所，他把自己的慈善事业对象，放在了全球范围尤其是最不发达的贫穷国家和发展中国家过度城市化中的贫民窟，尤其是针对妇女儿童的厕所问题。他希望，学校装上公厕，有更多女孩来上学。

自2011年以来，盖茨基金会已花费2亿美元资助研发革命性新型厕所，希望生产“终极版家用新世代厕所”，并将这种厕所安放在无法建立卫生系统的印度贫民窟或中国穷苦地区，来取代那种污秽不堪的公共厕所。为了提高人类生活，比尔·盖茨致力于厕所这些小事情，成就了他大慈善家的美名。

2．中国旅游厕所革命的大道至简

2.1 中国旅游厕所革命回顾

进入21世纪以来，厕所革命一直是我国持续发力的对象。2015年“厕所革命”全面展开，3年里，全国扎实推进厕所建设，不少城市和乡村经历了大变样。据界面新闻数据统计，截至2017年7月，全国已完成新改建旅游厕所57589座，提前超额完成厕所革命三年行动计划的5.7万座，超额完成三年行动计划任务22.8%。厕所革命覆盖全国3000多家4A级以上旅游景区，并由景区逐步扩展到370多个重点旅游城市、500多个国家全域旅游示范区创建单位、9200多家金牌农家乐和2万多个乡村旅游重点村。

国家旅游发展基金累计安排资金达10.4亿元集中用于厕所革命补助，各地安排的配套资金超200亿元，并加大了对中西部、农村地区、革命老区的资金支持力度。（原）国家旅游局通过“厕所革命公益宣传活动”，在全国范围内招募了10000名旅游从业者、高校学生、热心市民等为志愿者，定期开展厕所革命宣传活动，提高厕所管理维护水平和大众的文明如厕意识。厕所“脏乱差”现象得到明显改变，取得了令人鼓舞的成绩。

三年来，“厕所革命”实现了我国旅游厕所量的突破和质的提升，人民群众对厕所的满意度明显提升。网络大数据分析和全国旅游厕所游客评价调查数据显示，游客满意度从2015年的70%上升为80%以上。受访人群感受到厕所革命带来的明显变化，如厕所数量更加充足，布局更加合理，如厕更加方便；厕所卫生水平有明显提升；如厕不文明状况有明显改善；厕所外观更景观化，服务更人性化等。厕所革命作为带动旅游公共服务整体提升的切入口，已成为旅游公共服务建设的示范工程。

2.2 新三年厕所规划

2017年11月19日，由文化和旅游部联手国土资源部、住建部发布《全国旅游厕所建设管理新三年行动计划（2018-2020）》（以下简称“《新三年计划》”），提出“厕所革命”新三年计划的行动目标、四大提升行动以及四大保障措施，正式踏上厕所革命新征程。《新三年行动计划》指出，行动目标指2018−2020年，全国新建改扩建旅游厕所6.4万座，其中新建4.7万座以上，改扩建1.7万座以上。而四大提升行动则是以“全域发展、质量提升、深化改革、创新突破”为基本思路，重点开展涉及厕所革命建设、厕所革命管理服务、厕所革命科技、厕所革命文明的四大提升行动。按照厕所革命新三年计划，2018年全国将新建改扩建2.4万座旅游厕所，并计划未来三年完成6.4万座旅游厕所建设任务。

厕所革命开辟了公共服务体系建设全新局面，真正引发了一系列革命。新三年计划在实现“数量充足、卫生文明、实用免费、有效管理”目标基础上，特别增加了“服务到位、卫生环保、如厕文明”目标，通过实施新三年计划，在解决厕所“够不够”基础上，重点解决“好不好”。行动计划着力构建长效机制，会同相关部门延长旅游厕所用地政策，建立中央财政支持厕所革命资金渠道，制定厕所革命“红黑榜”制度，倒逼城市和景区提高厕所建设和管理水平。旅游厕所状况发生了全方位、系统性、根本性、实质性变化，既实现了量的突破，又实现了质的跨越，呈现“人性化、生态化、特色化、景观化、国际化、智能化”等新特点。

基于良好的改革基础，2018年国家文化和旅游部、国家发展改革委等13部门再度印发《促进乡村旅游发展提质升级行动方案（2018−2020年）》，明确提出，将持续推进厕所革命，引导人口规模较大、乡村旅游发展较快的村庄配套建设无害化公共厕所；大力推进农村公共厕所建设，提升规范化服务管理能力，积极实施公厕生态化改造等。

“物质文明看厨房，精神文明看茅房”。世界厕所组织认为，厕所是人类文明的尺度。一座城市的文明指数、一个国家的文明高度、乡村的发展指数、社会的公平和谐，都和厕所这件小事息息相关。新厕所革命推进旅游走向乡村振兴的新高度。

2.3 厕所高科技大数据

厕所革命不仅是一场公共服务革命，也是一场社会观念革命和文化素养革命，更是一场科技革命。旅游厕所建设在资本及技术投入方面门槛较高，产业链含金量高，对技术及资本要求也高。据《新三年计划》及相关规定，新建和改扩建的厕所应采用新技术新材料，符合环保生态要求，在硬件材料、内部设施和功能上都具有较高水平。

科技是要服务于人的，现代服务业的共享性、体验性趋势越来越明显，一个共享方便、体验良好、舒适、卫生和环保的厕所是多种科学技术集成应用的结果。移动互联网、大数据和新型终端技术等新型科技的使用，让厕所的人情味有了实现的可能。在住建部的“全国公厕云平台”上所有厕所的基本情况通过数据库进行平台管理，对所辖区域厕所数量、位置、每个厕所等级、设施设备、用品配备、物品发放、报修维护、管理人员、管理水平、清洁程度等随时掌握。杭州的“找厕所”、苏州的“游急便”、海口的

“城市管家APP”和成都市锦江区的共享厕所APP，帮助用户快速找厕所、用厕所、评厕所。

2.4 小厕所大民生

小厕所，大民生。旅游厕所的问题其实是社会问题。厕所革命应该偏重于公益性，厕所属于公共设施，不适合商业化，不是暴利行业。同理心是厕所革命的“良心”，厕所革命的目的是为了让人们方便使用，表达人性化关怀，不是面子和政绩工程。因此，要凝聚信心，主动作为，推动厕所革命。

厕所革命以人为本，满足人们对“美好生活”的追求。如设置专门的儿童卫生间、儿童专用设施设备，在色彩、用品、空间布局、软环境打造等方面充分考虑儿童心理和儿童需求；设置母婴室，配备哺乳区遮帘、婴儿护理台、电源插座、座椅、茶几、洗手盆等；在女性区专门设置化妆间，配备座椅、面镜、镜前灯、梳子、洗手盆等；提供应急帮助服务；配备自动感应垃圾桶、配备自动清洗功能的坐便器；提供行李、物品寄存、服务箱、擦鞋器、针线包服务和轮椅、婴儿车、雨具、拐杖租借服务等。以使用者为中心，提升旅游服务品质。

厕所革命与旅游扶贫战略相结合，扎实推进乡村厕所革命，重点改造深度贫困地区乡村旅游厕所。旅游发展基金集中财力支持贫困地区建设旅游厕所，重点支持2.26万个贫困村，在“三区三州”深度贫困地区乡村旅游点（区）和旅游接待户进行厕所改造。改造从实际出发，按照经济、实用、卫生的原则，细化乡村旅游区（点）和乡村旅游经营户厕所建设改造标准。目前，乡村振兴是国家大计，乡村旅游成为我国旅游发展的主战场。补齐农村厕所短板是发展乡村旅游、开展旅游扶贫、实现乡村振兴的基础性举措。

世界民宿对比和发展研究

（本文写作于2015年，数据截止于2014年）

1．世界民宿与共享经济

世界民宿产业发展时间长、体系完善、形态丰富。民宿在国外虽无统一的名词称谓，但却普遍以“B&B”（Bed and Breakfast，即提供床铺和早餐的家庭旅馆服务方式）、小旅馆（Inn）或民宿（Home Stay）存在于世界各地，为旅行者提供住宿服务。例如：英国的B&B（Bed & Breakfast）、法国的城堡、日本的民宿、北欧的农庄、美国的Home Stay等，均深受世界旅游者的喜爱。各国民宿兴起原因大致相似，都是因旅游发展，原有酒店逐渐承载不了越来越多的游客，当地人将家中空置房间提供给游客居住以补充酒店供应之不足。

共享经济是通过互联网实现剩余或闲置社会资源的共享。进入新世纪，民宿也以度假公寓的方式出现。度假公寓指的是在度假胜地拥有度假房产的业主，在自己不使用时，把度假房屋租给短期、长期度假客人的经营方式，是游客除酒店之外的另一种度假住宿选择。自金融危机以来，全新的共享经济给民宿和度假公寓提供了新出路。

民宿在过去80年一直是共享经济的缩影，进入新世纪，千禧一代开始对这种模式感兴趣。据统计截至2014年，美国、英国、加拿大三大共享经济国家分别已有1.2亿、3300万和1400万人口参与共享经济。迎合经济缩减开支和节约成本的大背景，及通过互联网进行消费和社交的需求，游客希望花最少的钱，到世界各地体验不同的当地文化、风土人情，这种体验可由民宿提供。游客弃住豪华酒店转而选择民宿。民宿领域的爱彼迎（Airbnb，意为空中的“bed and breakfast”）提供覆盖全球190多个国家的各具特色的民宿，成为住宿业共享经济的重要平台之一。Airbnb出租的是“房间”，而HomeAway出租的则是“房屋”。HomeAway是成立于2004年全球最大的假日房屋租赁在线服务提供商，在澳大利亚、欧洲、新西兰、新加坡、南美洲和美国的网站处于领先地位。Airbnb由城市空置房间的分享起家，而HomeAway提供的是度假胜地的整套房屋，为度假的家庭提供安静、舒适的居所。

2. 世界各国民宿介绍

2.1 美洲民宿介绍

美国民宿

美国幅员辽阔，目的地间的车程较长，因此在美国汽车旅馆非常普遍，民宿一般只有在乡村农庄才见到。美国民宿的起源与英国非常相似，都是B&B，两者不同处在于：英国偏向集中式的，而美国则属于分散式。美国乡村民宿以加利福尼亚州最为著名，多为居家式民宿（Home stay）或青年旅舍（Hostel），不刻意布置，价格相对便宜。许多民宿除为旅人与游客提供住宿外，有些也附带提供留学生寄宿（Home Stay）服务，常集中在大学附近，越来越多的学生选择Home Stay。全美国洛杉矶的民宿最多，也只有21家，纽约有20家，圣迭戈有15家，旧金山13家，迈阿密和火奴鲁鲁各有11家。美国境内由于市场规模太小，背包客和学生往往不把民宿作为优先选择。根据国际民宿连锁机构（HIUSA，Hostelling International USA）数据，全美约有360家民宿，其中260家被称为民宿，剩余100家被称为“类民宿”酒店。美国民宿客栈类住宿（Hostels）一直面临着文化、监管政策等多方面障碍，限制了民宿发展。美国民宿的需求空间很大，但民宿供给不足，全球民宿预订平台Hostel World估计纽约每年错过了大约20万游客。

美国民宿经营有品保协会（AAIS，American Association of Insurance Services）监督、管理，制定标准，协调解决问题；私人旅游服务组织RSO（Reservation Service Organization）提供民宿资讯、咨询、选择、预约服务。

2014年美国10%的线上旅行者选择入住私人房屋或公寓，低于中国、巴西、俄罗斯、澳大利亚、德国和法国。

加拿大民宿

加拿大民宿形式多样，有历史悠久的古厝、现代小镇屋、偏远农舍、海边屋等。加拿大假日农庄（Vacation Farm）民宿模式，假日客人可以享受农庄生活；加拿大温哥华吉缘民宿，距Metro town购物中心步行十分钟，提供无线上网、免费市区电话、电视、洗衣等服务，配置客厅、餐厅、厨房。

巴西民宿

里约热内卢是世界著名旅游城市，乡村旅游更具吸引力，别致的农庄民宿比比皆是。巴西的农庄民宿，游泳、骑马设施齐备。风景秀丽的山区，森林茂密的自然保护区，视野开阔的海边，到处都有农场，农场中开设民宿，设施齐全、价格合理。全球旅游研究平台Phocuswright的研究报告称，2014年，18%的中国和巴西旅行者选择了分享经济型住宿，市场巨大。

2.2 欧洲民宿

民宿在欧洲的起步与发展最早，也最普遍。欧洲版图辽阔，所在地理位置与文化多有差异，各国政府的政策规定与经营方式上也多有不同。欧洲民宿大多以观光农场经营民宿的方式呈现，属于副业收入经营。HomeAway假日房屋租赁在线服务提供商，在欧洲的网站处于领先地位。HomeAway公司在英国、德国和法国都进行并购。Phocuswright研究报告称，2014年，13%的德国旅行者，11%的法国旅行者选择了分享经济型住宿，意味着市场巨大。

英国民宿

英国最早将农业与观光相结合，是欧洲民宿发展最完善的国家之一。民宿Bed and Breakfast是英国传统的旅馆经营方式，发展已超过100年。20世纪60年代初，英国西南部与中部农家为增加收入出现数量不多的民宿，采用了B&B家庭式招待方式。开放住宿的都是主人家空出的房间，经营布置体现出主人的品位。价格依地区及设备而异，民宿类型包括城堡、农舍或海边别墅，部分建筑有数百年历史。20世纪70年代后期，民宿经营范围扩大至露营地、度假平房（Flat）。

英国政府1968年颁布Countryside Act，强调地主有义务维持英国农业历史遗产“密集的田埂及骑马道”，并不得破坏；英国制定民宿的政策法令，政府对经营B&B管理严格，获得核准才能经营；并辅导业者从事民宿经营，对观光发展与民宿推行十分重视。1983民间“农场假日协会”（Farm Holiday Bureau）设立，获得农业主管团体与政府观光局支持，协会根据规章条文将民宿分级。今日，英国大约有40%的旅客选择民宿过夜。

法国民宿

法国是观光客最多的国家，在全世界旅游业排第一。法国民宿从简单的小农庄到文艺复兴城堡的客房，应有尽有。“二战”后，法国农村人口急速外移到城市，空留许多农舍。法国规定每年15天法定假日，农舍接待度假的城里游客，既可满足其宁静田园生活的需求，费用又不昂贵，为农村增加了额外收入。同时政府为保存古迹及农家文化，鼓励民宿保有古农庄型态，政府对民宿的经营规模、安全规范及食品标准都有严格规范。政府为加入民宿相关联盟（协会）的民宿经营者提供多样的资金补助。农业部发放补助给投入民宿经营的农民，同时，农业信贷银行和旅馆信贷银行提供优惠贷款。世界最大非营利民宿组织法国度假宿所联盟（Gites De France）对民宿的经营、建设予以指导和支持。联盟分支机构遍布全法，雇员600名，协助56000家民宿业者经营。

德国民宿

德国观光旅客及登山客众多，旅馆常常一房难求。为解决住宿问题，风景区住家便开始提供自家房间给观光客居住，并收取住宿费，属于营利性质。此外，阿尔卑斯山区登山客很多，一些当地居民会提供简单住宿空间给这些登山客避风雪，是属于非营利性质的，与一般风景区民宿不同。德国的民宿经营方式主要以经营度假农场为主，偏向提供多天住宿，借以引领游客深入体验农村生活。民宿型态大致分“B&B”与“自炊式出租房舍”两种。

北欧民宿

北欧民宿名称“Husrom”，属于农庄式民宿，让客人享受农庄式田园生活环境，体验农庄生活。

奥地利民宿

奥地利是全球农庄民宿发展比例和密度最高的国家，全国约2.9%的家庭附设B&B民宿，9.8%农家附设B&B民宿，以阿尔卑斯山和萨尔斯堡附近民宿最多。奥地利约有12万家私人公寓，是度假、体验奥地利人热情好客的最佳地方。奥地利农庄有生态农庄、葡萄酒农庄（多在施泰尔马克、布尔根兰和下奥地利州）、追求童年乐趣的家庭农庄。每家农庄都遵守严格的质量监控，游客根据需求选择农庄，体验农庄度假。虽是私人所有、家庭经营，却和旅馆采用同样的订房、取消订房、佣金支付等制度。

意大利民宿

意大利农庄民宿（agriturismo）指的是郊区提供住宿的农庄、农场或农家所附设的B&B，大多数葡萄酒庄或葡萄农场亦附设民宿。除农庄民宿外，还有利用古老的贵族宅第或城堡改建的民宿，例如庄园、皇室庄院等附设民宿。有些民宿提供餐饮、狩猎等特色服务。

在意大利经营民宿有两个条件：一是农业收入占整体收入的50%–60%之间；二为提供住宿的设施必须是农舍改建。这类农庄民宿收费低廉，且能让客人享受到意大利乡间生活，吸引了各国游客，发展成为意大利经典的旅游形式，越来越受欢迎。客人度假时长常为一星期，多选择托斯卡纳一带的民宿。

2.3 大洋洲民宿

澳洲和新西兰的民宿是观光农场和牧场，最普遍的住宿型态是仅提供最简单的B&B服务；另一种则是住在紧邻农家的出租小平房，或是农场提供露营住宿，炊事自理。Phocuswright发布的一项研究报告称，2014年，有13%的澳大利亚游客住宿选择了民宿，这个数字意味着大洋洲的民宿具有巨大的市场。

澳大利亚民宿

澳大利亚农庄民宿的发展主要是以畜牧业为骨干的观光牧场（farm tourism）所附设的民宿。在澳大利亚的度假胜地和乡间小镇常常会看到路边上写有“B&B”的牌子，这种家庭式的旅馆规模不大，一般只有3–6个房间，周末和假期的价格会上涨30%左右。农庄住宿分为两种：当晚住宿于农庄，与农庄家庭成员共同生活；和农家分开居住，炊事自理。

新西兰民宿

新西兰的B&B颇具国际知名度，提供B&B民宿的也很多，附设B&B的农场1000多家，约占全国农场总数的3%。“Lodge”是另一种奢侈型特色民宿，原指欧洲专供出外打猎或钓鱼人士住宿过夜的休憩小木屋，有“住宿”之意。新西兰是英联邦，沿袭英国打猎传统”，“Lodge”便成为新西兰顶级度假场所的代名词。对庄园主人而言，“Lodge”并非只是出租房间的商业行为，代表了一个家族的荣耀，还有新西兰悠闲精致的品位生活。

2.4　非洲民宿

南非民宿

欧洲家庭旅馆概念早就传入南非，经过多年发展，形成了自己的特色。业主常把带大庭院的住家进行改造，辟出数量不等的客房。在许多小乡镇或干道上的出租客房（Overnight Rooms or Guest Houses）会提供服务房间或套房给旅客，价格不等；而B&B提供清洁、舒适、经济的住宿服务。最便宜的自助式农舍（Self-Catering Cottages）位于乡村，设定客人专用停车位、入口、餐厅和休闲区，主客彼此互不干扰。

肯尼亚民宿

东非草原名噪天下，肯尼亚的内罗毕郊区分布着星星点点的乡村俱乐部和家庭牧场。肯尼亚各地都有私人物业可供短期或长期租用。肯尼亚的乡村俱乐部较为高档，需要拥有会员资格才可入内。

2.5　亚洲民宿

韩国、日本和新加坡是爱彼迎（Airbnb）在全球增长最快的三大市场。共享租屋民宿（HomeAway）在开拓亚太市场。从海外爱彼迎租房人数看，中国是增长最快市场之一，入境游客接待对我国民宿发展有一定促进作用。

日本民宿

在亚洲，日本民宿是起源较早且发展较完备的国家。日本民宿发展于20世纪70年代的经济腾飞期，旅游休闲热致使旅馆住宿空间明显不足，洋式民宿（Pension）开始兴起，农场旅舍（Farm Inn）也以副业经营方式为旅客提供住宿，促进了民宿数量在全国迅速增加。民宿在整个日本旅游业中扮演着非常重要的角色，民宿提供的服务项目符合消费者多样化选择。目前，日本民宿已趋向“专业化”经营，全国民宿约有25000家左右，多位于观光景点周边、海滨、农村、山村等地。政府对民宿卫生、房间数、设备有成文规定。日本民宿由官方授权，委托民间财团法人进行辅导、审核、认证及登记，不是由政府部门主办。日本民宿注重平民化收费与自助式服务，蕴含着浓浓的家庭味、乡土味和人情味。

中国民宿

在中国，台湾是较早发展民宿的地区。早在20世纪80年代，台湾垦丁国家公园为解决住宿不足，衍生出一种简单的住宿形态：有空屋人家挂起民宿招牌或直接到饭店门口、车站等地招徕游客，从而兴起民宿业。大陆民宿起步较晚，但发展迅猛，很大一部分民宿仍停留在提供简单住宿或餐饮的初级阶段，有待发展提质。

3. 世界民宿对比和发展

3.1 世界民宿对比

世界民宿发展

	德国	意大利	英国	新西兰	法国	日本
名称	Pensione Gasthauser Fredenzimmer 民宿。	Agriturismo 农庄民宿。	B&B 民宿。	Farm B&B 农庄民宿。	C^itesd^etap 民宿。	Pension/Stay home on farm 民宿。
类型	度假农场。	农庄附设民宿。	B&B餐住。	农场B&B度假庄园。	沿袭欧洲传统，B&B方式经营。	洋式民宿和农家民宿。
发展背景	伴随农业观光，农家用剩余房间提供住宿。游客享受家庭游憩度假、绿色环境与健康食品。	结合品酒及田园风光旅游，农庄附设民宿（agriturismo）。	维持农业历史遗产和观光游憩系统，提供早餐服务。住家将一两间客房出租。	农场附设民宿、庄园民宿（Lodge）、开放自家住宅为民宿。	"二战"后农村人口移居到城市；每年15天法定假日接待度假者，农村增收。保存古迹、古农庄及农村地方历史文化。	70年代经济腾飞，居民开始旅游提供各种体验度假游憩主题。
经营类型	主业经营民宿pension（Gasthof）；简易民宿（Gastezimmer）/农家民宿（Bauernbett）。	主业庄园tenuta/皇室皇家庄院villa padronale；副业经营农庄民宿agriturismo/B&B。	主业经营Lodge（庄园民宿）；副业经营B&B（Bed & Breakfast）。	主业经营：Lodge（庄园民宿）；副业经营：B&B。	主业经营Auberge（乡村旅馆）；副业经营餐住B&B。	主业经营欧风民宿（Pen-sion）；副业经营农家民宿（Stay home on farm）。
法规限制	德国为15个床位。	—	—	—	法国民宿床位上限为5个床位。	采取许可制。

通过世界各地民宿对比可看出，世界民宿发展大多是源于解决"三农"（农业、农

村、农民）问题的，同时文化遗产保护和旅游发展也是民宿兴起的动力。国外民宿多为家族式经营，容纳人数少，能使游客有如在家的感觉。

国外民宿发展

国家或区域	起初发展区域	发展原因	政府和 NGO
英国	西南部与中部人口稀疏农庄。	政府政策，民间因素。	B&B家庭招待；分级制度；法律规范；政府辅导。
德国	阿尔卑斯山区。	登山客休息场所、登山客避难场所。	专业训练；政府的辅导与资助；制订评级标准。
北欧	散布的农庄。	地广人稀，气候因素，永夜永昼现象。	喜欢住宿较久的旅客，约3-5日为佳，不欢迎只停留一天的游客。
美国	多分布美国中西部，美国拓荒产物。	解决乡间观光客住宿需求。	分散式民宿，四间以下；屋主自行经营；品保协会（American Association of Insurance Services）监督。
澳大利亚	观光农场周围。	让游客感受农场生活。	设置旅游资讯站；企业化经营与业主自营相结合；提供同村民生活的体验；会员制组织。
南非	一般城镇和大城市郊区。	效仿欧洲传统。	B&B偏向私人性旅社；分级制度；组织管理；TATG（观光安全专门委员会）保障安全。
日本	滨海伊豆半岛、滑雪胜地、白马山麓。	温泉度假观光区住宿需求。	许可制、体验型、专业化经营。

世界民宿地主要分布在旅游景区、农村田园、城市郊区；发展原因为发展旅游、振兴产业、居民度假休闲；运营主要有政府支持，出台政策法规与法律制度，民间组织参与，政策与社团提供教育培训等。总之，世界各国民宿的成功来自于政府、行业协会、民宿经营者多方主体的共同努力。

3.2 共享经济下的世界民宿

共享经济的出现，促进了世界各地民宿的多样化发展。民宿不再仅仅局限于风景旅游区，也进入了城市和乡村。

在共享经济的发展理念下，民宿的经营通过互联网简化中间环节，游客有了个性化选择。

4. 民宿发展建议

通过世界各国民宿对比，并通过考察共享经济下世界民宿的发展形势，提出我国民宿发展的如下建议：

4.1 经营特色化

为使民宿成功经营，民宿经营者需结合当地特色与主题文化、特有的自然景观、农林渔牧等产业来发展；由当地居民作为副业自主经营，为外地访客提供异于平日的生活体验。

4.2 政府介入

吸取美国、英国、法国、南非及日本等民宿经营的许可制经验，政府应该对从业者采取民宿产业从业许可证制度，对民宿的消防、建筑安全及食品卫生有所规范，民宿业主先取得执照方可营业。

4.3 民宿发展与地方发展结合

民宿经营必须结合当地产业、文化及自然生态资源，将居民家中空置房间提供游客使用，营造地区魅力，让游客体验当地生活，一方面增加业主收入，降低经营的风险，同时又促进当地发展。通过培训实现由经营者承担保护自然资源、保存古迹和农家生活文化的文化传承的责任。

4.4 经营规模适度，防止恶性竞争或供给过剩

防止部分民宿走上专业旅馆化经营，政府限定民宿床位上限。民宿业主提供之民宿床位若低于政府规定的上限，将享有免税优惠，超出上限则比照旅馆业相关法令管理与制约。

4.5 建设民宿专业协会和NGO组织

纵观各国都有民宿的NGO组织，美国有品保协会监督管理，英国民宿有农场假日协会，法国有世界最大的民宿组织，因此我国民宿需要尽快建立专业协会和NGO组织，促进民宿健康有序发展。

4.6 树立可持续发展的生态理念

民宿经营和运作要本着可持续发展的理念。向反璞归真、生态旅游、乡土回味方向

发展，推动生态旅游，打造环境保护、环境共生、自然生态、节约能源、低度冲击的可持续的旅游度假环境。

4.7 财政支持和建筑补贴

政府对民宿经营者给予民宿财政补贴和乡村建筑整修补贴，用于环境整治和房屋翻新，保护民宿的农舍、粮仓、阁楼等房屋，维护传统建筑文化。

4.8 因地制宜的业态经营方式

建议民宿既可正业专业经营，也可副业兼业经营。“副业经营”民宿利用旅游季节增加额外收入，主业经营者全年专业经营民宿发展经济。根据旅游季节、基于接待能力、语言、习性及文化等因素，招待境内外、本地外地游客，灵活经营。

4.9 借助共享经济盘活闲置资源

引入共享经济理念，促进旅游的“食住行游购娱”资源的共享和充分利用，让闲置资源发挥其价值，带来经济上或资源互换的利益。

民宿与乡村旅游

（本文写作于2015年，数据截止于2014年）

1. 民宿与乡村旅游

1.1 民宿

民宿（Pension）是指利用自有住宅中空闲的房间，融合当地人文环境、自然风景、生态环境及农林渔牧资源所涉及的生产活动，以家庭副业方式经营，提供旅客乡野生活的住宿处所。民宿的产生是旅游业发展的必然结果。“民宿”作为深度旅游的标志性产物，是人们旅游需求多样化、闲暇时间增多、生活水平逐渐提高和“文明病”“城市病”加剧的必然产物，是向较高层次休闲度假旅游转化的典型例子。

从旅游角度，民宿促进旅游产品的创新；从经济角度，民宿可以推动农村经济结构转变；从文化角度，民宿是携带现代城市文明基因向农村地区延伸的桥梁；从社会角度，民宿促进农村社会价值观念和生活方式转变，为游客提供全新的旅游体验；从产业角度，民宿是结合文化创意产业以知识经济为基础以自然生态环境为依托的创意生活产业，推动旅游业转型升级。

民宿作为乡村旅游重要载体，为美丽乡村注入新内涵，直接关系到乡村旅游的发展水平。民宿旅游是经济文化发展到一定阶段，城市人才和资金自觉向乡村流动，利用民居资源、农事资源、景观资源创办个性化的经营项目，形成一个以旅馆业为基础，衍生酒吧、茶楼、作坊、民艺、展示等休闲业态的高端农家乐集群，是乡村旅游的高级发展模式。当前，乡村旅游接待设施建设以招待所、小宾馆、农家乐等形式为主。如果说农家乐是乡村旅游的初级版，是一种简单的、传统的、过渡性的乡村旅游，那么民宿游就是乡村旅游的升级版，是一种深度的、休闲的、度假的乡村旅游。

1.2 发展乡村民宿意义

从经济和产业角度上看，民宿提高农民收益，扶贫减贫，增加就业机会，属于劳动密集型行产业，是增“智”性增长；民宿和休闲农业可促进农村产业结构的调整，提高产业收益，通过民宿旅游可以把第一、第二、第三产业有效地进行融合；民宿作为休闲农业的一部分，利于科技农业技术运用和推广，促进区域经济发展，提高整体收益。

从社会发展和新型城市化角度来看，民宿是休闲农业收入的组成部分，有助于消除城乡差距，改变中国二元结构，提高发展质量。民宿有助于推动城乡一体化，促进农村劳动力转移和素质提高，有利于“美丽中国”“美丽乡村”建设，推进农村城市化、现代化；促进农业资源要素的有效整合，开发人文资源，为多元文化投资提供平台；民宿和乡村旅游促进乡风文明建设，改善生活质量（基础设施、社会事业的投入），是农业可持续发展的重要途径，有利于改善生态环境，有利于非物质文化遗产保护和传承。

2. 国外的民宿发展与乡村旅游

世界各地都可看到“民宿”，最早有据可考的可追溯到18世纪法国贵族式的农村休闲度假。早期欧洲贵旅闲暇之余，到乡村别墅度假。但现代意义上的民宿旅游是在近代尤其是“二战”后才蓬勃发展。各国民宿的兴起原因大致相同，名称各异。旅游民宿大多是为了解决观光地区住宿设施的供需问题。欧洲大陆多采用农庄式民宿（Accommodation in the Farm）经营：北欧称Husrom，法国称为Gites d' etape，德国称Pensionen Gasthauser Fredenzimmer，在意大利称Pensao Locandec或Camere Libere，英国则惯称Bed and Breakfast（B&B）。在北美，加拿大民宿则是采用假日农庄（Vacation Farm）模式，美国多见于居家式民宿（HomeStay）或青年旅舍（Hostel）。目前，乡村民宿在德国、奥地利、英国、法国、西班牙、美国、日本等发达国家已具有相当规模，走上规范化发展轨道，拥有相对来讲比较成熟的政策制度和管理模式。各国的民宿发展普遍重视法治、安全风险及环境维护。政府为规范民宿经营陆续出台了相关的法律条款，体系完善，民宿发展成熟，营业须先取得执照，禁止非法经营。例如英国以“冠”评级，法国以“麦穗”评级。

国外民宿发展结合了旅游规划、民俗和民族风情，民宿特色鲜明，设施齐全，价格合理。1996年，美国农村客栈总收入40亿美元。1997年，美国有1800万人前往乡村、农场度假，仅美国东部便有1500个观光农场，西部还有为数众多专门用于旅游的牧场。目前，法国1.6万多户农家建立了家庭旅馆，推出农庄旅游。全国33%的游人选择了乡村度假，乡村旅游每年接待游客200万，给农民带来700亿法郎收入，相当于全国旅游收入的1/4。日本乡村民宿（Countryinn）是景点周边居民经营的小旅店，搭配小型饭店设施，强调主人的手工才艺。乡村小巧可爱的摆设装潢，以家族旅游为导向，以营造宾客之间互动为宗旨，对日本农业经济发展起到积极作用。

早在19世纪60年代，西方即开始出现乡村旅游，而真正意义上的大众化乡村旅游，则起源于20世纪的西班牙。当时的旅游大国西班牙把乡村的城堡进行装修，改造成为饭店，用以留宿过往客人，这种饭店称“帕莱多国营客栈”；同时，把大农场、庄园进行规划建设，提供徒步旅游、骑马、滑翔、登山、漂流、参加农事等活动，从而开创了世界乡村旅游先河。以后，乡村旅游在美国、法国、波兰、日本等国家得到倡导和大发展，进入快速成长期。开展比较成功的多是欧美发达国家。在欧美国家，乡村旅游已具有相当规模，并走上了规范化发展的轨道，显示出极强的生命力和巨大的发展潜力。

了解国外的民宿和乡村旅游发展经验，将对我国的民宿和乡村旅游的可持续发展有着积极的启示。

3．我国的民宿发展与乡村旅游

国内的民宿业首先出现在经济发达的沿海地区。由于各地存在差异，因此对乡村旅游接待民宿称呼也不尽相同，“便民招待所”“农家乐”“乡村旅馆”等概念接近于“民宿”，已具备了民宿的雏形。处在初级阶段的民宿行业本身多是自发形成，以乡村农家乐为主流，只能提供简单的餐饮娱乐和住宿服务。不是所有的乡村都有能力发展民宿，必须依托优美的景观环境，或就近依托城市的人才优势和高端客源优势，很多民宿比如山东、福建、浙江等都是政府投资。民宿形态多样，既有精品民宿，也有木屋别墅，更有舒适便捷的房车小院，还有为外国客人服务的“洋家乐”，覆盖了主要旅游住宿业态。

旅游产业的蓬勃发展促进“农家乐”蔚然成风。“农家乐”遍地开花，“乱占地、同质化”，市场的无序竞争和混乱，模式单一、盈利不足等问题相继显现。民宿发展存在着缺少规划、破坏乡村地景风貌，缺乏农村文化内涵，缺乏前瞻性、整体性的地域整合规划，房屋及土地权属复杂，发展后劲缺乏，经营者素质不高，服务、市场意识低下等问题。

国内真正意义上的乡村旅游始于20世纪80年代，在特殊的旅游扶贫政策指导下应运而生。由于起步较晚，尚处于初期阶段。我国各地的乡村旅游开发均向融观光、考察、学习、参与、康体、休闲、度假、娱乐于一体的综合型方向发展，其中国内游客参加率和重游率最高的乡村旅游项目是：以“住农家屋、吃农家饭、干农家活、享农家乐”为内容的民俗风情旅游；以收获各种农产品为主要内容的务农采摘旅游；以民间传统节庆活动为内容的乡村节庆旅游等。乡村旅游在我国经过20多年的发展，取得了诸多成就，成为解决三农问题、提升农民素质、缩小城乡二元差距的重要途径。

如何借鉴国外成熟的民宿经验，开发利用好当地资源，提升民宿发展内涵，是本文的重点。

4. 我国民宿发展生命周期分析

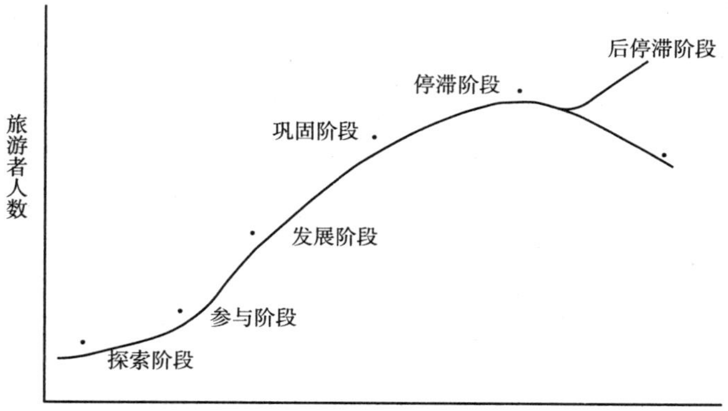

旅游地生命周期六阶段理论（Butler,1980）

旅游地生命周期理论是加拿大学者巴特勒（Butler，1980）提出的，他认为旅游地发展生命周期有六个阶段：探索阶段、参与阶段、发展阶段、巩固阶段、停滞阶段、后停滞阶段。用该理论分析世界各地的民宿旅游，可知欧美和日本的民宿处于巩固阶段，特点是游客量持续增加但增长率下降，旅游地功能分区明显，地方经济活动与旅游业紧密相连，常住居民中开始对旅游产生反感和不满。我国台湾民宿处于发展阶段，特点是旅游广告拓展旅游市场，形成外来投资骤增，简陋膳宿设施逐渐被规模大、现代化的设施取代，旅游地自然面貌的改变比较大。而我国大陆民宿差异较大，多处于探索阶段和参与阶段之间。探索阶段特点是只有零散的游客，没有特别的设施，其自然和社会环境未因旅游而发展变化；参与阶段特点是旅游者人数增多，旅游活动变得有组织、有规律，本地居民为旅游者提供一些简陋的膳宿设施，地方政府被迫改善设施与交通状况。

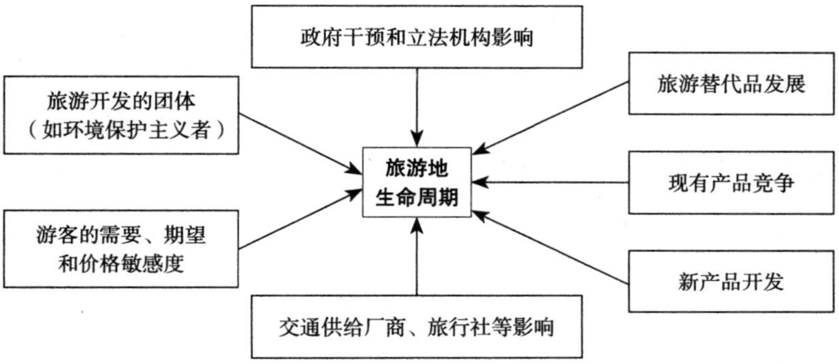

民宿旅游生命周期影响因素（Haywood，1986）

旅游地的旅游产品往往都不是单一的，是多种旅游产品的组合（即产品体系）。旅游地的生命周期正是其旅游产品生命周期的叠加，也是其旅游产品体系生命周期的综合反映，包括：政府干预和立法机构的影响、旅游开发的团体、游客的需要、期望和价格敏感性、交通供给商和旅行社的影响、新产品开发、现有产品竞争、旅游替代品发展等。从产品生命周期分析我国的民宿产业可知，我国的民宿产业尚处于幼稚期，这些影响因素都需要不断建设、建立和健全。民宿业的进入壁垒较低，经营者大多是当地居民，这一时期市场增长很快，需求增长也较快，创新能力大，但此时的民宿服务业有很大的不确定性，在民宿定位、市场开拓、服务创新上有很大的提升空间。

5. 我国民宿发展建议

通过以上对比分析，最后对我国乡村民宿发展提出几点建议：

5.1 政府作用

发挥政府作用，制定法规、政策鼓励和支持民宿事业，加快民宿合法化和规范化；政府给予信贷、税收等政策方面倾斜优惠，给予资金或贴息支持，有效推动民宿持久、和谐发展。

5.2 规划先行，突出特色

深入研究游客心理、借鉴国外经验，制定民宿发展规划，并将其纳入旅游发展总体规划和县市区城镇发展规划。选择历史悠久、文化内涵丰富、环境优美、基础设施完善、具有潜力的乡镇，通过环境营造、建筑规划、徽标形象设计，整合自然、人文及产业资源，展现文化特色，提升民宿形象和品位，带动地区经济、文化和社会发展。

5.3 旅游资金支持和PPP投融资

民宿业是旅游投资的风口，通过PPP公司合营的资金筹措方式，解决乡村民宿发展中的资金问题。

5.4 组建行业协会和非政府组织

针对民宿的个体、零散为主的经营现状，建立行业协会，明确规范民宿的部门管理和行业规则，提供技术指导，提高经营效率。

5.5 互联网+民宿旅游

移动互联与民宿行业结合，跨界嫁接、快速迭代，降低试错成本，满足客人更多的个性化需求。

5.6 “双创”驱动的人才和培训

吸引学成返乡、功成名就者等返乡的民宿创业者，鼓励创业者的创新行为，提高民宿的文化科技内涵；依托当地旅游院校或相关高校，加强对民宿从业人员的培训，提高服务意识，开阔眼界，更新经营理念。

5.7 建设旅游基础设施，开展“厕所革命”

加强民宿和乡村旅游的基础设施建设，开展厕所革命。提升服务品质，研究游客心理，始终保证游客舒适安全的旅游环境。

5.8 “创业、创新、创意”国际民宿精品

站在国际化的角度，通过民宿创业，挖掘更多文化创意优势，进行产品创新，创造出极具创意、主题、特色和景观美学概念的民宿精品，与国际旅游需求相结合，凸显民宿旅游的“创业、创新、创意”特色。

总之，我国民宿旅游和乡村旅游兴起的时间并不长，才刚刚起步。但随着经济新常态的到来，发展民宿旅游具有必然性，并有着巨大生长的空间。民宿经济将会给农村、农业、农民带来惊人的变化，助推乡村旅游、打造美丽乡村！实现新型城镇化，为我国走上复兴发展之路奏响新乐章。

策　　划：赖春梅
责任编辑：赖春梅

图书在版编目（CIP）数据

文旅智谈十二篇/博雅方略研究院著．--北京：旅游教育出版社，2019.7
ISBN 978-7-5637-3964-6

Ⅰ．①文… Ⅱ．①博… Ⅲ．①旅游文化－旅游业发展－中国－文集 Ⅳ．①F592.3-53

中国版本图书馆CIP数据核字（2019）第103287号

文旅智谈十二篇
博雅方略研究院/著

出版单位	旅游教育出版社
地　　址	北京市朝阳区定福庄南里1号
邮　　编	100024
发行电话	（010）65778403 65728372 65767462（传真）
本社网址	www.tepcb.com
E-mai	tepfx@163.com
印刷单位	天津雅泽印刷有限公司
经销单位	新华书店
开　　本	787毫米×1092毫米 1/16
印　　张	21.5
字　　数	368千字
版　　次	2019年7月第1版
印　　次	2019年7月第1次印刷
定　　价	69.00元

（图书如有装订差错请与发行部联系）